娄烦方言语音调查研究

李建校 著

社会科学文献出版社
SOCIAL SCIENCES ACADEMIC PRESS (CHINA)

目 录

导 论 ·· 1
  第一节　地理人口概况及历史沿革 ··································· 1
  第二节　娄烦方言 ·· 4
  第三节　本课题研究的意义、理论和方法 ···························· 10

第一章　音　系 ·· 13
  第一节　娄烦（城关）小片 ·· 13
  第二节　静游小片 ·· 51
  第三节　天池小片音系 ··· 66
  第四节　顺道小片音系 ··· 82

第二章　语音内部差异及共同点 ································· 85
  第一节　内部差异 ·· 85
  第二节　共同点 ·· 100

第三章　语流音变 ··· 109
  第一节　连读变调 ··· 109
  第二节　其他变调 ··· 139

第三节　儿化及其变调·····································145
　　第四节　里化、日化及相关问题·······························151
　　第五节　准词缀变调·······································157
　　第六节　合　音···158

第四章　方言用字···165

第五章　同音字汇···195

第六章　声母的历史层次·······································218
　　第一节　疑母和影喻微泥母·································218
　　第二节　知庄章组···232
　　第三节　精组见系···247
　　第四节　透母和定母平声···································259
　　第五节　全浊塞音、塞擦音声母·····························265

第七章　韵母的历史层次·······································281
　　第一节　果摄的读音类型及其历史层次·······················281
　　第二节　果摄与遇流摄泥来母字韵母·························295
　　第三节　果摄与流摄、假开三章组字韵母·····················297
　　第四节　果摄与宕江摄·····································304
　　第五节　蟹摄开合口·······································312
　　第六节　蟹摄开口二等见系端泥组韵母·······················321

参考文献···332

导 论

第一节 地理人口概况及历史沿革

一 地理人口概况

娄烦县位于山西省中西部，太原市西北山区，为太原市郊区县。娄烦东邻古交市，南接交城县，西毗方山县，北界岚县，东北与静乐县接壤。境内西南部群山环绕，东北部丘陵起伏，地势西南高东北低。境域东西最大距离48公里，南北最大距离44公里，县境周长204.25公里，总面积1289.85平方公里。

娄烦县山地最高处赫赫岩山，海拔2708.9米，最低处龙尾头山谷底，海拔1030米。全县界内山峰林立，谷峰排列密集，谷底狭窄，基本呈V字形。马头山、皇姑山、棋盘山、南阳圪洞山、赫赫岩山、前云顶山山脉，由北向南直伸长达33.5公里，形成西部与岚县、方山县的天然屏障。由铁丝沟山岩、红崖掌、寨岩、桦树岩、花包岩、青龙沟山岩等山脉绵延相连组成的东西向山脉，长达50.9公里，横卧本县南部，形成与古交、交城的分界线。东部，有田寨山、张咀背、大背山、何家大端、牛头山等依次相连。以上三大山脉系统，东、南、西三面围绕娄烦。境内，由西部和南部山脉向内延伸的三条支脉将几个乡镇分开：棋盘山、正屋背山、酱菜背山、丈圪塔山东西向绵延，长13.7公里，为罗家岔乡和米峪镇乡的分界。红崖掌山、灵钟山、牛咀山、娘娘洼山、石楼山、黄家岭山山组，长约38.3公里，弯曲向东，盘旋延伸东南，为米峪镇乡和天池店乡，天池店乡和杜交曲镇，四家坪乡和天池店乡、杜交曲镇的分界线。周洪山、峰岭山位居东北，隔汾河相望，为娄烦镇、庙湾乡、盖家庄乡与静游镇、河杨树底乡、龙泉乡的分界线。

娄烦县丘陵区东、南、西被山脉、山组环绕，东北部与岚县、静乐县相连。丘陵区最高海拔1400米，低至河谷区平均海拔1100米左右的地段，海拔相差200多米。丘陵区除盖家庄外，其他十一个乡镇均有分布，面积达536.327平方公里，占全县总面积的27.6%。丘陵区广被新生代第四纪黄土覆盖，整个黄土丘陵区梁峁繁多，沟壑纵横，显得支离破碎。面积较大的梁峁有5个，长达10公里以上的沟有6条，小沟不下200条。

娄烦县河谷区位于丘陵下部，有龙泉川、汾河川、涧河川、西川、南川和天池川六大川。包括龙泉、静游、娄烦、马家庄、罗家岔、米峪镇、杜交曲、天池店等乡镇的河川地带，面积10218.4公顷，占全县面积的7.92%。其地貌单元主要有河漫滩一级阶地和二级阶地，其次部分冲击沟出口处残存有不够完整的洪积扇扇面。静游、娄烦河谷一级阶地与沟壑出口处相连的地方有两处不太明显的由多个洪积扇组成的洪积扇群。

根据史料记载，娄烦有大姓郭、尹、李等。唐郭子仪三子郭遂为避灵武之乱，奔雁门定居，后有郭鹰之孙郭山甫迁来娄烦双井村。尹氏系南宋时伯、仲、季三兄弟之一迁至汾州，后迁来娄烦定居。李氏于明初由静乐县水洞庄村迁来娄烦三元村。明代，境内人口有一次大的变化，冯氏、张氏、韩氏、段氏等姓人口分别由安徽凤阳府、江苏南京以及河南、陕西等地迁来。根据旧《静乐县志》记载，明洪武年间，静乐县人口22522人，明万历年间，人口增加到44820人，或许与此次大移民有关。清康熙三十五年（1696），静乐县人口18015人，清康熙三十七年（1698），由于"岁耗""寇耗""役耗"，静乐县人口骤减，尤以南邑（今娄烦境内）为甚，"萧条万状，穴室多空，民或死于饿，或死于役，或牵牛羊而北走，或鬻妇子以延生，或掷儿于沟中，或买身于口外"，仅报逃亡者就有5356人。

1936年以前，娄烦镇处于晋西北通往太原的交通要道，经济比较发达，外地经商者常来娄烦暂居或定居的有300人以上。抗日战争期间，娄烦镇经商者大多外逃，娄烦抗日根据地有数千名青壮年参加了八路军。

新中国成立后，境内未发生过大的人口迁移。1949年，全县人口45045人。1971年，总人口71215人。1985年，总人口86813人。1996年，总人口105817人。

二　历史沿革

娄烦历史悠久，考古证明，早在原始社会，这里就有人类生息繁衍。

据史料记载，周代有楼烦国，国人善于骑射。

晋献公后，晋国向北扩张，现娄烦境域属于晋国土地。春秋中期，楼烦国逐渐强盛起来，领地逐渐扩展，灭鬼方、逼代郡，近匈奴，成为与秦、晋、燕等国相抗衡的势力。晋景公十二年（公元前588），晋国由智、韩、魏、赵、范、中书六大夫专权，相互争战，现娄烦境域被楼烦王乘乱所占，并凭借山林、牧草、水源等优越条件据守一方。约在晋平公十七年（公元前541），晋国北扩，楼烦族北遁，晋占其地。晋出公二十二年（公元前453），韩、魏、赵三家分晋，赵踞太原，北与楼烦、林胡相对抗，经常发生战争。赵武灵王时，赵国实行"胡服骑射"的军事政策，国势逐渐强盛起来，北破楼烦、林胡，灭中山，占云中、九原，娄烦尽属赵地。

秦王政二十五年（公元前222），秦灭赵国，娄烦属秦。汉高祖元年（公元前206），娄烦属于太原郡汾阳县。东汉仍然属于太原郡。三国魏文帝黄初元年（220），娄烦属于太原国。魏景元三年（262），属并州太原郡。西晋时延续三国制。晋咸和二年（327），娄烦属后赵太原郡。晋隆和元年（362），属前燕新兴郡。晋太元二十年（395），属后燕太原郡。北魏太平真君七年（446），娄烦属肆州秀容郡岢岚县。西魏文帝大统十二年（546），属西魏肆州秀容郡。

隋初置楼烦监牧。隋开皇十八年（598），娄烦属汾源县。隋大业四年（608），置楼烦郡，统辖静乐、临泉、秀容三县，娄烦隶属静乐县，隋末陷废。唐武德四年（621），置六度县，治所在今娄烦县北15公里东六度村，属管州。唐武德六年（623），娄烦即并入静乐县，改属岚州。唐天宝元年（742），改岚州为楼烦郡。唐乾元元年（758）复为岚州。唐贞元十五年（799），置楼烦监，杨钵为监牧使，专管监司，不系州司。唐龙纪元年（889），置楼烦县，并特置宪州于楼烦监，领天池、玄池、楼烦三县，州及楼烦县治所在今娄烦县汾河水库淹没区，天池县治所在今娄烦县孔河沟。后梁太祖开平元年（907），娄烦属太原府宪州。后唐末帝清泰元年（934），属唐宪州。后晋出帝天福八年（943），属晋宪州。后汉高祖乾祐二年（949），属汉宪州。北汉睿宗天会三年（959），属北汉太原府宪州。

宋咸平五年（1002），楼烦依旧立县，改属岚州。金大定二十九年（1189），属河东北路岚州。元太祖十六年（1221），楼烦废县入管州。至元二年（1265）入岚州，其年复置县，隶属太原路。至元三年（1266）又废县入管州。至元七年（1270），立巡检司，仍隶属管州。

明洪武二年（1369），娄烦为镇，并设巡检司。清初延续明制。雍正二年（1724），娄烦为镇，设巡检司，属忻州静乐县。

1912年，废府改道，娄烦属山西省雁门道静乐县。1940年1月，属晋西北行政公署三专署静乐县，娄烦为静乐县抗日民主政府驻地。1945年，县政府驻地移至静乐城。

1949年10月至1971年4月，娄烦地区一直属于静乐县。1971年5月，娄烦建县，属吕梁地区，1972年4月改属太原市至今。

根据1996年行政区划，娄烦全县共有206个村民委员会，4个居民委员会，分属于9个乡，3个镇。9乡3镇分别是：马家庄乡、罗家岔乡、米峪镇乡、龙泉乡、河杨树底乡、天池店乡、庙湾乡、盖家庄乡、四家坪乡和娄烦镇、静游镇、杜交曲镇。全县人口共计105817人，其中农村人口占96.12%。

第二节 娄烦方言

一 娄烦方言概况

根据《山西方言调查研究报告》（温端政、侯精一，1993），山西方言分为中区、西区、东南区、北区、南区、东北区，共6个区，娄烦方言属于中区。中区方言共有 21 个县市，根据入声是否分阴阳，可以分为太原片、阳泉片。太原片入声分阴阳，有阴入、阳入两个入声，包括太原、清徐、榆次、太谷、文水、交城、祁县、平遥、孝义、介休、寿阳、榆社、娄烦、灵石、盂县、阳曲 16 个县市。阳泉片入声不分阴阳，只有一个入声，包括阳泉、平定、昔阳、和顺、左权 5 个县市。

根据娄烦方言语音内部差异，把娄烦方言分为四个小片：娄烦（城关）小片、静游小片、天池小片、顺道小片。娄烦（城关）小片包括娄烦镇、杜交曲镇、庙湾乡、米峪镇乡、马家庄乡、罗家岔乡、盖家庄乡 7 个乡镇；静游小片包括静游镇、河杨树底乡、龙泉乡 3 个乡镇；天池小片包括天池店乡的大部分村庄；顺道小片只有靠近古交市的顺道村。

二 娄烦方言研究

20 世纪 50 年代，在山西省全境开展了大规模的方言普查。这次普查确定了全省 97 个点的调查任务。调查从 1957 年开始，到 1958 年底基本结束，最后成果《山西方言概况》（油印本）。尽管这是一次全省规模的方言调查，但当时娄烦尚未立县，从油印本《山西方言概况》看，并没有涉及娄烦方言。

第一次对娄烦方言语音进行调查研究的是翟英谊。1988 年，翟英谊记录了娄烦城关老派话的语音，当时的发音人是 73 岁的退休教师尹毓椿老先生。这次调查，归纳了娄烦方言的音系，两字组连读变调，总结了娄烦方言的同音字汇，并且讨论了娄烦方言声韵调在语音结构和古今音对应规律上的一些特点。这些成果发表在 1989 年《方言》杂志上（下称翟文）。翟文只调查了娄烦方言城关老派的读音，没有对与娄烦方言老派语音有明显差别的静游小片话、天池小片话、顺道小片话进行调查。翟文虽然也涉及娄烦城关方言新派老派的区别，但仅仅指出两派之间主要区别为：新派不分 ts 组声母和 tʂ 组声母，老派分 ts 组声母和 tʂ 组声母。从我们现在对娄烦方言老派语音的了解看，有一些韵类可能要做必要调整。

第一，翟文认为所有来自中古咸山摄舒声的字为一套韵母：ɛ iɛ uɛ yɛ，但从我们现在了解到的情况看，中古咸山摄舒声字韵母今读细音与洪音主要元音有明显区别，细音主要元音较高，洪音主要元音较低。当然仅仅从音位归纳的角度看，翟文的上述处理并无不可，但如果考虑娄烦方言内部语音差异，则上述归纳还有可以商量的余地。娄烦方言静游小片话，中古咸山摄舒声字洪细音为一套韵母，这应该没有什么问题。但在娄烦方言内部不同小片的语言认知上，娄烦（城关）小片人常常取笑静游小片人说来自咸山摄细音字时，嘴巴张得太大；反之，静游小片人也会取笑娄烦（城关）小片人说来自咸山摄细音字时，咬得太紧。这种情况充分说明娄烦（城关）小片和静游小片在区分咸山摄舒声洪细音字时持不同的态度，并作为本地人区分娄烦（城关）小片与静游小片的主要依据。所以鉴于上述情况，我们认为可以把娄烦（城关）小片来自中古咸山摄舒声字根据韵母洪细的不同处理为两套韵母，这样会更符合当地人的语感，也更能体现出方言小片之间的区别。

第二，翟文把来自果摄今读开口呼的韵母定为 əu，把来自流摄今读开口呼的韵母定为 ɣɯ，即在今娄烦方言中这是两个不同的音类。根据我们对这两个音类的核实，来自果摄今读开口呼的韵母已经与来自流摄今读开口呼的韵母合流，应该是一个音类，即大＝豆、拖＝头、挪＝奴、罗＝炉、左＝走、唆＝苏、遮＝周、者＝肘、蔗＝咒、车＝抽、扯＝丑、赊＝收、舍＝手、社＝受。

1993 年，《山西方言调查研究报告》把娄烦方言归入中区太原片，除了在相关内容中提到娄烦方言的一些特点外，比较集中的是在"中区 21 点音系"中收有娄烦音系。音系没有介绍具体的调查点，从音系声调（有 5 个声调，平声不分阴阳）判断，反映的应该是娄烦（城关）小片的情况。从声母看，分 ts 组声母和 tʂ 组声母，应该是娄烦方言老派的读音。韵母系统中，来自咸山摄舒声的不论洪细为一套韵母，来自果摄今读开口呼的韵母定为 əu，来自流摄今读开口呼的韵母定为 ɣɯ。所以从整体看应该是沿用了翟英谊 1988 年的音系。另外该音系还总结了娄烦方言的儿化和儿尾，但是与娄烦方言的实际情况出入较大。根据我们的调查研究，娄烦（城关）小片共有韵母 34 个，它们是：ɿ ər i u y ɑ iɑ uɑ ai uai iɛ ei uei ɑo iɑo ɣɯ iɣɯ uɣ æ ie uæ ye ỹ iỹ uỹ yỹ aʔ iaʔ uaʔ yaʔ ɕeʔ ɕeʔ ɕuʔ yəʔ。这些韵母只有儿化，没有儿尾。儿化韵母分为两类：舒声韵母儿化后，直接使其主要元音变为一个长元音；入声韵母儿化后，喉塞尾消失，主要元音音质变化，并变为长元音。共有28个儿化韵。

1999年版《娄烦县志》第二十三编为"方言"，是对娄烦方言较为全面的一次记录，包括：概况、音系、语音特点、与普通话声韵调的比较、声韵调配合表、方言词汇举例、语法特点、语法例句，共八个部分。概况部分，把娄烦方言分为娄烦（城关）、静游、天池三个小片，同时也注意到顺道小片与上述三个小片的不同。该书在讨论以上三个小片的语音区别时，都比较简单，特别是韵母方面只有3点，但根据我们的调查研究共有14点之多。声调方面没有充分注意到静游小片平声分阴阳的事实。在音系韵母部分，注意到了中古咸山摄今读韵母洪细音的不同，但没有把果摄今读开口呼与流摄今读开口呼韵母合并为一个音类，这与语言事实是不符的。词汇语法部分也比较简略，在某些语言事实的定性方面都有可以商量和补充的地方。

2005年，郭校珍、张宪平出版了《娄烦方言研究》，该书是"山西方言重点研究丛书"系列的一种，但在语音、词汇方面基本沿用了1999年《娄烦县志》的内容，在语法部分有了较多的补充，讨论了语缀、人称代词、指称代词和疑问代词、语气词"佬、哩、嘞"及其语源、动词的体、重叠式等。总的来看，这部书对语法部分的研究较多，语音部分则相对薄弱。

总体来看，娄烦方言的研究尽管有了一定的基础，但存在的问题也是明显的，在整体水平上还可以进一步提高。主要表现在以下五个方面。

第一，缺乏整体观。以往的调查研究常常把注意焦点集中在娄烦（城关）话上，这实际上是传统方言调查只注意所谓代表点的结果。当初期方言调查在受到人力物力所限时，调查代表点不失为一种解决问题的办法，但是从语言学的角度出发，"代表点"一词本身就值得商榷。一个方言，无论使用它的人有多少，分布范围有多大，只要其是独立存在的，就有独立存在的价值。事实上我们很难说这些所谓代表点究竟在多大程度上具有代表性，因而在确定代表点时参照的并不是语言自身的标准，而是人口、政治、经济、文化等非语言标准。这种根据非语言标准来确定代表点的方法无论在研究的逻辑思维上，还是研究的技术上，都形成一个无法避免的悖论。从大的角度看，有些方言点可能在某些特点上可以代表周围方言点的相关特点，但如果我们仅仅把注意力全部集中在这些所谓的代表点上，往往会因此忽略其他非代表点的个性特点，而这些个性特点常常是引导语言研究进一步深入的关键。事实上，方言点之所以成为一个独立的方言点，与说该方言的人的认知有关，这样的认知当然与社会、历史等非语言因素有关，但无论这些非语言因素如何起作用，都必须通过语言自身的特点加以体现。当我们听到"××（表地名）家"时，首先想到的是他们所操的方言，其次才是与此相关的地域文化、历史等因素。所以非常有必要对以前所谓的非代表点也给予相当的关注。

以往娄烦方言的研究基本上集中在对娄烦（城关）小片的探讨，缺乏研究的整体性，势必带来一定的负面影响。比如，翟英谊1988年调查娄烦方言时，只关注娄烦（城关）小片的语音，在处理中古咸山摄今读韵母时，没有注意到洪细音之间的区别，把它们确定为一套韵母。如果仅仅从娄烦（城关）小片音位区别来看，似乎也没有多大问题，但是联系静游小片，就会发现娄烦（城关）小片话与静游小片话在中古咸山摄洪细音上有非常明显的区别。如果把娄烦（城关）小片来自中古咸山摄今读韵母不论洪细音定为一套韵母，势必抹杀娄烦（城关）小片与静游小片之间的这一重要区别，这是有悖于语言事实的。因此单点方言的研究也有赖于对方言的整体视角。

第二，对方言语音的共时描写还有进一步深入的必要。以往对娄烦方言的调查研究主要集中在对方言共时平面的描写，这样的描写在方言的研究初期是非常必要的，但是这样的描写必须基于对音类的准确判断与分类。方言调查时，不同的调查者可能会进行个性化的音位处理，这种情况是容许和无法避免的。但是在对音类的把握上，不同的调查者也应该有一个基本的标准，特别是对方言中处于对立关系中的音，必须要处理成不同的音位，进而形成方言音类的基本格局，这是保证方言调查客观性的基础。娄烦方言以往的调查研究在这个方面还有讨论的空间。比如，无论是1988年翟英谊的调查、1993年的《山西方言调查研究报告》，还是1999年的《娄烦县志》"方言编"，甚至是2005年的郭校珍、张宪平《娄烦方言研究》，都把中古果摄今读开口韵与流摄今读开口韵这两个韵类分开，这是不符合娄烦方言的语言事实的。在语音研究的其他方面，也有进一步全面深入的必要，比如到目前为止，只调查了娄烦方言音系的静态语音系统，还没有对变调、儿化变韵、合音等动态语音进行系统的研究，因此在一定程度上影响了整个语音系统的深入全面研究。

第三，语音与词汇、语法研究不平衡。从开始关注娄烦方言至今，学者主要都集中在对语音的调查与研究。翟英谊1988年的调查只有语音。1993年《山西方言调查研究报告》也主要是语音，虽然也涉及词汇语法，但也仅仅零星散见于各个相关部分。1999年《娄烦县志》"方言编"，语音部分还比较全面，词汇、语法则非常简单零碎。2005年《娄烦方言研究》已经注重对词汇、语法的调查研究，"全书近二百多页五分之三的篇幅是语法研究的内容，就是语音词汇的描写，也往往用语法的眼光去观察"。（潘家懿，2005）尽管对语法有了足够的重视，但常常是对一些特殊的语法现象进行个别的讨论，还没有从系统的角度对娄烦方言进行全面的研究。可见以往的语音、词汇、语法研究无论是关注度还是系统性都还有相当的工作要做。

第四，语音研究不全面不系统。以往语音研究，常常把重点放在共时平面的描写，即在描写方言语音系统的基础上，寻找方言与普通话的对应规律。即使是研究语音的演变，也只是拿现代方言的语音与代表中古音的《切韵》音系进行比较，找出它们之间的对应关系，往往把重点放在对共时语音现象的刻画，忽视对历时音变现象的解释。即使在解释语音的演变时，也只是单纯地从语言内部寻找原因，只注意语音演变合于规律的方面，忽略规律之外或异于规律的方面，缺少对例外的解释。

第五，很少关注促使语音演变的社会动因，忽略了人文历史在方言演变过程中的重要作用。

本书将针对上述研究现状做必要的调整，重点对娄烦方言语音进行更加客观真实的描写，结合传统方言语音调查的"字音调查"方法，更加关注在自然语态下收集整理语音材料，通过尽可能全面的方言词汇调查，总结各类语流音变。此外，在对娄烦方言语音共时平面全面描写的基础上，也会从系统性的角度关注娄烦方言语音发展演变的历史层次，探索娄烦方言语音的演变历史。

第三节　本课题研究的意义、理论和方法

一　研究意义

山西晋语作为北方保留有入声的方言，很早就引起学者们的关注。仅就现代研究者来说，20世纪初，瑞典汉学家高本汉（Klas Bernhard Johannes Karlgren，1889-1978）就用现代科学方法调查研究山西方言。此后较为重要的调查研究有，山西清徐人刘文炳对清徐徐沟方言的研究、20世纪50年代的方言普查、此后北京大学师生对山西方言的多次调查、20世纪中后期省内学者们的研究。《中国语言地图集》（1988）将晋语升格为一个大方言区以后，晋语及晋语研究更引起国内外语言学者的注意，大大地促进了晋语的研究。

但是从研究状况来看，山西方言研究存在着明显的地区差异。许多方言点如平遥、太原、洪洞、忻州等，在侯精一、温端政、田希诚、乔全生等学者的努力下，已经有了较好的基础。与这些方言的研究相比较，娄烦方言的研究基础要薄弱得多，这自然造成了山西方言内部研究水平的不平衡。如果在山西方言研究中缺少了对诸如娄烦等方言的关注，势必会影响山西方言研究的全面性。

从历史来看，娄烦与古楼烦国应该有一定的关系。娄烦境域曾长期属于春秋晋国所有，晋国六大夫专权时期一度被楼烦王趁乱所占。三家分晋后，娄烦境域属赵。在以后的各个历史朝代中基本为郡县所属，在其境域内县级以上建制很少，并且相对不稳定。总体来看，娄烦境域曾长期与西北少数民族在地缘上联系比较密切，因此娄烦方言应该与古代西北方言有一定联系。目前对西北方言讨论最充分的是《唐五代西北方音》（罗常培，2012）。罗常培等主要根据藏汉对音材料来研究唐五代西北方音，同时也引用了一部分山西方言的材料，但似乎稍嫌薄弱。娄烦方言与唐五代西北方言至少在历史地缘上有非常密切的联系，所以在讨论唐五代西北方音的历史流变时，对现代娄烦方言的研究是一个必不可少的环节。邢向东在讨论陕北方言研究的意义时说："材料的缺乏自然会

限制共时比较和历时探源的全面和深入，尤其是对唐五代西北方音在今方言中的流变，无法做出清晰的勾勒。"（邢向东，2002）这一看法同样适用于娄烦方言的研究。因此娄烦方言的研究无论对晋方言史还是整个汉语史来说都具有一定的意义。

以往对山西方言大多局限于单点的共时研究，这种研究对深入挖掘方言材料、了解方言事实无疑具有重要的意义，但同时也带来一个不可回避的问题：缺少历史观。到目前为止，还没有针对山西方言单点语音进行专门历史性探讨的研究。所以，把娄烦方言语音作为研究对象，通过对其内部不同方言小片语音差异的比较，以及与周边方言语音的比较来分析语音的演变历史，对深入了解娄烦方言，以至了解山西方言的演变历史也具有重要的意义。

二 研究目的

以往对娄烦方言语音的研究大多只是对所谓代表点声韵调的归纳，语音描写大多是静态的"字音调查法"，即用固定的框架去调查千变万化的不同方言，缺少在方言自然语境的动态过程中捕捉提炼方言特征的调查，必然会导致许多重要信息的流失。在具体研究中由于方言调查采样缺乏全面性，必然会影响横向的区域比较和纵向的历史比较，很少有语音发展演变的动态分析。在研究视角上，缺乏历史观，很少注意语音特征在地理上的渐变性质以及隐藏在渐变性背后的历时意义等。鉴于上述情况，本文拟做以下三方面的工作。

第一，通过对娄烦方言各个小片声韵调的勾勒，从整体上反映娄烦方言的语音面貌。

第二，既从静态角度，也从动态角度，详细描写娄烦方言较有特点的语音现象。

第三，在上述研究的基础上，揭示娄烦方言语音演变的特点和规律，并对一些语音现象进行分析、解释。

三 选点和材料来源

（一）选点

原则上，只要当地人明确认为有语音差别的地点，则设一个调查点。因此娄烦全境共设4个点，分别是娄烦（城关）小片、静游小片、天池小片、顺道小片。4个方言小片中，娄烦（城关）小片的面积最大，包括娄烦镇、庙湾乡、杜交曲镇、马家庄乡、盖家庄乡、罗家岔乡、米峪镇乡7个乡镇；静游小片次之，包括静游镇、河杨树底乡、龙泉乡3个乡镇；天池小片包括天池店乡大部分村庄；顺道小片只有靠近古交市的顺道村，尽管面积最小、人口最少，但因为其语音的独特性也把它设立为一个方言小片。

鉴于以往研究基础和方言实际，本书主要介绍娄烦（城关）小片、静游小片的语音，其中对娄烦（城关）小片音系进行了音位分析并描写了其文白读。"语流音变""同音字汇""词汇"以静游小片为准。为了方便比较，同时也介绍了天池小片的音系，声韵调拼合规律，顺道小片只介绍音系。

（二）材料来源

本文材料全部来自笔者调查所得。

笔者于1999年开始对娄烦方言进行调查，当时只调查了娄烦（城关）小片方言。2006年至2007年，又对娄烦方言的静游小片，天池小片、顺道小片分别进行了调查，并且核对了1999年对娄烦（城关）小片方言的调查结果。2006年到2008年对音系等有所调整，并核对了所有调查材料。成书过程中，进一步对顺道小片的材料进行了核对，根据最新研究成果补充了部分方言本字，特别是在归纳语流音变时，完全按照方言自然动态语境下归纳语流音变的各个特点，最大限度反映方言在动态环境下的语音变化。

第一章　音　系

第一节　娄烦（城关）小片

一　娄烦（城关）小片声韵调

1. 声母 25 个，包括零声母在内

p 波爬兵八	pʰ 怕票盆撒	m 母煤梦木		
pf 住抓中桌	pfʰ 吹窗冲穿		f 飞水分发	v 五问王袜
t 大带等答	tʰ 头糖疼特	n 怒难崖纳		l 路楼蓝辣
ts 字这真眨	tsʰ 次产成擦	nz 碾黏淊	s 四声上舌	z 人肉染弱
tɕ 家酒见接	tɕʰ 起桥亲七	ȵ 你牛银捏	ɕ 西小形吸	
k 高该更狗割	kʰ 开看坑口克	ŋ 我袄欧按恶	x 河后害横喝	
ø 二言盐远月				

说明：
（1）发不送气塞音 p t k 时，发音部位的阻塞面积较大，爆破有力。
（2）送气的塞音、塞擦音 pʰ tʰ kʰ pfʰ tsʰ tɕʰ 的送气成分较明显，可以记为 ph th kh pfh tsh tɕh。
（3）m n ȵ ŋ 带有较明显的同部位浊塞成分，相当于 mᵇ nᵈ ȵᵈ ŋᵍ。
（4）v 不是一个典型的唇齿音，发音时上齿与下唇稍有接触，唇形略圆。
（5）n 只拼洪音，ȵ 只拼细音，二者在音系中分布互补，但由于它们在音质上特征明显，当地人认为区别显著，列为两个音位。
（6）"黏、碾"等少数字，声母有较为明显的舌尖摩擦成分，记为 nz。
（7）z 是舌尖前浊擦音，但浊音成分并不明显。
（8）舌面后音 k kʰ ŋ x 与齐齿呼 i y u 韵母相拼时，发音部位靠前，接近 c cʰ ɲ ç。
（9）开口呼零声母只有"二耳儿嗯"等少数字，没有合口呼零声母字；齐齿呼、撮口呼零声母，韵头发音时有相应部位轻微的摩擦成分。

2. 韵母 34 个，不包括儿化韵

ɿ 字迟声正

ər 儿而耳二

	i 眉平记齐	u 亩肚睡泪	y 举渠穗兄
ɑ 他下长张	iɑ 加凉墙江	uɑ 话化瓜跨	
ai 开外爱来		uai 快坏怪乖	
	iɪ 茄些解		
ei 非赔背低		uei 对给雷靴	
ao 饱跑到早	iao 叫桥小尿		
ɣɯ 歌婆放走	iɯ 油沟喉九	uɣ 坐过光火	
æ 南山半暖	ie 盐年练见	uæ 短官酸联	ye 元全卷选
ỹ 灯根升争	iỹ 新林惊寻	uỹ 动困寸工	yỹ 云凶穷荣
əʔ 十吃不服	iəʔ 笔敌接一	uəʔ 秃毒郭绿	yəʔ 足菊俗曲
aʔ 八蜡发抹	iaʔ 百麦药节拍	uaʔ 活刮获阔	yaʔ 绝缺雪月

说明：

（1）u 韵母的实际音质接近 v。

（2）韵母 iɑ 中，ɑ 略前略高，接近 ᴀ。

（3）韵母 ei 与 t ɬ 相拼时，主要元音舌位略高，接近 ɪi。

（4）韵母 ai 的动程不大，实际音质接近 æe。

（5）韵母 ei uei 中，e 和 i 之间的动程较小，接近 eɪ。

（6）韵母 ao iao 中，主要元音的舌位要比 ɑ 高，而且唇形稍圆，接近 ɔ。iao 的动程较小，接近 iɔ。

（7）韵母 ɣɯ iɣɯ uɣ 中，主要元音 ɣ 略靠前，但仍然记为 ɣ。uɣ 有韵尾 ɯ，音质并不很明显，音系中不予记出。

（8）韵母 æ uæ 中，主要元音的舌位比标准的 æ 要高，接近 ɛ。

（9）入声韵喉塞尾在单音节很明显，但在双音节以上的词语中有所减弱。

（10）第二套入声韵母 aʔ iaʔ uaʔ yaʔ 中，iaʔ yaʔ 的主要元音略靠前、略高。

3. 单字调 5 个

平声 44	低才门添田通铜	
上声 324	懂猛碗女手狗买	
去声 53	动六进唱汉共树	
阴入 ʔ4	黑吃法血做录八	
阳入 ʔ324	白合读杂石舌杂	

说明：
（1）平声与阴入的调高相同，调型一致，只是阴入发音十分短促。
（2）上声 324 为降升曲折调，其中降的部分不明显，升的部分略高也较明显。
（3）阳入调与上声调型、调值相同，都是 ʔ324，不过阳入发音十分短促。
（4）去声 53 是一个高降调，但并没有降到 1。

二　音位分析

1. 辅音音位

tɕ tɕʰ ɕ 分别与 ts tsʰ s、k kʰ x 两组音互补，tɕ tɕʰ ɕ 只与细音拼，ts tsʰ s、k kʰ x 两组音只与洪音拼。如果按照音位互补的原则，tɕ tɕʰ ɕ 可以与 ts tsʰ s、k kʰ x 任何一组音合并，但是根据语音相似的原则，tɕ tɕʰ ɕ 是舌面前音，ts tsʰ s 是舌尖音，k kʰ x 是舌根音，它们之间在音质上差别明显，把它们处理为不同的音位。

n 主要与洪音中的开口呼拼，与合口呼拼时只有"暖"一字；ȵ 主要与细音中的齐齿呼拼，与撮口呼拼时只有"女"一字。从音位对立互补的原则看，可以把 n ȵ 归纳为一个音位，但从语音相似的原则看，n 是舌尖音，ȵ 是舌面音，音质差别明显，本地人认为它们区别明显，归纳为两个不同音位。另外从整个辅音音位格局看，声母系统中有舌尖音 t tʰ l，把 n 归入其中应该没问题，又有舌面音 tɕ tɕʰ ɕ，把 ȵ 归入其中也没问题，同时也使整个音位系统更加整齐。因此把它们处理为两个不同的音位。

pf pfʰ f 与 tɕ tɕʰ ɕ 也呈现互补分布，pf pfʰ f 主要与洪音中的开口呼拼，与洪音中的合口呼拼时只限于 u 韵母。因为两组音在音质上的明显区别，所以归纳为两组不同的音位。

2. 元音音位

元音可以归纳为十一个音位：/ɿ i u y a e ɪ o ɤ æ ə/，其中一个为舌尖元音 ɿ，其余为舌面元音。舌面元音中，低元音一个：a，高元音三个：i u y，中元音六个：e ɪ o ɤ æ ə。下面分别说明元音音位及其主要变体和语音条件。

低元音音位 /a/，包括三个变体：没有韵尾或韵尾是 o 时，为 ɑ，如：他 /tʰɑ/、包 /pɑo/、表 /piɑo/；韵尾是 i 或洪音入声韵里，为 a，如：带 /tai/、坏 /xuai/、塔 /tʰaʔ/、活 /xuaʔ/；细音入声韵里，为 ɐ，如：百 /

piɛʔ/、绝 /tɕyɐʔ/。如下：

/a/——[ɑ]（-~，-o）

——[a]（-i，-ʔ，u-ʔ）

——[ɐ]（i-ʔ，y-ʔ）

高元音音位三个。/i/ 出现的语音条件为：单独做韵母或做韵头、韵尾，如：批 /pʰi/、点 /tie/、带 /tai/。/u/ 包括两个变体：单独做韵母或做韵头时，为 u，如：古 /ku/、对 /tuei/；在主要元音 ɤ 后面做韵尾时，为 ɯ，如：歌 /kɤɯ/、九 /tɕiɤɯ/。所以把 u 和 ɯ 归纳为一个音位，主要由于二者出现的语音环境互补，u 只单独做韵母或做韵头，ɯ 只做韵尾。/y/ 出现的语音条件为：单独做韵母或做韵头，如：鱼 /y/、卷 /tɕye/。如下：

/i/——[i]（~-~、-ɑ、-ɪ、-ɑo、-ɤɯ、-e、-ỹ、-əʔ、-ɐʔ、-aʔ）

/u/——[u]（~-~、-ɑ、-ai、-ei、-ɤ、-æ、-ỹ、-əʔ、-aʔ）

——[ɯ]（ɤ-）

/y/——[y]（~-~、-e、-ỹ、-əʔ）

中元音音位六个：/e ɪ o ɤ æ ə/。其中 e 和 ɪ 对立，如：尖 /tɕie/ ≠ 街 /tɕiɪ/，是两个不同的音位。o ɤ æ ə 出现条件互补：o 只做韵尾，ɤ 在韵尾 ɯ 前做主要元音，æ 做主要元音，并且不带韵尾，ə 后有 ʔ 韵尾，可以归纳为一个音位。尽管如此，因为上述四个元音在音质上的明显差别，仍然把它们归纳为四个音位。如下：

/e/——[e]（-i、i-）

/ɪ/——[ɪ]（i-）

/o/——[o]（ɑ-）

/ɤ/——[ɤ]（-ɯ）

/æ/——[-~]

/ə/——[-ʔ]

舌尖元音 ɿ 出现在 ts 组声母后面。如下：

/ɿ/——[ɿ]（ts-）

3. 调位

娄烦（城关）小片话只有一个平声，读高平 44 调，来自古清平和浊平，如：天＝田、通＝铜、方＝房。上声是一个先降后升的曲折调 324，前段的下降部分不很明显，可以记为214调值。去声是一个高降调，但没有降到1，记为53。入声有两个：阴入、阳入，其中阴入主要来自古清入和次浊入，阳入来自古全浊入。

阴入调与平声调的调型、调高相同，都可以看作44，只不过阴入调读得非常短促，记为ʔ4。阳入调与上声调的调型、调高相同，都是324，只不过阳入调读得非常短促，记为ʔ324。可见娄烦（城关）小片话的调位系统中，除了音高是一个主要决定因素外，音长也具有区别调位的作用，阴入调与平声调、阳入调与上声调的区分应该与音长有一定的关系。这样，娄烦（城关）小片话就有五个调位：

平声44　　　上声324　　　去声53　　　阴入ʔ4　　　阳入ʔ324

三　文白异读

1. 文白异读的特点

娄烦（城关）小片有比较丰富的文白异读，有四个特点。

第一，文白两种读音往往在不同的语词中出现，不能任意变读，例如："蒸"在"蒸馒头"里白读，但在"蒸发"里只能文读。这就使文读音和白读音容易脱节，结果是文读音有字可寻，而白读音却不知道该写哪个字，如"掰"文读为 pai^{44}，白读为 piəʔ^4，但由于文白读音脱节，一般认为白读音 piəʔ^4 变得有其音而没有其字。

第二，许多字只有文读，没有白读。这部分字主要是方言口语中的次常用字、生僻字、外来词语用字。

第三，有的字既有文读，也有白读。主要是方言中文读系统和白读系统中的常用字。

第四，有的字只有白读，没有文读。这部分字在方言的白读系统里是常用字，在文读系统里不出现。

2. 文白异读的类型

（1）文读为零声母，白读为鼻音声母 ŋ ȵ n 声母。

例字	文读	白读
饿	ɣɯ^{53} 读书音	ŋɣɯ^{53} ~哩

额	aʔ⁴ 读书音	ŋaʔ⁴ ~头	
鹅	ɣɯ⁴⁴ 读书音	ŋɣɯ⁴⁴ ~毛大雪	
蛾	ɣɯ⁴⁴ 读书音	ŋɣɯ⁴⁴ ~蛾：蝴蝶	
俄	ɣɯ⁴⁴ 读书音	ŋɣɯ⁴⁴ ~国	
讹	ɣɯ⁴⁴ ~诈	ŋɣɯ⁴⁴ ~人	
峨	ɣɯ⁴⁴ 读书音	ŋɣɯ⁴⁴ ~嵋山	
娥	ɣɯ⁴⁴ 读书音	ŋɣɯ⁴⁴ 嫦~	
碍	ai⁵³ 读书音	ŋai⁵³ ~事	
艾	ai⁵³ 读书音	ŋai⁵³ 燎~	
熬	ɑo⁴⁴ ~包	ŋɑo⁴⁴ ~人	
傲	ɑo⁵³ 读书音	ŋɑo⁵³ ~气	
鳌	——	ŋɑo⁵³ ~儿	
藕	ɣɯ³²⁴ 读书音	ŋiɣɯ³²⁴ ~根	
偶	ɣɯ³²⁴ 读书音	ŋiɣɯ³²⁴ ~然	
岸	æ⁵³ 读书音	ŋæ⁵³ ~边	
昂	ɑ⁴⁴ ~然	ŋɑ⁴⁴ ~起头	
屙	ɣɯ⁴⁴ 读书音	ŋɣɯ⁴⁴ ~尿	
妸	ɣɯ⁴⁴ 读书音	ŋɣɯ⁴⁴ ~娜	
鄂	ɣɯ⁵³ 读书音	ŋaʔ⁴ ~豫皖根据地	
谔	ɣɯ⁵³ 读书音	ŋaʔ⁴ ~惊	
腭	ɣɯ⁵³ 读书音	ŋaʔ⁴ ~裂	
鳄	ɣɯ⁵³ 读书音	ŋaʔ⁴ ~鱼	

以上为疑母字

哑	iɑ³²⁴ ~铃	ŋɑ³²⁴ ~子	
鸭	iɑ⁴⁴ 读书音	ŋaʔ⁴ ~子	
鸦	iɑ⁴⁴ 乌~	ŋɑ⁵³ ~儿	
哀	ai⁴⁴ 读书音	ŋai⁴⁴ ~悼	
埃	ai⁴⁴ 读书音	ŋai⁴⁴ 尘~	
爱	ai⁵³ 读书音	ŋai⁵³ ~人	
蔼	ai³²⁴ 读书音	ŋai³²⁴ 和~	

挨	ai⁴⁴ 读书音	ŋai⁴⁴ ~住	
矮	ai³²⁴ 读书音	ŋai³²⁴ ~八旦	
隘	ai⁵³ 读书音	ŋai⁵³ 关~	
袄	ɑo³²⁴ 读书音	ŋɑo³²⁴ ~儿	
懊	ɑo⁵³ 读书音	ŋɑo⁵³ ~恼	
奥	ɑo⁵³ 读书音	ŋɑo⁵³ ~运	
欧	ɤɯ⁴⁴ 读书音	ŋiɤɯ⁴⁴ ~洲	
殴	ɤɯ⁴⁴ 读书音	ŋiɤɯ⁴⁴ ~打	
沤	ɤɯ⁵³ 读书音	ŋiɤɯ⁵³ ~坏哩	
怄	ɤɯ⁵³ 读书音	ŋiɤɯ⁵³ ~气	
暗	æ⁵³ 读书音	ŋæ⁵³ 天昏地~	
淹	iæ⁴⁴ ~没	ŋæ⁴⁴ 水把房~哩	
按	æ⁵³ 读书音	ŋæ⁵³ ~照	
安	æ⁴⁴ 读书音	ŋæ⁴⁴ ~全	
肮	ɑ⁴⁴ 读书音	ŋɑ⁴⁴ ~脏	
恩	ɤ̃⁴⁴ 读书音	ŋɤ̃⁴⁴ ~情	
恶	ɤɯ⁵³ 读书音	ŋaʔ⁴ ~人	
扼	aʔ⁴ 读书音	ŋaʔ⁴ ~住	

以上为影母字

牙	iɑ⁴⁴ 爪~	ȵiɑ⁴⁴ ~齿	
芽	iɑ⁴⁴ 读书音	ȵiɑ⁴⁴ ~子	
咬	iɑo³²⁴ 读书音	ȵiɑo³²⁴ ~舌子	
宜	i⁴⁴ 便~	ȵi⁴⁴ 适~	
谊	i⁴⁴ 情~	ȵi⁴⁴ 友~	
酽	iæ⁵³ 读书音	ȵiæ⁵³ ~茶	
眼	iæ³²⁴ 读书音	ȵiæ³²⁴ 喜~：看着舒服	
颜	iæ⁴⁴ ~色	ȵiæ⁴⁴ ~料	
雁	iæ⁵³ ~南飞	ȵiæ⁵³ ~来哩	
砚	iæ⁵³ 读书音	ȵiæ⁵³ ~瓦：砚台	
银	iɤ̃⁴⁴ 读书音	ȵiɤ̃⁴⁴ ~行	

仰	ia³²⁴ ~天长啸	ȵia³²⁴ ~下：躺下
硬	iɤ⁵³ 读书音	ȵiɤ⁵³ ~气：不轻易屈服
压	ia⁵³ ~榨	ȵia⁵³ ~住

以上为影母字

| 崖 | ia⁴⁴ 天~海角 | nai⁴⁴ 红~：地名 |
| 捱 | ai⁴⁴ 读书音 | nai⁴⁴ ~拐：受骗，倒霉 |

以上为疑母字

（2）文读 ts tsʰ s z，白读 pf pfʰ f v。

例字	文读	白读
猪	tsu⁴⁴ 读书音	pfu⁴⁴ ~肝
著	tsu⁵³ 卓~	pfu⁵³ 显~
阻	tsu³²⁴ ~击	pfu³²⁴ ~碍
助	tsu⁵³ ~纣为虐	pfu⁵³ ~手
诸	tsu⁴⁴ 读书音	pfu⁴⁴ ~侯
煮	tsu³²⁴ 读书音	pfu³²⁴ ~熟
株	tsu⁴⁴ 读书音	pfu⁴⁴ ~连
住	tsu⁵³ 读书音	pfu⁵³ ~户
柱	tsu⁵³ 读书音	pfu⁵³ ~子
驻	tsu⁵³ 读书音	pfu⁵³ ~地
注	tsu⁵³ 读书音	pfu⁵³ ~意
朱	tsu⁴⁴ 读书音	pfu⁴⁴ ~红
珠	tsu⁴⁴ ~光宝气	pfu⁴⁴ ~子
主	tsu³²⁴ 读书音	pfu³²⁴ ~席
蛀	tsu⁵³ 读书音	pfu⁵³ 虫~
追	tsuei⁴⁴ ~赶	pfei⁴⁴ ~肥
锥	tsuei⁴⁴ ~子	pfu⁴⁴ ~儿
抓	tsua⁴⁴ 读书音	pfa⁴⁴ ~握：随便乱动
爪	tsao³²⁴ ~牙	pfa³²⁴ ~子
转	tsuæ³²⁴ 读书音	pfæ³²⁴ ~正
专	tsuæ⁴⁴ ~场	pfæ⁴⁴ ~门

砖	tsuæ⁴⁴ 读书音	pfæ⁴⁴ ~头
钟	tsuɤ̃⁴⁴ 读书音	pfɤ̃⁴⁴ ~头
盅	tsuɤ̃⁴⁴ 读书音	pfɤ̃⁴⁴ ~子
种	tsuɤ̃⁵³ 读书音	pfɤ̃⁵³ ~地
烛	tsuɤ̃ʔ⁴ 读书音	pfəʔ⁴ 蜡~
中	tsuɤ̃⁴⁴ 读书音	pfɤ̃⁴⁴ ~国
竹	tsuʔ⁴ 读书音	pfəʔ⁴ ~子
轴	tsɤɯ⁴⁴ ~承	pfəʔ³²⁴ ~丝
终	tsuɤ̃⁴⁴ 读书音	pfɤ̃⁴⁴ ~年
众	tsuɤ̃⁵³ 读书音	pfɤ̃⁵³ ~人
祝	tsuʔ⁴ 读书音	pfəʔ⁴ ~愿
桌	tsuaʔ⁴ 读书音	pfaʔ⁴ ~子
捉	tsuaʔ⁴ 读书音	pfaʔ⁴ ~猪娃：买小猪
镯	——	pfaʔ⁴ 手~
壮	tsuɑ⁵³ ~士	pfɤɯ⁵³ ~土：肥沃的土
状	tsuɑ⁵³ 读书音	pfɤɯ⁵³ 奖~
装	tsuɑ⁴⁴ 读书音	pfɤɯ⁴⁴ ~模作样
庄	tsuɑ⁴⁴ 读书音	pfɤɯ⁴⁴ ~稼
准	tsuɤ̃³²⁴ 读书音	pfɤ̃³²⁴ ~假
除	tsʰu⁴⁴ 读书音	pfʰu⁴⁴ ~去
储	tsʰu³²⁴ 读书音	pfʰu³²⁴ ~藏
初	tsʰu⁴⁴ 读书音	pfʰu⁴⁴ ~一
锄	tsʰu⁴⁴ 读书音	pfʰu⁴⁴ ~头
楚	tsʰu³²⁴ ~~动人	pfʰu³²⁴ 清~
础	tsʰu³²⁴ 读书音	pfʰu³²⁴ 基~
处	tsʰu⁵³ ~女	pfʰu⁵³ ~理
厨	tsʰu⁴⁴ 读书音	pfʰu⁴⁴ ~子
锤	tsʰuei⁴⁴ 读书音	pfʰei⁴⁴ ~子
槌	tsʰuei⁴⁴ 棒~	pfʰei⁴⁴ ~头
垂	tsʰuei⁴⁴ 永~	pfʰei⁴⁴ ~下来

传	tsʰuæ⁴⁴ 读书音	pfʰæ⁴⁴ ~达	
川	tsʰuæ⁴⁴ ~菜	pfʰæ⁴⁴ 平~	
船	tsʰuæ⁴⁴ 读书音	pfʰæ⁴⁴ ~员	
喘	tsʰuæ³²⁴ 读书音	pfʰæ³²⁴ ~气	
串	tsʰuæ⁵³ 读书音	pfʰæ⁵³ ~通	
冲	tsʰuɤ³²⁴ 读书音	pfʰɤ³²⁴ ~哩：婴儿受惊吓	
重	tsʰuɤ⁴⁴ 读书音	pfʰɤ⁴⁴ ~哩：重复	
虫	tsʰuɤ⁴⁴ 读书音	pfʰɤ⁴⁴ 圪~：小虫子	
充	tsʰuɤ³²⁴ 读书音	pfʰɤ³²⁴ ~数	
戳	tsʰuaʔ⁴ 读书音	pfʰaʔ⁴ 茅~	
创	tsʰuɑ⁵³ ~维电视	pfʰɤɯ⁵³ ~造	
闯	tsʰuɑ³²⁴ ~王	pfʰɤɯ³²⁴ ~眉处眼	
疮	tsʰuɑ⁴⁴ 读书音	pfʰɤɯ⁴⁴ ~儿	
床	tsʰuɑ⁴⁴ 读书音	pfʰɤɯ⁴⁴ 上~	
春	tsʰuɤ⁴⁴ 读书音	pfʰɤ⁴⁴ ~起	
纯	tsʰuɤ³²⁴ 读书音	pfʰɤ³²⁴ 不~	
出	tsʰuəʔ⁴ 读书音	pfʰəʔ⁴ ~来	
耍	suɑ³²⁴ 读书音	fɑ³²⁴ 戏~	
梳	su⁴⁴ 读书音	fu⁴⁴ ~子	
疏	su⁴⁴ 读书音	fu⁴⁴ ~远	
蔬	su³²⁴ 读书音	fu³²⁴ 果~	
所	suɤ⁴⁴ 读书音	fɤɯ⁴⁴ 乡公~	
书	su⁴⁴ 读书音	fu⁴⁴ ~本	
舒	su⁴⁴ 读书音	fu⁴⁴ ~心	
鼠	su³²⁴ 读书音	fu³²⁴ 老~	
暑	su³²⁴ 读书音	fu³²⁴ ~假	
黍	——	fu³²⁴ ~子	
署	su³²⁴ 读书音	fu³²⁴ ~专	
薯	su³²⁴ 读书音	fu³²⁴ ~红	
数	su⁵³ 读书音	fu⁵³ ~字	

输	su⁴⁴ 读书音	fu⁴⁴ ~出
殊	su⁴⁴ ~不知	fu⁴⁴ 特~
竖	su⁵³ 读书音	fu⁵³ ~起来
树	su⁵³ 读书音	fu⁵³ ~木
睡	suei⁵³ 读书音	fu⁵³ ~觉
谁	suei⁴⁴ 读书音	fu⁴⁴ ~来哩
水	suei³²⁴ ~门事件	fu³²⁴ 喝~
闩	——	fæ⁴⁴ 门~
拴	suæ⁴⁴ ~住	fæ⁴⁴ ~牢
刷	suaʔ⁴ 读书音	faʔ⁴ ~子
说	suaʔ⁴ 读书音	faʔ⁴ ~话
赎	suəʔ³²⁴ 读书音	fəʔ³²⁴ ~出来
束	suəʔ⁴ 读书音	fəʔ⁴ ~起来
缩	suəʔ⁴ 读书音	faʔ⁴ 忔~
叔	suəʔ⁴ 读书音	fəʔ⁴ ~~
熟	suəʔ³²⁴ 读书音	feʔ⁴ ~悉
双	suɑ⁴⁴ 读书音	fɤɯ⁴⁴ ~方
霜	suɑ⁴⁴ 读书音	fɤɯ⁴⁴ 起~
顺	suỹ⁵³ 读书音	fỹ⁵³ ~利
如	zu⁴⁴ 读书音	vu⁴⁴ ~果
儒	zu⁴⁴ 读书音	vu⁴⁴ ~学
乳	zu⁴⁴ 读书音	vu⁴⁴ ~房
软	zuæ³²⁴ ~件	væ³²⁴ ~骨头
褥	zuəʔ⁴ 读书音	vəʔ⁴ ~子
辱	zuəʔ³²⁴ ~命	vəʔ⁴ ~没
绒	zuỹ⁴⁴ 雪~花	vỹ⁴⁴ ~毛
润	zuỹ⁵³ ~泽	vỹ⁵³ 湿~
闰	zuỹ⁵³ 读书音	vỹ⁵³ ~月

以上皆为知系字

（3）文读 tʰ，白读 tɕʰ。

例字	文读	白读
梯	tʰi⁴⁴ 读书音	tɕʰi⁴⁴ ~子
题	tʰi⁴⁴ 读书音	tɕʰi⁴⁴ ~目
提	tʰi⁴⁴ 读书音	tɕʰi⁴⁴ ~明：暗示，涉及
蹄	tʰi⁴⁴ 读书音	tɕʰi⁴⁴ ~~爪爪：比喻各种缺点
体	tʰi³²⁴ 读书音	tɕʰi³²⁴ 身~
替	tʰi⁵³ 读书音	tɕʰi⁵³ 代~
涕	tʰi⁵³ 读书音	tɕʰi⁵³ 鼻~
剃	tʰi⁵³ 读书音	tɕʰi⁵³ ~脑
屉	tʰi⁵³ 读书音	tɕʰi⁵³ 抽~
挑	tʰiɑo⁴⁴ 读书音	tɕʰiɑo⁴⁴ ~担
条	tʰiɑo⁴⁴ 读书音	tɕʰiɑo⁴⁴ ~件
跳	tʰiɑo⁵³ 读书音	tɕʰiɑo⁵³ ~崖
添	tʰiæ⁴⁴ 读书音	tɕʰiæ⁴⁴ ~油加醋
甜	tʰiæ⁴⁴ 读书音	tɕʰiæ⁴⁴ ~~地
舔	tʰiæ³²⁴ 读书音	tɕʰiæ³²⁴ 溜~
贴	tʰiəʔ⁴ 读书音	tɕʰiəʔ⁴ ~膏药
帖	tʰiəʔ⁴ 读书音	tɕʰiəʔ⁴ 请~
天	tʰiæ⁴⁴ 读书音	tɕʰiæ⁴⁴ 每~
田	tʰiæ⁴⁴ 读书音	tɕʰiæ⁴⁴ 梯~
填	tʰiæ⁴⁴ 读书音	tɕʰiæ⁴⁴ ~满
铁	tʰiəʔ⁴ 读书音	tɕʰiəʔ³²⁴ ~丝
听	tʰiɤ̃⁴⁴ 读书音	tɕʰi⁴⁴ ~见
厅	tʰiɤ̃⁴⁴ 读书音	tɕʰiɤ̃⁴⁴ 客~
踢	tʰiəʔ⁴ 读书音	tɕʰiəʔ⁴ ~一脚
剔	tʰiəʔ⁴ 读书音	tɕʰiəʔ⁴ ~除
亭	tʰiɤ̃⁴⁴ 读书音	tɕʰiɤ̃⁴⁴ ~台
停	tʰiɤ̃⁴⁴ 读书音	tɕʰiɤ̃⁴⁴ ~车
廷	tʰiɤ̃⁴⁴ 读书音	tɕʰiɤ̃⁴⁴ 朝~

庭	tʰiɣ⁴⁴ 读书音	tɕʰiɣ⁴⁴ 家~
艇	tʰiɣ³²⁴ 读书音	tɕʰiɣ³²⁴ 舰~
挺	tʰiɣ³²⁴ 读书音	tɕʰiɣ³²⁴ ~好

以上为透母字和定母平声字

（4）文读为 ɕ，白读为 x。

例字	文读	白读
下	ɕia⁵³ ~棋	xɑ⁵³ ~头
夏	ɕia⁵³ 春~秋冬	xɑ⁵³ ~儿
鞋	ɕie⁴⁴ 读书音	xai⁴⁴ ~带
解	ɕie⁵³ 姓~	xai⁵³ ~不下：不明白
咸	ɕiæ⁴⁴ ~阳	xæ⁴⁴ ~菜
馅	ɕiæ⁵³ ~饼	xæ⁵³ ~子
陷	ɕiæ⁵³ ~落	xæ⁵³ 脚~在泥里哩
衔	ɕiæ⁴⁴ 军~	xæ⁴⁴ ~住
匣	ɕia⁴⁴ ~子	xaʔ³²⁴ ~子
闲	ɕiæ⁴⁴ 休~	xæ⁴⁴ ~下哩
项	ɕia⁵³ ~羽	xɑ⁵³ 第一~
巷	ɕia⁵³ ~战	xɑ⁵³ 小~~

以上为匣母字

| 懈 | ɕie⁵³ ~怠 | xai⁵³ 松~~地 |
| 吓 | ɕia⁵³ ~唬 | xɑ⁵³ ~人 |

以上为见母字

| 瞎 | ɕieʔ²⁴ 读书音 | xaʔ²⁴ ~子 |

以上为晓母字

| 涎 | ɕiæ⁴⁴ 垂~三尺 | xæ⁴⁴ ~水 |

以上为邪母字

（5）文读 ts s，白读 tɕ ɕ。

例字	文读	白读
嘴	tsuei³²⁴ ~脸	tɕy³²⁴ ~巴子
醉	tsuei⁵³ 陶~	tɕy⁵³ 喝~酒哩

足	tsuəʔ⁴ ~迹	tɕyəʔ⁴ 赤~
粽	tsuɤ̃⁵³ 读书音	tɕyɤ̃⁵³ ~子
卒	tsuəʔ⁴ 走~	tɕyəʔ³²⁴ ~子

以上为精母字

随	suei⁴⁴ ~便	ɕy⁴⁴ 把东西~上
穗	suei⁵³ 读书音	ɕy⁵³ 麦~
颂	suɤ̃⁵³ 读书音	ɕyɤ̃⁵³ ~扬
诵	suɤ̃⁵³ 读书音	ɕyɤ̃⁵³ ~背
讼	suɤ̃⁵³ 读书音	ɕyɤ̃⁵³ ~诉
俗	suəʔ³²⁴ 读书音	ɕyəʔ³²⁴ ~气
肃	suəʔ⁴ ~清	ɕyəʔ⁴ ~甘
宿	suəʔ⁴ ~仇	ɕyəʔ⁴ ~舍

以上为心母字

（6）文读不送气，白读送气。

例字	文读	白读
败	pai⁵³ 失~	pʰai⁵³ 灰~ ~地
跪	kuei⁵³ 读书音	kʰuei⁵³ ~下
造	tsɑo⁵³ 读书音	tsʰɑo⁵³ ~船
族	tsuəʔ⁴ 种~	tsʰuəʔ⁴ ~家

以上为全浊音声母字

楂	tsɑ⁴⁴ 读书音	tsʰɑ⁴⁴ 山~
彼	pi⁴⁴ 读书音	pʰi⁴⁴ ~此
胞	pɑo⁴⁴ 读书音	pʰɑo⁴⁴ 同~
劫	tɕiəʔ⁴ ~难	tɕʰiəʔ⁴ ~难
菊	tɕyəʔ⁴ 秋~	tɕʰyəʔ⁴ ~花

以上为全清音声母字

| 缉 | tɕiəʔ⁴ ~毒 | tɕʰiəʔ⁴ ~鞋口 |

以上为次清音声母字

（7）文读塞擦音，白读擦音。

例字	文读	白读
祠	tsʰɿ⁴⁴ ~堂	sɿ⁴⁴ 晋~
赤	tsʰəʔ⁴ ~裸	səʔ⁴ ~脚
焯	——	saʔ⁴ 把菜~一~
畦	tɕhi⁴⁴ 读书音	ɕi⁴⁴ 一~菜
雀	tɕʰyəʔ⁴ ~巢咖啡	ɕyəʔ⁴ ~儿
褚	tsʰu³²⁴ 读书音	fu³²⁴ 姓~
唇	tsʰuʏ⁵³ ~音	fʏ⁵³ 嘴~子

以上全清、次清、全浊音声母都有

（8）文读为 u uʏ，白读为 ʏɯ。

例字	文读	白读
租	tsu⁴⁴ 读书音	tsʏɯ⁴⁴ ~房子
组	tsu³²⁴ 读书音	tsʏɯ³²⁴ 生产~
祖	tsu³²⁴ 读书音	tsʏɯ³²⁴ ~宗
粗	tsʰu⁴⁴ 读书音	tsʰʏɯ⁴⁴ ~细
苏	su⁴⁴ 读书音	sʏɯ⁴⁴ 姓~
醋	tsʰu⁵³ 读书音	tsʰʏɯ⁵³ 陈~
素	su⁵³ 读书音	sʏɯ⁵³ 吃~
诉	su⁵³ 读书音	sʏɯ⁵³ 告~
奴	nu⁴⁴ 读书音	nʏɯ⁴⁴ ~子：人名
怒	nu⁵³ 读书音	nʏɯ⁵³ 动~
炉	lu⁴⁴ 读书音	lʏɯ⁴⁴ 火~子
芦	lu⁴⁴ 读书音	lʏɯ⁴⁴ ~山
鲁	lu³²⁴ 读书音	lʏɯ³²⁴ ~迅
所	suʏ³²⁴ 读书音	fʏɯ³²⁴ 派出~

以上为遇摄字

多	tuʏ⁴⁴ 读书音	tʏɯ⁴⁴ ~殆：多少
拖	tʰuʏ⁴⁴ 读书音	tʰʏɯ⁴⁴ ~累
驮	tʰuʏ⁴⁴ 读书音	tʰʏɯ⁴⁴ ~粪

例字	文读	白读
驼	tʰuɣ⁴⁴ 读书音	tʰɣɯ⁴⁴ 骆~
挪	nuɣ⁴⁴ 读书音	nɣɯ⁴⁴ ~位子
罗	luɣ⁴⁴ 读书音	lɣɯ⁴⁴ 姓~
搓	tsʰuɣ⁴⁴ 读书音	tsʰɣɯ⁴⁴ 圪~~：一种面食
左	tsuɣ³²⁴ 读书音	tsɣɯ³²⁴ ~右
波	puɣ⁴⁴ 读书音	pɣɯ⁴⁴ 奔~
簸	puɣ⁵³ 读书音	pɣɯ⁵³ ~箕
坡	pʰuɣ⁴⁴ 读书音	pʰɣɯ⁴⁴ 下~路
破	pʰuɣ⁵³ 读书音	pʰɣɯ⁵³ 手~哩
婆	pʰuɣ⁴⁴ 读书音	pʰɣɯ⁴⁴ 老~
磨	muɣ⁴⁴ 读书音	mɣɯ⁴⁴ ~刀
骡	luɣ⁴⁴ 读书音	lɣɯ⁴⁴ ~子

以上为果摄字

（9）文读 uɣ̃ uəʔ，白读 ɣ̃ əʔ。

例字	文读	白读
吞	tʰuɣ̃⁴⁴ 读书音	tʰɣ̃⁴⁴ 细~慢咽
春	tsʰuɣ̃²⁴ 读书音	pfʰɣ̃⁴⁴ ~起春天
唇	tsʰuɣ̃⁵³ 读书音	fɣ̃⁵³ 嘴~子
纯	tsʰuɣ̃³²⁴ 读书音	pfʰɣ̃³²⁴ ~粹
准	tsuɣ̃³²⁴ 读书音	pfɣ̃³²⁴ ~头
蠢	tsʰuɣ̃³²⁴ 读书音	pfʰɣ̃³²⁴ 愚~
顺	suɣ̃⁵³ 读书音	fɣ̃⁵³ 通~
出	tsʰuəʔ²⁴ 读书音	pfʰəʔ²⁴ 入~：无能而羞于见人
术	suəʔ²⁴ ~语	fəʔ³²⁴ 技~
润	zuɣ̃⁵³ 读书音	vɣ̃⁵³ ~土
闰	zuɣ̃⁵³ 读书音	vɣ̃⁵³ ~月

以上为臻摄字

中	tsuɣ̃⁴⁴ 读书音	pfɣ̃⁴⁴ ~意
竹	tsuəʔ²⁴ 箴	pfəʔ²⁴ ~子
筑	tsuəʔ²⁴ 建~	pfəʔ²⁴ ~路工

虫	tsʰuɣ̃⁴⁴ 读书音	pfʰɣ̃⁴⁴ ~子
终	tsuɣ̃²⁴ 读书音	pfɣ̃²⁴ 最~
众	tsuɣ̃⁵³ 读书音	pfɣ̃⁵³ ~人
祝	tsuəʔ⁴ ~福	pfəʔ⁴ ~英台
叔	suəʔ⁴ 读书音	fəʔ⁴ ~伯子
熟	suəʔ³²⁴ ~谙	fəʔ³²⁴ ~牛皮
重	tsuʰɣ̃⁴⁴ 读书音	pfʰɣ̃⁴⁴ ~三没四：很乱的样子
钟	tsuɣ̃⁴⁴ ~鸣	pfɣ̃⁴⁴ ~点
盅	tsuɣ̃⁴⁴ 读书音	pfɣ̃⁴⁴ 酒~
种	tsuɣ̃³²⁴ 读书音	pfɣ̃³²⁴ 灰~子：俚语，指出身不好
冲	tsʰuɣ̃³²⁴ 读书音	pfʰɣ̃³²⁴ ~哩：受到不祥物的影响
烛	tsuəʔ⁴ 读书音	pfəʔ⁴ 蜡~
赎	suəʔ³²⁴ 读书音	fəʔ³²⁴ ~回来
束	suəʔ⁴ 约~	fəʔ⁴ ~别人：受到限制，不舒服
褥	zuəʔ⁴ 读书音	vəʔ⁴ ~子
辱	zuəʔ⁴ 读书音	vəʔ⁴ ~没：埋没，没有表现机会

以上为通摄字

（10）文读 ɣ̃ iɣ̃，白读 i ɿ ei。

例字	文读	白读
蒸	tsɣ̃⁴⁴ ~发	tsɿ⁴⁴ ~馒头
秤	tsʰɣ̃⁵³ ~砣	tsʰɿ⁵³ ~杵蛋：秤砣
绳	sɣ̃⁴⁴ ~之以法	sɿ⁴⁴ ~索
剩	sɣ̃⁵³ ~余价值	sɿ⁵³ ~饭
升	sɣ̃⁴⁴ 歌舞~平	sɿ⁴⁴ ~子：量具
应	iɣ̃⁴⁴ ~该	i⁴⁴ 叫不~人
蝇	iɣ̃⁴⁴ 苍~	i⁴⁴ ~子

以上为曾摄字

声	sɣ̃⁴⁴ ~势	sɿ⁴⁴ 淫~滥气：靡靡之音
生	sɣ̃⁴⁴ ~气	sɿ⁴⁴ 过~儿：过生日
争	tsɣ̃⁴⁴ 斗~	tsɿ⁴⁴ ~气

平	pʰiɤ⁴⁴ ~安	pʰi⁴⁴ ~地
病	piɤ⁵³ ~态	pi⁵³ 得~
明	miɤ⁴⁴ ~白	mi⁴⁴ ~亮
命	miɤ⁵³ 生~	mi⁵³ 要~
镜	tɕiɤ⁵³ ~花缘	tɕi⁵³ 照~
影	iɤ²⁴ ~响	i³²⁴ ~住：挡住光线
映	iɤ⁵³ ~象	i⁵³ ~虎子：影子
饼	piɤ³²⁴ ~子	pi³²⁴ 柿~子
精	tɕiɤ⁴⁴ ~神	tɕi⁴⁴ ~明
井	tɕiɤ³²⁴ ~然有序	tɕi³²⁴ ~绳
清	tɕʰiɤ⁴⁴ ~明节	tɕʰi⁴⁴ ~饭：比较稀的粥
净	tɕiɤ⁵³ ~化	tɕi⁵³ 干~
正	tsɤ⁵³ ~在	tsʅ⁵³ ~好
整	tsɤ³²⁴ ~齐	tsʅ³²⁴ ~~地十块钱
赢	iɤ⁴⁴ ~利	i⁴⁴ 输~
钉	tiɤ⁴⁴ ~是~，卯是卯	tei⁴⁴ ~子
听	tɕʰiɤ⁴⁴ ~从	tɕʰi⁴⁴ ~见
顶	tiɤ³²⁴ ~数	tei³²⁴ ~住
灵	liɤ⁴⁴ ~魂	lei⁴⁴ 魂~~
另	liɤ⁵³ ~眼相看	lei⁵³ ~外
星	ɕiɤ⁴⁴ ~座	ɕi⁴⁴ ~宿
腥	ɕiɤ⁴⁴ 血~	ɕi⁴⁴ ~味

以上为梗摄字

（11）文读 ɣɯ uɑ，白读为 uɤ。

例字	文读	白读
科	kʰɣɯ⁴⁴ ~学	kʰuɤ⁴⁴ ~目
棵	kʰɣɯ⁴⁴ 读书音	kʰuɤ⁴⁴ 一~树
课	kʰɣɯ⁵³ 读书音	kʰuɤ⁵³ 上~

以上为果摄字

光	kuɑ⁴⁴ 读书音	kuɤ⁴⁴ 灯~

广	kuɑ³²⁴ 读书音	kuɤ³²⁴ ~播
黄	xuɑ⁴⁴ 读书音	xuɤ⁴⁴ ~颜色
慌	xuɑ⁴⁴ 读书音	xuɤ⁴⁴ 心~
荒	xuɑ⁴⁴ 读书音	xuɤ⁴⁴ 饥~
谎	xuɑ³²⁴ 读书音	xuɤ³²⁴ 扯~
皇	xuɑ⁴⁴ ~天	xuɤ⁴⁴ ~帝
惶	xuɑ⁴⁴ 读书音	xuɤ⁴⁴ ~恐
蝗	xuɑ⁴⁴ 读书音	xuɤ⁴⁴ ~虫
晃	xuɑ⁵³ ~动	xuɤ⁵³ ~眼
眶	kʰuɑ⁴⁴ 夺~而出	kʰuɤ⁴⁴ 眼~子
狂	kʰuɑ⁴⁴ ~妄	kʰuɤ⁴⁴ 疯~
况	kʰuɑ⁵³ ~且	kʰuɤ⁵³ 情~
王	vɑ⁴⁴ 读书音	vɤɯ⁴⁴ 大~
往	vɑ³²⁴ ~事	vɤɯ³²⁴ ~来
枉	vɑ⁴⁴ 读书音	vɤɯ⁴⁴ 冤~
旺	vɑ⁵³ 读书音	vɤɯ⁵³ ~火

以上为宕摄字

（12）文读 ɤɯ ei，白读 iɤɯ i。

例字	文读	白读
勾	kɤɯ⁴⁴ 读书音	kiɤɯ⁴⁴ ~子
沟	kɤɯ⁴⁴ 读书音	kiɤɯ⁴⁴ ~里
狗	kɤɯ³²⁴ 读书音	kiɤɯ³²⁴ ~娃：小狗
口	kʰɤɯ³²⁴ 读书音	kʰiɤɯ³²⁴ ~子
偶	ŋɤɯ³²⁴ 读书音	ŋiɤɯ³²⁴ ~然
够	kɤɯ⁵³ 读书音	kiɤɯ⁵³ 哩
扣	kʰɤɯ⁵³ 读书音	kʰiɤɯ⁵³ ~人
寇	kʰɤɯ⁵³ 读书音	kʰiɤɯ⁵³ 日~
藕	ŋɤɯ³²⁴ 读书音	ŋiɤɯ³²⁴ ~根
喉	xɤɯ⁴⁴ 读书音	xiɤɯ⁴⁴ ~头
吼	xɤɯ³²⁴ 读书音	xiɤɯ³²⁴ ~叫

例字	文读	白读
侯	xɤɯ⁴⁴ 读书音	xiɣɯ⁴⁴ 姓~
候	xɤɯ⁵³ 读书音	xiɣɯ⁵³ 气~
后	xɤɯ⁵³ 读书音	xiɣɯ⁵³ ~头
厚	xɤɯ⁵³ 读书音	xiɣɯ⁵³ ~薄
欧	ɤɯ⁴⁴ 读书音	ŋiɣɯ⁴⁴ ~洲
沤	ɤɯ⁵³ 读书音	ŋiɣɯ⁵³ ~肥
怄	ɤɯ⁵³ 读书音	ŋiɣɯ⁵³ ~气

以上为流摄字

例字	文读	白读
被	pei⁵³ 读书音	pi⁵³ ~子
臂	pei⁵³ 读书音	pi⁵³ 手~
眉	mei⁴⁴ ~宇	mi⁴⁴ ~毛
寐	mei⁵³ 梦~	mi⁵³ 圪~：小睡
备	pei⁵³ 读书音	pi⁵³ 准~
肥	fei⁴⁴ ~胖	ɕi⁴⁴ ~崴崴地：肥胖臃肿的样子
费	fei⁵³ ~用	ɕi⁵³ ~鞋

以上为止摄字

（13）文读 uæ uɑ uai uei uaʔ，白读 æ ɣɯ ɑ ai ei aʔ。

例字	文读	白读
暖	nuæ³²⁴ 温~	næ³²⁴ ~和
闩	suæ⁴⁴ 读书音	fæ⁴⁴ 门~
栓	suæ⁴⁴ ~塞	fæ⁴⁴ ~存：人名
拴	suæ⁴⁴ 读书音	fæ⁴⁴ ~狗
涮	suæ⁵³ 读书音	fæ⁵³ ~嘴：搬弄口舌
刷	suaʔ⁴ 读书音	faʔ⁴ ~子
传	tsʰuæ⁴⁴ ~播	pfʰæ⁴⁴ ~流
椽	tsʰuæ⁴⁴ 读书音	pfʰæ⁴⁴ 挂~
转	tsuæ³²⁴ 读书音	pfæ³²⁴ 活~生：迷信中的转世
篆	tsuæ⁵³ 读书音	pfæ⁵³ ~书
专	tsuæ⁴⁴ 读书音	pfæ⁴⁴ ~说：故意说
砖	tsuæ⁴⁴ 读书音	pfæ⁴⁴ ~头

川	tsʰuæ⁴⁴ 读书音	pfʰæ⁴⁴ 平~
穿	tsʰuæ⁴⁴ 读书音	pfʰæ⁴⁴ ~着：穿戴打扮
船	tsʰuæ⁴⁴ 读书音	pfʰæ⁴⁴ ~员
喘	tsʰuæ³²⁴ 读书音	pfʰæ³²⁴ ~气
说	suaʔ⁴ 读书音	faʔ⁴ 灰~：胡说
拙	tsuaʔ⁴ 读书音	pfaʔ⁴ ~手笨脚
以上为山摄字		
装	tsuɑ⁴⁴ 读书音	pfɤɯ⁴⁴ ~样子：装模作样
庄	tsuɑ⁴⁴ 读书音	pfɤɯ⁴⁴ 中~：地名
壮	tsuɑ⁵³ ~志	pfɤɯ⁵³ 身体~
疮	tsʰuɑ⁴⁴ 读书音	pfʰɤɯ⁴⁴ 烂~
创	tsʰuɑ⁵³ ~可贴	pfʰɤɯ⁵³ ~伤风
闯	tsʰuɑ³²⁴ 读书音	pfʰɤɯ³²⁴ 莽~：莽撞
床	tsʰuɑ⁴⁴ 读书音	pfʰɤɯ⁴⁴ ~腿子
状	tsuɑ⁵³ ~况	pfɤɯ⁵³ ~元
霜	suɑ⁴⁴ 读书音	fɤɯ⁴⁴ 下~
窗	tsʰuɑ⁴⁴ 读书音	pfʰɤɯ⁴⁴ ~户：门窗
双	suɑ⁴⁴ 读书音	fɤɯ⁴⁴ ~~齐齐：成双成对
桌	tsuaʔ⁴ 读书音	pfaʔ⁴ ~子
戳	tsʰuaʔ⁴ 读书音	pfʰaʔ⁴ ~子
捉	tsuaʔ⁴ ~贼	pfaʔ⁴ ~猪娃：买小猪
镯	tsuaʔ⁴ 读书音	pfaʔ⁴ 手~
以上为宕摄字		
抓	tsuɑ⁴⁴ ~差	pfɑ⁴⁴ ~药
爪	tsuɑ³²⁴ 读书音	pfɑ³²⁴ ~子
以上为效摄字		
耍	suɑ³²⁴ 读书音	fɑ³²⁴ 戏~
以上为假摄字		
摔	suai⁴⁴ 读书音	fai⁴⁴ ~一巴掌
率	suai⁵³ 读书音	fai⁵³ ~领

帅	suai⁵³ ~气	fai⁵³ 元~
追	tsuei⁴⁴ ~赶	pfei⁴⁴ ~肥
锤	tsʰuei⁴⁴ 读书音	pfʰei⁴⁴ ~子
槌	tsʰuei⁴⁴ 读书音	pfʰei⁴⁴ ~头：拳头
垂	tsʰuei⁴⁴ 永~不朽	pfʰei⁴⁴ ~下来

以上为止摄字

（14）文读 uỹ uəʔ uei，白读 yỹ yəʔ y。

例字	文读	白读
粽	tsuỹ⁵³ 读书音	tɕyỹ⁵³ ~子
诵	suỹ⁵³ 读书音	ɕyỹ⁵³ ~读
颂	suỹ⁵³ 读书音	ɕyỹ⁵³ 歌~
讼	suỹ⁵³ 读书音	ɕyỹ⁵³ 诉~
肃	suəʔ³²⁴ 读书音	ɕyəʔ²⁴ 甘~
宿	suəʔ²⁴ 读书音	ɕyəʔ²⁴ ~舍
足	tsuəʔ³²⁴ ~够	tɕyəʔ³²⁴ 不~

以上为通摄字

嘴	tsuei³²⁴ 读书音	tɕy³²⁴ ~舌：和别人争吵
随	suei⁴⁴ ~便	ɕy⁴⁴ ~上：顺便带上
醉	tsuei⁵³ 陶~	tɕy⁵³ 喝~哩
穗	suei⁵³ 读书音	ɕy⁵³ ~子

以上为止摄字

（15）文读为 iɪ ie iæ iəʔ iɑ，白读为 ai æ aʔ ɑ əʔ。

例字	文读	白读
鞋	ɕiɪ⁴⁴ 读书音	xai⁴⁴ 布~
解	ɕiɪ⁵³ 姓~	xai⁵³ ~开：知道，了解
懈	ɕiɪ⁵³ 松~	xai⁵³ 松~ ~地：松懈，不紧凑

以上为蟹摄字

陷	ɕie⁵³ ~落	xæ⁵³ 泥把脚~住
馅	ɕie⁵³ 读书音	xæ⁵³ ~子
衔	ɕie⁴⁴ 军~	xæ⁴⁴ ~住

咸	ɕie⁴⁴ ~阳		xæ⁴⁴ ~菜
淹	ie⁴⁴ ~没		ŋæ⁴⁴ ~死

以上为咸摄字

闲	ɕie⁴⁴ 休~		xæ⁴⁴ ~下
瞎	ɕiəʔ⁴ 睁眼~		xaʔ⁴ ~子

以上为山摄字

鸭	iəʔ⁴ 读书音		ŋaʔ⁴ ~子

以上为假摄字

项	ɕiɑ⁵³ ~目		xɑ⁵³ 第一~
巷	ɕiɑ⁵³ ~战		xɑ⁵³ 小~~

以上为江摄字

脊	tɕiəʔ⁴ ~椎		tsəʔ⁴ ~背

以上为梗摄字

（16）文读 ɑ，白读 ɤɯ。

例字	文读	白读
帮	pɑ⁴⁴ 读书音	pɤɯ⁴⁴ ~衬：帮助
滂	pʰɑ⁴⁴ 读书音	pʰɤɯ⁴⁴ ~沱大雨
旁	pʰɑ⁴⁴ 读书音	pʰɤɯ⁴⁴ ~边
螃	pʰɑ⁴⁴ 读书音	pʰɤɯ⁴⁴ ~蟹
忙	mɑ⁴⁴ 读书音	mɤɯ⁴⁴ ~急：忙
榜	pɑ³²⁴ 读书音	pɤɯ³²⁴ ~样
蟒	mɑ³²⁴ 读书音	mɤɯ³²⁴ ~蛇
邦	pɑ²⁴ 读书音	pɤɯ²⁴ ~交
庞	pʰɑ⁴⁴ 读书音	pʰɤɯ⁴⁴ ~大
棒	pɑ⁵³ 很~	pɤɯ⁵³ ~子

以上为宕江摄字

（17）文读为 y，白读为 u。

例字	文读	白读
驴	ly⁴⁴ 读书音	lu⁴⁴ 毛~
吕	ly³²⁴ 读书音	lu³²⁴ ~布

旅	ly³²⁴ 读书音	lu³²⁴ ~游
滤	ly⁵³ 读书音	lu⁵³ ~豆腐
虑	ly⁵³ 读书音	lu⁵³ 考~
侣	ly³²⁴ 读书音	lu³²⁴ 伴~
缕	ly³²⁴ 读书音	lu³²⁴ 一圪~ ~线
屡	ly³²⁴ 读书音	lu³²⁴ ~次

以上为遇摄字

（18）文读为 ei，白读为 uei u。

雷	lei⁴⁴ 读书音	luei⁴⁴ 响~
儡	lei³²⁴ 读书音	luei³²⁴ 傀~
累	lei⁵³ 读书音	luei⁵³ ~人

以上为蟹摄字

垒	lei³²⁴ 读书音	lu³²⁴ ~墙
类	lei⁵³ 读书音	luei⁵³ ~别
泪	lei⁵³ 读书音	lu⁵³ ~水子

以上为止摄字

（19）文读为 uei，白读为 y u。

例字	文读	白读
苇	vei³²⁴ 芦~	y³²⁴ ~子
慰	vei⁵³ 读书音	y⁵³ ~问
尉	vei⁵³ 廷~	y⁵³ ~迟公
吹	tsʰuei⁴⁴ 读书音	pfʰu⁴⁴ ~一口气
睡	suei⁵³ 读书音	fu⁵³ ~觉
锥	tsuei⁴⁴ 读书音	pfu⁴⁴ ~儿
谁	suei⁴⁴ 读书音	fu⁴⁴ 你是~
水	suei³²⁴ ~粉画	fu³²⁴ ~气

以上为止摄字

3. 文白异读与古音的关系

娄烦（城关）小片文白异读与古音关系详见表 1–1。

表 1–1　娄烦（城关）小片文白异读与古音关系

	文白异读的类型	与古音的关系
1	文读为零声母，白读为鼻音声母 ŋ ȵ n 声母	疑母字、影母字
2	文读 ts tsʰ s z，白读 pf pfʰ f v	知系字
3	文读 tʰ，白读 tɕʰ	透母字和定母平声字
4	文读为 ɕ，白读为 x	主要是匣母字，还包括见母字、晓母字、邪母字
5	文读 ts s，白读 tɕ ɕ	精母字、心母字
6	文读不送气，白读送气	全浊音声母字、全清音声母字、次清音声母字
7	文读塞擦音，白读擦音	全清、次清、全浊音声母都有
8	文读为 u uɣ，白读为 ɯ	遇摄和果摄字
9	文读 uɣ uaʔ，白读 ỹ əʔ	主要为臻摄、通摄字
10	文读 ỹ iỹ，白读 i ɿei	曾摄、梗摄字
11	文读 ɯ uɑ，白读为 uɣ	果摄、宕摄字
12	文读 ɯ ei，白读 iɯ i	流摄、止摄字
13	文读 uæ uɑ uai uei uaʔ，白读 æ ɯ ɑ ai ei aʔ	山摄、宕摄字，个别效摄字，假摄字，止摄字
14	文读 uɣ uəʔ uei，白读 yỹ yəʔ y	通摄、止摄字
15	文读为 iɿ ie iæ iəʔ iɑ，白读为 ai æ aʔ ɑ əʔ	蟹摄、咸摄、山摄字和个别假摄、江摄、梗摄字
16	文读 ɑ，白读 ɯ	宕江摄字
17	文读为 y，白读为 u	遇摄字
18	文读为 ei，白读为 uei u	蟹摄、止摄字
19	文读为 uei，白读为 y u	止摄字

除去以上主要的文白异读类型以外，还有一些类型，但管辖的字很少。

（1）文读送气，白读不送气。

例字	文读	白读
爬	pʰɑ⁴⁴ ~ 山	pɑ⁴⁴ ~ 坡

| 触 | tsʰuəʔ⁴ ~类旁通 | pfəʔ⁴ 接~ |
| 羌 | tɕʰia⁴⁴ 读书音 | tɕia⁴⁴ ~族 |

（2）文读擦音 s，白读塞擦音 tsʰ。

例字	文读	白读
蛇	sɤɯ⁴⁴ 读书音	tsʰɤɯ⁴⁴ ~皮
侍	sɿ⁵³ ~奉	tsʰɿ⁵³ ~候

（3）文读 f，白读 ɕ。

例字	文读	白读
肥	fei⁴⁴ ~沃	ɕi⁴⁴ ~崴崴地：臃肿的样子
费	fei⁵³ ~用	ɕi⁵³ ~衣服

（4）文读 z，白读 ø。

例字	文读	白读
容	zuɣ̃⁴⁴ 读书音	yɣ̃⁴⁴ 面~
融	zuɣ̃⁴⁴ 读书音	yɣ̃⁴⁴ ~合
溶	zuɣ̃⁴⁴ 读书音	yɣ̃⁴⁴ ~化

（5）文读 tɕ，白读 ts。

例字	文读	白读
脊	tɕiəʔ⁴ ~椎	tsəʔ⁴ ~背
匠	tɕia⁵³ 读书音	tsɑ⁵³ ~人

（6）文读 iæ，白读 uæ。

例字	文读	白读
联	liæ⁴⁴ 读书音	luæ⁴⁴ 苏~
恋	liæ⁴⁴ 读书音	luæ⁴⁴ ~爱

（7）文读 ɣ̃，白读 uɣ。

例字	文读	白读
啃	kʰɣ̃³²⁴ 读书音	kʰuɣ̃³²⁴ ~骨头

四 声韵调配合关系

1. 声韵配合关系

声韵配合关系见表 1-2。表中把韵母分成开口、齐齿、合口、撮口四呼，声母分成 11 组。空格表示声韵不相拼。

表 1-2 娄烦（城关）小片声韵配合关系

	开口呼	齐齿呼	合口呼	撮口呼
p pʰ m	把盘马	表平米	布铺母	
pf pfʰ f v	装床非闻		猪吹输五	
t	蛋躺	点叼	短都是	
tʰ	谈疼		土通	
n	难闹			
l	老冷	里聊	驴轮	
ts tsʰ s	在寨菜柴扫少		尊存酸	
tɕ tɕʰ ɲ ɕ		鸡清跳年细		嘴取女许
k kʰ x	歌糠好	狗扣猴	工苦混	
ŋ	袄安饿	欧		
ø	二耳儿	一阳音		语云用

（1） p pʰ m 和 t l 只拼开口、齐齿、合口三呼，不拼撮口呼。p pʰ m 与合口呼相拼时只拼 u 韵。

（2） pf pfʰ f v 拼开口呼与合口呼，不拼齐齿呼和撮口呼。合口呼仅限于 u 韵。与 pf pfʰ f v 相拼的开口呼在普通话里都读合口呼。

（3） tʰ 和 ts tsʰ s 只拼开口呼和合口呼，不拼齐齿、撮口两呼。tʰ 与齐齿呼相拼时舌面化为 tɕʰ。

（4） n 只与开口呼拼，不与合口呼拼，与齐齿、撮口两呼拼时舌面化为 ɲ。所以 n 只有开口呼韵的字。

（5） tɕ tɕʰ ɲ ɕ 只与齐齿呼和撮口呼相拼。

（6） ŋ 一般只与开口呼拼，这些字都是普通话的开口呼零声母字；与齐齿呼拼时只限于 iɤɯ 韵母。

（7） k kʰ x 可以与开口呼、合口呼、齐齿呼相拼，与齐齿呼相拼时只限于 iɤɯ 韵母。

（8） ø 只与开口、齐齿、撮口三呼拼，不和合口呼拼，因为方言把普通话的合口呼零声母字 u 介音擦化为唇齿浊擦音 v。

2. 声韵调配合关系

表1-3是声韵调配合表。该表限于基本韵母。同一横行的字声母相同,同一竖行的字韵母、声调相同。空格表示拼不出字。有意义而无适当的字可写的,表里用数码表示,并在表下加注。表中黑体字也在表下加注。

表1-3 娄烦(城关)小片声韵调配合关系之一

	ɿ					i					u					y				
	平声	上声	去声	阴入	阳入	平声	上声	去声	阴入	阳入	平声	上声	去声	阴入	阳入	平声	上声	去声	阴入	阳入
p							②	比	闭		④	补	部							
pʰ						皮	脾	屁			**铺**	谱	铺							
m							眉	米	③		模	母	墓							
pf											锥	煮	住							
pfʰ											吹	础	处							
f											夫	水	树							
v											乳	五	雾							
t											都	赌	**肚**							
tʰ											图	吐	兔							
n																				
l											驴	吕	滤							
ts	**吱**	纸	字																	
tsʰ	①	此	次																	
s	绳	屎	是																	
z	扔																			
tɕ						鸡	几	计								驹	举	句		
tɕʰ						听	起	气								蛆	取	去		
ȵ						泥	你	腻									女			
ɕ						**肥**	洗	细								兄	许	序		
k											姑	鼓	故							
kʰ											枯	苦	裤							
ŋ																				
x							孩				呼	虎	护							
ø						衣	**影**	议								**异**	语	遇		

① tsʰɿ⁴⁴ ~面:把面粉用力揉进面团里。
② pi⁴⁴ 拟声词,形容汽车喇叭的声音。

第一章 音 系

③ mi⁵³ 把细长或尖锐物从小孔或小缝里插进去。
④ pu⁴⁴ 拟声词,放屁的声音。
吱 tsʅ⁴⁴ 拟声词,用来形容细小的声音,比如老鼠的叫声或开关门的声音。
肥 ɕi⁴⁴ 形容肉太油腻或人特别肥胖。
铺 pʰu⁴⁴ ～盖:床上用品的总称。
影 i³²⁴ ～住:挡住光线。
肚 tu⁵³ 读去声时指人或动物的腹部。
兄 ɕy⁴⁴ ～弟:专指弟弟。
舁 y⁴⁴ 抬。

表 1-3 声韵调配合关系之二

	ər					a					ia					ua				
	平声	上声	去声	阴入	阳入	平声	上声	去声	阴入	阳入	平声	上声	去声	阴入	阳入	平声	上声	去声	阴入	阳入
p						爬	把	罢												
pʰ						趴		怕												
m						麻	马	骂												
pf						抓	爪													
pfʰ						①														
f							耍													
v						娃	瓦	洼												
t						当	挡	宕												
tʰ						糖	躺	趟												
n						拿	㖠	娜												
l						狼		浪			凉	两	亮							
ts						咱	掌	葬												
tsʰ						差	杈	唱												
s						②	洒	上												
z						瓤	嚷	让												
tɕ											家	假	价							
tɕʰ											墙	抢	呛							
ȵ											牙	仰	压							
ɕ											霞	想	厦							
k						钢	哥	杠								刮	寡	挂		
kʰ						③	卡	炕								夸	垮	胯		

续表

	ər				ɑ				iɑ				uɑ			
	平声	上声	去声	阴入	阳入	平声	上声	去声	阴入	阳入	平声	上声	去声	阴入	阳入	

	平声	上声	去声	阴入	阳入	平声	上声	去声	阴入	阳入	平声	上声	去声	阴入	阳入	平声	上声	去声	阴入	阳入
ŋ						肮	我	④												
x						行	夏									花		画		
ø	儿	耳	二			啊														

① pfʰɑ⁴⁴ ~ 马：时间副词，马上，立刻。
② sɑ⁴⁴ ~ 儿 ~ 儿地：形容做事利索。
③ kʰɑ⁴⁴ 拟声词，咳嗽的声音。
④ ŋɑ⁵³ ~ 下腰：弯下腰。
爬 pɑ⁴⁴ ~ 山、~ 树、~ 坡。
夥 nɑ³²⁴ 非常多。如：夜儿唱戏咪，戏场院人可 ~ 嘞。
我 ŋɑ³²⁴ ~ 们：第一人称复数。
行 xɑ⁴⁴ 银 ~ 。
仰 n̠iɑ³²⁴ 躺。

表1-3 娄烦（城关）小片声韵调配合关系之三

	ai				uai				ɑo				iɑo			
	平声	上声	去声	阴入	阳入	平声	上声	去声	阴入	阳入	平声	上声	去声	阴入	阳入	

	平声	上声	去声	阴入	阳入	平声	上声	去声	阴入	阳入	平声	上声	去声	阴入	阳入	平声	上声	去声	阴入	阳入
p	白	摆	败					③			饱	报					表	⑦		
pʰ	牌	排	派								袍	跑	炮			瓢	漂	票		
m	埋	买	卖								猫	卯	帽			苗	秒	妙		
pf																				
pfʰ		揣																		
f		摔						帅												
v	①	崴	外																	
t		逮	带								叨	倒	道			叼		掉		
tʰ		台	太								桃	讨	套							
n		崖	奶	耐							脑	脑	闹							
l	来	②	赖								佬	老	涝			憭	了	料		
ts		灾	宰	在							④	早	赵							
tsʰ		柴	踩	菜							曹	吵	糙							

第一章 音 系

续表

	ai					uai					ao					iao				
	平声	上声	去声	阴入	阳入	平声	上声	去声	阴入	阳入	平声	上声	去声	阴入	阳入	平声	上声	去声	阴入	阳入
s	筛	色	晒								稍	少	哨							
z											⑤	扰	绕							
tɕ																教	搅	叫		
tɕʰ																敲	巧	跳		
ȵ																⑧	鸟	尿		
ɕ																消	小	笑		
k	该	改	盖			乖	拐	怪			高	搞	告							
kʰ	开	楷	慨				块	快				考	靠							
ŋ	哀	矮	爱								熬	袄	傲							
x						槐	哄	坏				好	号							
ø	唉		哎													妖	舀	要		

① vai⁴⁴ "那儿"的合音：~唱戏嘞。
② lai³²⁴ 不~脑：摇头。
③ pɑo⁴⁴ 拟声词，放炮声。
④ tsɑo⁴⁴ ~儿~地：吵吵闹闹的样子。
⑤ zɑo⁴⁴ ~儿~地：动作流畅快速。如：~儿~地做营生。
⑥ piɑo⁴⁴ 拟声词，用手拍打物体的声音。
⑦ piɑo⁵³ 物体摔碎或无端地浪费。如：你又~了一个碗。今儿又~了我十块钱。
⑧ ȵiɑo⁴⁴ 指射击时瞄得准，也用来形容人精明能干，带有贬义。
白 pai⁴⁴ ~灵子：一种鸟。
排 pʰai³²⁴ 杨~风：《杨门女将》中人物名。
揣 pfʰai³²⁴ ~摸、摸~：抚摸或用手细细地搜索。
崴 vai³²⁴ 关节处被扭伤。
色 sai³²⁴ ~子。
唉 ai⁴⁴ 拟声词，表叹息声，表示失望或不如意。
哎 ai⁵³ 语气词，用来提醒别人。如：哎，咱们走哇。
哄 xuai³²⁴ 白读，骗。
叨 tɑo⁴⁴ ~儿~地：絮絮叨叨的样子。
脑 nɑo³²⁴ 扛。如：~上一袋子面。
饹 lɑo⁴⁴ 靠~：一种用莜面做成的食品。
稍 sɑo⁴⁴ ~儿~地：行动快速敏捷的样子。
漂 pʰiɑo³²⁴ ~□ miəʔ²⁴：间接地指责别人。
了 lɑo³²⁴ ~事。

表 1-3 娄烦（城关）小片声韵调配合关系之四

	ei 平声	ei 上声	ei 去声	ei 阴入	ei 阳入	ie 平声	ie 上声	ie 去声	ie 阴入	ie 阳入	uei 平声	uei 上声	uei 去声	uei 阴入	uei 阳入
p	①		辈												
pʰ	赔	培	配												
m	梅	美	妹												
pf	追														
pfʰ	锤														
f	肥	翡	肺												
v	违	伟	胃												
t	低	底	地								堆		对		
tʰ											推	腿	退		
n															
l	犁	李	利								雷	垒	累		
ts											②	③	最		
tsʰ											催		脆		
s											虽	锁	碎		
z															
tɕ						街	解	借							
tɕʰ						揩	且								
ȵ						茶									
ɕ						斜	写	谢							
k											轨	鬼	柜		
kʰ											亏		跪		
ŋ															
x											灰	毁	会		
∅						爷	也	夜							

① pei⁴⁴ 拟声词，形容清脆的声音。
② tsuei⁴⁴ 揪。
③ tsuei³²⁴ 形容人脾气怪僻，不善与人交往。
追 pfei⁴⁴ ~肥：给它长出庄稼的地里再追加肥料，还可以指催促别人，如：我够快哩，你不要~我。
锁 suei³²⁴ 白读。

表 1-3 娄烦（城关）小片声韵调配合关系之五

	yɯ					iyɯ					uɤ				
	平声	上声	去声	阴入	阳入	平声	上声	去声	阴入	阳入	平声	上声	去声	阴入	阳入
p	波	绑	棒												
pʰ	旁		破												
m	磨	蟒	**糖**												
pf	庄		壮												
pfʰ	窗	闯	创												
f	房	所	放												
v	窝	网	忘												
t	多	陡	斗			丢						朵	剁		
tʰ	头		透								**陀**	椭	**唾**		
n	奴	努	怒												
l	罗	鲁	路			流	柳	六					**㩧**		
ts	租	走	皱										坐		
tsʰ	愁	瞅	醋								搓		错		
s	苏	手	受								梭				
z	揉	惹	肉												
tɕ						阄	九	救							
tɕʰ						球									
ɲ						牛	扭	**拗**							
ɕ						修	朽	绣							
k	歌		个			沟	狗	够			锅	裹	过		
kʰ		可	**可**			**抠**	口	寇			狂		课		
ŋ	讹	我	饿			瓯	藕	怄							
x	①	荷	贺			喉	吼	后			**和**	火	货		
ø															

① xyɯ⁴⁴ 蒸，如：~点心，~山药。
糖 myɯ⁵³ 平整土地的农具。
可 kʰyɯ⁵³ ~好：正好。如：~好十块钱。
荷 xyɯ³²⁴ 拿，取，如：把东西~将来。
拗 ɲiyɯ⁵³ 固执任性，不听从别人的意见，如：那人可~嘞。
抠 kʰiyɯ⁴⁴ 用手指使劲挖，如：石头缝的山药，吃不上也要~烂。

瓯 ŋiyɯ⁴⁴ 小～～：小碟子。
唾 tʰuɣ⁵³ 文读。
陀 tʰuɣ⁴⁴ ～子：车轮。
摞 luɣ⁵³ 把东西重叠着放起来，也可用作量词，如：一～碗。
和 xuɣ⁴⁴ ～面，也指有前嫌的两者重新交好，还可指游戏双方打成平手。

表1-3 娄烦（城关）小片声韵调配合关系之六

	æ				ie				uæ				ye			
	平声	上声	去声	阴入	阳入	平声	上声	去声	阴入	阳入	平声	上声	去声	阴入	阳入	
p	班	板	办			鞭	贬	变									
pʰ	**番**		盼			篇	**谝**	骗									
m	瞒	满	慢			棉	免	面									
pf	砖	转	赚														
pfʰ	穿	喘	串														
f	拴	反	饭														
v	丸	晚	万														
t	①	胆	蛋			掂	点	店			端	短	断				
tʰ	谈	毯	探								团						
n	②	暖	**难**														
l	兰	懒	烂			连	脸	练			**联**	卵	乱				
ts	③	展	站														
tsʰ	馋	铲	灿														
s	三	伞	散														
nʐ	黏	碾	湳														
z	④	**燃**	**愁**														
tɕ						尖	拣	贱						捐	卷	倦	
tɕʰ						田	浅	嵌						圈	犬	劝	
ȵ						年	撵	念									
ɕ						先	鲜	现						宣	选	**楦**	
k	竿	敢	赣								关	管	罐				
kʰ	**看**	砍	看								宽	款					
ŋ	**严**	揞	岸														

续表

	æ				ie				uæ				ye			
	平声	上声	去声	阴入	阳入	平声	上声	去声	阴入	阳入	平声	上声	去声	阴入	阳入	平声	上声	去声	阴入	阳入
x	还	喊	汗								欢	缓	换							
ø						腌	演	炎								冤	远	愿		

① tæ⁴⁴ ~儿 ~地：说话啰唆，没有重点。
② næ⁴⁴ ~~：污浊的东西。儿童语。
③ tsæ⁴⁴ 拟声词，形容水滴溅落在坚硬物体上发出的声音。
④ zæ⁴⁴ 拟声词，形容小孩持续而又烦人的哭声。

番 pʰæ⁴⁴ 西~柿：西红柿。
难 næ⁵³ 招~。
穰 zæ⁵³ 麦~：麦子脱粒后除去麦秸以外的细碎部分。
看 kʰæ⁴⁴ ~守。
看 kʰæ⁵³ ~酒：倒酒。
严 ŋæ⁴⁴ 指门窗或衣服严实，没有空隙，也指事情发展到没有缺憾。
揞 ŋæ³²⁴ 把眼睛蒙上。
还 xæ⁴⁴ ~有。
谝 pʰiæ³²⁴ 夸耀、显示自己。
联 luæ⁴⁴ 白读。
楦 ɕyæ⁵³ 鞋~子：做鞋时用来定型的木制模型。

表1-3 娄烦（城关）小片声韵调配合关系之七

	ỹ					iỹ					uỹ					yỹ				
	平声	上声	去声	阴入	阳入	平声	上声	去声	阴入	阳入	平声	上声	去声	阴入	阳入	平声	上声	去声	阴入	阳入
p	①	本	笨			兵	饼	鬓												
pʰ	喷	捧	碰			平	品	聘												
m	蒙	猛	梦			明	敏	命												
pf	盅	准	众																	
pfʰ	虫	宠	冲																	
f	分	粉	粪																	
v	温	稳	瓮																	
t	②	等	凳			叮	顶	定			咚	懂	冻							
tʰ	疼	③									铜	桶	痛							
n	能	嫩																		
l	棱	冷	楞			灵	领	令												

续表

	ỹ				iỹ				uỹ				yỹ			
	平声	上声	去声	阴入	阳入	平声	上声	去声	阴入	阳入	平声	上声	去声	阴入	阳入	
ts	④	整	正								尊	总	**种**			
tsʰ	层	呈	衬								村	**冲**	寸			
s	神	沈	甚								孙	损	送			
z	人	忍	认													
tɕ						斤	紧	近						军	**拱**	俊
tɕʰ						亲	请	庆						穷		
ȵ						拧		硬								
ɕ						心	醒	兴						雄		训
k	根	庚	更								工	攻	共			
kʰ	⑤	肯	⑥								昆	恐	困			
ŋ	恩															
x	⑦	很	恨								昏	哄	混			
ø	嗯					音	引	印						云	永	用

①pỹ⁴⁴ 拟声词,形容弹拨弦乐器发出的声音。
②tỹ⁴⁴ 拟声词,敲击木板声或其他类似的声音,如鞋后跟撞击地板的声音等。
③tʰỹ⁵³ 怂恿别人,如:你不要~我。
④tsỹ⁴⁴ 拟声词,形容钟表发出的声音。
⑤kʰỹ⁴⁴ 拟声词,用力时发出的声音或断断续续的哽咽声。
⑥kʰỹ⁵³ 打~:乘人之危要挟别人。
⑦xỹ⁴⁴ 拟声词,猪叫食时发出的声音。
冲 pfʰỹ⁵³ 朝、对、向,如:你有啥不满意都~我来哇。另外,读上声时表示向前冲。
嗯 ỹ⁴⁴ 语气词,表应答。
叮 tiỹ⁴⁴ 拟声词,水滴的声音。
咚 tuỹ⁴⁴ 拟声词,重物落地发出的声音。
种 tsuỹ⁵³ 文读。
冲 tsʰuỹ³²⁴ 文读。
拱 tɕyỹ³²⁴ 猪用嘴拱地。

表1-3 娄烦(城关)小片声韵调配合关系之八

	əʔ					iəʔ					uəʔ					yəʔ				
	平声	上声	去声	阴入	阳入	平声	上声	去声	阴入	阳入	平声	上声	去声	阴入	阳入	平声	上声	去声	阴入	阳入
p			不		腹				笔	鼻										
pʰ					箔				劈	密										

续表

	əʔ					iəʔ					uəʔ					yəʔ				
	平声	上声	去声	阴入	阳入	平声	上声	去声	阴入	阳入	平声	上声	去声	阴入	阳入	平声	上声	去声	阴入	阳入
m				木	没															
pf				竹	**轴**															
pfʰ				出																
f				叔	熟															
v				屋																
t				的					德	敌			**乱**		读					
tʰ														秃						
n				①																
l				嘞					力					录	肋					
ts				摘	**值**									做						
tsʰ				吃										促						
s				湿	石									速	朔					
z					日										入					
tɕ									急	**接**									脚	局
tɕʰ									切										曲	
ȵ									聂											
ɕ									吸	学									削	俗
k				去	**跂**									谷						
kʰ				克										哭						
ŋ																				
x				黑	②									忽	**葫**					
ø									叶										月	

① nəʔ⁴ 提示词，给别人东西时用在句首提示别人注意，如：~，给你一本书。
② xəʔ³²⁴ ~浪：小巷。
腹 pəʔ³²⁴ 肚~脐：肚脐。
筐 pʰəʔ³²⁴ ~篮：农家盛物用具。
轴 pfəʔ³²⁴ 文读，~丝。
嘞 ləʔ⁴ 句末语气词。
值 tsəʔ³²⁴ ~不~。在"价值"一词中读为阴入。

跍 kəʔ⁴ ~蹴：蹲。
接 tɕiəʔ³²⁴ ~地：接住。用在"连接"一词中为阴入。
丑 tuəʔ⁴ 用手指点，如：~打。
肋 luəʔ³²⁴ ~支：肋骨。
朔 suəʔ³²⁴ ~州：地名。
人 zuəʔ⁴ 文读。
葫 xuəʔ³²⁴ 西~芦：西葫芦。

表1-3　娄烦（城关）小片声韵调配合关系之九

	aʔ					iɐ					uaʔ					yɐ				
	平声	上声	去声	阴入	阳入	平声	上声	去声	阴入	阳入	平声	上声	去声	阴入	阳入	平声	上声	去声	阴入	阳入
p				八	拔				**鳖**	别										
pʰ				泼					撇											
m				摸					灭											
pf				桌																
pfʰ				戳																
f				发	罚															
v				袜																
t				答	达									**掇**	夺					
tʰ				塔										脱						
n				纳①																
l				辣					列											
ts				蚤	杂															
tsʰ				擦	**策**									撮						
s				杀	**索**									说						
z				热										若						
tɕ									夹										掘	
tɕʰ									恰										缺	
ȵ									捏											
ɕ									吸										穴	
k				割										刮						
kʰ				渴										阔						

续表

	aʔ					iɤ					uaʔ					yɤ				
	平声	上声	去声	阴入	阳入	平声	上声	去声	阴入	阳入	平声	上声	去声	阴入	阳入	平声	上声	去声	阴入	阳入
ŋ			恶																	
x			喝	合									获	滑						
∅								叶											月	

① naʔ³²⁴ ~ 声咽气：声音受到抑制而不能响亮地发出来。
策 tsʰaʔ³²⁴ ~ 马：地名。
索 saʔ³²⁴ 姓。
掇 tuaʔ⁴ 拾 ~：收拾。
说 suaʔ⁴ 文读。
若 zuaʔ⁴ 文读。

第二节 静游小片

一 静游小片声韵调

1. 声母 25 个，包括零声母在内

p 布本背北　pʰ 盆皮爬泼　m 门苗马麦

pf 猪煮装桌　pfʰ 吹疮锤戳　　　　f 飞风树法　v 五忘闰入

t 等多堆毒　tʰ 腿疼汤托　n 嫩南耐纳　　　　l 泪垒聋辣

ts 站针纸直　tsʰ 草长沉吃　nz 黏碾湳　s 四山生室　z 人嚷绕日

tɕ 鸡醉精急　tɕʰ 强渠田七　nʑ 娘牛硬捏　ɕ 小心岁吸

k 狗哥鬼郭　kʰ 开跪口哭　ŋ 袄怄饿恶　x 哄厚河黑

∅ 二羊院月

说明：

（1）发不送气塞音 p t k 时，发音部位的阻塞面积较大，爆破有力。

（2）送气的塞音、塞擦音 pʰ tʰ kʰ pfʰ tsʰ tɕʰ 的送气成分较明显，可以记为 ph th kh pfh tsh tɕh。

（3）m n nz ŋ 带有较明显的同部位浊塞成分，相当于 mᵇ nᵈ nzᵈ ŋᵍ。

（4）v 不是一个典型的唇齿音，发音时上齿与下唇稍有接触，唇形略圆。

（5）n 只拼洪音，nz 只拼细音，二者在音系中分布互补，但由于它们在音质上特征明显，当地人认为区别显著，列为两个音位。

（6）"黏、碾"等少数字，声母有较为明显的舌尖摩擦成分，记为 n_z。

（7）z 是舌尖前浊擦音，但浊音成分并不明显。

（8）舌面后音 k kʰ ŋ x 与齐齿呼 i vɯ 韵母相拼时，发音部位靠前，接近 c cʰ ɲ ç。

（9）开口呼零声母只有"二耳儿嗯"等少数字，没有合口呼零声母字；齐齿呼、撮口呼零声母，韵头发音时有相应部位轻微的摩擦成分。

2. 韵母 33 个，不包括儿化韵

ɿ 字迟声正

ɚ 儿二饵

| | i 眉泥平记 | u 亩肚睡泪 | y 举渠穗兄 |

ɚ 耳儿二饵

ɑ 他下长张　　iɑ 加凉墙江　　uɑ 话化瓜跨

ai 开外爱来　　　　　　　　　uai 快坏怪乖

　　　　　　　ie 街茄些解

ei 非赔背地　　　　　　　　　uei 对给雷靴

ao 饱跑到早　　iao 叫桥小尿

ɯ 歌婆放走　　iɯ 油沟喉九　　uy 坐过光火

æ 南山半暖　　iæ 盐年练见　　uæ 短官酸联　　yæ 元全卷选

ɤỹ 灯根升争　　iỹ 新林惊寻　　uỹ 动困寸用　　yỹ 云凶穷荣

əʔ 十吃不服　　iəʔ 一笔鸭压　　uəʔ 秃毒郭绿　　yəʔ 月局雪足

aʔ 八蜡发抹　　　　　　　　　uaʔ 活刮获阔

说明：

（1）ɑ 在 i 后面略前略高，接近 A。

（2）u 韵母的音质实际上是 v。

（3）韵母 ei 与 t l 相拼时，动程略小，实际应该为 ɿi。

（4）韵母 ai 的动程不大，实际音质接近 ɛe。

（5）韵母 iɿ 中，主要元音的舌位要比 ɿ 低，接近 e。

（6）韵母 ei uei 中，e 和 i 之间的动程较小，接近 ie。

（7）韵母 ao iao 中，主要元音的舌位要比 ɑ 高，而且唇形稍圆，接近 ɔ。iao 的动程较小，接近 iɔ。

（8）韵母 ɤɯ iɯɯ 中，主要元音 ɤ 略靠前，但仍然记为 ɤ。ɤɯ 中韵尾 ɯ 的音质并不很明显。

（9）韵母 æ iæ uæ yæ 中，主要元音的舌位比标准的 æ 要高，接近 ɛ。

（10）入声韵喉塞尾在单音节很明显，但在双音节以上的词语中有所减弱。aʔ uaʔ 韵的主元音略央，接近 ɐ。

3. 单字调 6 个

阴平 24　　揪张低钢添开

阳平 44　　才田棉神闻龙

上声 324　　懂猛碗女手狗

去声 53　　受六进唱汉共

阴入 ʔ4　　黑吃法血做录

阳入 ʔ324　白合读杂石舌

说明：
（1）阴平 24 调的实际调型略有曲折，近 214。
（2）上声 324 的曲折比较明显，实际近于 314。
（3）阳入 ʔ324 与上声 324 的调型相同，不过阳入发音十分短促。
（4）阴入 ʔ4 与阳平 44 的调型相同，不过阴入发音十分短促。
（5）去声 53 是一个降调，但并没有降到 1。

二　声韵调配合关系

1. 声韵配合关系

声韵配合关系见表 1–4。表中把韵母分成开口、齐齿、合口、撮口四呼，声母分成 11 组。空格表示声韵不相拼。

表 1–4　静游小片声韵配合关系

	开口呼	齐齿呼	合口呼	撮口呼
p pʰ m	把盘马	表平米	布铺母	
pf pfʰ f v	装床非闻		猪吹输五	
t	蛋躺底	店叼	短都 是	
tʰ	谈疼		土通	
n	难闹			
l	老冷里	连聊	驴轮	
ts tsʰ s	在寨菜柴扫少		尊存酸	
tɕ tɕʰ ɲ ɕ		鸡清跳年细		卷嘴取女许
k kʰ x	歌糠好	狗口吼	工苦混	
ŋ	袄安饿			
∅	二耳儿	一阳音		语云用

（1）p pʰ m 和 t l 只拼开口、齐齿、合口三呼，不拼撮口呼。p pʰ m 与合口呼相拼时只拼 u 韵。

（2）pf pfʰ f v 拼开口呼和合口呼，不拼齐齿呼和撮口呼。合口呼仅限于 u 韵。与 pf pfʰ 相拼的开口呼在普通话里都读合口呼。

（3）tʰ 和 ts tsʰ s 只拼开口呼和合口呼，不拼齐齿、撮口两呼。tʰ 与齐齿呼相拼时舌面化为 tɕʰ。

（4）k kʰ x 不仅拼开口呼、合口呼，还可以拼齐齿呼，拼齐齿呼时仅限于 iɣɯ 韵母。

（5）n 只与开口呼拼，不与合口呼拼，与齐齿、撮口两呼拼时舌面化为 ȵ。所以 n 只有开口呼韵的字。

（6）tɕ tɕʰ ȵ ɕ 只与齐齿呼和撮口呼相拼。

（7）ŋ 只与开口呼拼，这些字都是普通话的开口呼零声母字；与齐齿呼拼时只限于 iɣɯ 韵母。

（8）ø 只与开口、齐齿、撮口拼，不与合口呼拼，因为普通话的合口呼零声母字 u 介音方言擦化为唇齿浊擦音 v。

2. 声韵调配合关系

表1-5是声韵调配合关系表。该表限于基本韵母。同一横行的字声母相同，同一竖行的字韵母、声调相同。空格表示拼不出字。有意义而无适当的字可写的，表里用数码表示，并在表下加注。表中加粗字也在表下加注。

表1-5　静游小片声韵调配合关系之一

	ɿ					i					u					y				
	阴平	阳平	上声	去声	阴入	阴平	阳平	上声	去声	阴入	阴平	阳平	上声	去声	阴入	阴平	阳平	上声	去声	阴入	阳入
p						屄	③	比	闭		⑤		补	部							
pʰ						披	皮	脾	屁		铺	脯	谱	铺							
m						弥	眉	米	④		〃	母	墓								
pf											猪	锥	煮	住							
pfʰ											吹	初	础	处							
f											书	夫	水	树							
v											乳	无	五	雾							

续表

	ɿ						i						u						y					
	阴平	阳平	上声	去声	阴入	阳入	阴平	阳平	上声	去声	阴入	阳入	阴平	阳平	上声	去声	阴入	阳入	阴平	阳平	上声	去声	阴入	阳入
t													都	⑥	赌	肚								
tʰ													图		吐	兔								
n																								
l													驴	吕		滤								
ts	睁	吱	纸	字																				
tsʰ	①	迟	此	次																				
s	诗	绳	屎	是																				
z	扔	②																						
tɕ							精	鸡	几	计									驹		举	句		
tɕʰ							听	齐	起	气									蛆	渠	取	去		
ȵ							宜	泥	你	腻											女			
ɕ							星	肥	洗	细									兄	徐	许	序		
k													姑		咕	故								
kʰ													枯		苦	裤								
ŋ																								
x							孩						呼		湖	虎	护							
∅							衣	姨	影	议									斝	鱼	语	遇		

① tsʰɿ²⁴ ~面：把面粉用力揉进面团里。
② zɿ⁴⁴ 拟声词，车辆等迅速驶过的声音。
③ pi⁴⁴ 拟声词，形容汽车喇叭的声音。
④ mi⁵³ 把细长或尖锐物从小孔或小缝里插进去。
⑤ pu⁴⁴ 拟声词，放屁的声音。
⑥ tu⁴⁴ 拟声词，吹大号等的声音。
吱 tsɿ⁴⁴ 拟声词，用来形容细小的声音，比如老鼠的叫声或开关门的声音。
肥 ɕi⁴⁴ 形容肉太油腻或人特别肥胖。
影 i³²⁴ ~住：挡住光线。
铺 pu²⁴ ~盖：床上用品的总称。
兄 ɕy²⁴ ~弟：专指弟弟。
斝 y²⁴ 拾。

表 1-5　静游小片声韵调配合关系之二

	ər						ɑ						iɑ						uɑ					
	阴平	阳平	上声	去声	阴入	阳入	阴平	阳平	上声	去声	阴入	阳入	阴平	阳平	上声	去声	阴入	阳入	阴平	阳平	上声	去声	阴入	阳入
p								爬	叭	把	罢													
pʰ								趴		怕														
m								蚂	麻	马	骂													
pf								抓		爪														
pfʰ								①																
f								房		耍														
v								娃	哇	瓦	洼													
t								当	嗒	挡	宕													
tʰ								他	糖	躺	趟													
n								拿		孥	娜													
l								狼		浪				凉	两	亮								
ts								张	咱	掌	葬													
tsʰ								差	查	杈	唱													
s								沙	②	洒	上													
z									瓢	嚷	让													
tɕ													将	家	假	价								
tɕʰ													枪	墙	抢	呛								
ȵ													牙	仰	压									
ɕ													香	襄	想	象								
k								钢	③	哥	杠								刮	⑥	寡	挂		
kʰ								糠	④	卡	炕								夸		垮	胯		
ŋ								肮		我	⑤													
x								行			夏													
ø	儿	而	二					啊						羊	养	亚			花	哗	晃	画		

① pfʰɑ⁴⁴ ~ 马：时间副词，马上，立刻。
② sɑ⁴⁴ ~ 儿 ~ 儿地：形容做事利索。
③ kɑ⁴⁴ 拟声词，重物撞击的声音。
④ kʰɑ⁴⁴ 拟声词，咳嗽的声音。
⑤ ŋɑ⁵³ ~ 下腰：弯下腰。

⑥ kua⁴⁴ 拟声词，如齐步走的声音。

爬 pa²⁴ ~山、~树、~坡。

叭 pa⁴⁴ 拟声词，主要用来形容敲击声。也可以形容人健谈，如：那人可能说嘞，~儿~儿地说了一黑夜。

蚂 ma²⁴ ~蚍蜉。

哇 va⁴⁴ 拟声词，大哭的声音。

夥 na³²⁴ 非常多。如：夜儿唱戏来，戏场院人可~嘞。

我 ŋa³²⁴ ~们：第一人称复数。

行 xa⁴⁴ 银~。

仰 ȵia³²⁴ 躺。

表1-5 静游小片声韵调配合关系之三

	ai						uai						ao						iao					
	阴平	阳平	上声	去声	阴入	阳入	阴平	阳平	上声	去声	阴入	阳入	阴平	阳平	上声	去声	阴入	阳入	阴平	阳平	上声	去声	阴入	阳入
p	白①		摆	败									包	⑤	饱	报			⑧		表	⑨		
pʰ		牌	排	派										袍	跑	炮			飘	瓢	漂	票		
m		埋	买	卖										猫	卯	帽				苗	秒	妙		
pf																								
pfʰ			揣																					
f	摔			帅																				
v		②	崴	外																				
t			逮	带									刀	叨	倒	道			叼			掉		
tʰ		台		太										掏	桃	讨	套							
n		崖	奶	耐										脑	脑	闹								
l		来	③	赖									佬	捞	老	涝			燎	了	料			
ts	灾		宰	在									遭	⑥	早	赵								
tsʰ	搋	柴	踩	菜									抄	曹	吵	糙								
s	筛	④	色	晒									捎	稍	少	哨								
z														⑦	扰	绕								
tɕ																			教		搅	叫		
tɕʰ																			敲		巧	跳		
ȵ																				⑩	鸟	尿		
ɕ																			消	学	小	笑		
k	该		改	盖			乖		拐	怪			高		搞	告								

续表

	ai					uai					ɑo					iɑo				
	阴平	阳平	上声	去声	阴入	阳入	阴平	阳平	上声	去声	阴入	阳入	阴平	阳平	上声	去声	阴入	阳入		
kʰ	开		楷	慨					块	快			考			靠				
ŋ	哀		矮	爱									熬			袄 傲				
x													嚎		好	号				
ø			唉	哎			槐		哄	坏							妖	窑	舀	要

① pai⁴⁴ ~儿~儿地：下雨的声音。
② vai⁴⁴ ~儿：那儿。如：~儿唱戏嘞。
③ lai³²⁴ 不~脑：摇头。
④ sai⁴⁴ 迅速掠过的样子。
⑤ pɑo⁴⁴ 拟声词，放炮声。
⑥ tsɑo⁴⁴ ~儿~地：吵吵闹闹的样子。
⑦ zɑo⁴⁴ ~儿~地：动作流畅快速。如：~儿~地做营生。
⑧ piɑo⁴⁴ 用手拍打物体的声音。
⑨ piɑo⁵³ 物体摔碎或无端地浪费。如：你又~了一兀碗。今儿又~了我十块钱。
⑩ ȵiɑo⁴⁴ 指射击时瞄得准，也用来形容人精明能干，带有贬义。

白 pai²⁴ ~灵子：一种鸟。
排 pʰai³²⁴ ~调：恶意使唤。
揣 pfʰai³²⁴ ~摸、摸~：抚摩或用手细细地搜索。
崴 vai³²⁴ 关节处被扭伤。
搋 tsʰai²⁴ ~糕：两手拳状用力和糕面。
色 sai³²⁴ ~子。
唉 ai⁴⁴ 拟声词，表叹息声，表示失望或不如意。
哎 ai⁵³ 语气词，用来提醒别人。如：哎！咱们走哇。
哄 xuai⁴⁴ 白读，骗。
叨 tɑo⁴⁴ ~儿~地：絮絮叨叨的样子。
脑 nɑo³²⁴ 扛。如：~上一袋子面。
饹 lɑo⁴⁴ 靠~：一种用莜面做成的食品。
稍 sɑo⁴⁴ ~儿~地：行动快速敏捷的样子。
漂 pʰiɑo³²⁴ ~□miə⁴: 间接地指责别人。
了 lɑo³²⁴ ~事。
学 ɕiɑo⁴⁴ 白读

表 1-5 静游小片声韵调配合关系之四

	ei						ie						uei					
	阴平	阳平	上声	去声	阴入	阳入	阴平	阳平	上声	去声	阴入	阳入	阴平	阳平	上声	去声	阴入	阳入
p		①		辈														

续表

	ei						ie						uei					
	阴平	阳平	上声	去声	阴入	阳入	阴平	阳平	上声	去声	阴入	阳入	阴平	阳平	上声	去声	阴入	阳入
p^h		赔	培	配														
m	煤	梅	美	妹														
pf	追																	
pf^h		锤																
f	飞	肥	翡	肺														
v	违	帷	伟	胃														
t	低	疗	底	地									堆			对		
t^h													推		腿	退		
n																		
l		梨	里	利										雷	垒	累		
ts									③		④	最						
ts^h									催		璀	脆						
s									虽	随	锁	碎						
z																		
tɕ							街		解	借								
$tɕ^h$							揩	②	且									
ȵ									茶									
ɕ							斜		写	谢								
k													轨		鬼	柜		
k^h													亏			跪		
ŋ																		
x													灰		毁	会		
∅							爷		也	夜								

① pei⁴⁴ 拟声词，形容清脆的声音。
② tɕʰie⁴⁴ 生气，发脾气。
③ tsuei²⁴ 揪。
④ tsuei³²⁴ 形容人脾气乖僻，不善与人交往。

追 pfei⁴⁴ ~肥：给庄稼再追加肥料，还可以指催促别人，如：我够快哩，你不要~我。

表 1-5　静游小片声韵调配合关系之五

	ɣɯ					iɣɯ					uɤ				
	阴平	阳平	上声	去声	阴入	阳入	阴平	阳平	上声	去声	阴入	阳入	阴平	阳平	上声	去声	阴入	阳入
p	波	①	绑	棒												
pʰ	脝	旁		破												
m		磨	蟒	耱												
pf	庄			壮												
pfʰ	窗	床	闯	创												
f	仿	房	所	放												
v	窝	喔	网	忘												
t	多		陡	斗			丢						③		朵	剁
tʰ		头		透										陀		唾
n	奴		努	怒												
l		罗	鲁	路				流	柳	六						摞
ts	租		走	皱												坐
tsʰ	瞅	愁	丑	醋									搓			错
s	苏	蛇	手	受											梭	
z		揉	惹	肉												
tɕ							揪	阄	九	救						
tɕʰ								球		述						
ȵ								牛	扭	拗						
ɕ							修		朽	绣						
k	歌			个			沟		狗	够			锅		裹	过
kʰ			可	可			抠		口	寇			狂		颗	课
ŋ	屙		讹	饿			瓯		藕	怄						
x	②	河	荷	贺			喉		吼	后			和		火	货
∅																

① pɣɯ⁴⁴ 亲吻的声音。
② xɣɯ²⁴ 蒸，如：~点心，~山药。
③ tuɤ²⁴ 用力摔。
脝 pʰɣɯ²⁴ 肿。
耱 mɣɯ⁵³ 平整土地的农具。

第一章 音 系

闯 pʰyɯ³²⁴ ~眉处眼：形容莽撞，不顾别人感受。
蛇 syɯ⁴⁴ 文读。
可 kʰyɯ⁵³ ~好：正好。如：~好十块钱。
荷 xyɯ³²⁴ 拿，取，如：把东西~将来。
拗 ɲiyɯ⁵³ 固执任性，不听从别人的意见，如：那人可~嘞。
抠 kʰiyɯ²⁴ 用手指使劲挖，如：石头缝的山药，吃不上也要~烂嘞。
瓯 ɲiyɯ²⁴ 小~~：小碟子。
陀 tʰuɤ⁴⁴ ~子：车轮。
唾 tʰuɤ⁵³ 文读。
摞 luɤ⁵³ 把东西重叠着放起来。也可用作量词，如：一~碗。
颗 kʰuɤ³²⁴ ~子：农作物的果实。
和 xuɤ⁴⁴ ~面，也指有前嫌的两者重新交好，还可指游戏双方打成平手。

表1-5 静游小片声韵调配合关系之六

	æ					iæ					uæ					yæ				
	阴平	阳平	上声	去声	阴入	阳入	阴平	阳平	上声	去声	阴入	阳入	阴平	阳平	上声	去声	阴入	阳入	阴平	阳平	上声	去声	阴入	阳入
p	班		板	办			鞭		贬	变														
pʰ		番		盼			篇		谝	骗														
m		瞒	满	慢				棉	免	面														
pf	砖		转	赚																				
pfʰ	穿	川	喘	串																				
f	拴	烦	反	饭																				
v	弯	丸	晚	万																				
t	担	①	胆	蛋				掂	点	店				端	短	断								
tʰ		谈	毯	探										猯	团									
n	②	南	暖	难											暖									
l		兰	懒	烂				连	脸	练				联	卵	乱								
ts	粘	③	展	站																				
tsʰ	搀	逸	铲	灿																				
s	三	寂	伞	散																				
nz		黏	碾	湳																				
z	④		燃	穮																				
tɕ								尖	拣	贱										捐	卷	倦		
tɕʰ								潜	田	浅	嵌									圈	犬	劝		
ɲ									年	撵	念													

61

续表

	æ					iæ					uæ					yæ				
	阴平	阳平	上声	去声	阴入	阳入	阴平	阳平	上声	去声	阴入	阳入	阴平	阳平	上声	去声	阴入	阳入	阴平	阳平	上声	去声	阴入	阳入
ç							先	闲	鲜	现									喧		选	**楦**		
k	竿		敢	赣									关		管	罐								
kʰ	**看**		砍	**看**									宽		款									
ŋ	按	**严**	**揞**	岸																				
x	还	涵	喊	汗									欢	还	缓	换								
ø							腌	盐	演	炎									冤		远	愿		

① tæ⁴⁴ ~儿~地：说话啰唆，没有重点。
② næ²⁴ ~ ~：污浊的东西。儿童语。
③ tsæ⁴⁴ 拟声词，形容水滴溅落在坚硬物体上发出的声音。
④ zæ²⁴ 拟声词，形容小孩持续而又烦人的哭声。

番 pʰæ⁴⁴ 西~柿：西红柿。
难 næ⁵³ 患~。
崴 sæ⁴⁴ 住。
穰 zæ⁵³ 麦~：麦子脱粒后除去麦秸以外的细碎部分。
看 kʰæ⁴⁴ ~守。
看 kʰæ⁵³ ~酒：倒酒。
严 ŋæ⁴⁴ 指门窗或衣服严实，没有空隙，也指事情发展到没有缺憾。
揞 ŋæ³²⁴ 把眼睛蒙上。
还 xæ⁴⁴ ~有。
谝 pʰiæ³²⁴ 夸耀、显示自己。
暖 nuæ³²⁴ 文读。
联 luæ⁴⁴ 白读。
楦 ɕyæ⁵³ 鞋~子：做鞋时用来定型的木制模型。

表 1-5 静游小片声韵调配合关系之七

	ỹ						iỹ						uỹ						yỹ					
	阴平	阳平	上声	去声	阴入	阳入	阴平	阳平	上声	去声	阴入	阳入	阴平	阳平	上声	去声	阴入	阳入	阴平	阳平	上声	去声	阴入	阳入
p	崩	①	本	笨			兵		饼	鬓														
pʰ	喷	盆	捧	碰			平	品		聘														
m	蒙	门	猛	梦				明	敏	命														
pf	盅		准	众																				

续表

	ỹ						iỹ						uỹ						yỹ					
	阴平	阳平	上声	去声	阴入	阳入	阴平	阳平	上声	去声	阴入	阳入	阴平	阳平	上声	去声	阴入	阳入	阴平	阳平	上声	去声	阴入	阳入
pfʰ	冲	虫	宠	冲																				
f	分	坟	粉	粪																				
v	温	文	稳	瓮																				
t	登	②	等	凳			叮	叮	顶	定			冬	咚	懂	冻								
tʰ	藤	疼	③											铜	桶	痛								
n		能		嫩																				
l		棱	冷	楞				灵	领	令				龙	拢	弄								
ts	真	④	整	正									尊		总	种								
tsʰ		层	呈	衬									村	存	冲	寸								
s		神	沈	甚									孙		损	送								
z		人	忍	认																				
tɕ							斤		紧	近									军		拱	俊		
tɕʰ							亲	勤	请	庆										穷				
ȵ									拧	硬														
ɕ							心	行	醒	兴									凶	雄		训		
k	根	⑤	庚	更									工	⑧	攻	共								
kʰ	⑥		肯												恐	困								
ŋ	恩																							
x	哼	⑦	很	恨									昏	洪	哄	混								
∅		嗯					音	迎	引	印										云	永	用		

① pỹ44 拟声词, 形容弹拨弦乐器发出的声音。
② tỹ44 拟声词, 敲击木板声或其他类似的声音, 如鞋后跟撞击地板的声音等。
③ tʰỹ53 怂恿别人, 如: 你不要~我。
④ tsỹ44 拟声词, 形容钟表发出的声音。
⑤ kỹ44 拟声词, 撞击重物的声音。
⑥ kʰỹ44 拟声词, 用力时发出的声音或断断续续的哽咽声。
⑦ xỹ44 拟声词, 猪叫食时发出的声音。
⑧ kuỹ44 拟声词, 枪炮等发出的声音。
冲 pfʰỹ24 迷信中受到煞气的影响。

冲 pfʰɤ̃⁵³ 朝、对、向，如：你有啥不满意都～我来哇。另外，读上声时表示向前冲。
嗯 ɤ̃⁴⁴ 语气词，表应答。
咚 tuɤ̃⁴⁴ 拟声词，重物落地发出的声音。
种 tsuɤ̃⁵³ 文读。
冲 tsʰuɤ̃³²⁴ 文读。
拱 tɕyɤ̃³²⁴ 猪用嘴拱地。

表1-5　静游小片声韵调配合关系之八

	əʔ						iəʔ						uəʔ						yəʔ					
	阴平	阳平	上声	去声	阴入	阳入	阴平	阳平	上声	去声	阴入	阳入	阴平	阳平	上声	去声	阴入	阳入	阴平	阳平	上声	去声	阴入	阳入
p					不	**腹**					笔	**鼻**												
pʰ											劈													
m					木	**没**						**密**												
pf					竹	**轴**																		
pfʰ					出①																			
f					叔	**熟**																		
v					屋																			
t					的						德	**敌**					**乱**	读						
tʰ																	秃							
n						②																		
l					嘞							力					录	**肋**						
ts					摘	**值**											做							
tsʰ					吃												促							
s					湿	石											速	**朔**						
z						日												入						
tɕ											急	**接**											脚	局
tɕʰ											切												曲	
ȵ												聂												
ɕ											吸	**学**											削	**俗**
k					去	**跋**																		
kʰ																	谷							
ŋ					克													哭						
x					黑	③											忽	**萌**						

第一章 音　系

续表

	əʔ						iəʔ						uaʔ						yəʔ					
	阴平	阳平	上声	去声	阴入	阳入	阴平	阳平	上声	去声	阴入	阳入	阴平	阳平	上声	去声	阴入	阳入	阴平	阳平	上声	去声	阴入	阳入
∅											叶													月

① pfʰəʔ³²⁴ ~溜：臀部着地向下溜。
② nəʔ⁴ 提示词，给别人东西时用在句首提示别人注意，如：~，给你一本书。
③ xəʔ³²⁴ ~浪：小巷。
腹 pəʔ³²⁴ 肚~脐：肚脐。
筐 pʰəʔ³²⁴ ~篮：农家盛物用具。
轴 pfəʔ³²⁴ 文读，~丝。
嘞 ləʔ⁴ 句末语气词。
值 tsəʔ³²⁴ ~不~。在"价值"一词中读为阴入。
圪 kəʔ³²⁴ ~蹴：蹲。
接 tɕiəʔ³²⁴ ~地：接住。用在"连接"一词中为阴入。
疞 tuəʔ⁴ 用手指点，如：~打。
肋 luəʔ³²⁴ ~支：肋骨。
朔 suəʔ³²⁴ ~州：地名。
入 zuəʔ³²⁴ 文读。
葫 xuəʔ³²⁴ 西~芦：西葫芦。

表 1-5　静游小片声韵调配合关系之九

	aʔ						uaʔ					
	阴平	阳平	上声	去声	阴入	阳入	阴平	阳平	上声	去声	阴入	阳入
p					八	拔						
pʰ					泼							
m					摸							
pf					桌							
pfʰ					戳							
f					发	罚						
v					袜							
t					答	达						**掇**	夺
tʰ					塔						脱	
n					纳	①						
l					辣							
ts					蛰	杂						嘬	

续表

	aʔ						uaʔ					
	阴平	阳平	上声	去声	阴入	阳入	阴平	阳平	上声	去声	阴入	阳入
tsʰ					擦	策					撮	
s					杀	索					说	
z						热						若
tɕ												
tɕʰ												
ȵ												
ɕ												
k					割						刮	
kʰ					渴						阔	
ŋ					恶							
x					喝	合					获	滑
ø												

① naʔ³²⁴ ~声咽气：声音受到抑制而不能响亮地发出来。
策 tsaʔ³²⁴ ~马：地名。
索 saʔ³²⁴ 姓。
掇 tuaʔ²⁴ 拾~：收拾。
说 suaʔ²⁴ 文读。
若 zuaʔ²⁴ 文读。

第三节 天池小片音系

一 天池小片声韵调

1. 声母 25 个，包括零声母在内

  p 病爬棒八 pʰ 派票盆撒 m 母米骂蜜
  pf 柱装中桌 pfʰ 吹床船出   f 飞水双发 v 雾五软袜
  t 多带等毒 tʰ 头炭疼特 n 你脑能纳   l 路老蓝辣
  ts 字张具眨 tsʰ 草茶成蛆 n̠ʐ 碾黏 s 三声上絮 z 人肉榆热
  tɕ 酒九坐接 tɕʰ 全区听七 ȵ 尿年硬捏 ɕ 想小县吸

k 高共更割　　kʰ 开看坑克　　ŋ 熬袄安恶　　x 好活横喝

∅ 二言用药

说明：

（1）发不送气塞音 p t k 时，发音部位的阻塞面积较大，爆破有力。

（2）送气的塞音、塞擦音 pʰ tʰ kʰ pfʰ tsʰ tɕʰ 的送气成分较明显，可以记为 ph th kh pfh tsh tɕh。

（3）m n n̡ ŋ 带有较明显的同部位浊塞成分，相当于 mᵇ nᵈ n̡ᵈ ŋᵍ。

（4）v 不是一个典型的唇齿音，发音时上齿与下唇稍有接触，唇形略圆。

（5）相当于普通话的一部分 u 韵母零声母字及 z 声母的 u 韵母字，实际上是声化韵音节 v。

（6）n 只拼洪音，n̡ 只拼齐齿呼，二者在音系中分布互补，但由于它们在音质上特征明显，当地人认为区别显著，列为两个音位。

（7）"黏、碾"等少数字，声母有较为明显的舌尖摩擦成分，可以记为 nᶻ。

（8）z 是舌尖前浊擦音，但浊音成分并不明显。

（9）ts tsʰ s z 拼 ɿ ʮ 韵母时，舌尖靠近上下齿间，擦音特点较明显。

（10）开口呼零声母只有"二耳儿嗯"等少数字，没有合口呼零声母字；齐齿呼、撮口呼零声母，韵头发音时有相应部位轻微的摩擦成分。

2. 韵母 33 个，不包括儿化韵

ɿ 师丝试米戏星病

ʮ 雨兄

ər 儿二耳

		u 窝苦猪	y 坐靴鱼
a 茶瓦糖	ia 牙响讲	ua 画筐	
ɛi 开排鞋赔飞		uɛi 对快鬼拐	
	iı 写地		
ao 宝饱	iao 笑桥		
ɤ 二歌床王双		uɤ 过高	
əu 豆走	iəu 油六		
æ 南山	ie 盐年	uæ 半短官	ye 全
ṽ 根春灯升争横	iṽ 心新硬	uṽ 寸滚东	yṽ 云用
ʌʔ 盒鸭辣热托色	ieʔ 鸭贴节药学	uʌʔ 活刮	yeʔ 月
əʔ 十出直尺	iəʔ 急七一北白	uəʔ 骨郭国谷绿	yəʔ 橘局

说明：

（1）u 韵母的音质实际上是 v。

（2）a ia ua 韵母中，主要元音 a 唇形略圆。

（3）韵母 ai 动程不大，接近 ɛe。
（4）韵母 iɪ 的动程不大。
（5）韵母 ie ye 中，主要元音 e 略有鼻化色彩。
（6）韵母 ɤ 是舌面后不圆唇半高元音，实际发音时舌位略靠前；另外，发该韵母时，后带一个不明显的 ɯ 尾。
（7）普通话的 u 韵母字，方言中一部分仍然是 u，一部分为 v。
（8）韵母 ɑo iɑo 中，主要元音的舌位要比 ɑ 高，而且唇形稍圆，接近 ɔ。iɑo 的动程较小，接近 iɔ。
（9）韵母 əu iəu 中，主要元音 ə 舌位略靠后。əu 中韵尾 u 的圆唇特点比较明显。
（10）韵母 æ uæ 韵中，主要元音的舌位比标准的 æ 要高，接近 ɛ。
（11）韵母 ṽ iṽ uṽ yṽ 的鼻化比较典型，在主要元音发音的同时，小舌下垂，一部分气流从鼻腔出来，形成鼻化。
（12）入声韵喉塞尾在单音节很明显，但在双音节以上的词语中有所减弱。aʔ uaʔ 韵的主元音舌位略靠央，接近 ɐ。
（13）韵母表中把 iaʔ ieʔ uaʔ yeʔ 列为一套韵母，主要考虑它们有相同的古音韵来历；从音质来说，ieʔ yeʔ 两韵母的主要元音舌位略高、略央，aʔ uaʔ 两韵母的主要元音舌位低、略前。

3. 单字调 5 个

平声 44　　　低才门添田通铜

上声 324　　懂猛碗女手狗买

去声 53　　　动六进唱汉共树

阴入 ʔ4　　　黑吃法血做录八

阳入 ʔ324　　白合读杂石舌杂

说明：
（1）平声与阴入的调高、调型相同，只是阴入发音十分短促。
（2）上声 324 为曲折调，后升的部分较明显；另外，上声与阳入 ʔ324 的调高、调型相同，不过阳入发音十分短促。
（3）去声 53 是一个高降调，但并没有降到 1。

二　声韵调配合关系

1. 声韵配合关系

声韵配合关系见表 1-6。该表把韵母分成开口、齐齿、合口、撮口四呼，声母分成 11 组。空格表示声韵不相拼。

表 1-6　天池小片声韵配合关系表

	开口呼	齐齿呼	合口呼	撮口呼
p pʰ m	把盘马米	表片民	布铺母	
pf pfʰ f v	装床非闻		猪吹输五	
t	蛋躺	点叼	短都 是	
tʰ	谈疼		土通	
n	难闹			
l	老冷	里聊	驴轮	
ts tsʰ s	在寨菜柴扫少		尊存酸	
tɕ tɕʰ ȵ ɕ		鸡清跳年细		嘴取女许
k kʰ x	歌糠好		工苦混	
ŋ	袄安饿			
ø	二耳儿	一阳音		语云用

（1） p pʰ m 和 t l 只拼开口、齐齿、合口三呼，不拼撮口呼。p pʰ m 与合口呼相拼时只拼 u 韵。

（2） pf pfʰ f v 拼开口呼和合口呼，不拼齐齿呼和撮口呼。合口呼仅限于 u 韵。与 pf pfʰ 相拼的开口呼在普通话里都读合口呼。

（3） tʰ 和 ts tsʰ s k kʰ x 只拼开口呼和合口呼，不拼齐齿、撮口两呼。tʰ 与齐齿呼相拼时舌面化为 tɕʰ。

（4） n 只与开口呼拼，不与合口呼拼，与齐齿、撮口两呼拼时舌面化为 ȵ。所以 n 只有开口韵的字。

（5） tɕ tɕʰ ȵ ɕ 只与齐齿呼和撮口呼相拼。

（6） ŋ 只与开口呼拼，这些字都是普通话的开口呼零声母字；与齐齿呼拼时只限于 i v ɯ 韵母。

（7） k kʰ x 可只拼开口和合口两呼不与齐齿呼相拼。

（8） ø 只与开口、齐齿、撮口三呼拼，不与合口呼拼，因为普通话的合口呼零声母字 u 介音方言擦化为唇齿浊擦音 v。

2. 声韵调配合关系

表 1-7 是天池小片声韵调配合表。本表限于基本韵母。同一横行的字

声母相同，同一竖行的字韵母、声调相同。空格表示拼不出字。有意义而无适当的字可写的，表里用数码表示，并在表下加注。表中粗体字也在表下加注。

表1-7 天池小片声韵调配合关系之一

	ɿ					ʅ					u					y				
	平声	上声	去声	阴入	阳入	平声	上声	去声	阴入	阳入	平声	上声	去声	阴入	阳入	平声	上声	去声	阴入	阳入
p	①	比	闭								④	补	部							
pʰ	皮	脾	屁								**铺**	谱	铺							
m	眉	米	②								模	母	墓							
pf											锥	煮	住							
pfʰ											吹	础	处							
f											夫	水	树							
v																				
t											都	赌	**肚**							
tʰ											图	吐	兔							
n		女																		
l											驴	吕	滤							
ts	**吱**	纸	字			居	举	巨												
tsʰ	③	此	次			渠	取	去												
s	绳	屎	是			虚	许	叙												
z	扔	**影**	议			鱼	雨	预												
tɕ																				
tɕʰ																				
ȵ																				
ɕ																				
k											姑	鼓	故							
kʰ											枯	苦	裤							
ŋ																				
x											呼	虎	护							
ø											吴	五	误							

① pŋ⁴⁴ 拟声词，形容汽车喇叭的声音。
② mŋ⁵³ 把细长或尖锐物从小孔或小缝里插进去。
③ tsʰŋ⁴⁴ ~面：把面粉用力揉进面团里。
④ pu⁴⁴ 拟声词，如放屁的声音。
吱 tsŋ⁴⁴ 象声词，用来形容细小的声音，比如老鼠的叫声或开关门的声音。
影 zŋ³²⁴ ~住：挡住光线。
铺 pʰu⁴⁴ ~盖：床上用品的总称。
肚 tu⁵³ 读去声时指人或动物的腹部。

表1-7 天池小片声韵调配合关系之二

	ər						a						ia						ua					
	平声	上声	去声	阴入	阳入		平声	上声	去声	阴入	阳入		平声	上声	去声	阴入	阳入		平声	上声	去声	阴入	阳入	
p							爬	把	罢				啪											
pʰ							趴		怕					⑤										
m							麻	马	骂															
pf							抓	爪																
pfʰ	①																							
f							喇	耍																
v							娃	瓦	洼															
t							当	挡	宕															
tʰ							糖	躺	趟															
n							拿	妳	娜															
l							狼		浪				凉	两	亮									
ts							咱	掌	葬															
tsʰ							差	杈	唱															
s		②						洒	上															
z							瓢	嚷	让															
tɕ													家	假	价									
tɕʰ													墙	抢	呛									
ɲ													牙	仰	压									
ɕ													香	想	像									
k							钢	哥	杠										刮	寡	挂			
kʰ							③	卡	炕										夸	垮	胯			

71

续表

	ər					ɑ					iɑ					uɑ				
	平声	上声	去声	阴入	阳入	平声	上声	去声	阴入	阳入	平声	上声	去声	阴入	阳入	平声	上声	去声	阴入	阳入
ŋ						肮	我	④								花		画		
x						行		夏												
∅	儿	耳	二			啊					呀	养	亚							

① pfʰɑ⁴⁴ ~马：时间副词，马上、立刻。
② sɑ⁴⁴ ~儿~儿地：形容做事利索。
③ kʰɑ⁴⁴ 拟声词，咳嗽的声音。
④ ŋɑ⁵³ ~下腰：弯下腰。
⑤ pʰiɑ⁴⁴ 拟声词。
爬 pɑ⁴⁴ ~山、~树、~坡。
夥 nɑ³²⁴ 非常多。如：夜日唱戏来，戏场院人可~嘞。
我 ŋɑ³²⁴ ~们：第一人称复数。
行 xɑ⁴⁴ 银~。
仰 ȵiɑ³²⁴ 躺。

表 1-7 天池小片声韵调配合关系之三

	ao					iao				
	平声	上声	去声	阴入	阳入	平声	上声	去声	阴入	阳入
p	①	饱	报			④	表	⑤		
pʰ	袍	跑	炮			瓢	瞟	票		
m	猫	卯	帽			苗	秒	妙		
pf										
pfʰ										
f										
v										
t	叨	倒	道			叼		掉		
tʰ	桃	讨	套							
n	脑	脑	闹							
l	狢	老	涝			燎	了	料		
ts	②	早	赵							
tsʰ	曹	吵	糙							
s	稍	少	哨							

续表

	ao					iao				
	平声	上声	去声	阴入	阳入	平声	上声	去声	阴入	阳入
z	③	扰	绕							
tɕ						教	搅	叫		
tɕʰ						敲	巧	跳		
ȵ						⑥	鸟	尿		
ɕ						消	小	笑		
k	高	搞	告							
kʰ		考	靠							
ŋ	熬	袄	傲							
x	蒿	好	号							
ø						妖	舀	要		

① pao⁴⁴ 拟声词，放炮声。
② tsao⁴⁴ ~儿~地：吵吵闹闹的样子。
③ zao⁴⁴ ~儿~地：动作流畅快速。如：~做营生。
④ piao⁴⁴ 用手拍打物体的声音。
⑤ piao⁵³ 物体摔碎或无端地浪费。如：你又~了一兀碗。今儿又~了我十块钱。
⑥ ȵiao⁴⁴ 指射击时瞄得准，也用来形容人精明能干，带有贬义。
叨 tao⁴⁴ ~儿~地：絮絮叨叨的样子。
脑 nao³²⁴ 扛。如：~上一袋子面。
铹 lao⁴⁴ 靠~：一种用莜面做成的食品。
稍 sao⁴⁴ ~儿~地：行动快速敏捷的样子。
瞟 pʰiao³²⁴ ~□miəʔ²⁴：间接地指责别人。
了 liao³²⁴ ~事。

表 1-7 天池小片声韵调配合关系之四

	ɛi					uɛi					ii				
	平声	上声	去声	阴入	阳入	平声	上声	去声	阴入	阳入	平声	上声	去声	阴入	阳入
p	①	摆	辈												
pʰ	牌	培	配												
m	梅	美	卖												
pf	追														
pfʰ	锤	揣	踹												

续表

	ei					uei					iɪ				
	平声	上声	去声	阴入	阳入	平声	上声	去声	阴入	阳入	平声	上声	去声	阴入	阳入
f	肥	翡	帅												
v	②	伟	胃												
t		逮	带			堆		对			低	底	地		
tʰ	台		太			推	腿	退							
n	挨	奶	耐												
l	来	③	赖			雷	垒	累			犁	李	丽		
ts	灾	宰	在			⑤	⑥	最							
tsʰ	柴	踩	菜			催		脆							
s	筛	色	晒			虽	锁	碎							
z	④														
tɕ											街	解	借		
tɕʰ											揩	且			
ɲ̠											茶				
ɕ											斜	写	谢		
k	该	改	盖			轨	鬼	怪							
kʰ	开	楷	慨			亏	块	跪							
ŋ	哀	矮	爱												
x	嗨	海	害			槐	毁	会							
ø	唉		哎								爷	也	夜		

① pei⁴⁴ 拟声词，形容清脆的声音。
② vei⁴⁴ "那儿"：~唱戏嘞。
③ lei³²⁴ 不~脑：摇头。
④ zei⁴⁴ 迅速快速的样子。如：~儿地跑哩。
⑤ tsuei⁴⁴ 揪。
⑥ tsuei³²⁴ 形容人脾气乖僻，不善与人交往。

追 pfei⁴⁴ ~肥：给已长出庄稼的地里再追加肥料，还可以指催促别人，如：我够快哩，你不要~我。
揣 pfʰei³²⁴ ~摸、摸~：抚摩或用手细细地搜索。
色 sei³²⁴ ~子。

唉 ɛi⁴⁴ 象声词，表叹息声，表示失望或不如意。

表 1-7 天池小片声韵调配合关系之五

	ɣ					uɣ				
	平声	上声	去声	阴入	阳入	平声	上声	去声	阴入	阳入
p	波	绑	棒							
pʰ	旁		破							
m	磨	蟒	**糖**							
pf	庄		壮							
pfʰ	窗	闯	创							
f	房	所	放							
v										
t	多		大			②	朵	剁		
tʰ	拖					**陀**		**唾**		
n	挪		糯							
l	罗	裸	**摞**					**摞**		
ts		左						坐		
tsʰ	搓						挫	错		
s							梭	锁		
z										
tɕ										
tɕʰ										
ȵ										
ɕ										
k	歌		个			锅	裹	过		
kʰ		可	**可**			狂		课		
ŋ	讹	我	饿							
x	①	**荷**	贺			**和**	火	货		
ø										

① xɣ⁴⁴ 蒸，如：~点心，~山药。
② tuɣ⁴⁴ 用手掌猛击。
糖 mɣ⁵³ 平整土地的农具。
摞 lɣ⁵³ 白读。

可 kʰɤ⁵³ ~好：正好。如：~好十块钱。
荷 xɤɯ³²⁴ 拿，取，如：把东西~将来。
陀 tʰuɤ⁴⁴ ~子：车轮。
唾 tʰuɤ⁵³ 文读。
摞 luɤ⁵³ 把东西重叠着放起来。也可用作量词，如：一~碗。文读。
和 xuɤ⁴⁴ ~面，也指有前嫌的两者重新交好，还可指游戏双方打成平手。

表1-7 天池小片声韵调配合关系之六

	əu					iəu				
	平声	上声	去声	阴入	阳入	平声	上声	去声	阴入	阳入
p										
pʰ										
m										
pf										
pfʰ										
f										
v										
t	兜	陡	斗			丢				
tʰ	头	敨	透							
n	奴	努	怒							
l	庐	鲁	路			流	柳	六		
ts	租	祖	皱							
tsʰ	愁	瞅	醋							
s	苏	手	受							
z	揉	惹	肉							
tɕ						阄	九	救		
tɕʰ						球				
ȵ						牛	扭	拗		
ɕ						修	朽	绣		
k						沟	狗	够		
kʰ						抠	口	寇		
ŋ						瓯	藕	怄		
x						喉	吼	后		
ø						由	有	又		

敲 tʰəu³²⁴ ~开：展开。
拗 niəu⁵³ 固执任性，不听从别人的意见，如：兀人可~嘞。
抠 kʰiəu⁴⁴ 用手指使劲挖，如：石头缝的山药，吃不上也要~烂。
瓯 ŋiəu⁴⁴ 小~~：小碟子。

表1-7 天池小片声韵调配合关系之七

	æ				ie				uæ				ye			
	平声	上声	去声	阴入	阳入	平声	上声	去声	阴入	阳入	平声	上声	去声	阴入	阳入	平声	上声	去声	阴入	阳入
p	班	板	办			鞭	贬	变												
pʰ	番		盼			篇	谝	骗												
m	瞒	满	慢			棉	免	面												
pf	砖	转	赚																	
pfʰ	穿	喘	串																	
f	拴	反	饭																	
v	丸	晚	万																	
t	①	胆	蛋			掂	点	店			端	短	断							
tʰ		谈	毯	探				团												
n	②	暖	难																	
l	兰	懒	烂			连	脸	练			联	卵	乱							
ts	③	展	站								钻	纂	赚							
tsʰ	馋	铲	灿								氽									
s	三	伞	散								酸		算							
z	④	燃	橪																	
tɕ						尖	拣	贱								捐	卷	倦		
tɕʰ						田	浅	嵌								圈	犬	劝		
ȵ						年	撵	念												
ɕ						先	鲜	现								宣	选	楦		
k	竿	敢	赣								关	管	罐							
kʰ	看	砍	看								宽	款								
ŋ	严	揞	岸																	
x	还	喊	汗								欢	缓	换							

续表

	æ					ie				uæ				ye			
	平声	上声	去声	阴入	阳入	平声	上声	去声	阴入	阳入	平声	上声	去声	阴入	平声	上声	去声	阴入	阳入
ø						腌	演	炎							冤	远	愿		

① tæ⁴⁴ ~儿~地：说话啰唆，没有重点。
② næ⁴⁴ ~~：污浊的东西。儿童语。
③ tsæ⁴⁴ 拟声词，形容水滴溅落在坚硬物体上发出的声音。
④ zæ⁴⁴ 拟声词，形容小孩持续而又烦人的哭声。
番 pʰæ⁴⁴ 西~柿：西红柿。
暖 næ³²⁴ 白读。
难 næ⁵³ 患~。
穅 zæ⁵³ 麦~：麦子脱粒后除去麦秸以外的细碎部分。
看 kʰæ⁴⁴ ~守。
看 kʰæ⁵³ ~酒：倒酒。
严 ŋæ⁴⁴ 指门窗或衣服严实，没有空隙，也指事情发展到没有缺憾。
揞 ŋæ³²⁴ 把眼睛蒙上。
还 xæ⁴⁴ ~有。
谝 pʰie³²⁴ 夸耀、显示自己。
联 luæ⁴⁴ 白读。
楦 ɕye⁵³ 鞋~子：做鞋时用来定型的木制模型。

表1-7 天池小片声韵调配合关系之八

	ỹ					iỹ				uỹ				yỹ				
	平声	上声	去声	阴入	阳入	平声	上声	去声	阴入	阳入	平声	上声	去声	阴入	阳入	平声	上声	去声	阴入	阳入
p	①	本	笨			兵	饼	鬓												
pʰ	喷	捧	碰			平	品	聘												
m	蒙	猛	梦			明	敏	命												
pf	盅	准	众																	
pfʰ	虫	宠	冲																	
f	分	粉	粪																	
v	温	稳	瓮																	
t	②	等	凳			叮	顶	定			咚	懂	冻							
tʰ	疼	③									铜	桶	痛							
n	能		嫩																	

第一章 音系

续表

	ɤ̃				iɤ̃				uɤ̃				yɤ̃			
	平声	上声	去声	阴入	阳入	平声	上声	去声	阴入	阳入	平声	上声	去声	阴入	阳入	平声	上声	去声	阴入	阳入
l	棱	冷	楞			灵	领	令			龙	拢	弄							
ts	④	整	正								尊	总	**种**							
tsʰ	层	呈	衬								村	**冲**	寸							
s	神	沈	甚								孙	损	送							
z	人	忍	认																	
tɕ						斤	紧	近								军	**拱**	俊		
tɕʰ						亲	请	庆								穷				
ȵ							拧	硬												
ɕ						心	醒	兴								雄		训		
k	根	庚	更								工	攻	共							
kʰ	⑤	肯	⑥								昆	恐	困							
ŋ	恩																			
x	哼	很	恨								昏	哄	混							
ø	**嗯**					音	引	印								云	永	用		

① pɤ̃⁴⁴ 拟声词，形容弹拨弦乐器发出的声音。
② tɤ̃⁴⁴ 拟声词，敲击木板声或其他类似的声音，如鞋后跟撞击地板的声音等。
③ tʰɤ̃⁵³ 怂恿别人，如：你不要～我。
④ tsɤ̃⁴⁴ 拟声词，形容钟表发出的声音。
⑤ kʰɤ̃⁴⁴ 拟声词，用力时发出的声音或断断续续的哽咽声。
⑥ kʰɤ̃⁵³ ～门：关门。
冲 pfʰɤ̃⁵³ 朝、对、向，如：你有啥不满意都～我来哇。另外，读上声时表示向前冲。
嗯 ɤ̃⁴⁴ 语气词，表应答。
种 tsuɤ̃⁵³ 文读。
冲 tsʰuɤ̃³²⁴ 文读。
拱 tɕyɤ̃³²⁴ 猪用嘴拱地。

表 1-7 天池小片声韵调配合关系之九

	ʌʔ				iɐʔ			uʌʔ				yɐʔ			
	平声	上声	去声	阴入	阳入	平声	上声	去声	阴入	平声	上声	去声	阴入	平声	上声	去声	阴入
p			八	拔				鳖	别								

续表

	Aʔ					iɐʔ					uAʔ					yɐʔ				
	平声	上声	去声	阴入	阳入	平声	上声	去声	阴入	阳入	平声	上声	去声	阴入	阳入	平声	上声	去声	阴入	阳入
pʰ				泼					**嗝**											
m				抹					灭											
pf				桌																
pfʰ				戳																
f				法	乏															
v				袜																
t				搭	达				跌	叠				**掇**	夺					
tʰ				踏										脱						
n				纳	①															
l				蜡					裂											
ts				扎	杂															
tsʰ				插										撮						
s				杀	撒									**说**						
z				热										**若**						
tɕ									夹	**截**									**掬**	绝
tɕʰ									掐										缺	雪
nʑ									聂											
ɕ									峡	习										
k				割										刮						
kʰ				磕										阔						
ŋ				恶																
x				喝	盒									获	滑					
									叶										阅	

① nAʔ³²⁴ ~声咽气：声音受到抑制而不能响亮地发出来。
嗝 pʰiɐʔ⁴ 吹牛。
截 tɕiɐʔ³²⁴ ~断。
掇 tuAʔ⁴ 拾~：收拾。
说 suAʔ⁴ 文读。
若 zuAʔ⁴ 文读。
掬 tɕyɐʔ⁴⁴ 一~米。

第一章 音系

表 1-7 天池小片声韵调配合关系之十

	əʔ 平声	əʔ 上声	əʔ 去声	əʔ 阴入	əʔ 阳入	iəʔ 平声	iəʔ 上声	iəʔ 去声	iəʔ 阴入	iəʔ 阳入	uəʔ 平声	uəʔ 上声	uəʔ 去声	uəʔ 阴入	uəʔ 阳入	yəʔ 平声	yəʔ 上声	yəʔ 去声	yəʔ 阴入	yəʔ 阳入
p			不	**腹**				笔	**鼻**											
pʰ				**笸**				匹												
m				**木**	没				**密**											
pf				**竹**	**轴**															
pfʰ				**出**																
f				**叔**	熟															
v				**屋**	**往**															
t				**的**					德	敌				**乱**	读					
tʰ														秃						
n				①																
l			**嘞**						立					录	**肋**					
ts				摘	**值**									做						
tsʰ				吃										促						
s				湿	石									速	朔					
z				日										入						
tɕ									集	**接**									脚	局
tɕʰ									七										曲	
ȵ									逆											
ɕ									膝	习									削	俗
k			**跻**											谷						
kʰ				克										哭						
ŋ																				
x				黑	②									忽	**葫**					
∅									一										月	

① nəʔ⁴ 提示词，给别人东西时用在句首提醒别人注意，如：～，给你一本书。
② xəʔ³²⁴ ～浪：小巷。
腹 pəʔ³²⁴ 肚～脐：肚脐。
筐 pʰəʔ³²⁴ ～篮：农家盛物用具。
轴 pfəʔ³²⁴ 文读，～丝。
往 vəʔ³¹² ～东（南、西、北）走。
嘞 ləʔ⁴⁴ 句末语气词。
值 tsəʔ³²⁴ ～不～。在"价值"一词中读为阴入。
跂 kəʔ³²⁴ 蹴：蹲。
接 tɕiəʔ³²⁴ ～地：接住。用在"连接"一词中为阴入。
乱 tuəʔ⁴ 用手指点，如：～打。
肋 luəʔ³²⁴ ～支：肋骨。
朔 suəʔ³²⁴ ～州：地名。
入 zuəʔ⁴ 文读。
葫 xuəʔ³²⁴ 西～芦。

第四节　顺道小片音系

1. 声母 23 个，包括零声母在内

p 病爬盆八兵　　pʰ 派　　　　m 米骂蜜芒

　　　　　　　　　　　　　　　　　f 飞顺树缝福　v 雾味软袜王

t 多低东跌毒甜　tʰ 讨毯炭　　n 脑南　　　　　　　　l 路老蓝连

ts 资早柱争纸竹　tsʰ 刺村抄车听　nz 泥　s 三丝祠十细　z 热

tɕ 酒九　　　　　tɕʰ 全清听权　　ɲ 年　　ɕ 想谢响县

k 高共　　　　　kʰ 开　　　　　ŋ 熬安　　x 好灰活

ø 二药用云月

说明：
（1）发不送气塞音 p t k 时，发音部位的阻塞面积较大，爆破有力。
（2）m n ɲ ŋ 带有较明显的同部位浊塞成分，相当于 mᵇ nᵈ ɲᵈ ŋᵍ。
（3）v 不是一个典型的唇齿音，发音时上齿与下唇稍有接触，唇形略圆。
（4）相当于普通话的一部分 u 韵母零声母字，实际上是声化韵音节 v。
（5）n 只拼洪音，ɲ 只拼齐齿呼，二者在音系中分布互补，但由于它们在音质上特征明显，当地人认为区别显著，列为两个音位。
（6）z 是舌尖前浊擦音，但浊音成分并不明显。
（7）ts tsʰ s z 拼 ɿ 韵母时，舌尖靠近上下齿间，擦音较明显。
（8）开口呼零声母只有"二耳儿嗯"等少数字，没有合口呼零声母字；齐齿呼、撮口呼零声母，韵头发音时有相应部位轻微的摩擦成分。

第一章 音　系

2. 韵母 35 个，不包括儿化韵

ɿ 师丝试米戏星病

ʮ 兄

		u 苦猪	y 靴雨鱼
ɑ 茶瓦	iɑ 牙响加	uɑ 画	
ɛi 开排鞋赔飞碑背		uei 对快鬼飞拐个	yı 瘸靴坐
	iɪ 写油六姐就		

ʌ 二

o 高　　　　　　　　　io 笑桥

ʌu 宝糖床王双状到谎广　　iʌu 江响讲

ɤ 歌歌　　　　　　　　　　　　　　uɤ 过坐锅

əu 豆走

æ 南山半	ie 盐年	uæ 短官	ye 全
ỹ 参根灯升争横	iỹ 心新硬	uỹ 寸滚春东	yỹ 云用
aʔ 盒塔法辣热托壳色	iaʔ 鸭接贴药学	uaʔ 活刮	yaʔ 月
əʔ 十出直尺	iəʔ 急七北白锡	uəʔ 骨出郭国谷绿	yəʔ 橘局

说明：
（1）u 韵母的音质实际上是 ʋ。
（2）韵母 ɛi 动程不大，接近 ɛe。
（3）韵母 iɪ 的动程不大。
（4）k 声母与 uɤ 拼，u 的圆唇特点明显。
（5）韵母 ʌu iʌu 的主要元音略有鼻化。
（6）韵母 ie ye 中，主要元音 e 略有鼻化。
（7）韵母 ɤ 是舌面后不圆唇半高元音，实际发音时舌位略靠前；另外，发该韵母时，后带一个不明显的 ɯ 尾。
（8）普通话的 y 韵母零声母字，方言为 z 声母的开口呼韵母。
（9）韵母 o io 中，主要元音的舌位低一些，接近 ɔ。
（10）韵母 əu iəu 中，主要元音 ə 略靠后。əu 中韵尾 u 的圆唇特点比较明显。
（11）韵母 æ uæ 韵中，主要元音的舌位比标准的 æ 要高，接近 ɛ。
（12）韵母 ỹ iỹ uỹ yỹ 的鼻化比较典型，在主要元音发音的同时，小舌下垂，一部分气流从鼻腔出来，形成鼻化。
（13）入声韵喉塞尾在单音节很明显，但在双音节以上的词语中有所减弱。iaʔ yaʔ 韵的主元音略靠央，接近 ɐ。

3. 单字调 5 个

　　平声 44　　　低才门添田通铜

上声 312　　懂猛碗女手狗买

去声 53　　　动六进唱汉共树

阴入 ʔ4　　　黑吃法血做录八

阳入 ʔ312　　白合读杂石舌杂

说明：

（1）平声与阴入的调高、调型相同，只是阴入发音十分短促。

（2）上声 312 为降升曲折调，前面降的部分明显，后升的部分不明显；另外，上声与阳入 ʔ312 的调高、调型相同，不过阳入发音十分短促。

（3）去声 53 是一个高降调，但并没有降到 1。

第二章　语音内部差异及共同点

第一节　内部差异

从分布看，娄烦方言四个小片的面积大小与人口数量不均衡。娄烦（城关）小片的面积最大，主要分布在娄烦县中部，占娄烦全部面积的近3/5。娄烦（城关）小片的人口也最多，占全部人口的60%。其次是静游小片，主要分布在娄烦北部靠近静乐县、岚县一带，约占总面积的1/5强，占全部人口的1/5以上。再次是天池小片，主要分布在娄烦南部靠近古交市一带，约占总面积1/5，人口不足总人口的1/5。最小的是顺道小片，只有顺道一个村，与古交市接邻。下面从声韵调三个方面具体说明各个小片之间的内部差异。

一　声母

声母之间的差异主要表现在以下三个方面。
第一，唇齿塞擦音、擦音声母。
娄烦方言唇齿音声母在各个方言小片的表现并不一致，详见表2-1：

表 2-1 娄烦方言唇齿音母字在各方言小片的情况

	遇合三			止合三				效开二		咸开二
	猪	厨	书	锥	锤	睡	水	抓	爪	赚
	平知鱼	平澄虞	平书鱼	平章脂	平澄脂	去禅寘	上书旨	平庄肴	上庄巧	去澄陷
娄烦（城关）	tsu⁴⁴/pfu⁴⁴	tsʰu⁴⁴/pfʰu⁴⁴	su⁴⁴/fu⁴⁴	tsuei⁴⁴/pfu⁴⁴	tsʰuei⁴⁴/pfʰei⁴⁴	suei⁵³/fu⁵³	suei³²⁴/fu³²⁴	tsua⁴⁴/pfa⁴⁴	tsao³²⁴/pfa³²⁴	tsuæ⁵³/pfæ⁵³
静游	tsu²⁴/pfu²⁴	tsʰu⁴⁴/pfʰu⁴⁴	su²⁴/fu²⁴	tsuei²⁴/pfu²⁴	tsʰuei⁴⁴/pfʰei⁴⁴	suei⁵³/fu⁵³	suei³²⁴/fu³²⁴	tsua⁴⁴/pfa⁴⁴	tsao³²⁴/pfa³²⁴	tsuæ⁵³/pfæ⁵³
天池	tsu⁴⁴/pfu⁴⁴	tsʰu⁴⁴/pfʰu⁴⁴	su⁴⁴/fu⁴⁴	tsuei⁴⁴/pfu⁴⁴	tsʰuɛi⁴⁴	suɛi⁵³/fu⁵³	suɛi³²⁴/fu³²⁴	tsua⁴⁴	tsao³²⁴	tsuæ⁵³/pfæ⁵³
顺道	tsu⁴⁴	tsʰu⁴⁴	su⁴⁴/fu⁴⁴	tsuɛi⁴⁴/tsu⁴⁴	tsʰuɛi⁴⁴	suɛi⁵³/fu⁵³	suɛi³¹²/fu³¹²	tsua⁴⁴	tsua³¹²	tsuæ⁵³

	山摄合口			臻合三			宕江开口		通合三	
	转~圈	窜	涮	准	春	顺	桌	双	中	属
	去知线	去清换	去生谏	上章准	平昌谆	去船稕	入知觉	平生江	平知东	入禅烛
娄烦（城关）	tsuæ⁵³/pfæ⁵³	tsʰuæ⁵³/pfʰæ⁵³	suæ⁵³/fæ⁵³	tsuỹ³²⁴/pfỹ³²⁴	tsʰuỹ⁴⁴/pfʰỹ⁴⁴	suỹ⁵³/fỹ⁵³	tsuaʔ⁴⁴/pfaʔ⁴⁴	sua⁴⁴/fɤɯ⁴⁴	tsuỹ⁴⁴/pfỹ⁴⁴	suəʔ³²⁴/fəʔ³²⁴
静游	tsuæ⁵³/pfæ⁵³	tsʰuæ⁵³/pfʰæ⁵³	suæ⁵³/fæ⁵³	tsuỹ³²⁴/pfỹ³²⁴	tsʰuỹ²⁴/pfʰỹ²⁴	suỹ⁵³/fỹ⁵³	tsuaʔ⁴⁴/pfaʔ⁴⁴	sua²⁴/fɤɯ²⁴	tsuỹ²⁴/pfỹ²⁴	suəʔ³²⁴/fəʔ³²⁴
天池	tsuæ⁵³/pfæ⁵³	tsʰuæ⁵³/pfʰæ⁵³	suæ⁵³/fæ⁵³	tsuỹ³²⁴/pfỹ³²⁴	tsʰuỹ⁴⁴/pfʰỹ⁴⁴	suỹ⁵³/fỹ⁵³	tsuʌʔ⁴⁴/pfʌʔ⁴⁴	sua⁴⁴/fɤ⁴⁴	tsuỹ⁴⁴/pfỹ⁴⁴	suəʔ³²⁴/fəʔ³²⁴
顺道	tsuæ⁵³	tsʰuæ⁵³	suæ⁵³/fæ⁵³	tsuỹ³¹²	tsʰuỹ⁴⁴	suỹ⁵³/fỹ⁵³	tsuaʔ⁴⁴	fʌu⁴⁴	tsuỹ⁴⁴	suəʔ³¹²/fəʔ³¹²

从古音韵来历看，这部分字主要来自古代合口字，有小部分来自古代开口字。

从表2-1可以看出，普通话读ts tsʰ s 声母的合口呼字，在娄烦（城关）、静游、天池三小片中分别读pf pfʰ f 声母；顺道小片与上述三小片不同，只有普通话读s声母的合口呼字，方言中读f声母，其他分别读ts tsʰ 声母。

第二，舌面声母的舌尖化。

主要涉及普通话tɕ tɕʰ ɕ n声母拼i y韵母的字，或零声母的i y韵母字，来自中古遇摄、蟹摄、止摄、曾摄、梗摄，具体见表2-2。

第二章 语音内部差异及共同点

表 2-2 娄烦方言舌尖化声母字

	遇摄				蟹摄					
	举	渠	女	榆	挤	齐	西	泥	妓	棋
	上见语	平群鱼	上泥语	平以虞	上精荠	平从齐	平心齐	平泥齐	上群纸	平群之
娄烦（城关）	tɕy³²⁴	tɕʰy⁴⁴	nʑy³²⁴	y⁴⁴	tɕi³²⁴	tɕʰi⁴⁴	ɕi⁴⁴	nʑi⁴⁴	tɕi⁵³	tɕʰi⁴⁴
静游	tɕy³²⁴	tɕʰy⁴⁴	nʑy³²⁴	y²⁴	tɕi³²⁴	tɕʰi⁴⁴	ɕi²⁴	nʑi⁴⁴	tɕi⁵³	tɕʰi⁴⁴
天池	tsʅ³²⁴	tsʰʅ⁴⁴	nzʅ³²⁴	zʅ⁴⁴	tsʅ³²⁴	tsʰʅ⁴⁴	sʅ⁴⁴	nzʅ⁴⁴	tsʅ⁵³	tsʰʅ⁴⁴
顺道	tsʅ³¹²	tsʰʅ⁴⁴	nzʅ³¹²	zʅ⁴⁴	tsʅ³¹²	tsʰʅ⁴⁴	sʅ⁴⁴	nzʅ⁴⁴	tsʅ⁵³	tsʰʅ⁴⁴

	止摄		曾摄	梗摄						
	你	姨	蝇	井	晴	星	净	镜	听	映
	上泥止	平以脂	平以蒸	上精静	平从清	平心青	去从劲	去见映	平透青	去影映
娄烦（城关）	nʑi³²⁴	i⁴⁴	iɣ̃³²⁴/i⁴⁴	tɕiɣ̃³²⁴/tɕi³²⁴	tɕʰiɣ̃⁴⁴/tɕʰi⁴⁴	ɕiɣ̃⁴⁴/ɕi⁴⁴	tɕiɣ̃⁵³/tɕi⁵³	tɕiɣ̃⁵³/tɕi⁵³	tɕʰiɣ̃⁴⁴/tɕʰi⁴⁴	iɣ̃⁵³/i⁵³
静游	nʑi³²⁴	i⁴⁴	iɣ̃³²⁴/i⁴⁴	tɕiɣ̃³²⁴/tɕi³²⁴	tɕʰiɣ̃²⁴/tɕʰi²⁴	ɕiɣ̃²⁴/ɕi²⁴	tɕiɣ̃⁵³/tɕi⁵³	tɕiɣ̃⁵³/tɕi⁵³	tɕʰiɣ̃²⁴/tɕʰi²⁴	iɣ̃⁵³/i⁵³
天池	nzʅ³²⁴	zʅ⁴⁴	iɣ̃⁴⁴/zʅ⁴⁴	tɕiɣ̃³²⁴/tsʅ³²⁴	tɕʰiɣ̃⁴⁴/tsʰʅ⁴⁴	ɕiɣ̃⁴⁴/sʅ⁴⁴	tɕiɣ̃⁵³/tsʅ⁵³	tɕiɣ̃⁵³/tsʅ⁵³	tɕʰiɣ̃⁴⁴/tsʰʅ⁴⁴	iɣ̃⁵³/zʅ⁵³
顺道	nzʅ³¹²	zʅ⁴⁴	iɣ̃⁴⁴/zʅ⁴⁴	tɕiɣ̃³¹²/tsʅ³¹²	tɕʰiɣ̃⁴⁴/tsʰʅ⁴⁴	ɕiɣ̃⁴⁴/sʅ⁴⁴	tɕiɣ̃⁵³/tsʅ⁵³	tɕiɣ̃⁵³/tsʅ⁵³	tɕʰiɣ̃⁴⁴/tsʰʅ⁴⁴	iɣ̃⁵³/zʅ⁵³

从表 2-2 可以看出，普通话 tɕ tɕʰ ɕ n 声母拼 i y 韵母的字，在娄烦（城关）、静游两小片中，声母读 tɕ tɕʰ ɕ nʑ 声母，但在天池、顺道两小片中，声母舌尖化为 ts tsʰ s nz 声母。普通话零声母的 i y 韵母字，在娄烦（城关）、静游两小片中，零声母的 i y 韵母字，在天池、顺道两小片中，增生出一个 z 声母来。

第三，中古全浊声母平声字送气与否。

娄烦（城关）、静游、天池三小片，中古全浊声母平声字今绝大多数读送气声母；顺道小片，中古全浊声母平声字白读不送气声母，具体见表 2-3。

表 2-3　娄烦方言中古全浊声母平声字读音

	果合一	假开二	遇合一	蟹开一	蟹开四	蟹合一	止开三		
	婆	爬	脯胸~	抬	提	赔	骑	瓷	磁
	平并戈	平并麻	平并模	平定咍	平定齐	平并灰	平群支	平从脂	平从之
娄烦（城关）	pʰɤɯ44	pʰã44	pʰu44	tʰai44	tɕʰi44/tei44	tɕʰi44	pʰei44	tɕʰi44	tsʰɿ44	tsʰɿ44
静游	pʰɤɯ24/pʰɤɯ53	pʰã44	pʰu44	tʰai44	tɕʰi44/tei44	tɕʰi44	pʰei44	tɕʰi44	tsʰɿ44	tsʰɿ44
天池	pʰɤ44/pʰɤ53	pʰã44/pã44	pʰu44	tʰei44	tsʰɿ44/tir44	tɕʰir44	pʰεi44	tsʰɿ44	tsʰɿ44	tsʰɿ44/tsɿ44
顺道	pʰɤ44/pɤ44	pʰã44/pa44	pʰu44/pu44	tʰei44/tεi44	tsʰɿ44/tɕʰi44	tei44	pʰεi44/pεi44	tsʰɿ44/tsɿ44	tsʰɿ44/tsɿ44	tsʰɿ44/tsɿ44

	止合三	效开一		效开二	效开三	效开四	流开一		
	葵	桃	萄	槽	刨~地	潮	荞	条	调~料	头
	平群脂	平定豪	平定豪	平从豪	平并肴	平澄宵	平群宵	平定萧	平定萧	平定侯
娄烦（城关）	kʰuei44	tʰao44	tʰao44	tsʰao44	pao44	tsʰao44	tɕʰiao44	tɕʰiao44	tɕʰiao44	tʰɤɯ44
静游	kʰuei24	tʰao44	tʰao44	tsʰao44	pao24	tsʰao44	tɕʰiao44	tɕʰiao44	tɕʰiao44	tʰɤɯ44
天池	kʰuei44	tʰao44	tʰao44	tsʰao44	pao44	tsʰao44	tɕʰiao44	tɕʰiao44	tɕʰiao44	tʰəu44
顺道	kʰuεi44/kεi44	tʰʌu44/tʌu44	tʰʌu44/tʌu44	tsʰʌu44/tsʌu44	pʌu44	tsʰʌu44/tsʌu44	tɕʰio44/tio44	tɕʰio44/tio44	tɕʰio44/tio44	tʰəu44/təu44

	流开三	咸开一	咸开四	山开三	山开四		山合一	山合三	臻合一	臻合三
	稠	痰	甜	钱	填	前	团	椽	盆	群
	平澄尤	平定谈	平定添	平从仙	平定先	平从先	平定桓	平澄仙	平并魂	平群文
娄烦（城关）	tsʰɤɯ44	tʰæ44	tɕʰie44	tɕʰie44	tɕʰie44	tɕʰie44	tʰuæ44	tsʰuæ44/pfʰæ44	pʰɤ̃44	tɕʰyɤ̃44
静游	tsʰɤɯ44	tʰæ24	tɕʰiæ44	tɕʰiæ44	tɕʰiæ24	tɕʰiæ44	tʰuæ44	tsʰuæ44/pfʰæ44	pʰɤ̃44	tɕʰyɤ̃44
天池	tsʰəu44	tʰæ44	tɕʰie44	tɕʰie44	tɕʰie44	tɕʰie44	tʰuæ44	tsʰuæ44/pfʰæ44	pʰɤ̃44	tɕʰyɤ̃44
顺道	tsʰəu44/tsəu44	tʰæ44/tæ44	tɕʰie44/tie44	tɕʰie44/tɕie44	tɕʰie44/tie44	tɕʰie44/tɕie44	tʰuæ44/tuæ44	sʰuæ44/tsuæ44	pʰɤ̃44/pɤ̃44	tɕʰyɤ̃44/tɕyɤ̃44

续表

	宕开一	宕开三				通合一	通合三	
	藏隐~	墙	长~短	肠	尝	铜	虫	穷
	平从唐	平从阳	平澄阳	平澄阳	平禅阳	平定东	平澄东	平群东
娄烦（城关）	tsʰɑ⁴⁴	tɕʰiɑ⁴⁴	tsʰɑ⁴⁴	tsʰɑ⁴⁴	tsʰɑ⁴⁴	tʰuɣ̃⁴⁴	tsʰuɣ̃⁴⁴/pfʰɣ̃⁴⁴	tɕʰyɣ̃⁴⁴
静游	tsʰɑ⁴⁴	tɕʰiɑ⁴⁴	tsʰɑ⁴⁴	tsʰɑ⁴⁴	tsʰɑ⁴⁴	tʰuɣ̃⁴⁴	tsʰuɣ̃⁴⁴/pfʰɣ̃⁴⁴	tɕʰyɣ̃⁴⁴
天池	tsʰɑ⁴⁴	tɕʰiɑ⁴⁴	tsʰɑ⁴⁴	tsʰɑ⁴⁴	tsʰɑ⁴⁴	tʰuɣ̃⁴⁴	tsʰuɣ̃⁴⁴/pfʰɣ̃⁴⁴	tɕʰyɣ̃⁴⁴
顺道	tsʰʌu⁴⁴/tsʌu⁴⁴	tɕʰiʌu⁴⁴/tɕiʌu⁴⁴	tsʰʌu⁴⁴/tsʌu⁴⁴	tsʰʌu⁴⁴/tsʌu⁴⁴	tsʰʌu⁴⁴/tsʌu⁴⁴	tʰuɣ̃⁴⁴/tuɣ̃⁴⁴	tsʰuɣ̃⁴⁴/tsuɣ̃⁴⁴	tɕʰyɣ̃⁴⁴/tɕyɣ̃⁴⁴

二 韵母

韵母之间的差异主要表现在以下十二个方面。

第一，中古果摄、遇摄、流摄泥来母字读音的分合，见表2-4。

表2-4 娄烦方言中古果摄、遇摄、流摄泥来母字韵母对照

	果摄				遇摄				流摄			
	挪	锣	啰	骡	努	炉	卤	路	楼	搂	扭	漏
	平泥歌	平来歌	平泥戈	平来戈	上泥姥	平来模	上来姥	去来暮	平来侯	上来厚	上泥有	去来候
娄烦（城关）	nɣɯ	lɣɯ	lɣɯ	lɣɯ	nɣɯ	lɣɯ	lɣɯ	lɣɯ	lɣɯ	lɣɯ	ȵiɣɯ	lɣɯ
静游	nɣɯ	lɣɯ	lɣɯ	lɣɯ	nɣɯ	lɣɯ	lɣɯ	lɣɯ	lɣɯ	lɣɯ	ȵiɣɯ	lɣɯ
天池	nɣ	lɣ	lɣ	lɣ	nou	lou	lou	lou	lou	lou	nou	lou
顺道	nɣ	lɣ	ləu	ləu	nəu	ləu	ləu	ləu	ləu	ləu	nʑəu	ləu

从表2-4中可以看出，娄烦（城关）、静游两个小片，中古泥来母果摄、遇摄、流摄字的韵母相同。天池小片，中古泥来母遇摄、流摄字的韵母相同，果摄与遇流摄字韵母不同。顺道小片，中古泥来母果摄合口一等字（啰、骡）、遇摄、流摄字的韵母相同，果摄开口一等字的韵母不同。

所以仅就中古果摄、遇摄、流摄泥来母字韵母的分合来看，娄烦（城关）小片、静游小片是一致的，天池小片、顺道小片也基本一致。

第二，果摄、假开三章组与流开三字韵母的分合。请见表2-5。

表2-5 娄烦方言果摄、假开三章组与流开三字韵母对照

	果开一		假开三章组				流开三			
	左	搓	遮	车	扯	蛇	肘	抽	皱	愁
	上精哿	平清歌	平章麻	平昌麻	上昌马	平船麻	上知有	平彻尤	去庄宥	平崇尤
娄烦（城关）	tsɣɯ	tsʰɣɯ	tsɣɯ	tsʰɣɯ	tsʰɣɯ	tsʰɣɯ	tsɣɯ	tsʰɣɯ	tsɣɯ	tsʰɣɯ
静游	tsɣɯ	tsʰɣɯ	tsɣɯ	tsʰɣɯ	tsʰɣɯ	tsʰɣɯ	tsɣɯ	tsʰɣɯ	tsɣɯ	tsʰɣɯ
天池	tsʏ	tsʰʏ	tsʏ	tsʰʏ	tsʰʏ	tsʰʏ	tsəu	tsʰəu	tsəu	tsʰəu
顺道	tsʏ	tsʰʏ	tsʏ	tsʰʏ	tsʰʏ	sʏ	tsəu	tsʰəu	tsəu	tsʰəu

从表2-5中可以看出，娄烦（城关）、静游两小片，果摄、假开三章组、流摄字今读韵母相同，即搓＝车＝抽；天池、顺道两小片，果摄、假开三章组今读韵母相同，与流摄字韵母不同，即搓＝车≠抽。

第三，蟹摄开合口字韵母的分合，见表2-6。

表2-6 娄烦方言蟹摄开合口字韵母对照

	蟹摄开口									
	摆	败	辅风箱	稗	拜	排	牌	派	埋	买
	上帮蟹	去并夬	去并怪	去并卦	去帮怪	平并皆	平并佳	去滂卦	平明皆	上明蟹
娄烦（城关）	pai	pai	pai	pai	pai	pʰai	pʰai	pʰai	mai	mai
静游	pai	pai	pai	pai	pai	pʰai	pʰai	pʰai	mai	mai
天池	pei	pei	pei	pei	pei	pʰei	pʰɛi	pʰɛi	mei	mei
顺道	pei	pei	pei	pei	pei	pʰei	pʰɛi	pʰɛi	mei	mei
	蟹摄合口									
	杯	辈	赔	配	媒	妹	废	肺	卫	外
	平帮灰	去帮队	平并灰	去滂队	平明灰	去明队	去非废	去敷废	去云祭	去疑泰
娄烦（城关）	pei	pei	pʰei	pʰei	mei	mei	fei	fei	vei	vai/ʔvei

90

续表

	蟹摄合口									
	杯	辈	赔	配	媒	妹	废	肺	卫	外
	平帮灰	去帮队	平并灰	去滂队	平明灰	去明队	去非废	去敷废	去云祭	去疑泰
静游	pei	pei	pʰei	pʰei	mei	mei	fei	fei	vei	vaiʔvei
天池	pei	pei	pʰei	pʰei	mɛi	mɛi	fei	fei	vei	vei
顺道	pei	pei	pʰei/pei	pʰei	mei	mɛi	fei	fei	vei	vei[53]

从表 2-6 可以看出，娄烦（城关）、静游两小片蟹摄开口与蟹摄合口今韵母不同，即败≠辈、牌≠赔、派≠配、埋≠媒；天池、顺道两小片蟹摄开口与蟹摄合口今韵母相同，即败＝辈、牌＝赔、派＝配、埋＝媒。

第四，假开三精影组、蟹摄开口端见组、止开三端组来母、流开三精端见组、梗摄开口端组来母字白读韵母的分合。见表 2-7。

表 2-7 娄烦方言假开三、蟹摄、流开三、止开三、流开三、梗摄开口字韵母对照

	假开三精影组									
	姐	借	些	写	卸	斜	谢	爷	也	野	夜
	上精马	去精祃	平心麻	上心马	去心祃	平邪麻	去邪祃	平以麻	上以马	上以马	去以祃
娄烦（城关）	tɕiɪ	tɕiɪ	ɕiɪ	ɕiɪ	ɕiɪ/ɕia	ɕiɪ	ɕiɪ	iɪ	iɪ	iɪ	iɪ
静游	tɕie	tɕie	ɕie	ɕie	ɕie/ɕia	ɕie	ɕie	ie	ie	ie	ie
天池	tɕiɪ	tɕiɪ	ɕiɪ	ɕiɪ	ɕiɪ/ɕia	ɕiɪ	ɕiɪ	iɪ	iɪ	iɪ	iɪ
顺道	tɕiɪ	tɕiɪ	ɕiɪ	ɕiɪ	ɕiɪ/ɕia	ɕiɪ	ɕiɪ	iɪ	ie	iɪ	iɪ

	蟹摄开口端见组									
	秸	芥	揩	街	解	例	低	蹄	递	梨	礼
	平见皆	去见怪	平溪皆	平见佳	上见蟹	去来祭	平端齐	平定齐	去定齐	平来齐	上来齐
娄烦（城关）	tɕiɪ	tɕiɪ	tɕʰiɪ	tɕiɪ	tɕiɪ	lei	tei	tɕʰi	tei	lei	lei
静游	tɕie	tɕie	tɕʰie	tɕie	tɕie	lei	tei	tɕʰi	tei	lei	lei
天池	tɕiɪ	tɕiɪ	tɕʰiɪ	tɕiɪ	tɕiɪ	liɪ	tiɪ	tɕʰiɪ	tiɪ	liɪ	liɪ
顺道	tɕiɪ	tɕiɪ	tɕʰiɪ	tɕiɪ	tɕiɪ	liɪ	tiɪ	ti	tiɪ	liɪ	liɪ

续表

	流开三精端见组									
	柳	丢	酒	秋	修	袖	救	求	舅	有	油
	上来有	平端幽	上精有	平清尤	平心尤	去邪宥	去见宥	平群尤	上群有	上云有	平以尤
娄烦（城关）	liyɯ	tiyɯ	tɕiyɯ	tɕʰiyɯ	ɕiyɯ	ɕiyɯ	tɕiyɯ	tɕʰiyɯ	tɕiyɯ	iyɯ	iyɯ
静游	liyɯ	tiyɯ	tɕiyɯ	tɕʰiyɯ	ɕiyɯ	ɕiyɯ	tɕiyɯ	tɕʰiyɯ	tɕiyɯ	iyɯ	iyɯ
天池	liɪ	tiɪ	tɕiɪ	tɕʰiɪ	ɕiɪ	ɕiɪ	tɕiɪ	tɕʰiɪ	tɕiɪ	iɪ	iɪ
顺道	liɪ	tiɪ	tɕiɪ	tɕʰiɪ	ɕiɪ	ɕiɪ	tɕiɪ	tɕʰiɪ	tɕiɪ	iɪ	iɪ

	止开三端组来母						梗摄开口端组来母			
	离	地	梨	利	李	里	杏	领	钉	顶	零
	平来支	去定至	平来脂	去来至	上来止	上来止	上匣梗	上来静	平端青	上端回	平来青
娄烦（城关）	lei	tei	lei	lei	lei	lei	ɕiỹ/ɕia	liỹ/lei	tiỹ/tei	tiỹ/tei	liỹ/lei
静游	lei	tei	lei	lei	lei	lei	ɕiỹ/ɕia	liỹ/lei	tiỹ/tei	tiỹ/tei	liỹ/lei
天池	liɪ	tiɪ	liɪ	liɪ	liɪ	liɪ	ɕiỹ/liɪ	liỹ/liɪ	tiỹ/tiɪ	tiỹ/tiɪ	liỹ/liɪ
顺道	liɪ	tiɪ	liɪ	liɪ	liɪ	liɪ	ɕiɪ/ɕia	liỹ/tiɪ	tiỹ/tiɪ	tiỹ/tiɪ	liỹ

从表2-7可以看出，娄烦（城关）、静游两小片假开三精影组、蟹摄开口端见组字韵母今读合流，即借＝芥、姐＝解；蟹摄开口端见组、止开三端组来母、梗摄开口端组来母字韵母合流，即递＝地＝钉、离＝梨＝零、礼＝李＝领、例＝利，流开三精端见组字今读另外韵母。天池、顺道两小片则不同，假开三精影组、蟹摄开口端见组、流开三精端见组、止开三端组来母、梗摄开口端组来母字今读韵母合流，即借＝芥＝救、姐＝解＝酒、爷＝油、礼＝柳＝里＝领。

第五，流开一见晓影组字的韵母情况，见表2-8。

表 2-8　娄烦方言流开一见晓影组字韵母对照

	流开一见晓影组										
	沟	狗	够	抠	口	扣	呕	偶	沤	喉	吼	厚
	平见侯	上见厚	去见候	平溪侯	上溪厚	去溪侯	上影厚	上疑厚	去影侯	平匣侯	上晓厚	上匣厚
娄烦（城关）	kiɯ	kiɯ	kiɯ	kʰiɯ	kʰiɯ	kʰiɯ	ŋiɯ	ŋiɯ	ŋiɯ	xiɯ	xiɯ	xiɯ
静游	kiɯ	kiɯ	kiɯ	kʰiɯ	kʰiɯ	kʰiɯ	ŋiɯ	ŋiɯ	ŋiɯ	xiɯ	xiɯ	xiɯ
天池	kəu	kəu	kəu	kʰəu	kʰəu	kʰəu	ŋəu	ŋəu	ŋəu	xəu	xəu	xəu
顺道	kəu	kəu	kəu	kʰəu	kʰəu	kʰəu	ŋəu	ŋəu	ŋəu	xəu	xəu	xəu

从表 2-8 可以看出，娄烦（城关）、静游两小片流开一见晓影组字今读韵母有一个 i 介音，天池、顺道两小片流开一见晓影组字今读韵母没有类似娄烦（城关）、静游两小片的 i 介音。

第六，咸山、宕江、梗开二入声今齐撮两呼韵母与其他韵摄今齐撮两呼韵母的分合，见表 2-9。

表 2-9　娄烦方言咸山宕江梗开二入声今齐撮两呼韵母与其他韵摄今齐撮两呼韵母对照

	咸山					宕江					梗开二		
	接	掐	月	灭	裂	鹊	药	觉	饺	略	百	拍	麦
娄烦（城关）	tɕieʔ	tɕʰieʔ	yeʔ	mieʔ	lieʔ	tɕʰieʔ	ieʔ	tɕyeʔ	tɕyeʔ	lieʔ	pieʔ	pʰieʔ	mieʔ
天池	tɕieʔ	tɕʰieʔ	yeʔ	mieʔ	lieʔ	tɕʰieʔ	ieʔ	tɕyeʔ	tɕyeʔ	lieʔ	pieʔ	pʰieʔ	mieʔ
顺道	tɕiaʔ	tɕʰiaʔ	yaʔ	miaʔ	liaʔ	tɕʰyaʔ	iaʔ	tɕyaʔ	tɕyaʔ	lyaʔ	piaʔ	pʰiaʔ	miaʔ
静游	tɕiəʔ	tɕʰiəʔ	yəʔ	miəʔ	liəʔ	tɕʰiəʔ	iəʔ	tɕyəʔ	tɕyəʔ	liəʔ	piəʔ	pʰiəʔ	miəʔ

	深臻					曾、梗开三四				通		
	急	漆	屈	蜜	立	力	即	壁	笛	激	掬	宿	欲
娄烦（城关）	tɕiəʔ	tɕʰiəʔ	tɕʰyəʔ	miəʔ	liəʔ	liəʔ	tɕiəʔ	piəʔ	tiəʔ	tɕiəʔ	tɕyəʔ	ɕyəʔ	yəʔ
天池	tɕiəʔ	tɕʰiəʔ	tɕʰyəʔ	miəʔ	liəʔ	liəʔ	tɕiəʔ	piəʔ	tiəʔ	tɕiəʔ	tɕyəʔ	ɕyəʔ	yəʔ
顺道	tɕiəʔ	tɕʰiəʔ	tɕʰyəʔ	miəʔ	liəʔ	liəʔ	tɕiəʔ	piəʔ	tiəʔ	tɕiəʔ	tɕyəʔ	ɕyəʔ	yəʔ
静游	tɕiəʔ	tɕʰiəʔ	tɕʰyəʔ	miəʔ	liəʔ	liəʔ	tɕiəʔ	piəʔ	tiəʔ	tɕiəʔ	tɕyəʔ	ɕyəʔ	yəʔ

从表 2-9 中可以看出，娄烦（城关）、天池、顺道三小片，咸山、宕江、梗开二入声今齐撮两呼为一套韵母；深臻，曾、梗开三四，通摄入声今齐撮两呼为另外一套韵母。具体表现为：咸山、宕江、梗开二入声今齐撮两呼韵母的主要元音是低元音；深臻，曾、梗开三四，通摄入声今齐撮两呼韵母为中元音。静游小片则不同，即主要元音为中元音韵母。

第七，宕江摄舒声韵母与果摄、假摄、效摄今韵母的分合。

（1）宕江摄舒声白读与果摄今韵母的分合。

娄烦（城关）、静游、天池三小片，中古宕江摄白读的唇音声母字、舌面后声母合口呼字与果摄韵母合流，如：旁＝婆、忙＝磨、广＝果、荒＝和~气、棒＝簸~箕；顺道小片，宕江摄与果摄相关字韵母不合流。见表 2-10。

表 2-10 娄烦方言宕江摄舒声白读与果摄今韵母对照

	宕摄										江摄		
	旁	忙	放	忘	壮	床	霜	广	况	荒	棒	窗	双
娄烦（城关）	pʰɣɯ	mɣɯ	fɣɯ	vɣɯ	pfɣɯ	pfʰɣɯ	fɣɯ	kuɣɯ	kʰuɣɯ	xuɣɯ	pɣɯ	pfʰɣɯ	fɣɯ
静游	pʰɣɯ	mɣɯ	fɣɯ	vɣɯ	pfɣɯ	pfʰɣɯ	fɣɯ	kuɣɯ	kʰuɣɯ	xuɣɯ	pɣɯ	pfʰɣɯ	fɣɯ
天池	pʰɣ	mɣ	fɣ	vɣ	pfɣ	pfʰɣ	fɣɯ / ʔpfʰɣ	kuɣ	kʰuɣ	xuɣ	pɣ	pfʰɣ	fɣ
顺道	pʰʌu⁴⁴	mʌu⁴⁴	fʌu³⁵	vʌu⁵³	tsʌu⁵³	tsʰʌu⁵³	suʌu⁴⁴ / ʔsʌu⁴⁴	kʌu⁴⁴	kʰʌu⁵³	xʌu⁵³	pʌu⁵³	tsʰʌu⁴⁴	fʌu⁴⁴

	果摄												
	婆	磨	多	拖	哥	个	鹅	果	过	和~气	簸~箕	饿	河
娄烦（城关）	pʰɣɯ	mɣɯ	tɣɯ	tʰɣɯ	kɣɯ	kɣɯ	ŋɣɯ	kuɣɯ	kuɣɯ	xuɣɯ	pɣɯ	ŋɣɯ	xɣɯ
静游	pʰɣɯ	mɣɯ	tɣɯ	tʰɣɯ	kɣɯ	kɣɯ	ŋɣɯ	kuɣɯ	kuɣɯ	xuɣɯ	pɣɯ	ŋɣɯ	xɣɯ
天池	pʰɣ	mɣ	tɣ	tʰɣ	kɣ	kɣ	ŋɣ	kuɣ	kuɣ	xuɣ	pɣ	ŋɣ	xɣ
顺道	pɣ	mɣ	tɣ	tʰɣ	kɣ	kɣ	ŋɣ	kuɣ	kuɣ	xuɣ	pɣ	ŋɣ	xɣ

（2）宕江摄舒声文读与假摄今韵母的分合。见表2-11。

表2-11 娄烦方言宕江摄舒声文读与假摄今韵母对照

	宕江摄											
	帮	胖	忙	囊	丈	长~短	商	江	巷	娘	爽	光	网
娄烦（城关）	pa	pʰa	ma	na	tsa	tsʰa	sa	tɕia	ɕia	ȵia	sua	kua	va
静游	pa	pʰa	ma	na	tsa	tsʰa	sa	tɕia	ɕia	ȵia	sua	kua	va
天池	pa	pʰa	ma	na	tsa	tsʰa	sa	tɕia	ɕia	ȵia	sua	kua	va
顺道	pʌu	pʰʌu	mʌu	nʌu	tsʌu	tsʰʌu/tsʌu	sa	tɕiʌu	ɕiʌu	ȵiʌu	fʌu	kʌu	vʌu
	假摄											
	疤	怕	麻	拿	榨	茶	沙	家	下	牙	耍	瓜	瓦
娄烦（城关）	pa	pʰa	ma	na	tsa	tsʰa	sa	tɕia	ɕia	ȵia	sua	kua	va
静游	pa	pʰa	ma	na	tsa	tsʰa	sa	tɕia	ɕia	ȵia	sua	kua	va
天池	pa	pʰa	ma	na	tsa	tsʰa	sa	tɕia	ɕia	ȵia	sua	kua	va
顺道	pa	pʰa	ma	na	tsa	tsʰa	sa	tɕia	ɕia	ȵia	sua	kua	va

从表2-11可以看出，娄烦（城关）、静游、天池三小片，宕江摄舒声文读与假摄今韵母合流，即帮＝疤、胖＝怕、忙＝麻、囊＝拿、丈＝榨、长＝茶、商＝沙、江＝家、巷＝下、娘＝牙、爽＝耍、光＝瓜、网＝瓦；顺道小片，宕江摄舒声文读与假摄今韵母不合流。

（3）宕江摄与效摄今韵母的分合。见表2-12。

表2-12 娄烦方言宕江摄与效摄今韵母对照

	宕江摄											
	绑	忙	堂	狼	场	炕	昂	行银~	两	江	墙	想	羊
娄烦（城关）	pa/pɤɯ	ma/mɤɯ	tʰa	la	tsʰa	kʰa	ŋa	xa	lia	tɕia	tɕʰia	ɕia	ia
静游	pa/pɤɯ	ma/mɤɯ	tʰa	la	tsʰa	kʰa	ŋa	xa	lia	tɕia	tɕʰia	ɕia	ia

续表

	宕江摄											
	绑	忙	堂	狼	场	炕	昂	行银~	两	江	墙	想	羊
天池	pa/ pɤ	ma/ mɤ	tʰa	la	tsʰa	kʰa	ŋa	xa	lia	tɕia	tɕʰia	ɕia	ia
顺道	pʌu	mʌu	tʰʌu	lʌu	tsʰʌu	kʰʌu	ŋʌu	xʌu	liʌu	tɕiʌu	tɕʰiʌu/ tɕiʌu	ɕiʌu	iʌu

	效摄											
	宝	毛	掏	捞	草	靠	熬	号呼~	燎火~	交	悄	小	腰
娄烦（城关）	pao	mao	tʰao	lao	tsʰao	kʰao	ŋao	xao⁴⁴	liao	tɕiao	tɕʰiao	ɕiao	iao
静游	pao	mao	tʰao	lao	tsʰao	kʰao	ŋao	xao⁴⁴	liao	tɕiao	tɕʰiao	ɕiao	iao
天池	pao	mao	tʰao	lao	tsʰao	kʰao	ŋao	xao⁴⁴	liao	tɕiao	tɕʰiao	ɕiao	iao
顺道	pʌu	mʌu	tʰʌu	lʌu	tsʰʌu	kʰʌu	ŋo	xo⁴⁴	lio	tɕio	tɕʰio	ɕio	io

从表 2-12 可以看出，娄烦（城关）、静游、天池三小片宕江摄与效摄今韵母截然分开。顺道小片的情况比较特殊：就开口呼韵母来说，宕江摄今韵母与效摄大部分韵母合流，只有舌面音 [k] 组声母，有的合流，有的没有合流，如：炕＝靠，但昂≠熬；就齐齿呼韵母来说，宕江摄今韵母与效摄韵母没有合流，如：江≠交、墙≠悄、羊≠腰。

第八，宕江摄舒声今舌尖、舌根声母部分字的韵母情况。

宕江摄舒声今舌尖、舌根声母部分字在娄烦（城关）、静游、天池三小片读合口呼韵母，但在顺道小片读开口呼韵母。这些字的古音韵条件并不一致：有的来自宕摄开口三等，如"疮床"；有的来自宕摄合口，如"黄况"；有的来自江摄，如"撞窗"。具体见表 1-13。

表 2-13 娄烦方言宕江摄舒声今舌尖、舌根声母部分字韵母对照

	宕开三		宕合一					
	疮	床	光	荒	慌	谎	黄	簧
	平初阳	平崇阳	平见唐	平晓唐	平晓唐	上晓荡	平匣唐	平匣唐
娄烦（城关）	tsʰua⁴⁴/ pfʰyɯ⁴⁴	tsʰua⁴⁴/ pfʰyɯ⁴⁴	kua⁴⁴/ kuyɯ⁴⁴	xua⁴⁴/ xuyɯ⁴⁴	xua⁴⁴/ xuyɯ⁴⁴	xua³²⁴/ xuyɯ³²⁴	xua⁴⁴/ xuyɯ⁴⁴	xua⁴⁴/ xuyɯ⁴⁴

续表

	宕开三		宕合一					
	疮	床	光	荒	慌	谎	黄	簧
	平初阳	平崇阳	平见唐	平晓唐	平晓唐	上晓荡	平匣唐	平匣唐
静游	tsʰuɑ²⁴/pfʰɣɯ²⁴	tsʰuɑ⁴⁴/pfʰɣɯ⁴⁴	kuɑ²⁴/kuɣɯ²⁴	xuɑ²⁴/xuɣɯ²⁴	xuɑ²⁴/xuɣɯ²⁴	xuɑ³²⁴/xuɣɯ³²⁴	xuɑ⁴⁴/xuɣɯ⁴⁴	xuɑ⁴⁴/xuɣɯ⁴⁴
天池	tsʰuɑ⁴⁴/pfʰɣ⁴⁴	tsʰuɑ⁴⁴/pfʰɣ⁴⁴	kuɑ⁴⁴/kuɣ⁴⁴	xuɑ⁴⁴/xuɣ⁴⁴	xuɑ⁴⁴/xuɣ⁴⁴	xuɑ³²⁴/xuɣ³²⁴	xuɑ⁴⁴/xuɣ⁴⁴	xuɑ⁴⁴/xuɣ⁴⁴
顺道	tsʰʌu⁴⁴/fʌu⁴⁴	tsʰʌu⁴⁴	kʌu⁴⁴	xʌu⁴⁴	xʌu⁴⁴	xʌu³¹²	xʌu⁴⁴	xʌu⁴⁴

	宕合一		宕合三				江开二	
	皇	晃~眼	逛	眶	狂	况	撞	窗
	平匣唐	上匣荡	去见漾	平溪阳	平群阳	去晓漾	去澄绛	平初江
娄烦（城关）	xuɑ⁴⁴/xuɣɯ⁴⁴	xuɑ⁵³/xuɣɯ⁵³	kuɑ⁵³/kɑ⁵³	kʰuɑ⁴⁴	kʰuɑ⁴⁴	kʰuɑ⁵³/kʰuɣɯ⁵³	tsuɑ⁵³/pfɣɯ⁵³	tsʰuɑ⁴⁴/pfʰɣɯ⁴⁴
静游	xuɑ⁴⁴/xuɣɯ⁴⁴	xuɑ⁵³/xuɣɯ⁵³	kuɑ⁵³/kɑ⁵³	kʰuɑ²⁴	kʰuɑ²⁴	kʰuɑ⁵³/kʰuɣɯ⁵³	tsuɑ⁵³/pfɣɯ⁵³	tsʰuɑ²⁴/pfʰɣɯ²⁴
天池	xuɑ⁴⁴/xuɣ⁴⁴	xuɑ⁵³/xuɣ⁵³	kuɑ⁵³/kɑ⁵³	kʰuɑ⁴⁴	kʰuɑ⁴⁴	kʰuɑ⁵³/kʰuɣ⁵³	tsuɑ⁵³	tsʰuɑ⁴⁴/pfʰɣ⁴⁴
顺道	xʌu⁴⁴	xʌu⁵³	kʌu⁵³	kʰʌu⁵³	kʰʌu⁵³	kʰʌu⁵³	tsʌu⁵³	tsʰʌu⁴⁴

第九，中古遇摄今普通话读舌面音声母字、零声母字的读音，请见表1-14。

表2-14 娄烦方言遇摄今普通话舌面音声母字、零声母字读音

	遇摄							
	居	举	渠	巨	虚	许	雨	榆
	平见鱼	上见语	平群鱼	上群语	平晓鱼	上晓语	上云虞	平以虞
娄烦（城关）	tɕy⁴⁴	tɕy³²⁴	tɕʰy⁴⁴	tɕy⁵³	ɕy⁴⁴	ɕy³²⁴	y³²⁴	y⁴⁴
静游	tɕy²⁴	tɕy³²⁴	tɕʰy⁴⁴	tɕy⁵³	ɕy²⁴	ɕy³²⁴	y³²⁴	y²⁴
天池	tsʅ⁴⁴	tsʅ³²⁴	tsʰʅ⁴⁴	tsʅ⁵³	sʅ⁴⁴	sʅ³²⁴	zʅ³²⁴	zʅ⁴⁴
顺道	tsʅ⁴⁴	tsʅ³¹²	tsʰʅ⁴⁴	tsʅ⁵³	sʅ⁴⁴	sʅ³¹²	zʅ³¹²	zʅ⁴⁴

从表 2-14 可以看出，中古遇摄今普通话读舌面音声母字、零声母字，娄烦（城关）、静游两小片读舌面前高圆唇元音 y 韵母，天池、顺道两小片读舌尖前圆唇元音 ʮ 韵母。

第十，中古蟹摄开口三四、止摄开口、曾梗摄舒声开口三四等，今普通话读双唇音声母、舌面前音声母、零声母及 tʰn 声母的字，在娄烦（城关）、静游两小片读 i 韵母，在天池、顺道两小片读 ʅ 韵母。详见 2-15。

表 2-15 娄烦方言蟹摄开口三四、止摄开口、曾梗摄舒声开口三四等字今普通话相关韵母对照

	蟹摄开口三四等								
	毙	批	米	提	挤	齐	西	细	鸡
	去并祭	平滂齐	上明荠	平定齐	上精荠	平从齐	平心齐	去心霁	平见齐
娄烦（城关）	pi⁵³	pʰi⁴⁴	mi³²⁴	tɕʰi⁴⁴	tɕi³²⁴	tɕʰi⁴⁴	ɕi⁴⁴	ɕi⁵³	tɕi⁴⁴
静游	pi⁵³	pʰi²⁴	mi³²⁴	tɕʰi⁴⁴	tɕi³²⁴	tɕʰi⁴⁴	ɕi²⁴	ɕi⁵³	tɕi²⁴
天池	pʅ⁵³	pʰʅ⁴⁴	mʅ³²⁴	tsʰʅ⁴⁴	tsʅ³²⁴	tsʰʅ⁴⁴	sʅ⁴⁴	sʅ⁵³	tsʅ⁴⁴
顺道	pʅ⁵³	pʰʅ⁴⁴	mʅ³¹²	tsʰʅ⁴⁴	tsʅ³¹²	tsʰʰʅ⁴⁴	sʅ⁴⁴	sʅ⁵³	tsʅ⁴⁴
	止摄开口三等								
	臂	皮	眉	你	记	棋	喜	疑	拟
	去帮寘	平并支	平明脂	上泥止	去见志	平群之	上晓止	平疑之	上疑止
娄烦（城关）	pi⁵³	pʰi⁴⁴	mi⁴⁴	ȵi³²⁴	tɕi⁵³	tɕʰi⁴⁴	ɕi³²⁴	i⁴⁴	ȵi³²⁴
静游	pi⁵³	pʰi⁴⁴	mi⁴⁴	ȵi³²⁴	tɕi⁵³	tɕʰi⁴⁴	ɕi³²⁴	i²⁴	ȵi³²⁴
天池	pʅ⁵³	pʰʅ⁴⁴	mʅ⁴⁴	mʅ³²⁴	tsʅ⁵³	tsʰʅ⁴⁴	sʅ³²⁴	zʅ⁴⁴	mʅ³²⁴
顺道	pʅ⁵³	pʰʅ⁴⁴	mʅ⁴⁴	mʅ³²⁴	tsʅ⁵³	tsʰʅ⁴⁴	sʅ³¹²	zʅ⁴⁴	mʅ³¹²
	曾梗摄舒声开口三四等								
	蝇	病	明	命	镜	瓶	星	青	赢
	平以蒸	去并映	平明庚	去明映	去见映	平并青	平心青	平清青	平以清
娄烦（城关）	i⁴⁴	pi⁵³	mi⁴⁴	mi⁵³	tɕi⁵³	pʰi⁴⁴	ɕi⁴⁴	tɕʰi⁴⁴	i⁴⁴
静游	i⁴⁴	pi⁵³	mi⁴⁴	mi⁵³	tɕi⁵³	pʰi⁴⁴	ɕi²⁴	tɕʰi²⁴	i²⁴
天池	zʅ⁴⁴	pʅ⁵³	mʅ⁴⁴	mʅ⁵³	tsʅ⁵³	pʰʅ⁴⁴	sʅ⁴⁴	tsʰʅ⁴⁴	zʅ⁴⁴
顺道	zʅ⁴⁴	pʅ⁵³	mʅ⁴⁴	mʅ⁵³	tsʅ⁵³	pʰʅ⁴⁴	sʅ⁴⁴	tsʰʅ⁴⁴	zʅ⁴⁴

第十一，遇合一精组字与果摄字、流摄字韵母，见表 2-16。

表 2-16　娄烦方言遇合一精组字与果摄字、流摄字韵母对照

	遇合一						果摄	流摄
	租	祖	粗	醋	酥	嗉_{鸟~子}	左	抽
	平精模	上精姥	平清模	去清暮	平心模	去心暮	上精哿	平彻尤
娄烦（城关）	tsɯ⁴⁴	tsɯ³²⁴	tsʰɯ⁴⁴	tsʰɯ⁵³	sɯ⁴⁴	sɯ⁵³	tsɯ³²⁴	tsʰɯ⁴⁴
静游	tsɯ²⁴	tsɯ³²⁴	tsʰɯ²⁴	tsʰɯ⁵³	sɯ²⁴	sɯ⁵³	tsɯ³²⁴	tsʰɯ²⁴
天池	tsəu⁴⁴	tsəu³²⁴	tsʰəu⁴⁴	tsʰəu⁵³	səu⁴⁴	səu⁵³	tsɤ³²⁴	tsʰəu⁴⁴
顺道	tsəu⁴⁴	tsəu³¹²	tsʰəu⁴⁴	tsʰəu⁵³	səu⁴⁴	səu⁵³	tsɤ³¹²	tsʰəu⁴⁴

从表 2-16 可以看出，娄烦（城关）、静游两个小片，遇合一精组字的韵母与果摄字韵母、流摄字韵母相同；天池、顺道两小片，遇合一精组字的韵母与流摄字韵母相同，与果摄字韵母不同。

第十二，咸山摄舒声今细音是否与洪音为一套韵母。

娄烦（城关）、天池、顺道三小片，咸山摄舒声今细音与洪音为两套声母，细音的主要元音为舌面前半高不圆唇元音 e，洪音的主要元音为舌面前半低不圆唇元音 æ。静游小片，咸山摄今细音与洪音为一套声母，主要元音为舌面前半低不圆唇元音 æ。详见表 2-17。

表 2-17　娄烦方言咸山摄舒声今细音与洪音对照

	咸山摄								
	洪音					细音			
	南	凡	缠	唤	蒜	尖	店	鞭	权	元
	平泥覃	平奉凡	平澄仙	去晓换	去心换	平精盐	去端忝	平帮仙	平群仙	平疑元
静游	næ⁴⁴	fæ⁴⁴	tsʰæ⁴⁴	xuæ⁵³	suæ⁵³	tɕiæ⁴⁴	tiæ⁵³	piæ²⁴	tɕʰyæ⁴⁴	yæ⁴⁴
娄烦（城关）	næ⁴⁴	fæ⁴⁴	tsʰæ⁴⁴	xuæ⁵³	suæ⁵³	tɕie⁴⁴	tie⁵³	pie⁴⁴	tɕʰye⁴⁴	ye⁴⁴
天池	næ⁴⁴	fæ⁴⁴	tsʰæ⁴⁴	xuæ⁵³	suæ⁵³	tɕie⁴⁴	tie⁵³	pie⁴⁴	tɕʰye⁴⁴	ye⁴⁴
顺道	næ⁴⁴	fæ⁴⁴	tsʰæ⁴⁴	xuæ⁵³	suæ⁵³	tɕie⁴⁴	tie⁵³	pie⁴⁴	tɕʰye⁴⁴	ye⁴⁴

三 声调

娄烦方言各小片声调方面的差异主要如下：静游小片平分阴阳，即中古清声母的平声字读阴平、浊声母的平声字读阳平；娄烦（城关）、天池、顺道三小片，中古平声字不论声母清浊，只有一个平声。见表2-18。

表2-18 娄烦方言清平、浊平对照

	清平							浊平						
	坡	权	初	灰	批	持	天	通	婆	茬	除	回	琵	磁	田	铜
静游	24	24	24	24	24	24	24	24	44	44	44	44	44	44	44	44
娄烦（城关）	44	44	44	44	44	44	44	44	44	44	44	44	44	44	44	44
天池	44	44	44	44	44	44	44	44	44	44	44	44	44	44	44	44
顺道	44	44	44	44	44	44	44	44	44	44	44	44	44	44	44	44

从上面论述可以看出，娄烦方言内部各个小片之间有比较大的差异，在声母、韵母、声调三个方面都有所表现，其中韵母方面的表现比较明显，本文共罗列了十二条之多，其次是声母，共有三条，声调方面的差异一条。

第二节 共同点

尽管娄烦方言各个小片之间有比较大的语音差异，也有不少共同点。下面从声母、韵母、声调三个方面分别介绍。

一 声母

第一，唇齿音 pf pfʰ f 声母。

普通话舌尖 tʂ tʂʰ ʂ ʐ 声母拼合口呼韵母的字，在娄烦方言四个小片中，除顺道小片有出入，其他三个小片都变成相应的唇齿 pf pfʰ f 声母；

普通话 z̩ 声母拼 u 韵母的字，在娄烦（城关）、静游、天池实际变为 v 声母。具体见表 2-19。

表 2-19 娄烦方言 pf pfʰ f 声母字读音

	遇合三			止合三				效开二		咸开二
	除	书	如	追	锤	水	谁	抓	爪	撰
	平澄语	平书鱼	平日鱼	平知脂	平澄脂	上书旨	平禅脂	平庄肴	上庄巧	上崇潸
娄烦（城关）	tsʰu⁴⁴/pfʰu⁴⁴	su⁴⁴/fu⁴⁴	vu⁴⁴	tsuei⁴⁴/pfei⁴⁴	tsʰuei⁴⁴/pfʰei⁴⁴	suei³²⁴/fu³²⁴	suei⁴⁴/fu⁴⁴	tsuɑ⁴⁴/pfɑ⁴⁴	tsɑo³²⁴/pfɑ̃³²⁴	tsuæ⁵³/pfæ⁵³
静游	tsʰu⁴⁴/pfʰu⁴⁴	su²⁴/fu²⁴	vu⁴⁴	tsuei²⁴/pfei²⁴	tsʰuei²⁴/pfʰei²⁴	suei³²⁴/fu³²⁴	suei⁴⁴/fu⁴⁴	tsuɑ²⁴/pfɑ²⁴	tsɑo³²⁴/pfɑ³²⁴	tsuæ⁵³/pfæ⁵³
天池	tsʰu⁴⁴/pfʰu⁴⁴	su⁴⁴/fu⁴⁴	vu⁴⁴	tsuei⁴⁴	tsʰuei⁴⁴	suei³²⁴/fu³²⁴	suei⁴⁴/fu⁴⁴	tsuɑ⁴⁴	tsɑo³²⁴	tsuæ⁴⁴/pfæ⁵³
顺道	tsʰu⁴⁴	su⁴⁴/fu⁴⁴	zu⁴⁴	tsuei⁴⁴	tsʰuei⁴⁴	suei³¹²/fu³¹²	suei⁴⁴/fu⁴⁴	tsuɑ⁴⁴	tsuɑ³¹²	tsuæ⁵³

	山摄合口			臻合三			宕江开口		通合三	
	转~圈	拴	刷	准	出	顺	床	捉	虫	属
	去知线	平生删	入生鎋	上章准	入昌术	去船稕	平崇阳	入庄觉	平澄东	入禅烛
娄烦（城关）	tsuæ⁵³/pfæ⁵³	suæ⁴⁴/fæ⁴⁴	suaʔ⁴⁴/faʔ⁴⁴	tsuỹ³²⁴/pfỹ³²⁴	tsʰuə⁴⁴/pfʰə⁴⁴	suỹ⁵³/fỹ⁵³	tsʰuɑ⁴⁴/pfʰɤɯ⁴⁴	tsuɑʔ⁴⁴/pfɑʔ⁴⁴	tsʰuỹ⁴⁴/pfʰỹ⁴⁴	suəʔ³²⁴/fəʔ³²⁴
静游	tsuæ⁵³/pfæ⁵³	suæ²⁴/fæ²⁴	suaʔ⁴⁴/faʔ⁴⁴	tsuỹ³²⁴/pfỹ³²⁴	tsʰuə⁴⁴/pfʰə⁴⁴	suỹ⁵³/fỹ⁵³	tsʰuɑ⁴⁴/pfʰɤɯ⁴⁴	tsuɑʔ⁴⁴/pfɑʔ⁴⁴	tsʰuỹ⁴⁴/pfʰỹ⁴⁴	suəʔ³²⁴/fəʔ³²⁴
天池	tsuæ⁵³/pfæ⁵³	suæ⁴⁴/fæ⁴⁴	suɑʔ⁴⁴/fɑʔ⁴⁴	tsuỹ³²⁴/pfỹ³²⁴	tsʰuə⁴⁴/pfʰə⁴⁴	suỹ⁵³/fỹ⁵³	tsʰuɑ⁴⁴/pfʰɤ⁴⁴	tsuɑʔ⁴⁴/pfɑʔ⁴⁴	tsʰuỹ⁴⁴/pfʰỹ⁴⁴	suəʔ³²⁴/fəʔ³²⁴
顺道	tsuæ⁵³	suæ⁴⁴/fæ⁴⁴	suaʔ⁴⁴/faʔ⁴⁴	tsuỹ³¹²	tsʰuə⁴⁴	suỹ⁵³/fỹ⁵³	tsʰuʌ⁴⁴	tsuɑ⁴⁴	tsʰuỹ⁴⁴/tsuỹ⁴⁴	suəʔ³¹²/fəʔ³¹²

从表 2-19 可以看出，上述相关字，既有来自中古合口的，如遇摄、止摄、山摄、臻摄、通摄，也有来自中古开口的，如效摄、咸摄、宕江摄。总的来看，来自中古合口的字较多。从分布看，娄烦（城关）、静游、天池三个小片比较整齐。顺道小片的情况较为特殊，只有普通话舌尖 ʂ 声母拼合口呼韵母的字，在方言中读 f 声母。尽管顺道的情况与其他三小片的情况不同，但实际上它们属于同样的变化系列，只是顺道小片的变化不

很完全。

第二，舌尖塞音 t^h 的擦音化。

普通话舌尖塞音 t^h 声母与齐齿呼韵母相拼的字，在娄烦方言各个小片中，声母舌面化为舌面前 $tɕ^h$ 声母。具体见表 2-20。

表 2-20　普通话舌尖塞音 t^h 声母与齐齿呼韵母相拼的读音

	蟹开四				效开四				咸开四	
	梯	替	提	蹄	挑	跳	条	调~料	添	贴
	平透齐	去透霁	平定齐	平定齐	平透萧	去透啸	平定萧	平定萧	平透添	入透贴
娄烦（城关）	tɕʰi⁴⁴	tɕʰi⁵³	tɕʰi⁴⁴/tei⁴⁴	tɕʰi⁴⁴	tɕʰiao⁴⁴	tɕʰiao⁵³	tɕʰiao⁴⁴	tɕʰiao⁴⁴	tɕʰie⁴⁴	tɕʰiɐʔ⁴⁴
静游	tɕʰi²⁴	tɕʰi⁵³	tɕʰi⁴⁴/tei⁴⁴	tɕʰi⁴⁴	tɕʰiao²⁴	tɕʰiao⁵³	tɕʰiao⁴⁴	tɕʰiao⁴⁴	tɕʰiæ²⁴	tɕʰiəʔ⁴⁴
天池	tsʰɿ⁴⁴	tsʰɿ⁵³	tsʰɿ⁴⁴/tir⁴⁴	tɕʰir⁴⁴	tɕʰiao³²⁴	tɕʰiao⁵³	tɕʰiao⁴⁴	tɕʰiao⁴⁴	tɕʰie⁴⁴	tɕʰieʔ⁴⁴
顺道	tɕʰi⁴⁴	tɕʰi⁵³	tsʰɿ⁴⁴/tɕʰi⁴⁴	ti⁴⁴	tɕio⁴⁴	tɕʰio⁵³	tɕʰio⁴⁴/tio⁴⁴	tɕʰio⁴⁴/tio⁴⁴	tɕʰie⁴⁴	tɕʰiaʔ⁴⁴

	咸开四	山开四				梗开四				
	甜	天	铁	田	填	听	踢	停	挺	庭
	平定添	平透先	入透屑	平定先	平定先	平透青	入透锡	平定青	上定回	平定青
娄烦（城关）	tɕʰie⁴⁴	tɕʰie⁴⁴	tɕʰiɐʔ⁴⁴	tɕʰie⁴⁴	tɕʰie⁴⁴	tɕʰiɤ̃⁴⁴/tɕʰi⁴⁴	tɕʰiəʔ⁴⁴	tɕʰiɤ̃⁴⁴	tɕʰiɤ̃³²⁴	tɕʰiɤ̃⁴⁴
静游	tɕʰiæ⁴⁴	tɕʰiæ²⁴	tɕʰiəʔ⁴⁴	tɕʰiæ⁴⁴	tɕʰiæ²⁴	tɕʰiɤ̃²⁴/tɕʰi²⁴	tɕʰiəʔ⁴⁴	tɕʰiɤ̃⁴⁴	tɕʰiɤ̃³²⁴	tɕʰiɤ̃²⁴
天池	tɕʰie⁴⁴	tɕʰie⁴⁴	tɕʰiɐʔ⁴⁴	tɕʰie⁴⁴	tɕʰie⁴⁴	tɕʰiɤ̃⁴⁴/tsʰɿ⁴⁴	tɕʰiəʔ⁴⁴	tɕʰiɤ̃⁴⁴	tɕʰiɤ̃³²⁴	tɕʰiɤ̃⁴⁴
顺道	tɕʰie⁴⁴/tie⁴⁴	tɕʰie⁴⁴	tɕʰiaʔ⁴⁴	tɕʰie⁴⁴	tɕʰie⁴⁴/tie⁴⁴	tɕʰiɤ̃⁴⁴/tsʰɿ⁴⁴	tɕʰiəʔ⁴⁴	tɕʰiɤ̃⁴⁴	tɕʰiɤ̃³¹²	tɕʰiɤ̃⁴⁴

从表 2-20 可以看出，上述相关字全部来自中古开口四等，涉及的韵摄有蟹摄、效摄、咸摄、山摄、梗摄。在娄烦方言的四个小片中，娄烦（城关）、静游两小片相关字全部读舌面前送气声母，天池、顺道两小片

有些不同，普通话舌尖塞音 tʰ 声母拼 i 韵母的字，在上述两小片中读 tsʰ 声母，如：提 tsʰɿ⁴⁴、听 tsʰɿ⁴⁴。有理由相信，这些字原来的声母也应该是 tɕʰ，只是随着 i 韵母的舌尖化，声母也变成相应的舌尖音。另外，来自中古全浊声母平声字在顺道小片白读不送气的 t 声母，这与中古全浊声母平声字在顺道小片读不送气音有关，也佐证了上述相关字在读 tɕʰ 声母之前，应该读 tʰ 声母。

第三，不分 tʂ tʂʰ ʂ 和 ts tsʰ s 声母。

无论是来自中古精组的字，还是来自中古知庄章组的字，娄烦方言中一律都读 ts tsʰ s 声母。详见表 2-21。

表 2-21　娄烦方言精组与知庄章组字读音

	精组									
	宗	赠	葱	惭	增	蚕	三	村	层	伞
	平精冬	去从嶝	平清东	平从谈	平精登	平从覃	平心谈	平清魂	平从登	上心旱
娄烦（城关）	tsũ⁴⁴	tsɿ⁵³	tsʰuŋ⁴⁴	tsʰæ⁴⁴	tsɿ̃⁴⁴	tsʰæ⁴⁴	sæ⁴⁴	tsʰuŋ⁴⁴	tsʰɿ̃⁴⁴	sæ³²⁴
静游	tsũ²⁴	tsɿ⁵³	tsʰuŋ⁴⁴	tsʰæ⁴⁴	tsɿ̃²⁴	tsʰæ⁴⁴	sæ²⁴	tsʰuŋ²⁴	tsʰɿ̃⁴⁴	sæ³²⁴
天池	tsũ⁴⁴	tsɿ⁵³/tsɿ̃⁴⁴	tsʰuŋ⁴⁴	tsʰæ⁴⁴	tsɿ̃⁴⁴	tsʰæ⁴⁴	sæ⁴⁴	tsʰuŋ⁴⁴	tsʰɿ̃⁴⁴	sæ³²⁴
顺道	tsũ⁴⁴	tsɿ⁵³	tsʰuŋ⁴⁴	tsʰæ⁴⁴	tsɿ̃⁴⁴	tsʰæ⁴⁴	sæ⁴⁴	tsʰuŋ⁴⁴	tsʰɿ̃⁴⁴	sæ³¹²

	知组				庄组			章组		
	中	镇	虫	缠	睁	馋	山	春	诚	闪
	平知东	去知震	平澄东	平澄仙	平庄耕	平崇咸	平生山	平昌谆	平禅清	上书琰
娄烦（城关）	tsũ⁴⁴/pfɤ⁴⁴	tsɿ⁵³	tsʰuŋ⁴⁴/pfʰɤ⁴⁴	tsʰæ⁴⁴	tsɿ̃⁴⁴/tsɿ⁴⁴	tsʰæ⁴⁴	sæ⁴⁴	tsʰuŋ⁴⁴/pfʰɤ⁴⁴	tsʰɿ̃⁴⁴	sæ³²⁴
静游	tsũ²⁴/pfɤ²⁴	tsɿ⁵³	tsʰuŋ⁴⁴/pfʰɤ⁴⁴	tsʰæ⁴⁴	tsɿ̃²⁴/tsɿ²⁴	tsʰæ⁴⁴	sæ²⁴	tsʰuŋ²⁴/pfʰɤ²⁴	tsʰɿ̃⁴⁴	sæ³²⁴
天池	tsũ⁴⁴/pfɤ⁴⁴	tsɿ⁵³	tsʰuŋ⁴⁴/pfʰɤ⁴⁴	tsʰæ⁴⁴	tsɿ̃⁴⁴/tsɿ⁴⁴	tsʰæ⁴⁴	sæ⁴⁴	tsʰuŋ⁴⁴/pfʰɤ⁴⁴	tsʰɿ̃⁴⁴	sæ³²⁴
顺道	tsũ⁴⁴	tsɿ⁵³	tsʰuŋ⁴⁴/tsuŋ⁴⁴	tsʰæ⁴⁴	tsɿ̃⁴⁴/tsɿ⁴⁴	tsʰæ⁴⁴	sæ⁴⁴	tsʰuŋ⁴⁴	tsʰɿ̃⁴⁴	sæ³¹²

从表 2-21 可以看出，无论是来自精组，还是来自知组、庄组、章

组的相关字，现在娄烦各个小片都读 ts tsʰ s 声母，所以就有：宗＝中、赠＝镇、葱＝虫、惭＝缠、增＝睁、蚕＝馋、三＝山、村＝春、层＝诚、伞＝闪。

二　韵母

第一，来自中古深臻摄的韵母与曾梗通摄的韵母合流。详见表 2-22。

表 2-22　娄烦方言深臻摄与曾梗通摄字读音

	深臻摄									
	心	针	金	阴	民	劲	轮	坟	群	盆
	平心侵	平章侵	平见侵	平影侵	平明真	去见焮	平来谆	平奉文	平群文	平并魂
娄烦（城关）	ɕiỹ⁴⁴	tsỹ⁴⁴	tɕiỹ⁴⁴	iỹ⁴⁴	miỹ⁴⁴	tɕiỹ⁵³	luỹ⁴⁴	fỹ⁴⁴	tɕʰyỹ⁴⁴	pʰỹ⁴⁴
静游	ɕiỹ²⁴	tsỹ²⁴	tɕiỹ²⁴	iỹ²⁴	miỹ⁴⁴	tɕiỹ⁵³	luỹ⁴⁴	fỹ⁴⁴	tɕʰyỹ⁴⁴	pʰỹ⁴⁴
天池	ɕiỹ⁴⁴	tsỹ⁴⁴	tɕiỹ⁴⁴	iỹ⁴⁴	miỹ⁴⁴	tɕiỹ⁵³	luỹ⁴⁴	fỹ⁴⁴	tɕʰyỹ⁴⁴	pʰỹ⁴⁴
顺道	ɕiỹ⁴⁴	tsỹ⁴⁴	tɕiỹ⁴⁴	iỹ⁴⁴	miỹ⁴⁴	tɕiỹ⁵³	luỹ⁴⁴		tɕʰyỹ⁴⁴/tɕyỹ⁴⁴	pʰỹ⁴⁴/ʔpỹ⁴⁴

	曾梗通摄									
	星	正~月	精	赢	明	镜	龙	缝~衣	穷	蓬
	平心青	平章清	平精清	平以清	平明庚	去见映	平来钟	平奉钟	平群东	平并东
娄烦（城关）	ɕiỹ⁴⁴/ɕi⁴⁴	tsỹ⁴⁴/tsʅ⁴⁴	tɕiỹ⁴⁴	iỹ⁴⁴/i⁴⁴	miỹ⁴⁴/mi⁴⁴	tɕiỹ⁵³/tɕi⁵³	luỹ⁴⁴	fỹ⁴⁴	tɕʰyỹ⁴⁴	pʰỹ⁴⁴
静游	ɕiỹ²⁴/ɕi²⁴	tsỹ²⁴/tsʅ²⁴	tɕiỹ²⁴	iỹ²⁴/i²⁴	miỹ⁴⁴/mi⁴⁴	tɕiỹ⁵³/tɕi⁵³	luỹ⁴⁴	fỹ⁴⁴	tɕʰyỹ⁴⁴	pʰỹ⁴⁴
天池	ɕiỹ⁴⁴/sʅ⁴⁴	tsỹ⁴⁴/tsʅ⁴⁴	tɕiỹ⁴⁴	iỹ⁴⁴/zʅ⁴⁴	miỹ⁴⁴/mŋ⁴⁴	tɕiỹ⁵³/tɕŋ⁵³	luỹ⁴⁴	fỹ⁴⁴	tɕʰyỹ⁴⁴	pʰỹ⁴⁴
顺道	ɕiỹ⁴⁴/sʅ⁴⁴	tsỹ⁴⁴/tsʅ⁴⁴	tɕiỹ⁴⁴	iỹ⁴⁴/zʅ⁴⁴	miỹ⁴⁴/mŋ⁴⁴	tɕiỹ⁵³/tsŋ⁵³	luỹ⁴⁴	fỹ⁴⁴	tɕʰyỹ⁴⁴/tɕyỹ⁴⁴	pʰỹ⁴⁴

从表 1-22 可以看出，无论是深臻摄还是曾梗通摄，在娄烦方言中韵母都合并为一套，并且主要元音鼻化为 ỹ iỹ uỹ yỹ。所以，心＝星、针＝正~

月、金＝精、阴＝赢、民＝明、劲＝镜、轮＝龙、坟＝缝~衣、群＝穷、盆＝蓬。

第二，曾梗摄开口二三四等字白读iŋ韵母。如表2-23。

表2-23 娄烦方言曾梗摄开口二三四等字白读读音

	曾开三						梗开二			
	蒸	秤	绳	剩	升	蝇	生	甥	争	睁
	平章蒸	去昌证	平船蒸	去船证	平书蒸	平以蒸	平生庚	平生庚	平庄耕	平庄耕
娄烦（城关）	tsʅ⁴⁴	tsʰʅ⁵³	sʅ⁴⁴	sʅ⁵³	sʅ⁴⁴	i⁴⁴	sʅ⁴⁴	sʅ³²⁴	tsʅ⁴⁴	tsʅ⁴⁴
静游	tsʅ²⁴	tsʰʅ⁵³	sʅ⁴⁴	sʅ⁵³	sʅ²⁴	i⁴⁴	sʅ²⁴	sʅ³²⁴	tsʅ²⁴	tsʅ²⁴
天池	tsʅ⁴⁴	tsʰʅ⁵³	sʅ⁴⁴	sʅ⁵³	sʅ⁴⁴	zʅ⁴⁴	sʅ⁴⁴	sʅ³²⁴	tsʅ⁴⁴	tsʅ⁴⁴
顺道	tsʏ̃⁴⁴	tsʰʏ⁵³	sʏ⁴⁴	sʏ⁵³	sʏ⁴⁴	zʅ⁴⁴	sʅ⁴⁴	sʅ³²⁴	tsʏ̃⁴⁴	tsʅ⁴⁴

	梗开三									
	平	坪	病	明	命	镜	影	映	饼	晴
	平并庚	平并庚	去并映	平明庚	去明映	去见映	上影梗	去影映	上帮静	平精清
娄烦（城关）	pʰi⁴⁴	pʰi⁴⁴	pi⁵³	mi⁴⁴	mi⁵³	tɕi⁵³	i³²⁴	i⁵³	pi³²⁴	tɕi⁴⁴
静游	pʰi⁴⁴	pʰi⁴⁴	pi⁵³	mi⁴⁴	mi⁵³	tɕi⁵³	i³²⁴	i⁵³	pi³²⁴	tɕi²⁴
顺道	pʰiʏ̃⁴⁴	pʰʅ⁴⁴	pʅ⁵³	mʅ⁴⁴	mʅ⁵³	tsʅ⁵³	zʅ⁵³	zʅ⁵³	pʅ³¹²	tsʅ⁴⁴
天池	pʰiʏ̃⁴⁴	pʰʅ⁴⁴	pʅ⁵³	mʅ⁴⁴	mʅ⁵³	tsʅ⁵³	zʅ³²⁴	zʅ⁵³	pʅ³²⁴	tsʅ⁴⁴

	梗开三								梗开四	
	井	清	晴	净	正~月	整	声	赢	瓶	钉
	上精静	平清清	平从清	去从劲	平章清	上章静	平书清	平以清	平并青	平端青
娄烦（城关）	tɕi³²⁴	tɕʰi⁴⁴	tɕʰi⁴⁴	tɕi⁵³	tsʅ⁴⁴	tsʅ³²⁴	sʅ⁴⁴	i⁴⁴	pʰi⁴⁴	ti⁴⁴
静游	tɕi³²⁴	tɕʰi²⁴	tɕʰi²⁴	tɕi⁵³	tsʅ²⁴	tsʅ³²⁴	sʅ²⁴	i²⁴	pʰi⁴⁴	ti²⁴
天池	tsʅ³²⁴	tɕʰiʏ̃⁴⁴	tsʰʅ⁴⁴	tsʅ⁵³	tsʅ⁴⁴	tsʅ³²⁴	sʅ⁴⁴	zʅ⁴⁴	pʰʅ⁴⁴	tir⁴⁴
顺道	tsʅ³¹²	tsʰʅ⁴⁴	tsʰʅ⁴⁴	tsʅ⁵³	tsʏ⁴⁴	tsʏ³¹²	sʏ⁴⁴	zʅ⁴⁴	pʰʏ̃⁴⁴	tir⁴⁴

	梗开四				
	顶	听	青	星	腥
	上端迥	平透青	平清青	平心青	平心青
娄烦（城关）	ti³²⁴	tɕʰi⁴⁴	tɕʰi⁴⁴	ɕi⁴⁴	ɕi⁴⁴

续表

静游	ti³²⁴	tɕʰi²⁴	tɕʰi²⁴	ɕi²⁴	ɕi²⁴
天池	tɿ³²⁴	tsʰɿ⁴⁴	tsʰɿ⁴⁴	sɿ⁴⁴	sɿ⁴⁴
顺道	tɿ³¹²	tsʰɿ⁴⁴	tsʰɿ⁴⁴	sɿ⁴⁴	sɿ⁴⁴

说明：表中只列白读，没有列相应的文读。

表 2-23 说明，娄烦方言中这样的字来自曾开三等、梗开二三四等，除 ts tsʰ s 声母拼开口呼 ɿ 韵母外，其他都是齐齿呼韵母字。天池、顺道两小片，凡上述相关字普通话读 tɕ tɕʰ ɕ 声母的，方言中均读 ts tsʰ s 声母，韵母也读相应的 ɿ，这种情况与这两小片 i 韵母的高化、tɕ tɕʰ ɕ 声母的舌尖化有关，之前也应该读 tɕ tɕʰ ɕ 声母。另外，"钉、顶"等字在天池、顺道小片读 ii 韵母，与假开三精影组、蟹摄开口端见组、流开三精端见组、止开三端组来母字韵母合流，这种情况应该与方言中 i 韵母裂变有关。

第三，遇摄合一精组字的读音。

娄烦方言四个小片，来自中古遇摄合口一等精组字韵母分别与流摄字今读韵母合流。详见表 2-24。

表 2-24　娄烦方言遇摄合口一等精组字与流摄字读音

	遇合一						流摄	假摄	果摄	宕江摄
	租	祖	粗	醋	酥	嗾_{鸟~子}	走	车	左	放
	平精模	上精姥	平清模	去清暮	平心模	去心暮	上精厚	平昌麻	上精哿	去非漾
娄烦（城关）	tsɣɯ⁴⁴	tsɣɯ³²⁴	tsʰɣɯ⁴⁴	tsʰɣɯ⁵³	sɣɯ⁴⁴	sɣɯ⁵³	tsɣɯ³²⁴	tsʰɣɯ	tsɣɯ³²⁴	fɣɯ⁵³
静游	tsɣɯ²⁴	tsɣɯ³²⁴	tsʰɣɯ²⁴	tsʰɣɯ⁵³	sɣɯ²⁴	sɣɯ⁵³	tsɣɯ³²⁴	tsʰɣɯ	tsɣɯ³²⁴	fɣɯ⁵³
天池	tsəu⁴⁴	tsəu³²⁴	tsʰəu⁴⁴	tsʰəu⁵³	səu⁴⁴	səu⁵³	tsəu³²⁴	tsʰɣ	tsɣ³²⁴	fɣ⁵³
顺道	tsəu⁴⁴	tsəu³¹²	tsʰəu⁴⁴	tsʰəu⁵³	səu⁴⁴	səu⁵³	tsəu³¹²	tsʰɣ	tsɣ³¹²	fʌu⁵³

娄烦（城关）、静游两小片，中古遇合一精组今读韵母不仅与流摄今读韵母合流，而且与假开三章组、果摄、宕江摄白读合流。天池、顺道两小片，中古遇合一精组今读韵母只与流摄合流，这是与另外两个小片不同

的地方。

第四，声母 v。

普通话的 u 韵母零声母字，在娄烦方言四个小片实际读 vu。见表 2-25。

表 2-25　普通话的 u 韵母零声母字在娄烦方言读音

	遇摄								
	吴	五	误	乌	污	无	舞	雾	乳
	平疑模	上疑姥	去疑暮	平影模	平影模	平微虞	上微麌	去微遇	上日虞
娄烦（城关）	vu⁴⁴	vu³²⁴	vu⁵³	vu⁴⁴	vu⁴⁴	vu⁴⁴	vu³²⁴	vu⁵³	vu³²⁴
静游	vu⁴⁴	vu³²⁴	vu⁵³	vu²⁴	vu²⁴	vu⁴⁴	vu³²⁴	vu⁵³	vu³²⁴
天池	vu⁴⁴	vu³²⁴	vu⁵³	vu⁴⁴	vu⁴⁴	vu⁴⁴	vu³²⁴	vu⁵³	vu³²⁴
顺道	vu⁴⁴	vu³¹²	vu⁵³	vu⁴⁴	vu⁴⁴	vu⁴⁴	vu³¹²	vu⁵³	zu³¹²

上述相关字全部来自中古遇摄合口，既有微母字，也有疑母、影母、日母字。从 u 零声母向 vu 音节的变化应该与娄烦方言中整个合口呼零声母 u 韵母字的擦音化有关，如王 vɑ⁴⁴、旺 vɑ⁵³，也与 pf pfʰ f v 声母有关。我们将在后面的"韵母的历史层次"专门讨论。

三　声调

娄烦方言四个小片在声调方面的共同特点主要表现在以下三个方面。
第一，入声分阴阳两调。见表 2-26

表 2-26　娄烦方言入声字读音

	清入			次浊入			全浊入			
	戚	激	折~叠	木	聂	落	读	着睡~	学	食	白
	入清锡	入见锡	入章叶	入明屋	入泥叶	入来铎	入定屋	入澄药	入匣觉	入船职	入并陌
娄烦（城关）	44	44	44	44	44	44	324	324	324	324	324

续表

	清入			次浊入			全浊入				
	戚	激	折~叠	木	聂	落	读	着睡~	学	食	白
	入清锡	入见锡	入章叶	入明屋	入泥叶	入来铎	入定屋	入澄药	入匣觉	入船职	入并陌
静游	44	44	44	44	44	44	324	324	324	324	324
天池	44	44	44	44	44	44	324	324	324	324	324
顺道	44	44	44	44	44	44	312	312	312	312	312

从总体看，中古全浊入今读阳入，但也有相当一部分中古全浊入声读阴入，如：沓一~纸（入定合）、峡（入匣洽）、捷（入从叶）、协（入匣帖）、集（入从缉）、蛰惊~（入澄缉）及（入群缉）、杰（入群薛）、截（入从屑）、穴（入匣屑）。

第二，入声调型与舒声调型一致。详见表 2-27。

表 2-27 娄烦方言入声与舒声调型对照

	清入、次浊入	全浊入	清平	浊平	清上、次浊上
静游	阴入 ʔ4	阳入 ʔ324	阴平 24	阳平 44	上声 324
娄烦（城关）	阴入 ʔ4	阳入 ʔ324	平声 44		上声 324
天池	阴入 ʔ4	阳入 ʔ324	平声 44		上声 324
顺道	阴入 ʔ4	阳入 ʔ312	平声 44		上声 312

静游小片中古平声今分阴阳两调，其中清声母平声字今读阴平、浊声母平声字今读阳平。就舒入调型来看，静游小片的阴入与阳平调型一致，阳入与上声调型一致。娄烦（城关）、天池、顺道三小片平声不分阴阳，即无论中古清声母平声字还是浊声母平声字，今读均为平声 44 调。就舒入调型来看，上述三小片阴入与平声调型一致，阳入与上声调型一致。

第三，全浊上声归去声。关于这一点与整个山西方言中区的演变方式一致，与大多数北方话的演变方式一致，不赘。

第三章 语流音变

第一节 连读变调

与娄烦（城关）小片、天池小片、顺道小片相比，静游小片平分阴阳，调类较为丰富，变调类型也较复杂。下面讨论连读变调，以静游小片为主。下面主要讨论静游小片两字组、三字组的连读变调。

一 两字组连读变调

1. 非叠字连读变调

两字组连读变调包括非叠字连读变调和叠字连读变调。静游小片有6个调类，两字组连读变调比较复杂，既有前字变调也有后字变调。方言变调时，不完全都是一定的词语结构，只要相关两字相连都可能变调，所以下面两字组不一定都是固定词语。

（1）阴平24+阴平24，小部分后字变53调，个别后字变为324调，极个别后字变44调。

小部分后字变53调：

猪娃 pfu^{24}va^{53}　　鸡娃 tɕi^{24}va^{53} ~子　　鸡娃 tɕi^{24}va^{53} ~儿

公鸡 kuỹ^{24}tɕi^{53}　　鸡窝 tɕi^{24}vɤɯ^{53} ~子　　推刨 tʰuei^{24}pʰao^{53} ~儿：刨子

东西 tuỹ^{24}ɕi^{53}　　恓惶 ɕi^{24}xuɤ^{53}　　肝炎 kæ^{24}iæ^{53}

冤枉 yæ^{24}vɤɯ^{53}　　方块 fɤɯ^{24}kʰuai^{53} ~儿：扑克牌　　招呼 tsɑo^{24}xu^{53}

青菅 tɕʰi^{24}tɕiæ^{53}

个别后字变为 324 调：

烟锅 iæ²⁴kuɣ³²⁴ ~子　　分支 fɣ̃²⁴tsʅ³²⁴ 分配　　翻叨 fæ²⁴tɑo³²⁴ 不断提及

铺摊 pʰu²⁴tʰæ³²⁴ 铺开

极个别后字变 44 调：

高跷 kɑo²⁴tɕʰiɑo⁴⁴

（2）阴平 24+ 阳平 44，绝大部分后字变 53 调，个别后字变 324 调。

绝大部分后字变 53 调：

阴凉 iɣ̃²⁴liɑ⁵³　　　　　　冬凉 tuɣ̃²⁴liɑ⁵³ 冰　　　　冰溜 piɣ̃²⁴liɯ⁵³ ~子

胶泥 tɕiɑo²⁴n̡i⁵³ 红~　　　砖头 pfæ²⁴tʰɯ⁵³　　　　牵牛 tɕʰiæ²⁴n̡iɯ⁵³ ~花儿

将来 tsɑ²⁴lai⁵³ 黑~：黄昏　今年 tsɣ̃²⁴n̡iæ⁵³　　　　山丹 sæ²⁴tæ⁵³ ~丹花儿

犍牛 tɕiæ²⁴n̡iɯ⁵³ 被阉过的牛　爬牛 pɑ²⁴n̡iɯ⁵³ 屎~　　骷髅 kʰu²⁴lyɯ⁵³

精明 tɕi²⁴mi⁵³　　　　　　姑夫 ku²⁴fu⁵³　　　　　烧人 sɑo²⁴zɣ̃⁵³

心人 ɕiɣ̃²⁴zɣ̃⁵³ 呕~　　　　稀人 ɕi²⁴zɣ̃⁵³ 孤~　　　干粮 kæ²⁴liɑ⁵³

棺材 kuæ²⁴tsʰai⁵³　　　　周年 tsyɯ²⁴n̡iæ⁵³　　　　冤枉 yæ²⁴vyɯ⁵³

唻人 lei²⁴zɣ̃⁵³ 圪~：痒　　瘆人 sɣ̃²⁴zɣ̃⁵³ 圪~　　　烦人 fæ²⁴zɣ̃⁵³ 麻~

跟前 kɣ̃²⁴tɕʰiæ⁵³　　　　　筋头 kɣ̃²⁴tʰɯ⁵³

个别后字变 324 调：

温壶 vɣ̃²⁴xu³²⁴ 暖壶　　　精神 tɕi²⁴sɣ̃³²⁴

（3）阴平 24+ 去声 53，只有个别后字变 324 调，极个别后字变 24 调。

个别后字变 324 调：

家具 tɕiɑ²⁴tɕy³²⁴　　　　灯泡 tɣ̃²⁴pʰɑo³²⁴ ~子

极个别后字变 24 调：

鸡冠 tɕi²⁴kuæ²⁴ ~子

（4）阴平 24+ 阴入 4ʔ，只有个别后字变 324ʔ 调，极个别前字变 324 调。

个别后字变 324ʔ 调：

针脚 tsɣ̃²⁴tɕyəʔ³²⁴　　　工作 kuɣ̃²⁴tsaʔ³²⁴　　　关节 kuæ²⁴tɕiəʔ³²⁴

着急 tsɑo²⁴tɕiəʔ³²⁴　　　抓握 pfɑ²⁴vaʔ³²⁴ 乱抓　　扔握 tɑo²⁴vaʔ³²⁴ 乱拿

极个别前字变 324 调：

颗子 kʰuɣ³²⁴tsəʔ⁴ 颗粒

（5）阳平 44+ 阴平 24，个别后字变 44 调，个别前字变 24 后字变 53 调。

个别后字变 44 调：

黄昏 xuɣ⁴⁴xuɣ̃⁴⁴　　　营生 i⁴⁴sʅ⁴⁴　　　　　神仙 sɤ̃⁴⁴ɕiæ⁴⁴

个别前字变 24 后字变 53 调：

时分 sʅ²⁴fɤ̃⁵³　　　咱家 tsɑ²⁴tɕiɑ⁵³

（6）阳平 44+ 阳平 44，少数后字变 53 调，个别后字变 24 调；个别前字变 53 调，个别前字变 24 调。

少数后字变 53 调：

明年 miɤ̃⁴⁴n̻iæ⁵³　　红丹 xuɤ̃⁴⁴tæ⁵³ ~地　　婆姨们 pʰe:i⁴⁴mɤ̃⁵³ 女人

牙人 n̻iɑ⁴⁴zɤ̃⁵³ 咬~　　回来 xuei⁴⁴lai⁵³　　　熬人 ŋɑo⁴⁴zɤ̃⁵³

凉人 liɑ⁴⁴zɤ̃⁵³ 感觉冷　蔫人 n̻iæ⁴⁴zɤ̃⁵³ 圪~　　怜 liæ⁴⁴zɤ̃⁵³ 可~：感到可怜

愁人 tsʰɯ⁴⁴zɤ̃⁵³ 发~　　烦人 fæ⁴⁴zɤ̃⁵³ 心~

个别后字变 24 调：

媒婆 mei⁴⁴pʰɤɯ²⁴ ~子

个别前字变 53 调：

迷糊 mi⁵³xu⁴⁴　　　迷瞪 mi⁵³tɤ̃⁴⁴

个别前字变 24 调：

浮头 fu²⁴tʰɤɯ⁴⁴　　　　浮牙儿 fu²⁴n̻iɑ:⁴⁴ 大而向外突出的门牙

（7）阳平 44+ 上声 324，个别后字变 53 调，极个别后字变 24 调。

个别后字变 53 调：

前晌 tɕʰiæ⁴⁴sɑ⁵³ 上午　　娘母 n̻iɑ⁴⁴mu⁵³ ~俩

极个别后字变 24 调：

年景 n̻iæ⁴⁴tɕiɤ̃²⁴

（8）阳平 44+ 去声 53，只有极个别前字变 24 调：

时候 sʅ²⁴xiɤɯ⁵³　　　芹菜 tɕʰiɤ̃²⁴tsʰai⁵³

（9）上声 324+ 阴平 24，极个别前字变 53 调，极个别后字变 53 调。

极个别前字变 53 调：

老鸦 lɑo⁵³vɑ²⁴ 黑~：乌鸦　　可心 kʰɤɯ⁵³ɕiɤ̃²⁴

极个别后字变 53 调：

草腰 tsʰɑo³²⁴iɑo⁵³ ~子　　　眼眶 ȵiæ³²⁴kʰuɑ⁵³ ~骨

（10）上声 324+ 阳平 44，部分后字变 53 调，少部分后字变 24 调。

部分后字变 53 调：

老婆 lɑo³²⁴pʰɤɯ⁵³ 老年女人　馺爷 tɕiæ³²⁴ie⁵³ 曾外祖父　馺婆 tɕiæ³²⁴pʰɤɯ⁵³ 曾外祖母

奶头 nai³²⁴tʰɤɯ⁵³　　　　咬人 ȵiɑo⁵³zɤ̃⁵³ 牙~　　口 kʰiɤɯ³²⁴xæ⁵³ ~钱

暖和 nuæ³²⁴xuɤ⁵³　　　　痒人 iɑ³²⁴zɤ̃⁵³ 牙~　　紧人 tɕiɤ̃³²⁴zɤ̃⁵³

恼人 nɑo³²⁴zɤ̃⁵³ 毛~：烦人　耳门 ər³²⁴mɤ̃⁵³ ~不岔儿

少部分后字变 24 调：

起来 tɕʰi³²⁴lai²⁴　　　　咬人 ȵiɑo³²⁴zɤ̃²⁴ 痒的感觉　　里头 lei³²⁴tʰɤɯ²⁴

过来 kuɤ³²⁴lai²⁴ 调~

（11）上声 324+ 上声 324，绝大部分前字变 24 调，其他小部分后字变 24 调。

绝大部分前字变 24 调：

打闪 tɑ²⁴sæ³²⁴ 闪电　　　雨点 y²⁴tiæ³²⁴ ~子　　　哑雨 ŋɑ²⁴y³²⁴ 未打雷就下的雨

小雨 ɕiɑo²⁴y³²⁴　　　　雨哩 y²⁴lei³²⁴ 淋了~　　　起了 tɕʰi²⁴lɑo³²⁴ ~雾哩

有了 iɤɯ²⁴lɑo³²⁴ ~雾哩　数九 fu²⁴tɕiɤɯ³²⁴　　　雨水 y²⁴fu³²⁴

死水 sɿ²⁴fu³²⁴　　　　滚水 kuɤ̃²⁴fu³²⁴ 开水　　扯水 tsʰɤɯ²⁴fu³²⁴

死土 sɿ²⁴tʰu³²⁴　　　　小暑 ɕiɑo²⁴fu³²⁴　　　　早起 tsɑo²⁴tɕʰi³²⁴

苦胆 kʰu²⁴tæ³²⁴　　　　母狗 mu²⁴kiɤɯ³²⁴　　　走=草 tsɤɯ²⁴tsʰɑo³²⁴ 母猪发情

老虎 lɑo²⁴xu³²⁴　　　　老鼠 lɑo²⁴fu³²⁴　　　　马蝇 mɑ²⁴i³²⁴

把手 pɑ²⁴sɤɯ³²⁴ ~儿　　底版 tei²⁴pæ³²⁴　　　　煤场 mei²⁴tsʰɑ³²⁴

煤铲 mei²⁴tsʰæ³²⁴　　　打火 tɑ²⁴xuɤ³²⁴　　　　水管 fu²⁴kuæ³²⁴

水桶 fu²⁴tʰuɤ̃³²⁴　　　　洗脸 ɕi²⁴liæ³²⁴　　　　洗澡 ɕi²⁴tsɑo³²⁴

火把 xuɤ²⁴pɑ³²⁴　　　　古董 ku²⁴tuɤ̃³²⁴　　　　草纸 tsʰɑo²⁴tsɿ³²⁴

老鬼 lɑo²⁴kuei³²⁴　　　死老 sɿ²⁴lɑo³²⁴ ~汉　　买米 mai²⁴mi³²⁴

跑马 pʰɑo²⁴mɑ³²⁴　　　死鬼 sɿ²⁴kuei³²⁴　　　狗腿 kiɤɯ²⁴tʰuei³²⁴

狗屎 kiɤɯ²⁴sɿ³²⁴　　　死脑 sɿ²⁴nɑo³²⁴ ~筋　　把手 pɑ²⁴sɤɯ³²⁴ 一~

好把 xɑo²⁴pɑ³²⁴ ~式　　买主 mai²⁴pfu³²⁴　　　老板 lɑo²⁴pæ³²⁴ 新

领导 liɤ̃²⁴tɑo³²⁴　　　保管 pɑo²⁴kuæ³²⁴　　　老老 lɑo²⁴lɑo³²⁴ ~爷爷：曾祖父

老驰 lao²⁴tɕiæ³²⁴ ~爷　　养老 ia²⁴lao³²⁴　　　小老 ɕiao²⁴lao³²⁴ ~婆
养子 ia²⁴tsʅ³²⁴　　　　养女 ia²⁴ɲy³²⁴　　　　老小 lao²⁴ɕiao³²⁴ 排行最小的孩子
虎口 xu²⁴kʰiɣɯ³²⁴　　　小腿 ɕiao²⁴tʰuei³²⁴　　里腿 lei²⁴tʰuei³²⁴ ~板：大腿根
腿浅里 tʰuei²⁴tɕʰiæ:³²⁴ 老茧 lao²⁴tɕiæ³²⁴　　　好哩 xao²⁴lei³²⁴ 病~
起火 tɕʰi²⁴xuɣ³²⁴　　　打摆 ta²⁴pai³²⁴ ~子：疟疾　可哩 kʰɣɯ²⁴lei³²⁴ 伤口好了
小米 ɕiao²⁴mi³²⁴　　　　打饼 ta²⁴piɣ³²⁴ ~子　　喜酒 ɕi²⁴tɕiɣɯ³²⁴
起马 tɕʰi²⁴ma³²⁴ ~糕　　打喜 ta²⁴ɕi³²⁴ 结婚　　嘴肩 tsuei²⁴tɕiæ³²⁴ 长相、有贬义
有喜 iɣɯ²⁴ɕi³²⁴ 怀孕　　小产 ɕiao²⁴tsʰæ³²⁴　　　鬼火 kuei²⁴xuɣ³²⁴
补补 pu²⁴pu³²⁴ ~丁　　　洗手 ɕi²⁴sɣɯ³²⁴　　　　打饱 ta²⁴pao³²⁴ ~声：打饱嗝
老底 lao²⁴tei³²⁴　　　　扛暖 kʰa²⁴nuæ³²⁴ ~暖　　取保 tɕʰy²⁴pao³²⁴
逮捕 tai²⁴pu³²⁴　　　　拷打 kʰao²⁴ta³²⁴　　　　打点 ta²⁴tiæ³²⁴
给脸 kuei²⁴liæ³²⁴　　　脸老 liæ²⁴lao³²⁴ 脸皮厚　理短 lei²⁴tuæ³²⁴ 理亏
酒馆 tɕiɣɯ²⁴kuæ³²⁴　　　打伙 ta²⁴xuɣ³²⁴ ~计　　保本 pao²⁴pɣ̃³²⁴
打滚 ta²⁴kũɣ³²⁴　　　　走好 tsɣɯ²⁴xao³²⁴　　　打脑 ta²⁴nao³²⁴ 昏头~
打板 ta²⁴pæ³²⁴ ~子　　　写纸 ɕie²⁴tsʅ³²⁴ 复~　　考场 kʰao²⁴tsʰa³²⁴
小楷 ɕiao²⁴kʰai³²⁴　　　草稿 tsʰao²⁴kao³²⁴　　　挤暖 tɕi²⁴nuæ³²⁴ ~和
赌 tu²⁴tsʰa³²⁴　　　　起火 tɕʰi²⁴xuɣ³²⁴　　　马踩 ma²⁴tsʰai³²⁴ ~车
耍把 fa²⁴pa³²⁴ ~戏　　　小品 ɕiao²⁴pʰiɣ̃³²⁴　　喜眼 ɕi²⁴ɲiæ³²⁴ 漂亮、好看
努嘴 nɣɯ²⁴tɕy³²⁴　　　跑腿 pʰao²⁴tʰuei³²⁴　　打搅 ta²⁴tɕiao³²⁴ 干扰
打浅 ta²⁴tɕʰiæ³²⁴　　　码起 ma²⁴tɕʰi³²⁴ ~来　　顶嘴 tiɣ̃²⁴tɕy³²⁴
打赌 ta²⁴tu³²⁴　　　　捣鬼 tao²⁴kuei³²⁴　　　打哄 ta²⁴xuai³²⁴ 干扰
手里 sɣɯ²⁴lei³²⁴　　　　水里 fu²⁴lei³²⁴　　　　里走 lei²⁴tsɣɯ³²⁴ 朝~
我俩 ŋa²⁴lia³²⁴　　　　你老 ɲi²⁴lao³²⁴ ~人家　你俩 ɲi²⁴lia³²⁴
鬼点 kuei²⁴tiæ³²⁴ ~子　死眼 sʅ²⁴ɲiæ³²⁴ ~子：没眼色　死板 sʅ²⁴pæ³²⁴
搅嘴 tɕiao²⁴tɕy³²⁴　　　眼小 ɲiæ²⁴ɕiao³²⁴　　　满打 mæ²⁴ta³²⁴ ~满算
仔板 tsʅ²⁴pæ³²⁴ 精当细算 打省 ta²⁴sɣ̃³²⁴　　　　保险 pao²⁴ɕiæ³²⁴
保准 pao²⁴tsũɣ³²⁴　　　小拃 ɕiao²⁴tsa³²⁴　　　好几 xao²⁴tɕi³²⁴ ~个
两点 lia²⁴tiæ³²⁴　　　　美满 mei²⁴mæ³²⁴　　　　水果 suei²⁴kuɣ³²⁴
火腿 xuɣ²⁴tʰuei³²⁴　　　保守 pao²⁴sɣɯ³²⁴　　　举手 tɕy²⁴sɣɯ³²⁴
鼓掌 ku²⁴tsa³²⁴　　　　打滚 ta²⁴kũɣ³²⁴　　　　本领 pɣ̃²⁴liɣ̃³²⁴

表演 piao²⁴iæ³²⁴　　　永远 yɣ̃²⁴yæ³²⁴　　　比武 pi²⁴vu³²⁴
九里 tɕiɣɯ²⁴lei³²⁴　　玛瑙 ma²⁴nao³²⁴　　野草 ie²⁴tsʰao³²⁴
雨伞 y²⁴sæ³²⁴　　　　友好 iɣɯ²⁴xao³²⁴　　旅馆 lu²⁴kuæ³²⁴
养狗 ia²⁴kiɣɯ³²⁴　　　五本 vu²⁴pɣ̃³²⁴　　　老远 lao²⁴yæ³²⁴

其他小部分后字变 24 调：

耳朵 ər³²⁴tuɣ²⁴　　　　土匪 tʰu³²⁴fei²⁴　　　手表 sɣɯ³²⁴piao²⁴
估划 ku³²⁴xua²⁴ 估计　抵挡 tei³²⁴ta²⁴ 饿得~不下来　打划 ta³²⁴xa²⁴ 计划
顶挡 tiɣ̃³²⁴ta²⁴　　　　起来 tɕʰi³²⁴lai²⁴ 瞧得起　小小 ɕiao³²⁴ɕiao²⁴ 排行老小
过来 kuɣ³²⁴lai²⁴ 调~：转过身

（12）上声 324+ 阳入 324ʔ，前字全部变 24 调：

火着 xuɣ²⁴tsaʔ³²⁴ 有意让火烧起来　九叠 tɕiɣɯ²⁴tiəʔ³²⁴　宝石 pao²⁴səʔ³²⁴
狗食 kiɣɯ²⁴səʔ³²⁴ ~子　走食 tsɣɯ²⁴səʔ³²⁴ 母猪发情　底石 tei²⁴səʔ³²⁴ 柱~
打杂 ta²⁴tsaʔ³²⁴ ~的　伙食 xuɣ²⁴səʔ³²⁴　　　主食 pfu²⁴səʔ³²⁴
死食 sʅ²⁴səʔ³²⁴ 吃~：詈语　脸薄 liæ²⁴pəʔ³²⁴　　　小学 ɕiao²⁴ɕiəʔ³²⁴
养活 ia²⁴xuaʔ³²⁴　　脸白 liæ²⁴piəʔ³²⁴ 难为情　眼活 ȵiæ²⁴xuaʔ³²⁴ 机灵
老实 lao²⁴səʔ³²⁴　　打实 ta²⁴səʔ³²⁴ 实~：据实　品着 pʰiɣ̃²⁴tsaʔ³²⁴ ~哩
杵着 pfʰu²⁴tsaʔ³²⁴　　努着 nɣɯ²⁴tsaʔ³²⁴　　扁食 piæ²⁴səʔ³²⁴
写白 ɕie²⁴piəʔ³²⁴ ~字　主席 pfu²⁴ɕiəʔ³²⁴　　解毒 tɕie²⁴tuəʔ³²⁴
裹脖 kuɣ²⁴paʔ³²⁴ ~子：拉磨工具

（13）去声 53+ 阴平 24，小部分后字变 324 调：

地方 tei⁵³fɣɯ³²⁴　　　　玉茭 y⁵³tɕiao³²⁴ ~子：玉米
耐饥 nai⁵³tɕi³²⁴　　　　汉们 xæ⁵³mɣ̃³²⁴ 男人
自家 tsʅ⁵³tɕia³²⁴　　　　大兄 tɣɯ⁵³ɕy³²⁴ ~哥：大舅子
外甥 vei⁵³sʅ³²⁴ ~子　　　拌浆 pæ⁵³tɕia³²⁴ ~汤
伺候 tsʰʅ⁵³xiɣɯ³²⁴　　　念书 ȵiæ⁵³fu³²⁴ 上学
正经 tsɣ̃⁵³tɕiɣ̃³²⁴　　　　磨叨 mɣɯ⁵³tao³²⁴
念叨 ȵiæ⁵³tao³²⁴ 因惦念而不断提起　到底 tao⁵³tei²⁴

（14）去声 53+ 阳平 44，小部分后字变 324 调：

枕头 tsɣ̃⁵³tʰɣɯ³²⁴　　　　电池 tiæ⁵³tsʰʅ³²⁴
囟门 ɕiɣ̃⁵³mɣ̃³²⁴ ~子　　　笑人 ɕiao⁵³zɣ̃³²⁴ 失~：好笑

晒人 sai⁵³zɣ̃³²⁴ 感觉晒　　　　　　　烧人 sɑo⁵³zɣ̃³²⁴ 涩~：使人害羞

闷人 mɣ̃⁵³zɣ̃³²⁴ 孤~：感到孤独　　　怕人 pʰa⁵³zɣ̃³²⁴ 害怕的感觉

害=人 xai⁵³zɣ̃³²⁴ 贪玩　　　　　　意思 i⁵³sɿ³²⁴

问寻 vɣ̃⁵³ɕiɣ̃³²⁴　　　　　　　　　凑乎 tsʰɣɯ⁵³xu³²⁴ 将就

（15）去声 53+ 去声 53，部分后字变 324 调：

路上 lɣɯ⁵³sɑ³²⁴　　　　　　　　屁蛋 pʰi⁵³tæ³²⁴ 羊~

磨道 mɣɯ⁵³tɑo³²⁴ ~儿　　　　　布袋 pu⁵³tai³²⁴

杏树 ɕia⁵³fu³²⁴　　　　　　　　过洞 kuɣ⁵³tuɣ̃³²⁴ ~子

炕洞 kʰa⁵³tuɣ̃³²⁴ ~子：炕洞　　竖柜 fu⁵³kuei³²⁴

动弹 tuɣ̃⁵³tæ³²⁴　　　　　　　　近视 tɕi⁵³sɿ³²⁴

豆面 tɣɯ⁵³miæ³²⁴　　　　　　　介绍 tɕie⁵³sɑo³²⁴

正面 tsɿ⁵³miæ³²⁴ ~儿：正席　　　供献 kuɣ̃⁵³ɕiæ³²⁴ 祭奠物

鼾睡 xæ⁵³fu³²⁴　　　　　　　　顿下 tuɣ̃⁵³xa³²⁴ 安~：落脚

罪过 tsuei⁵³kuɣ³²⁴　　　　　　笑话 ɕiɑo⁵³xuɑ³²⁴

看见 kʰæ⁵³tɕiæ³²⁴　　　　　　　碰见 pʰɣ̃⁵³tɕiæ³²⁴

四个 sɿ⁵³vai³²⁴　　　　　　　　按住 ŋæ⁵³tei³²⁴

霸住 pa⁵³tei³²⁴　　　　　　　　糊弄 xu⁵³luɣ̃³²⁴

顾就 ku⁵³tɕiɣɯ³²⁴　　　　　　　地下 tei⁵³xa³²⁴

地上 tei⁵³sɑ³²⁴　　　　　　　　背面 pei⁵³miæ³²⁴ ~子

背地 pei⁵³tei³²⁴　　　　　　　　右半 iɣɯ⁵³pæ³²⁴ ~切：右面

厉害 lei⁵³xai³²⁴ 剧烈：疼得~　　地道 tei⁵³tɑo³²⁴ 实在真实

自在 tsɿ⁵³tsai³²⁴　　　　　　　二个 ər⁵³vai³²⁴ 第~

（16）去声 53+ 阴入 ʔ4，少部分后字读 ʔ324 调：

撂纳 luɣ⁵³naʔ³²⁴　　　　　　　撂拍 luɣ⁵³pʰiəʔ³²⁴

溅擦 tɕiæ⁵³tsʰaʔ³²⁴　　　　　　荡扑 tɑ⁵³pʰaʔ³²⁴ 尘土飞扬

俏煞 sɑo⁵³saʔ³²⁴ 身材苗条　　　垫毲 tiæ⁵³tuəʔ³²⁴ ~子：尿布尿布

（17）阴入 ʔ4+ 阴平 24，前字变 ʔ324 调：

七星 tɕʰiəʔ³²⁴ɕiɣ̃²⁴ 北斗星　　　发山 faʔ³²⁴sæ²⁴ ~水：洪水

忽溜 xuəʔ³²⁴liɣɯ²⁴ ~雨：雷阵雨　结冰 tɕiəʔ³²⁴piɣ̃²⁴

雪花 ɕyəʔ³²⁴xuɑ²⁴　　　　　　圪糁 kəʔ³²⁴sɣ̃²⁴

雪消 ɕyəʔ³²⁴ɕiɑo²⁴ ~哩　　　　搭霜 tɑʔ³²⁴fɤɯ²⁴
圪崩 kəʔ³²⁴pɤ̃²⁴ 山峰　　　圪崂 kəʔ³²⁴lɑo²⁴ 角落
立坡 liəʔ³²⁴pʰɤɯ²⁴ 陡坡　　屈沟 tɕʰyəʔ³²⁴kiɤɯ²⁴ ~水
圐圙 kʰuəʔ³²⁴liæ²⁴　　　　圪堆 kəʔ³²⁴tuei²⁴
坷垃 kʰəʔ³²⁴lɑ²⁴ 土~　　　圪渣 kəʔ³²⁴tsɑ²⁴
脱砖 tʰuaʔ³²⁴pfæ²⁴ 制砖坯　立秋 liəʔ³²⁴tɕʰiɤɯ²⁴
立冬 liəʔ³²⁴tuɤ̃²⁴　　　　月初 yəʔ³²⁴pfʰu²⁴
一天 iəʔ³²⁴tɕʰiæ²⁴　　　　黑将 xəʔ³²⁴tsɑ²⁴ ~来
不淋 pəʔ³²⁴liɤ̃²⁴　　　　黑灯 xəʔ³²⁴tɤ̃²⁴
陆栁 luəʔ³²⁴kiɤɯ²⁴　　　木锨 məʔ³²⁴tɕʰiæ²⁴
铁锨 tɕʰiəʔ³²⁴tɕʰiæ²⁴　　圪都 kəʔ³²⁴tu²⁴
纳瓜 nɑʔ³²⁴kuɑ²⁴　　　　辐丝 fəʔ³²⁴sʅ²⁴ 辐条
笸篮 pəʔ³²⁴læ²⁴　　　　　苃筛 ɕyəʔ³²⁴sai²⁴ 筛子
杀猪 sɑʔ³²⁴pfu²⁴　　　　拉机 lɑʔ³²⁴tɕi²⁴ 拖~
麦秸 miəʔ³²⁴tɕie²⁴　　　麦糠 miəʔ³²⁴kʰɑ²⁴
圪枝 kəʔ³²⁴tsʅ²⁴　　　　圪桩 kəʔ³²⁴pfɤɯ²⁴
圪墩 kəʔ³²⁴tuɤ̃²⁴　　　　骨□ kuɑʔ³²⁴lei²⁴ 大而粗的原木
竹竿 pfəʔ³²⁴kæ²⁴　　　　棘针 kəʔ³²⁴tsɤ̃²⁴ 沙棘刺
木根 məʔ³²⁴kɤ̃²⁴ ~根：蒲公英　黑乌 xəʔ³²⁴vu²⁴ ~蛇：青蛇
獗猪 tɕyəʔ³²⁴pfu²⁴ ~子：种猪　跌烟 tiəʔ³²⁴iæ²⁴ 圪洞
木瓜 məʔ³²⁴kuɑ²⁴　　　　八哥 pɑʔ³²⁴kɤɯ²⁴
麦蚕 miəʔ³²⁴tsuɤ̃²⁴ 蝗虫　圪蚪 kəʔ³²⁴tɤɯ²⁴ 蝌蚪
入深 vəʔ³²⁴sɤ̃²⁴　　　　客厅 kʰɑʔ³²⁴tɕʰiɤ̃²⁴
插销 tsʰɑʔ³²⁴ɕiɑo²⁴　　　丑蜂 tuəʔ³²⁴fɤ̃²⁴ ~窝：捅蜂窝
蝼蛄 luəʔ³²⁴ku²⁴　　　　蛤蟆 xəʔ³²⁴mɑ²⁴
八仙 pɑʔ³²⁴ɕiæ²⁴　　　　褥单 vəʔ³²⁴tæ²⁴
曲灯 tɕʰyəʔ³²⁴tɤ̃²⁴ 火柴　跋拉 tʰəʔ³²⁴lɑ²⁴ ~钻
铁钉 tɕʰiəʔ³²⁴tei²⁴ ~子　铁丝 tɕʰiəʔ³²⁴sʅ²⁴
木梳 məʔ³²⁴fu²⁴　　　　圪包 kəʔ³²⁴pɑo²⁴ ~子
沥青 liəʔ³²⁴tɕʰiɤ̃²⁴　　　铁公 tɕʰiəʔ³²⁴kuɤ̃²⁴ ~鸡

说书 faʔ³²⁴fu²⁴
圪尖 kəʔ³²⁴tɕiæ²⁴
脚心 tɕyəʔ³²⁴ɕiɤ²⁴
肋肢 luəʔ³²⁴tsʅ²⁴
没精 məʔ³²⁴tɕiɤ²⁴ ~神
药膏 iəʔ³²⁴kɑo²⁴
发烧 faʔ³²⁴sɑo²⁴
恶心 ŋaʔ³²⁴ɕiɤ²⁴
黑青 xəʔ³²⁴tɕʰi²⁴ 瘀青
扎针 tsaʔ³²⁴tsɤ²⁴
袄衣 tɕiəʔ³²⁴i²⁴ ~裳
百家 piəʔ³²⁴tɕia²⁴ ~饭
圪搓 kəʔ³²⁴tɕʰie²⁴ 搓：搓面鱼
捏扁 ȵiəʔ³²⁴piæ²⁴ ~食
立生 liəʔ³²⁴sɤ²⁴ 非正常生育
立碑 liəʔ³²⁴pei²⁴
缺心 tɕʰyəʔ³²⁴ɕiɤ²⁴ ~眼
做衣 tsuəʔ³²⁴i²⁴ ~裳
搭衣 taʔ³²⁴i²⁴ ~裳
做汤 tsuəʔ³²⁴tʰɑ²⁴
吃烟 tsʰəʔ³²⁴iæ²⁴ 抽烟
吃死 tsʰəʔ³²⁴sʅ²⁴ ~食：詈语
骨□ kuəʔ³²⁴liæ²⁴ 蜷住
律师 luəʔ³²⁴sʅ²⁴
捉奸 tsuaʔ³²⁴tɕiæ²⁴
揭老 tɕiəʔ³²⁴lɑo²⁴ ~底
黑锅 xəʔ³²⁴kuɤ²⁴
做生 tsuəʔ³²⁴sɤ²⁴ ~意
笔尖 piəʔ³²⁴tɕiæ²⁴
一勾 iəʔ³²⁴kiɯ²⁴

不条 pəʔ³²⁴tɕʰiɑo²⁴ 赤~：赤身
脚腰 tɕyəʔ³²⁴iɑo²⁴
脚尖 tɕyəʔ³²⁴tɕiæ²⁴
不乖 pəʔ³²⁴kuai²⁴ 小孩生病
药方 iəʔ³²⁴fɤɯ²⁴
刮痧 kuaʔ³²⁴sa²⁴
圪瘆 kəʔ³²⁴sɤ²⁴ 打~：打颤
发风 faʔ³²⁴fɤ²⁴ ~泛
圪痂 kəʔ³²⁴tɕia²⁴ 结痂
发疯 faʔ³²⁴fɤ²⁴
杀裆 saʔ³²⁴tɑ²⁴ ~裤儿
割糕 kaʔ³²⁴kɑo²⁴
笆拉 pʰəʔ³²⁴la²⁴ 荆编器具
捏糕 ȵiəʔ³²⁴kɑo²⁴
接生 tɕiəʔ³²⁴sɤ²⁴
骨灰 kuəʔ³²⁴xuei²⁴
脱衣 tʰuaʔ³²⁴i²⁴ ~裳
贴边 tɕʰiəʔ³²⁴piæ²⁴
泼鸡 pʰaʔ³²⁴tɕi²⁴ ~蛋
囫囵 xuəʔ³²⁴lɤ²⁴
撇稀 pʰiəʔ³²⁴tɕʰi²⁴ ~的
着灯 tsaʔ³²⁴tɤ²⁴
出差 pfʰəʔ³²⁴tsʰai²⁴
法官 faʔ³²⁴kuæ²⁴
不将 pəʔ³²⁴tsa²⁴ 佮~来
说情 faʔ³²⁴tɕʰiɤ²⁴
不依 pəʔ³²⁴i²⁴
一分 iəʔ³²⁴fɤ²⁴
复写 fəʔ³²⁴ɕie²⁴ ~纸
折勾 tsaʔ³²⁴kiɯ²⁴ 横~

跌跤 tiəʔ³²⁴tɕiao²⁴

足球 tɕyəʔ³²⁴tɕʰiɤɯ²⁴

吸笙 ɕiəʔ³²⁴sɣ̃²⁴

折筋 tsaʔ³²⁴kɣ̃²⁴ ~头：翻跟头

出溜 pfʰəʔ³²⁴liɤɯ²⁴

圪瞅 kəʔ³²⁴tsʰɤɯ²⁴

不摊 pəʔ³²⁴tʰæ²⁴

裂开 liəʔ³²⁴kʰai²⁴ 撑开

捩腰 liəʔ³²⁴iao²⁴ 拉伤腰肌

厮跟 səʔ³²⁴kɣ̃²⁴ 相互伴随：~上来

一张 iəʔ³²⁴tsɑ²⁴

失丢 səʔ³²⁴tiɤɯ²⁴ 丢失

奆拉 tʰəʔ³²⁴lɑ²⁴

圪㖭 kəʔ³²⁴lei²⁴ 挠痒痒

齉撕 pʰəʔ³²⁴sʅ²⁴ ~气

不好 pəʔ³²⁴xao²⁴ ~活

不超 pəʔ³²⁴tsʰao²⁴ ~脱

圪溜 kəʔ³²⁴liɤɯ²⁴ 弯曲

捩干 liəʔ³²⁴kæ²⁴

歇心 ɕiəʔ³²⁴ɕiɣ̃²⁴

不开 pəʔ³²⁴kʰai²⁴ 想~

瞎生 xaʔ³²⁴sɣ̃²⁴ ~气

吃亏 tsʰəʔ³²⁴kʰuei²⁴

答应 taʔ³²⁴i²⁴ 不~：不回应

不吭 pəʔ³²⁴kʰɣ̃²⁴ ~气：不作声

□拉 tsʰəʔ³²⁴lɑ²⁴ 摩擦

脚跟 tɕyəʔ³²⁴kɣ̃²⁴ ~底

往西 vəʔ³²⁴ɕi²⁴ ~走

八千 paʔ³²⁴tɕʰiæ²⁴

不差 pəʔ³²⁴tsʰɑ²⁴ ~甚

不招 pəʔ³²⁴tsao²⁴ 狗~

扎根 tsaʔ³²⁴kɣ̃²⁴

说书 faʔ³²⁴fu²⁴

圪蹴 kəʔ³²⁴tɕiɤɯ²⁴

圪挤 kəʔ³²⁴tɕʅ²⁴ ~眼：闭眼

不拉 pəʔ³²⁴lɑ²⁴ "拨"的分音词

划拉 xuəʔ³²⁴lɑ²⁴ 随意拂拭或涂抹

贴身 tɕʰiəʔ³²⁴sɣ̃²⁴

吸溜 ɕiəʔ³²⁴liɤɯ²⁴ 吸：~鼻涕

忽悠 xuəʔ³²⁴iɤɯ²⁴

忽筛 xuəʔ³²⁴sai²⁴ 肥肉颤动

不腾 pəʔ³²⁴tʰɣ̃²⁴ 扑腾

隔开 kaʔ³²⁴kʰai²⁴

惑疑 xuəʔ³²⁴i²⁴

圪吭 kəʔ³²⁴kʰɣ̃²⁴ ①咳嗽②犹豫

圪声 kəʔ³²⁴sʅ²⁴ 一般指小孩撒娇

骨□ kuəʔ³²⁴lei²⁴ 折~：打滚

握干 vaʔ³²⁴kæ²⁴ 把水拧干

绝招 tɕyəʔ³²⁴tsao²⁴

塌心 tʰaʔ³²⁴ɕiɣ̃²⁴

圪碨 kəʔ³²⁴vei²⁴

不听 pəʔ³²⁴tɕʰi²⁴ ~话：任性

圪誩 kəʔ³²⁴zæ²⁴ 反复说无关紧要的话

圪翻 kəʔ³²⁴fæ²⁴ 议论

扑光 pʰəʔ³²⁴kuɤ²⁴ 到处乱跑

圪㧯 kəʔ³²⁴lao²⁴

往里 vəʔ³²⁴lei²⁴ ~走

往东 vəʔ³²⁴tuɣ̃²⁴ ~走

不多 pəʔ³²⁴tɤɯ²⁴

不当 pəʔ³²⁴tɑ²⁴ ~紧：不要紧

第三章　语流音变

日脏 zəʔ³²⁴tsɑ²⁴　　　　　　　　　热亲 zaʔ³²⁴tɕʰiɣ²⁴
圪精 kəʔ³²⁴tɕiɣ²⁴　　　　　　　　吃香 tsʰəʔ³²⁴ɕiɑ²⁴ 稀罕
不中 pəʔ³²⁴pfɣ²⁴ ~用　　　　　　　不精 pəʔ³²⁴tɕi²⁴ ~明
忽鸡 =xuəʔ³²⁴tɕi²⁴ ~冒哨：不稳重　　铁灰 tɕʰiəʔ³²⁴xuei²⁴
黑灰 xəʔ³²⁴xuei²⁴　　　　　　　　瞎屁 xaʔ³²⁴pi²⁴ ~的：随便
没啦 məʔ³²⁴la²⁴ 没有　　　　　　　一开 iəʔ³²⁴kʰai²⁴ ~始
不将 pəʔ³²⁴tsa²⁴ 说~来：说不上来　　不光 pəʔ³²⁴kuɣ²⁴
没收 maʔ³²⁴sɯ²⁴ ~拾：无法处理　　　不滩 pəʔ³²⁴tʰæ²⁴ 一~水
圪包 kəʔ³²⁴pao²⁴ 一~纸　　　　　　圪抓 kəʔ³²⁴pfɑ²⁴ 一~葡萄
圪都 kəʔ³²⁴tu²⁴ 一~香蕉　　　　　　一千 iəʔ³²⁴tɕʰiæ²⁴
一多 iəʔ³²⁴tɣɯ²⁴ ~半　　　　　　　十来 səʔ³²⁴lai²⁴ ~八天
结冰 tɕiəʔ³²⁴piɣ²⁴　　　　　　　　客车 kʰaʔ³²⁴tsʰɯ²⁴
蛤蟆 xəʔ³²⁴mɑ²⁴　　　　　　　　　搭车 taʔ³²⁴tsʰɯ²⁴
刹车 saʔ³²⁴tsʰɯ²⁴　　　　　　　　腿镫 tɕyəʔ³²⁴tɣ²⁴ ~子
不分 pəʔ³²⁴fɣ²⁴　　　　　　　　　北京 piəʔ³²⁴tɕiɣ²⁴
菊花 tɕyəʔ³²⁴xuɑ²⁴　　　　　　　　国家 kuəʔ³²⁴tɕiɑ²⁴
黑锅 xəʔ³²⁴kuɣ²⁴　　　　　　　　　铁沙 tɕʰiəʔ³²⁴sɑ²⁴
吸收 ɕiəʔ³²⁴sɯ²⁴　　　　　　　　　出租 pfʰəʔ³²⁴tsɯ²⁴
发疯 faʔ³²⁴fɣ²⁴　　　　　　　　　铁箱 tɕʰiəʔ³²⁴ɕiɑ²⁴

（18）阴入 ʔ4+ 阳平 44，部分前字变 ʔ324 调，小部分后字变 53 调。

部分前字变 ʔ324 调：

圪塄 kəʔ³²⁴lɣ⁴⁴ 土塄　　　　　　　圪梁 kəʔ³²⁴liɑ⁴⁴
核桃 kəʔ³²⁴tʰao⁴⁴　　　　　　　　圪虫 kəʔ³²⁴pfʰɣ⁴⁴ 虫子
圪台 kəʔ³²⁴tʰai⁴⁴ 台阶　　　　　　蝙蝠 piəʔ³²⁴fu⁴⁴ 夜~：蝙蝠
蚍蜉 piəʔ³²⁴fu⁴⁴ 蚂~：蚂蚁　　　　忽摇 xuəʔ³²⁴iao⁴⁴ 晃动
的=流 təʔ³²⁴liɣɯ⁴⁴ ~儿：玄孙　　　　侄儿 tsəʔ³²⁴ər⁴⁴
圪棱 kəʔ³²⁴lɣ⁴⁴　　　　　　　　　窠梁 kʰəʔ³²⁴liɑ⁴⁴ ~钵：腔体
圪忒 kəʔ³²⁴tuɣ⁴⁴ ~儿：猫耳朵，食物　不来 pəʔ³²⁴lai⁴⁴ 俗~：不和
笔芯 piəʔ³²⁴ɕiɣ⁴⁴ ~儿　　　　　　　忽擦 xuəʔ³²⁴tsʰa⁴⁴ ~儿：滑冰
圪摇 kəʔ³²⁴iao⁴⁴　　　　　　　　　圪眊 kəʔ³²⁴mao⁴⁴ ~一~

没油 məʔ³²⁴iɤɯ⁴⁴ ~水　　　　　　圪楼 kəʔ³²⁴lɤɯ⁴⁴ 高~□sɤɯ²⁴

忽撩 xuəʔ³²⁴liɑo⁴⁴　　　　　　不溜 pəʔ³²⁴liɤɯ⁴⁴ 黑~

不来 pəʔ³²⁴lai⁴⁴ 来~：动不动　　圪眯 kəʔ³²⁴mi⁴⁴ ~一会：睡一会

小部分后字变53调：

月明 yəʔ⁴mi⁵³　　　　　　　　木头 məʔ⁴tʰɤɯ⁵³

指头 tsəʔ⁴tʰɤɯ⁵³ ~儿　　　　　骨头 kuəʔ⁴tʰɤɯ⁵³

缚人 sfəʔ⁴zɣ̃⁵³　　　　　　　　勒人 luəʔ⁴zɣ̃⁵³

局人 tɕyəʔ⁴zɣ̃⁵³ 烦闷、无法发泄的感觉　色人 saʔ⁴zɣ̃⁵³ 涩~：羞涩

涩人 səʔ⁴zɣ̃⁵³　　　　　　　　七成 tɕʰiəʔ⁴tsʰɣ̃⁵³ 智力较弱

扎人 tsaʔ⁴zɣ̃⁵³ 扎的感觉　　　　热人 zaʔ⁴zɣ̃⁵³ 热的感觉

（19）阴入 ʔ4+ 去声 53，大部分前字变ʔ324调，个别前后字都不变。

大部分前字变ʔ324调：

忽潲 xuəʔ³²⁴sɑo⁵³ 潲雨　　　　圪蹦 kəʔ³²⁴pɣ̃⁵³ 溜溜~：冰条

圪蛋 kəʔ³²⁴tæ⁵³　　　　　　　圪洞 kəʔ³²⁴tuɣ⁵³

不巉 pəʔ³²⁴tsʰæ⁵³ 宽口较浅的坑　圪洼 kəʔ³²⁴va⁵³ 山洼

旮旯 kəʔ³²⁴lɑ⁵³　　　　　　　圪絮 kəʔ³²⁴ɕy⁵³ ~子

不烂 pəʔ³²⁴læ⁵³ ~子：地方小吃　圪窭 kəʔ³²⁴tɤɯ⁵³

踏蛋 taʔ³²⁴tæ⁵³ 鸡交配　　　　圪洞 kəʔ³²⁴tuɣ⁵³

沫唾 məʔ³²⁴tʰuɣ⁵³　　　　　　不愣 pəʔ³²⁴lɣ̃⁵³ 二~：傻乎乎的人

不浪 =pəʔ³²⁴lɑ⁵³ ~鼓：拨浪鼓　服务 fəʔ³²⁴vu⁵³ ~员

不岔 pəʔ³²⁴tsʰɑ⁵³ 耳门~　　　没样 məʔ³²⁴iɑ⁵³ ~子

纳住 naʔ³²⁴tei⁵³ 睡~：魇住　　圪□ kəʔ³²⁴lɤɯ⁵³ 做豆腐的引子水

霍乱 xuəʔ³²⁴læ⁵³ ~子　　　　　不愣 pəʔ³²⁴lɣ̃⁵³ 憨~

忽嗦 xuəʔ³²⁴sɑo⁵³　　　　　　不烂 pəʔ³²⁴læ⁵³ "拌"的分音

圪蹓 kəʔ³²⁴liɤɯ⁵³ 蹓步　　　　没屁 məʔ³²⁴pʰi⁵³ ~眼：言行缺德

没正 məʔ³²⁴tsɣ̃⁵³ ~经　　　　　圪窜 kəʔ³²⁴pfʰæ⁵³

圪拢 kəʔ³²⁴tɣ̃⁵³　　　　　　　不□ pəʔ³²⁴lɣ̃⁵³ "蹦"的分音

达到 taʔ³²⁴tɑo⁵³　　　　　　　忽映 xuəʔ³²⁴iɣ̃⁵³ 闪一下

圪料 kəʔ³²⁴liɑo⁵³ 窄别=~：狭窄　圪骸 kəʔ³²⁴tei⁵³ ~盏：膝盖

个别前后字都不变：

发炎 faʔ⁴iæ⁵³   木炭 məʔ⁴tʰæ⁵³ 与石炭相对

一下 iəʔ⁴xɑ⁵³   竹扫 pfəʔ⁴sɑo⁵³ 帚

黑=浪= xəʔ⁴lɑ⁵³ 锅~：灶台上   憋人 piəʔ⁴zɤ̃⁵³ 吃撑了

（20）阴入 ʔ4+ 阴入 ʔ4，大部分前字变 ʔ324，个别后字变 ʔ324。有个别例外前后字均不变。

大部分前字变 ʔ324：

忽丑 xuəʔ³²⁴tuəʔ⁴ 阴麻~：阴暗   疙瘩 kəʔ³²⁴taʔ⁴

圪塔 kəʔ³²⁴tʰaʔ⁴ 山峁   圪捏 kəʔ³²⁴ȵiəʔ⁴ 二~子：不男不女

一黑 iəʔ³²⁴xəʔ⁴ ~夜   骨碌 kuəʔ³²⁴luəʔ⁴ 碾~

一霎 iəʔ³²⁴saʔ⁴ ~霎：瞬间   忽眨 xuəʔ³²⁴tsaʔ⁴

不吃 pəʔ³²⁴tsʰəʔ⁴   角子 tɕyəʔ³²⁴tsəʔ⁴ 辣~：辣椒

鹊子 ɕyəʔ³²⁴tsəʔ⁴ 鸦~：喜鹊   席子 ɕiəʔ³²⁴tsəʔ⁴

木鸽 məʔ³²⁴kaʔ⁴ 鸽子   豛子 tuəʔ³²⁴tsəʔ⁴ 骚~：臭虫

角铁 tɕyəʔ³²⁴tɕʰiəʔ⁴ 三~   轳辘 kuəʔ³²⁴luəʔ⁴ ~子：擀面杖

箅子 piəʔ³²⁴tsəʔ⁴ 甑~：笼屉   橛子 tɕyəʔ³²⁴tsəʔ⁴ 木~

袼褙 kəʔ³²⁴piəʔ⁴ ~子   伯子 piəʔ³²⁴tsəʔ⁴ 大~

折立 saʔ³²⁴liəʔ⁴ 头发前部的旋儿   一额 iəʔ³²⁴ŋəʔ⁴ ~子眼

角子 tɕyəʔ³²⁴tsəʔ⁴ 包~   圪揸 kəʔ³²⁴pfʰəʔ⁴ 皱纹

圪折 kəʔ³²⁴tsaʔ⁴   □□ pʰəʔ³²⁴liəʔ⁴ 右~：左撇子

胳膊 kəʔ³²⁴paʔ⁴   圪膝 kəʔ³²⁴ɕiəʔ⁴

□豛 tiəʔ³²⁴tuəʔ⁴ 肛肠   一只 iəʔ³²⁴tsəʔ⁴ ~眼

择日 tsaʔ³²⁴zəʔ⁴ ~子   不入 pəʔ³²⁴vəʔ⁴ ~耳：听不进去

圪节 kəʔ³²⁴tɕiəʔ⁴ 一~绳子   圪缩 kəʔ³²⁴faʔ⁴ 衣服水洗后变小

忽鈯 xuəʔ³²⁴tʰuəʔ⁴ 温~子：水不开   圪歇 kəʔ³²⁴ɕiəʔ⁴ 休息一下

圪噎 kəʔ³²⁴iəʔ⁴ 想吐而无法吐出的感觉   一桌 iəʔ³²⁴pfaʔ⁴

圪贴 kəʔ³²⁴tɕʰiəʔ⁴   不识 pəʔ³²⁴səʔ⁴ ~数

不塔 pəʔ³²⁴tʰaʔ⁴ 平~：无动于衷   合作 xaʔ³²⁴tsaʔ⁴

忽塌 xuəʔ³²⁴tʰaʔ⁴   角尺 tɕyəʔ³²⁴tsʰəʔ⁴ 三~

一捺 iəʔ³²⁴naʔ⁴   一撇 iəʔ³²⁴pʰiəʔ⁴

卒子 tɕyəʔ³²⁴tsəʔ⁴　　　　　　　　　一出 iəʔ³²⁴pfʰəʔ⁴ ~戏

圪眨 kəʔ³²⁴tsaʔ⁴　　　　　　　　　圪嘬 kəʔ³²⁴tsuaʔ⁴ 吸吮

胳膊 kəʔ³²⁴paʔ⁴　　　　　　　　　摸捋 məʔ³²⁴luəʔ⁴ 你把筷子~上一下

豽揃 tuəʔ³²⁴pfʰəʔ⁴ 臀部着地摩擦向前　　　不□ pəʔ³²⁴liəʔ⁴ 用力甩

忽塌 xuəʔ³²⁴tʰaʔ⁴ 来回动：不要~门　　　趄摸 ɕyəʔ³²⁴maʔ⁴ 想办法寻找

不得 pəʔ³²⁴təʔ⁴ 省~：不明白　　　　不落 pəʔ³²⁴laʔ⁴ 水淋~：水淋淋的

不哑 pəʔ³²⁴tsaʔ⁴　　　　　　　　　忽拍 xuəʔ³²⁴pʰiəʔ⁴

不识 pəʔ³²⁴səʔ⁴ ~相：无眼色　　　　圪吃 kəʔ³²⁴tsʰaʔ⁴ 利用弱点为所欲为

不骨 pəʔ³²⁴kuəʔ⁴ ~利=：不规矩　　　不答 pəʔ³²⁴taʔ⁴ 照面~：完全不理会

忽歇 xuəʔ³²⁴ɕiəʔ⁴　　　　　　　　　圪夹 kəʔ³²⁴tɕiəʔ⁴ 夹

一壁 iəʔ³²⁴piəʔ⁴ ~子：一旁　　　　不擦 pəʔ³²⁴tsʰaʔ⁴ 黏糊~：黏糊糊的

圪截 kəʔ³²⁴tɕiəʔ⁴　　　　　　　　　忽出 xuəʔ³²⁴pfʰəʔ⁴ 非常稠

不得 pəʔ³²⁴tiəʔ⁴ ~劲儿　　　　　　没出 məʔ³²⁴pfʰəʔ⁴ ~息

个别后字变ʔ324：

指甲 tsəʔ⁴tɕiəʔ³²⁴　　　　　　　　骨节 kuəʔ⁴tɕiəʔ³²⁴

壁虱 piəʔ⁴səʔ³²⁴　　　　　　　　　剥帖 paʔ⁴tɕʰiəʔ³²⁴ 强行把表皮剥落

叔伯 fəʔ⁴piəʔ³²⁴ ~哥哥：堂哥　　　窄憋 tsəʔ⁴piəʔ³²⁴ 狭窄

（21）阳入 ʔ324+ 阳平 44，少部分后字变 24 调：

石头 səʔ³²⁴tʰɯ²⁴　　　　　　　　　合婚 xaʔ³²⁴xuɤ̃²⁴

泼人 paʔ³²⁴zɤ̃²⁴ 感觉水凉　　　　十来 səʔ³²⁴lai²⁴ ~个

笸篮 pəʔ³²⁴læ²⁴

（22）阳入 ʔ324+ 上声 324，前字变 ʔ4 调：

实板 səʔ⁴pæ³²⁴ ~子地　　　　　　活水 xuaʔ⁴fu³²⁴

白水 piəʔ⁴fu³²⁴　　　　　　　　　石子 səʔ⁴tsʅ³²⁴ ~儿

石板 səʔ⁴pæ³²⁴　　　　　　　　　实土 səʔ⁴tʰu³²⁴

活土 xuaʔ⁴tʰu³²⁴ 活土层　　　　着火 tsaʔ⁴xuɤ³²⁴ 失火

十五 səʔ⁴vu³²⁴　　　　　　　　　十几 səʔ⁴tɕi³²⁴

十廿 səʔ⁴ȵiæ³²⁴ ~月：十月初一　着哩 tsaʔ⁴lei³²⁴ 睡~

罚款 faʔ⁴kʰuæ³²⁴　　　　　　　　滑板 xuaʔ⁴pæ³²⁴

白子 piəʔ⁴tsʅ³²⁴　　　　　　　　蝶泳 tiəʔ⁴yɤ̃³²⁴

学好 ɕiəʔ⁴xɑo³²⁴ 以好人好事为榜样　　白眼 piəʔ⁴n̠iæ³²⁴

局长 tɕyəʔ⁴tsɑ³²⁴　　毒酒 tuəʔ⁴tɕiɤɯ³²⁴

物理 vəʔ⁴lei³²⁴　　鼻孔 piəʔ⁴kʰuɤ̃³²⁴

石笋 səʔ⁴suɤ̃³²⁴　　毒草 tuəʔ⁴tsʰɑo³²⁴

罚酒 faʔ⁴tɕiɤɯ³²⁴　　十本 səʔ⁴pɤ̃³²⁴

拔草 paʔ⁴tsʰɑo³²⁴　　白米 piəʔ⁴mi³²⁴

白马 piəʔ⁴mɑ³²⁴　　侄女 tsəʔ⁴n̠y³²⁴

合理 xaʔ⁴lei³²⁴　　夺马 tuaʔ⁴mɑ³²⁴

十两 səʔ⁴liɑ³²⁴

（23）阳入 ʔ324+ 阳入 ʔ324，前字变 ʔ4 调：

活着 xuaʔ⁴tsəʔ³²⁴　　熟悉 fəʔ⁴ɕiəʔ³²⁴

合适 xaʔ⁴səʔ³²⁴　　十盒 səʔ⁴xaʔ³²⁴

食盒 səʔ⁴xaʔ³²⁴　　石盒 səʔ⁴xaʔ³²⁴

杂食 tsaʔ⁴səʔ³²⁴　　服毒 fəʔ⁴tuəʔ³²⁴

拔毒 paʔ⁴tuəʔ³²⁴　　集合 tɕiəʔ⁴xaʔ³²⁴

直达 tsəʔ⁴taʔ³²⁴　　十叠 səʔ⁴tiəʔ³²⁴

滑石 xuaʔ⁴səʔ³²⁴　　活佛 xuaʔ⁴fəʔ³²⁴

白石 piəʔ⁴səʔ³²⁴　　实习 səʔ⁴ɕiəʔ³²⁴

绝食 tɕyəʔ⁴səʔ³²⁴

静游小片两字组连读变调规律见表 3-31。

表 3-1　静游小片两字组连读变调规律

前字 \ 后字	阴平 24	阳平 44	上声 324	去声 53	阴入 ʔ4	阳入 ʔ324
阴平 24	24+53 （24+324） （24+44）	24+53 （24+324）		（24+324） （24+24）	（24+ʔ324） （324+ʔ4）	
阳平 44	（44+44） （24+53）	（44+53） （44+24） （53+44） （24+44）	（44+53） （44+24）	（24+53）		
上声 324	（53+24） （324+53）	（324+53） （324+24）	24+324 （324+24）			24+ʔ324

续表

前字＼后字	阴平 24	阳平 44	上声 324	去声 53	阴入 ʔ4	阳入 ʔ324
去声 53	（53+324）	（53+324）		（53+324）	（53+ʔ324）	
阴入 ʔ4	ʔ324+24	（ʔ324+44）（ʔ4+53）		ʔ324+53	ʔ324+ʔ4	
阳入 ʔ324		（ʔ324+24）	ʔ4+324			ʔ4+ʔ324

说明：表中空格表示不发生变调。字体加粗表示变调规律符合全部或绝大部分情况，括号内不加粗的表示变调规律只符合少部分或个别情况。

2. 叠字变调

静游小片有两类调型：阳平、阴入为平调，阴平、上声、去声、阳入为升降或曲折调。叠字为平调不变调，叠字为非平调时都变调，因此叠字为阳平、阴入时不变调，叠字为阴平、上声、去声、阳入都变调。

（1）阴平叠字，前字不变，后字变 53 调：

垴垴 lɑo²⁴lɑo⁵³ 圪~：角落　　阴阴 iɤ²⁴iɤ⁵³ 麻~天：天微阴

淋淋 liɤ²⁴liɤ⁵³ 不~雨：微雨　　边边 piæ²⁴piæ⁵³

温温 vɤ²⁴vɤ⁵³ ~水：温水　　瓜瓜 kuɑ²⁴kuɑ⁵³ 灯~

糁糁 sɤ²⁴sɤ⁵³ 圪~　　根根 kɤ²⁴kɤ⁵³ 木~：蒲公英

心心 ɕiɤ²⁴ɕiɤ⁵³ 花~：花蕊　　沙=沙= sɑ²⁴sɑ⁵³ 田鼠

鸡鸡 tɕi²⁴tɕi⁵³ 河~：水鸟　　蛛蛛 pfu²⁴pfu⁵³ 蜘蛛

蚌蚌 pa²⁴pa⁵³ 海~　　星星 ɕi²⁴ɕi⁵³ 火~：火星

瓯瓯 ŋiɤɯ²⁴ŋiɤɯ⁵³ 小而浅的碗　　蛊蛊 pfɤ²⁴pfɤ⁵³

包包 pɑo²⁴pɑo⁵³ 小包　　金金 tɕiɤ²⁴tɕiɤ⁵³ ~纸：锡箔纸

摊摊 tʰæ²⁴tʰæ⁵³ 摆~　　姑姑 ku²⁴ku⁵³

哥哥 kɤɯ²⁴kɤɯ⁵³　　生生 sŋ²⁴sŋ⁵³ 老~：排行最小的孩子

鬃鬃 tsuɤ²⁴tsuɤ⁵³ 马~　　花花 xuɑ²⁴xuɑ⁵³

痂痂 tɕiɑ²⁴tɕiɑ⁵³　　腰腰 iɑo²⁴iɑo⁵³

巾巾 tɕiɤ²⁴tɕiɤ⁵³ 手~　　搓搓 tɕʰie²⁴tɕʰie⁵³ 圪~：面鱼

馍馍 mɤɯ²⁴mɤɯ⁵³　　窝窝 vɤɯ²⁴vɤɯ⁵³

挖挖 vɑ²⁴vɑ⁵³ 耳朵~　　车车 tsʰɤɯ²⁴tsʰɤɯ⁵³

丝丝 sɿ²⁴sɿ⁵³ 　　　　　　　　　筋筋 tɕiɣ²⁴tɕiɣ⁵³ 皮~：皮筋

娃娃 vɑ²⁴vɑ⁵³ 　　　　　　　　　尖尖 tɕiæ²⁴tɕiæ⁵³

亲亲 tɕʰiɣ²⁴tɕʰiɣ⁵³ 　　　　　　　锅锅 kuɣ²⁴kuɣ⁵³

烧烧 sao²⁴sao⁵³ 焦~：特别烫 　　　天天 tɕʰiæ²⁴tɕʰiæ⁵³

家家 tɕiɑ²⁴tɕiɑ⁵³ 　　　　　　　　匣匣 ɕiɑ²⁴ɕiɑ⁵³

梳梳 fu²⁴fu⁵³ 　　　　　　　　　　三三 sæ²⁴sæ⁵³ 排行老三

根根 kɣ²⁴kɣ⁵³ 扎~：头绳 　　　　生生 sɿ²⁴sɿ⁵³ 双~：双胞胎

湾湾 væ²⁴væ⁵³ 圪~ 　　　　　　　都都 tu²⁴tu⁵³ 圪~：一种发型

瓜瓜 kuɑ²⁴kuɑ⁵³ 碗~ 　　　　　　坡坡 pʰyɯ²⁴pʰyɯ⁵³ 阳~

驹驹 tɕy²⁴tɕy⁵³ 马~

（2）上声叠字，前字不变调，后字变读为24调：

点点 tiæ³²⁴tiæ²⁴ 　　　　　　　　铲铲 tsʰæ³²⁴tsʰæ²⁴ 杆

杆 kæ³²⁴kæ²⁴ 麻~：麻秆 　　　　奶奶 nai³²⁴nai²⁴

□□ tɕiæ³²⁴tɕiæ²⁴ ~木：黄刺玫株 　兜兜 tyɯ³²⁴tyɯ²⁴ 网~

伯伯 pai³²⁴pai²⁴ 叔叔 　　　　　板板 pæ³²⁴pæ²⁴

婶婶 sɣ³²⁴sɣ²⁴ 　　　　　　　　　姐姐 tɕie³²⁴tɕie²⁴

嫂嫂 sao³²⁴sao²⁴ 　　　　　　　　指指 tsʰɿ³²⁴tsʰɿ²⁴ 六~

手手 syɯ³²⁴syɯ²⁴ 　　　　　　　　眼眼 ȵiæ³²⁴ȵiæ²⁴ 扣

卡卡 tɕʰiɑ³²⁴tɕʰiɑ²⁴ 卡子 　　　　盏盏 tsæ³²⁴tsæ²⁴ 银~

老=老= lao³²⁴lao²⁴ 靠~ 　　　　喜喜 ɕi³²⁴ɕi²⁴ ~钱

嘴嘴 tɕy³²⁴tɕy²⁴ 奶~ 　　　　　　暖暖 nuæ³²⁴nuæ²⁴ 扛~

码码 mɑ³²⁴mɑ²⁴ 洋~ 　　　　　　袋袋 tai³²⁴tai²⁴ 布~

子子 tsʰɿ³²⁴tsʰɿ²⁴ 抓~ 　　　　　拐拐 kuai³²⁴kuai²⁴ 叨~

碗碗 væ³²⁴væ²⁴ ~腔 　　　　　　远远 yæ³²⁴yæ²⁴ 跳~

礼礼 lei³²⁴lei²⁴ 文文：讲礼貌 　　马马 mɑ³²⁴mɑ²⁴

土土 tʰu³²⁴tʰu²⁴ 　　　　　　　　好好 xao³²⁴xao²⁴ 正~

本本 pɣ³²⁴pɣ²⁴ 　　　　　　　　　宝宝 pao³²⁴pao²⁴

小小 ɕiao³²⁴ɕiao²⁴ 只~：自幼 　　水水 fu³²⁴fu²⁴

草草 tsʰao³²⁴tsʰao²⁴ 　　　　　　狗狗 kiyɯ³²⁴kiyɯ²⁴

饼饼 piɣ³²⁴piɣ²⁴ 　　　　　　　　爪爪 pfɑ³²⁴pfɑ²⁴

（3）去声叠字，前字不变调，后字变读为324调：

顺顺 fɣ⁵³fɣ³²⁴ 一~：向同一方向　　畔畔 pæ⁵³pæ³²⁴ 地~

浪=浪 =lɑ⁵³lɑ³²⁴ 黑=~：巷子　　岁岁 ɕy⁵³ɕy³²⁴ ~钱：压岁钱

燕燕 iæ⁵³iæ³²⁴ 寒~　　空空 kʰuɣ⁵³kʰuɣ³²⁴ 对~：抽空

下下 xɑ⁵³xɑ³²⁴ 一~：一会　　阵阵 tsɣ⁵³tsɣ³²⁴ 一~：一会

气气 tɕʰi⁵³tɕʰi³²⁴ 这一~：这会儿　　棒棒 pɤɯ⁵³pɤɯ³²⁴ 高粱秆

□□ tɕiæ⁵³tɕiæ³²⁴ 高粱秆上部　　柱柱 pfu⁵³pfu³²⁴ 柴~：一种灌木

瓣瓣 pæ⁵³pæ³²⁴ 花~　　冠冠 kuæ⁵³kuæ³²⁴ 鸡~

丹丹 tæ⁵³tæ³²⁴ 山~花儿　　汉汉 xæ⁵³xæ³²⁴ 老~

箆箆 mi⁵³mi³²⁴ 席~：细苇条　　淋淋 liɣ⁵³liɣ³²⁴

号号 xɑo⁵³xɑo³²⁴ 记~　　婆婆 pʰɤɯ⁵³pʰɤɯ³²⁴ 老~

担担 tæ⁵³tæ³²⁴ 担~　　巷巷 xɑ⁵³xɑ³²⁴

舅舅 tɕiɤɯ⁵³tɕiɤɯ³²⁴　　妗妗 tɕiɣ⁵³tɕiɣ³²⁴

弟弟 tei⁵³tei³²⁴　　洞洞 tuɣ⁵³tuɣ³²⁴ 圪~

蛋蛋 tæ⁵³tæ³²⁴ 圪~　　痘痘 tɤɯ⁵³tɤɯ³²⁴ 种

对对 tuei⁵³tuei³²⁴ ~眼　　肚肚 tu⁵³tu³²⁴ 搂~：兜肚

带带 tai⁵³tai³²⁴ 背~　　□□ tɑo⁵³tɑo³²⁴ 兜兜

套套 tʰɑo⁵³tʰɑo³²⁴ 袖~　　㤉㤉 xu⁵³xu³²⁴

剂剂 tɕi⁵³tɕi³²⁴　　蛋蛋 tæ⁵³tæ³²⁴ 糖~

泡泡 pʰɑo⁵³pʰɑo³²⁴ ~糖　　衬衬 tsʰɣ⁵³tsʰɣ³²⁴ 鞋~：鞋垫

□□ vu⁵³vu³²⁴ 茶茶~：智力低下　　成成 tsʰɣ⁵³tsʰɣ³²⁴ 七~

糊糊 xu⁵³xu³²⁴ 二~：简单愚蠢　　肚肚 tu⁵³tu³²⁴

裤裤 kʰu⁵³kʰu³²⁴　　片片 pʰiæ⁵³pʰiæ³²⁴ 片状物

面面 miæ⁵³miæ³²⁴ 粉末　　样样 iɑ⁵³iɑ³²⁴ 模样

盖盖 kai⁵³kai³²⁴　　菜菜 tsʰai⁵³tsʰai³²⁴

肉肉 zɤɯ⁵³zɤɯ³²⁴　　扣扣 kʰiɤɯ⁵³kʰiɤɯ³²⁴ 扣子

穗穗 ɕy⁵³ɕy³²⁴　　袖袖 ɕiɤɯ⁵³ɕiɤɯ³²⁴

个个 kɤɯ⁵³kɤɯ³²⁴ 身材

（4）阳入叠字，前字不变调，后字变读为ʔ24调。例如：

白白 piəʔ³²⁴piəʔ²⁴ 白色颜料　　盒盒 xɑʔ³²⁴xɑʔ²⁴

脖脖 paʔ³²⁴paʔ²⁴　　　　　　勺勺 fəʔ³²⁴fəʔ²⁴
十十 səʔ³²⁴səʔ²⁴ 排行老十　　舌舌 saʔ³²⁴saʔ²⁴ 帽~~
橛橛 tɕyəʔ³²⁴tɕyəʔ²⁴　　　　食食 səʔ³²⁴səʔ²⁴ 动物食物
鼻鼻 piəʔ³²⁴piəʔ²⁴　　　　　碟碟 tiəʔ³²⁴ tiəʔ²⁴

二　三字组连读变调

静游小片三字组连读变调是在两字组的基础上进行的。基本规律是：凡在非叠字两字组里发生变调的，进入三字组后仍然维持原来的变调调值。如果三字组中按两字组的变调规律应该有两个音节需要变调，则按照由前到后的顺序，即先第一字和第二字组合，然后第二字与第三字组合。如阳入+上声+阳入：ʔ324+324+ʔ324→ʔ4+324+ʔ324→ʔ4+24+ʔ324，相反的推测则不可以。这一规律对进入三字组的原两字组来说，无论是前字变调还是后字变调都起作用。表 3–2 是三字组连读变调规律。

表 3–2　静游小片三字组连读变调规律

后一字 前两字	阴平 24	阳平 44	上声 324	去声 53	阴入 ʔ44	阳入 ʔ324
阴平 + 阴平						
阴平 + 阳平						
阴平 + 上声			24+24+324			24+24+ʔ324
阴平 + 去声						
阴平 + 阴入	24+ʔ31+24					
阴平 + 阳入			24+ʔ4+324			24+ʔ4+ʔ324
阳平 + 阴平						
阳平 + 阳平						
阳平 + 上声			44+24+324			44+24+ʔ324
阳平 + 去声						
阳平 + 阴入	44+ʔ31+24					
阳平 + 阳入			44+ʔ4+324			44+ʔ4+ʔ324

续表

后一字 前两字	阴平 24	阳平 44	上声 324	去声 53	阴入 ʔ44	阳入 ʔ324
上声 + 阴平						
上声 + 阳平						
上声 + 上声	24+324+24	24+324+44	24+24+324 324+24+324	24+324+53	24+324+ʔ44	24+24+ʔ324 324+24+ʔ324
上声 + 去声						
上声 + 阴入						
上声 + 阳入	24+ʔ324+24	24+ʔ324+44	24+ʔ324+324	24+ʔ324+53	24+ʔ324+ʔ44	324+ʔ4+ʔ324
去声 + 阴平						
去声 + 阳平						
去声 + 上声			53+24+324			53+24+ʔ324
去声 + 去声						
去声 + 阴入	53+ʔ31+24					
去声 + 阳入			53+ʔ4+324			53+ʔ4+ʔ324
阴入 + 阴平	ʔ31+24+24	ʔ31+24+44	ʔ31+24+324	ʔ31+24+53	ʔ31+24+ʔ4	ʔ31+24+ʔ324
阴入 + 阳平						
阴入 + 上声			ʔ4+24+324			ʔ4+24+ʔ324
阴入 + 去声						
阴入 + 阴入						
阴入 + 阳入			ʔ4+ʔ4+324			ʔ4+ʔ4+ʔ324
阳入 + 阴平						
阳入 + 阳平						
阳入 + 上声	ʔ4+324+24	ʔ4+324+44	ʔ4+24+324	ʔ4+324+53	ʔ4+324+ʔ4	ʔ4+24+ʔ324
阳入 + 去声						
阳入 + 阴入						
阳入 + 阳入	ʔ4+ʔ324+24	ʔ4+ʔ324+44	ʔ4+ʔ324+324	ʔ4+ʔ324+53	ʔ4+ʔ324+ʔ44	ʔ324+ʔ4+ʔ324

说明：表中空白处表示未发生变调。

下面举例。为方便比较，我们将未变调的情况也一并列出。

第一字阴平

阴平 + 阴平	收音机 sɤɯ^{24}iɤ̃^{24}tɕi^{24}	装修工 pfɤɯ^{24}ɕiɤɯ^{24}kuɤ̃^{24}
阴平 + 阳平	天安门 tɕ^{h}iæ^{24}ŋæ^{24}mɤ̃^{44}	三斤油 sæ^{24}tɕiɤ̃^{24}iɤɯ^{44}
阴平 + 上声	天花板 tɕ^{h}iæ^{24}xuɑ^{24}pæ^{324}	心中苦 ɕiɤ̃^{24}tsuɤ̃^{24}k^{h}u^{324}
阴平 + 去声	腰弯下 iɑo^{24}væ^{24}xɑ^{53}	新书记 ɕiɤ^{24}fu^{24}tɕi^{53}
	交通站 tɕiɑo^{24}t^{h}uɤ̃^{24}tsæ^{53}	
阴平 + 阴入	中秋节 pfɤ̃^{24}tɕ^{h}iɤɯ^{24}tɕiəʔ^{4}	搬书桌 pæ^{24}fu^{24}pfaʔ^{4}
阴平 + 阳入	搬家罚 pæ^{24}tɕiɑ^{24}faʔ^{324}	
阳平 + 阴平	星期三 ɕiɤ̃^{24}tɕ^{h}i^{44}sæ^{24}	西洋参 ɕi^{24}iɑ^{44}sɤ̃^{24}
阳平 + 阳平	天文台 tɕ^{h}iæ^{24}vɤ̃^{44}t^{h}ai^{44}	真能行 tsɤ̃^{24}nɤ̃^{44}ɕiɤ̃^{44}
阳平 + 上声	阴阳水 iɤ̃^{24}iɑ^{44}fu^{324}	星期五 ɕiɤ̃^{24}tɕ^{h}i^{44}vu^{324}
	冰糖水 piɤ̃^{24}t^{h}ɑ^{44}fu^{324}	
阳平 + 去声	交流会 tɕiɑo^{24}liɤɯ^{44}xuei^{53}	当裁判 tɑ^{24}ts^{h}ai^{44}p^{h}æ^{53}
阳平 + 阴入	星期一 xiɤ̃^{24}tɕ^{h}i^{44}iəʔ^{4}	清明节 tɕ^{h}iɤ̃^{24}miɤ̃^{44}tɕiəʔ^{4}
阳平 + 阳入	新同学 ɕiɤ̃^{24}t^{h}uɤ̃^{44}ɕiəʔ^{324}	新闻局 ɕiɤ̃^{24}vɤ̃^{44}tɕyəʔ^{324}
上声 + 阴平	抽水机 ts^{h}ɤɯ^{24}fu^{324}tɕi^{24}	挖耳朵 vɑ^{24}ər^{324}tuɤ^{24}
	开火车 k^{h}ai^{24}xuɤ^{324}ts^{h}ɤɯ^{24}	
上声 + 阳平	双眼皮 fɤɯ^{24}ȵiæ^{324}p^{h}i^{44}	当演员 tɑ^{24}iæ^{324}yæ^{44}
	生产糖 sɤ̃^{24}ts^{h}æ^{324}t^{h}ɑ^{44}	
上声 + 上声	哥俩好 kɤɯ^{24}liɑ^{24}xɑo^{324}	千里马 tɕ^{h}iæ^{24}lei^{24}mɑ^{324}
上声 + 去声	新女婿 ɕiɤ̃^{24}ȵy^{324}ɕy^{53}	吼口号 xiɤɯ^{24}k^{h}iɤɯ^{324}xɑo^{53}
	吹口哨 pf^{h}u^{24}k^{h}iɤɯ^{324}sɑo^{53}	
上声 + 阴入	锅底黑 ku^{24}tei^{324}xəʔ^{4}	鸡爪子 tɕi^{24}pfɑ^{324}tsəʔ^{4}
上声 + 阳入	当主席 tɑ^{24}pfu^{24}ɕiəʔ^{324}	开小学 k^{h}ai^{24}ɕiɑo^{24}ɕiəʔ^{324}
去声 + 阴平	鸡蛋汤 tɕi^{24}tæ^{53}t^{h}ɑ^{24}	三字经 sæ^{24}tsɿ^{53}tɕiɤ̃^{24}
	遭旱灾 tsɑo^{24}xæ^{53}tsai^{24}	
去声 + 阳平	通讯员 t^{h}uɤ̃^{24}ɕiɤ̃^{53}yæ^{44}	开后门 k^{h}ai^{24}xiɤɯ^{53}mɤ̃^{44}

	千字文 tɕʰiæ²⁴tsɿ⁵³vɤ̃⁴⁴	
去声 + 上声	鞭炮响 piæ²⁴pʰɑo⁵³ɕiɑ³²⁴	
去声 + 去声	修电器 ɕiɣɯ²⁴tiæ⁵³tɕʰi⁵³	青菜地 tɕʰi²⁴tsʰai⁵³tei⁵³
	天地会 tɕʰiæ²⁴tei⁵³xuei⁵³	
去声 + 阴入	山货业 sæ²⁴xuɣ⁵³iəʔ⁴	揩饭桌 tɕʰie²⁴fæ⁵³pfaʔ⁴
	登记册 tɤ̃²⁴tɕi⁵³tsʰaʔ⁴	冬至日 tuɤ̃²⁴tsɿ⁵³zəʔ⁴
去声 + 阳入	通讯局 tʰuɤ̃²⁴ɕiɤ̃⁵³tɕyəʔ³²⁴	
阴入 + 阴平	背黑锅 pei²⁴xəʔ³¹kuɣ²⁴	公积金 kuɤ̃²⁴tɕiəʔ³¹tɕiɤ̃²⁴
	花圪都 xuɑ²⁴kəʔ³¹tu²⁴	高圪梁 kɑo²⁴kəʔ³¹liɑ²⁴
阴入 + 阳平	中国人 pfɤ̃²⁴kuəʔ²⁴zɤ̃⁴⁴	
阴入 + 上声	三只狗 sæ²⁴tsəʔ²⁴kiɣɯ³²⁴	
阴入 + 去声	锅黑浪 kuɣ²⁴xəʔ²⁴lɑ⁵³	生铁片 sɤ̃²⁴tɕʰiəʔ⁴pʰiæ⁵³
阴入 + 阴入	交作业 tɕiɑo²⁴tsɑʔ⁴iəʔ⁴	
阴入 + 阳入	收发室 sɣɯ²⁴faʔ⁴səʔ³²⁴	工业局 kuɤ̃²⁴iəʔ⁴tɕyəʔ³²⁴
阳入 + 阴平	灰学生 xuei²⁴ɕiəʔ³²⁴sɤ̃²⁴	
阳入 + 阳平	开食堂 kʰai²⁴səʔ³²⁴tʰɑ⁴⁴	交杂粮 tɕiɑo²⁴zɑʔ³²⁴liɑ⁴⁴
阳入 + 上声	挖毒草 vɑ²⁴tuəʔ⁴tsʰɑo³²⁴	青石板 tɕʰi²⁴səʔ⁴pæ³²⁴
阳入 + 去声	交学费 tɕiɑo²⁴xiəʔ³²⁴fei⁵³	修学校 ɕiɣɯ²⁴ɕiəʔ³²⁴ɕiɑo⁵³
阳入 + 阴入	收白铁 sɣɯ²⁴piəʔ³²⁴tɕʰiəʔ⁴	刚服药 kɑ²⁴fəʔ³²⁴iəʔ⁴
	掏毒药 tʰɑo²⁴tuəʔ³²⁴iəʔ⁴	
阳入 + 阳入	抓学习 pfɑ²⁴ɕiəʔ⁴ɕiəʔ³²⁴	偷服毒 tʰɣɯ²⁴fəʔ⁴tuəʔ³²⁴

第一字阳平

阴平 + 阴平	羊羔疯 iɑ⁴⁴kɑo²⁴fɤ̃²⁴	螺丝钉 lɣɯ⁴⁴sɿ²⁴tiɤ̃²⁴
	磨刀工 mɣɯ⁴⁴tɑo²⁴kuɤ̃²⁴	
阴平 + 阳平	鱼肝油 y⁴⁴kæ²⁴iɣɯ⁴⁴	农村人 nɤ̃⁴⁴tsʰuɤ̃²⁴zɤ̃⁴⁴
阴平 + 上声	连阴雨 liæ⁴⁴iɤ̃²⁴y³²⁴	
阴平 + 去声	查车票 tsʰɑ⁴⁴tsʰɣɯ²⁴pʰiɑo⁵³	航空信 xɑ⁴⁴kʰuɤ̃²⁴ɕiɤ̃⁵³
	磨砂布 mɣɯ⁴⁴sɑ²⁴pu⁵³	

阴平 + 阴入	元宵节 yæ⁴⁴ɕiao²⁴tɕiəʔ⁴	梅花鹿 mei⁴⁴xua²⁴luəʔ⁴
阴平 + 阳入	磨刀石 mɤɯ⁴⁴tao²⁴səʔ³²⁴	
阳平 + 阴平	长明灯 tsʰa⁴⁴mi⁴⁴tɤ̃²⁴	
阳平 + 阳平	皮鞋油 pʰi⁴⁴xai⁴⁴iɤɯ⁴⁴	难为人 næ⁴⁴vei⁴⁴zɤ̃⁴⁴
	摇头丸 iao⁴⁴tʰɤɯ⁴⁴væ⁴⁴	
阳平 + 上声	羊皮袄 ia⁴⁴pʰi⁴⁴ŋao³²⁴	秦皇岛 tɕʰiɤ̃⁴⁴xuɤ⁴⁴tɑo³²⁴
	红糖水 xuɤ̃⁴⁴tʰa⁴⁴fu³²⁴	
阳平 + 去声	缝棉裤 fɤ̃⁴⁴miæ⁴⁴kʰu⁵³	人才库 zɤ̃⁴⁴tsʰai⁴⁴kʰu⁵³
阳平 + 阴入	和平鸽 xu⁴⁴pʰiɤ̃⁴⁴kaʔ⁴	重阳节 tsʰuɤ̃⁴⁴ia⁴⁴tɕiəʔ⁴
阳平 + 阳入	红糖盒 xuɤ̃⁴⁴tʰa⁴⁴xaʔ³²⁴	
上声 + 阴平	平板车 pʰiɤ̃⁴⁴pæ³²⁴tsʰɤɯ²⁴	行李车 ɕiɤ̃⁴⁴lei³²⁴tsʰɤɯ²⁴
上声 + 阳平	头几年 tʰɤɯ⁴⁴tɕi³²⁴ȵiæ⁴⁴	埋死人 mai⁴⁴sɿ³²⁴zɤ̃⁴⁴
	寻保人 ɕiɤ̃⁴⁴pao³²⁴zɤ̃⁴⁴	
上声 + 上声	驴打滚 lu⁴⁴ta²⁴kuɤ̃³²⁴	
上声 + 去声	流水账 liɤɯ⁴⁴fu³²⁴tsɑ⁵³	红小豆 xuɤ̃⁴⁴ɕiao³²⁴tɤɯ⁵³
	学手艺 ɕiao⁴⁴sɤɯ³²⁴i⁵³	
上声 + 阴入	猴小子 xiɤɯ⁴⁴ɕiao³²⁴tsəʔ⁴	
上声 + 阳入	防火服 fɤɯ⁴⁴xuɤ²⁴fəʔ³²⁴	
去声 + 阴平	文化宫 vɤ̃⁴⁴xua⁵³kuɤ̃²⁴	提货单 tɕʰi⁴⁴xuɤ⁵³tæ²⁴
	存现金 tsʰuɤ̃⁴⁴ɕiæ⁵³tɕiɤ̃²⁴	
去声 + 阳平	前半年 tɕʰiæ⁴⁴pæ⁵³ȵiæ⁴⁴	王字旁 vɤɯ⁴⁴ tsɿ⁵³pʰɤɯ⁴⁴
去声 + 上声	图画纸 tʰu⁴⁴xua⁵³tsɿ³²⁴	文化馆 vɤ̃⁴⁴xua⁵³kuæ³²⁴
	时气好 sɿ⁴⁴tɕʰi⁵³xao³²⁴	
去声 + 去声	前半夜 tɕʰiæ⁴⁴pæ⁵³ie⁵³	提意见 tɕʰi⁴⁴i⁵³tɕiæ⁵³
去声 + 阴入	麻醉药 ma⁴⁴tsuei⁵³iəʔ⁴	
去声 + 阳入	城建局 tsʰɤ̃⁴⁴tɕiæ⁵³tɕyəʔ³²⁴	
阴入 + 阴平	寻律师 ɕiɤ̃⁴⁴luəʔ³¹sɿ²⁴	
阴入 + 阳平	留客人 liɤɯ⁴⁴kʰaʔ⁴zɤ̃⁴⁴	
阴入 + 上声	瞄不准 miao⁴⁴pəʔ⁴pfɤ̃³²⁴	
阴入 + 去声	油漆匠 iɤɯ⁴⁴tɕʰiəʔ⁴tsa⁵³	原则性 yæ⁴⁴tsəʔ⁴ɕiɤ̃⁵³

	量尺寸 lia⁴⁴tsʰəʔ²⁴tsʰuɣ̃⁵³	
阴入 + 阴入	排节目 pʰai⁴⁴tɕiəʔ²⁴məʔ²⁴	
阴入 + 阳入	常发达 tsʰa⁴⁴faʔ²⁴taʔ³²⁴	
阳入 + 阴平	长圪锥 tsʰa⁴⁴kəʔ³²⁴tsuei²⁴	
阳入 + 阳平	熬白糖 ŋao⁴⁴piəʔ³²⁴tʰa⁴⁴	
阳入 + 上声	刘局长 liɣɯ⁴⁴tɕyəʔ²⁴tsa³²⁴	骑白马 tɕʰi⁴⁴piəʔ²⁴ma³²⁴
阳入 + 去声	排毒气 pʰai⁴⁴tuəʔ³²⁴tɕʰi⁵³	
阳入 + 阴入	常合作 tsʰa⁴⁴xaʔ³²⁴tsaʔ⁴	
阳入 + 阳入	常学习 tsʰa⁴⁴ɕiəʔ²⁴ɕiəʔ³²⁴	

第一字上声

阴平 + 阴平	水晶宫 suei³²⁴tɕiɣ̃²⁴kuɣ̃²⁴	打金枝 ta³²⁴tɕiɣ̃²⁴tsʅ²⁴
阴平 + 阳平	打官司 ta³²⁴kuæ²⁴sʅ⁴⁴	
阴平 + 上声	小花脸 ɕiɑo³²⁴xua²⁴liæ³²⁴	五魁首 vu³²⁴kʰuei²⁴syɯ³²⁴
阴平 + 去声	祖师庙 tsyɯ³²⁴sʅ²⁴miɑo⁵³	捆铺盖 kʰuɣ̃³²⁴pʰu²⁴kai⁵³
阴平 + 阴入	主心骨 pfu³²⁴ɕiɣ̃²⁴kuəʔ⁴	摆资格 pai³²⁴tsʅ²⁴kaʔ⁴
阴平 + 阳入	语言学 y³²⁴iæ²⁴ɕiəʔ³²⁴	
阳平 + 阴平	美人蕉 mei³²⁴zɣ̃⁴⁴tɕiɑo²⁴	手提箱 syɯ³²⁴tɕʰi⁴⁴ɕia²⁴
	底朝天 tei³²⁴tsʰao⁴⁴tɕʰiæ²⁴	
阳平 + 阳平	紫罗兰 tsʅ³²⁴lɣɯ⁴⁴læ⁴⁴	死绵羊 sʅ³²⁴miæ⁴⁴ia⁴⁴
阳平 + 上声	海南岛 xai³²⁴næ⁴⁴tao³²⁴	
阳平 + 去声	走时气 tsyɯ³²⁴sʅ⁴⁴tɕʰi⁵³	耍麻将 fa³²⁴ma⁴⁴tɕia⁵³
阳平 + 阴入	点名册 tiæ³²⁴miɣ̃⁴⁴tsʰaʔ⁴⁴	小人国 ɕiɑo³²⁴zɣ̃⁴⁴kuəʔ⁴
阳平 + 阳入	火柴盒 xuɣ³²⁴tsʰai⁴⁴xaʔ³²⁴	
上声 + 阴平	打火机 ta²⁴xuɣ³²⁴tɕi²⁴	保险箱 pao²⁴ɕiæ³²⁴ɕia²⁴
	打炮声 ta²⁴pao³²⁴sʅ²⁴	
上声 + 阳平	保管员 pao²⁴kuæ³²⁴yæ⁴⁴	捡起来 tɕiæ²⁴tɕʰi³²⁴lai⁴⁴
上声 + 上声	洗脸水 ɕi²⁴liæ²⁴fu³²⁴	手写体 syɯ²⁴ɕie²⁴tɕʰi³²⁴
	打水井 ta³²⁴fu²⁴tɕi³²⁴	打草稿 ta³²⁴tsʰao²⁴kao³²⁴

上声 + 去声	老掌柜 lao²⁴tsɑ³²⁴kuei⁵³	暖水袋 næ²⁴fu³²⁴tai⁵³
	打粉线 tɑ²⁴fɤ̃³²⁴ɕiæ⁵³	
上声 + 阴入	老女子 lao²⁴n̠y³²⁴tsə?⁴	写小说 ɕie²⁴ɕiao³²⁴fa?⁴
	小米子 ɕiao²⁴mi³²⁴tsə?⁴	
上声 + 阳入	买宝石 mai³²⁴pɑo²⁴sə?³²⁴	李主席 lei³²⁴pfu²⁴ɕiə?³²⁴
	管理局 kuæ²⁴lei²⁴tɕyə?³²⁴	
去声 + 阴平	礼拜三 lei³²⁴pai⁵³sæ²⁴	解放军 tɕie³²⁴fa⁵³tɕyɤ̃²⁴
去声 + 阳平	九块钱 tɕiɣɯ³²⁴kʰuai⁵³tɕʰiæ⁴⁴	早稻田 tsao³²⁴tao⁵³tɕʰiæ⁴⁴
去声 + 上声	礼拜五 lei³²⁴pai⁵³vu³²⁴	买卖好 mai³²⁴mai⁵³xao³²⁴
去声 + 去声	礼拜二 lei³²⁴pai⁵³ər⁵³	写报告 ɕie³²⁴pao⁵³kao⁵³
去声 + 阴入	两个月 lia³²⁴kɣɯ⁵³yə?⁴	礼拜一 lei³²⁴pai⁵³iə?⁴
	好政策 xao³²⁴tsɤ̃⁵³tsʰa?⁴	止痛药 tsʅ³²⁴tʰuɤ̃⁵³iə?⁴
去声 + 阳入	水电局 suei³²⁴tiæ⁵³tɕyə?³²⁴	水利局 suei³²⁴lei⁵³tɕyə?³²⁴
阴入 + 阴平	纺织机 fɣɯ³²⁴tsə?⁴tɕi²⁴	
阴入 + 阳平	九只熊 tɕiɣɯ³²⁴tsə?⁴ɕyɤ̃⁴⁴	
阴入 + 上声	九月九 tɕiɣɯ³²⁴yə?⁴tɕiɣɯ³²⁴	
阴入 + 去声	小麦地 ɕiao³²⁴miə?⁴tei⁵³	体育课 tɕʰi³²⁴yə?⁴kʰuɤ⁵³
	李子树 lei³²⁴tsə?⁴fu⁵³	
阴入 + 阴入	抢着吃 tɕʰia³²⁴tə?⁴tsʰə?⁴	
阴入 + 阳入	手术室 sɣɯ³²⁴suə?⁴sə?³²⁴	
阳入 + 阴平	土圪堆 tʰu²⁴kə?³²⁴tuei²⁴	补习班 pu²⁴ɕiə?³²⁴pæ²⁴
	宝石灯 pao²⁴sə?³²⁴tɤ̃²⁴	小学生 ɕiao²⁴ɕiə?³²⁴sɤ̃²⁴
阳入 + 阳平	主席团 pfu²⁴ɕiə?³²⁴ tʰuæ⁴⁴	
阳入 + 上声	解毒酒 tɕie²⁴tuə?³²⁴tɕiɣɯ³²⁴	
阳入 + 去声	耍杂技 fa²⁴tsa?³²⁴tɕi⁵³	
阳入 + 阴入	有食欲 iɣɯ²⁴sə?³²⁴yə?⁴	
阳入 + 阳入	很直接 xɤ̃³²⁴tsə?⁴tɕiə?³²⁴	

第一字去声

阴平 + 阴平	半山腰 pæ⁵³sæ²⁴iɑo²⁴	落窝鸡 lɑo⁵³vɤɯ²⁴tɕi²⁴
	破伤风 pʰɤɯ⁵³sɑ²⁴fɤ̃²⁴	
阴平 + 阳平	正方形 tsɤ̃⁵³fɤɯ²⁴ɕiɤ̃⁴⁴	寄生虫 tɕi⁵³sɤ̃²⁴pfʰɤ̃⁴⁴
阴平 + 上声	大花脸 tɤɯ⁵³xuɑ²⁴liæ³²⁴	二花脸 ɤɯ⁵³xuɑ²⁴liæ³²⁴
阴平 + 去声	烂锅盖 læ⁵³kuɤ²⁴kai⁵³	放花炮 fɤɯ⁵³xuɑ²⁴pʰɑo⁵³
	串商店 pfʰæ⁵³sɑ²⁴tiæ⁵³	
阴平 + 阴入	过春节 kuɤ⁵³pfʰɤ̃²⁴tɕiə²⁴	教师节 tɕiɑo⁵³sɿ²⁴tɕiəʔ⁴
阴平 + 阳入	办公室 pæ⁵³kuɤ²⁴səʔ³²⁴	
阳平 + 阴平	钓鱼钩 tiɑo⁵³y⁴⁴kiɤɯ²⁴	自行车 tsɿ⁵³ɕiɤ̃⁴⁴tsʰɤɯ²⁴
	报平安 pɑo⁵³pʰiɤ̃⁴⁴ŋæ²⁴	定盘星 tiɤ̃⁵³pʰæ⁴⁴ɕi²⁴
阳平 + 阳平	卖油条 mai⁵³iɤɯ⁴⁴tɕʰiɑo⁴⁴	幼儿园 iɤɯ⁵³ɤɯ⁴⁴yæ⁴⁴
阳平 + 上声	酱油桶 tɕiɑ⁵³iɤɯ⁴⁴tʰuɤ̃³²⁴	四年苦 sɿ⁵³n̻iæ⁴⁴kʰu³²⁴
阳平 + 去声	剃头铺 tɕʰi⁵³tʰɤɯ⁴⁴pʰu⁵³	四排树 sɿ⁵³pʰai⁴⁴fu⁵³
阳平 + 阴入	变魔术 piæ⁵³mɤɯ⁴⁴suəʔ⁴	四排屋 sɿ⁵³pʰai⁴⁴vəʔ⁴
	卖毛笔 mai⁵³mɑo⁴⁴piəʔ⁴	
阳平 + 阳入	教研室 tɕiɑo⁵³iæ⁴⁴səʔ³²⁴	
上声 + 阴平	四点钟 sɿ⁵³tiæ³²⁴pfɤ̃²⁴	练体操 liæ⁵³tɕʰi³²⁴tsʰɑo²⁴
上声 + 阳平	受苦人 sɤɯ⁵³kʰu³²⁴zɤ̃⁴⁴	站起来 tsæ⁵³tɕʰi³²⁴lai⁴⁴
	判死刑 pʰæ⁵³sɿ³²⁴ɕiɤ̃⁴⁴	受表扬 sɤɯ⁵³piɑo³²⁴iɑ⁴⁴
	卖草鞋 mai⁵³tsʰɑo³²⁴xai⁴⁴	
上声 + 上声	效果好 ɕiɑo⁵³kuɤ²⁴xɑo³²⁴	卖小米 mai⁵³ɕiɑo²⁴mi³²⁴
	种橄榄 pfɤ̃⁵³kæ²⁴læ³²⁴	重管理 pfɤ̃⁵³kuæ²⁴lei³²⁴
上声 + 去声	望远镜 vɤɯ⁵³yæ³²⁴tɕiɤ̃⁵³	进口货 tɕiɤ̃⁵³kʰiɤɯ³²⁴xuɤ⁵³
	坐禁闭 tsuɤ⁵³tɕiɤ̃³²⁴pi⁵³	戴手套 tai⁵³sɤɯ³²⁴tʰɑo⁵³
	盼解放 pʰæ⁵³tɕie³²⁴fɤɯ⁵³	
上声 + 阴入	柿饼子 sɿ⁵³pi³²⁴tsəʔ⁴	太可惜 tʰai⁵³kʰɤɯ³²⁴ɕiəʔ⁴
	卖饼子 mai⁵³piɤ̃³²⁴tsəʔ⁴	
上声 + 阳入	太老实 tʰai⁵³lɑo²⁴səʔ³²⁴	赵主席 tsɑo⁵³pfu²⁴ɕiəʔ³²⁴

去声 + 阴平	意见箱 i⁵³tɕiæ⁵³ɕia²⁴	卖信封 mai⁵³ɕiɤ̃⁵³fɤ̃²⁴
	志愿军 tsɿ⁵³yæ⁵³tɕyɤ̃²⁴	
去声 + 阳平	上半年 sɑ⁵³pæ⁵³n̠iæ⁴⁴	雇店员 ku⁵³tiæ⁵³yæ⁴⁴
	实验田 sɿ⁵³iæ⁵³tɕʰiæ⁴⁴	
去声 + 上声	税务所 fei⁵³vu⁵³fɤɯ³²⁴	送报纸 suɤ̃⁵³pao⁵³tsɿ³²⁴
	爱跳舞 ŋai⁵³tɕʰiao⁵³vu³²⁴	
去声 + 去声	豆瓣酱 tɤɯ⁵³pæ⁵³tɕia⁵³	后半夜 xiɤɯ⁵³pæ⁵³ie⁵³
	犯错误 fæ⁵³tsʰuɤ⁵³vu⁵³	
去声 + 阴入	纪念册 tɕi⁵³n̠iæ⁵³tsʰaʔ⁴	上半月 sɑ⁵³pæ⁵³yəʔ⁴
去声 + 阳入	电信局 tiæ⁵³ɕiɤ̃⁵³tɕyəʔ³²⁴	炼矿石 liæ⁵³kʰuɤ⁵³səʔ³²⁴
阴入 + 阴平	墓圪堆 mu⁵³kəʔ³¹tuei²⁴	树圪桩 fu⁵³kəʔ³¹pfɤɯ²⁴
	唱国歌 tsʰɑ⁵³kuəʔ³¹kɤɯ²⁴	建筑师 tɕiæ⁵³tsuəʔ³¹sɿ²⁴
	向日葵 ɕia⁵³zəʔ³¹kʰuei²⁴	
阴入 + 阳平	外国人 vai⁵³kuəʔ⁴zɤ̃⁴⁴	
阴入 + 上声	四只眼 sɿ⁵³tsəʔ⁴n̠iæ³²⁴	
阴入 + 去声	暴发户 pao⁵³faʔ⁴xu⁵³	万佛洞 væ⁵³fəʔ⁴tuɤ̃⁵³
	炼铁矿 liæ⁵³tɕʰiəʔ⁴kʰuɤ⁵³	
阴入 + 阴入	四百八 sɿ⁵³piaʔ⁴paʔ⁴	赖职业 lai⁵³tsəʔ⁴iəʔ⁴
	爱吃药 ŋai⁵³tsʰəʔ⁴iəʔ⁴	
阴入 + 阳入	睡不着 fu⁵³pəʔ⁴tsaʔ³²⁴	会客室 xuei⁵³kʰaʔ⁴səʔ³²⁴
	太积极 tʰai⁵³tɕiəʔ⁴tɕiəʔ³²⁴	大结局 tɑ⁵³tɕiəʔ⁴tɕyəʔ³²⁴
阳入 + 阴平	爱读书 ŋai⁵³tuəʔ³²⁴fu²⁴	太集中 tʰai⁵³tɕiəʔ³²⁴pfɤ²⁴
	钛合金 tʰai⁵³xaʔ³²⁴tɕiɤ̃²⁴	
阳入 + 阳平	二十排 ɤɯ⁵³səʔ³²⁴pʰai⁴⁴	卖杂粮 mai⁵³tsaʔ³²⁴lia⁴⁴
阳入 + 上声	孟局长 mɤ̃⁵³tɕyəʔ⁴tsɑ³²⁴	矿石厂 kʰuɤ⁵³səʔ⁴tsʰɑ³²⁴
阳入 + 去声	化学课 xua⁵³ɕiəʔ³²⁴kʰuɤ⁵³	卖白菜 mai⁵³piəʔ³²⁴tsʰai⁵³
	太绝对 tʰai⁵³tɕyəʔ³²⁴tuei⁵³	赖服务 lai⁵³fəʔ³²⁴vu⁵³
阳入 + 阴入	爱滑雪 ŋai⁵³xuaʔ³²⁴ɕyəʔ⁴	放毒药 fɤɯ⁵³tuəʔ³²⁴iəʔ⁴
阳入 + 阳入	爱学习 ŋai⁵³ɕiəʔ⁴ɕiəʔ³²⁴	太特别 tʰai⁵³tʰaʔ⁴piəʔ³²⁴

第一字阴入

阴平 + 阴平	一分钟 iəʔ³¹fɤ²⁴pfɤ⁴⁴	刮东风 kuaʔ³¹tuɤ²⁴fɤ²⁴
阴平 + 阳平	出家人 pfʰəʔ³¹tɕia²⁴zɤ⁴⁴	黑心肠 xəʔ³¹ɕiɤ²⁴tsʰɑ⁴⁴
	北京人 piəʔ³¹tɕiɤ²⁴zɤ⁴⁴	
阴平 + 上声	铁丝网 tɕʰiəʔ³¹sʅ²⁴vɯ³²⁴	
阴平 + 去声	不中用 pəʔ³¹pfɤ²⁴ỹɤ⁵³	结婚证 tɕiəʔ³¹xuɤ²⁴tsɤ⁵³
阴平 + 阴入	一刀切 iəʔ³¹tao²⁴tɕʰiəʔ⁴	抹书桌 maʔ³¹fu²⁴pfaʔ⁴
阴平 + 阳入	铁三局 tɕʰiəʔ³¹sæ²⁴tɕyəʔ³²⁴	
阳平 + 阴平	说明书 faʔ⁴miɤ⁴⁴fu²⁴	刮台风 kuaʔ⁴tʰai⁴⁴fɤ²⁴
阳平 + 阳平	捏泥人 ȵiəʔ⁴ȵi⁴⁴zɤ⁴⁴	说明人 faʔ⁴miɤ⁴⁴zɤ⁴⁴
阳平 + 上声	托儿所 tʰaʔ⁴ər⁴⁴fɯ³²⁴	黑糖水 xəʔ⁴tʰɑ⁴⁴fu³²⁴
阳平 + 去声	脚梁面 tɕyəʔ⁴lia⁴⁴miæ⁵³	出洋相 pfʰəʔ⁴ia⁴⁴ɕia⁵³
阳平 + 阴入	出勤率 pfʰəʔ⁴tɕʰiɤ⁴⁴luəʔ⁴	出题目 pfʰəʔ⁴tɕʰi⁴⁴məʔ⁴
阳平 + 阳入	吃零食 tsʰəʔ⁴liɤ⁴⁴səʔ³²⁴	
上声 + 阴平	一两天 iəʔ⁴lia³²⁴tɕʰiæ²⁴	吃小亏 tsʰəʔ⁴ɕiao³²⁴kʰuei²⁴
	一里多 iəʔ⁴lei³²⁴tɤɯ²⁴	
上声 + 阳平	吃苦头 tsʰəʔ⁴kʰu³²⁴tʰɤɯ⁴⁴	做草鞋 tsuəʔ⁴tsʰao³²⁴xai⁴⁴
上声 + 上声	落水狗 laʔ⁴fu²⁴kiɤɯ³²⁴	一眼井 iəʔ⁴ȵiæ³²⁴tɕi³²⁴
	吃早点 tsʰəʔ⁴tsao²⁴tiæ³²⁴	吃水果 tsʰəʔ⁴suei²⁴kuɤ³²⁴
上声 + 去声	秃宝盖 tʰuəʔ⁴pao³²⁴kai⁵³	不讲价 pəʔ⁴tɕia³²⁴tɕia⁵³
	做买卖 tsuəʔ⁴mai³²⁴mai⁵³	
上声 + 阴入	没粉笔 məʔ⁴fɤ³²⁴piəʔ⁴	不解决 pəʔ⁴tɕie³²⁴tɕyəʔ⁴
上声 + 阳入	捏扁食 ȵiəʔ⁴piæ²⁴səʔ³²⁴	索主席 saʔ⁴pfu²⁴ɕiəʔ³²⁴
	没小学 məʔ⁴ɕiao²⁴ɕiəʔ³²⁴	
去声 + 阴平	绿豆汤 luəʔ⁴tɤɯ⁵³tʰɑ²⁴	喝面汤 xaʔ⁴miæ⁵³tʰɑ²⁴
	脚步声 tɕyəʔ⁴pu⁵³sʅ²⁴	
去声 + 阳平	铁匠炉 tɕʰiəʔ⁴tsa⁵³lɤɯ⁴⁴	宿舍楼 ɕyəʔ⁴sɯ⁵³lɤɯ⁴⁴
去声 + 上声	出嫁女 pfʰəʔ⁴tɕia⁵³ȵy³²⁴	笔记本 piəʔ⁴tɕi⁵³pɤ³²⁴
	铁路上 tɕʰiəʔ⁴lɤɯ⁵³sa³²⁴	

去声 + 去声	捷近路 tɕiəʔ⁴tɕiɤ̃⁵³lyɯ⁵³	绿豆饭 luəʔ⁴tɤɯ⁵³fæ⁵³
	拍电报 pʰiəʔ⁴tiæ⁵³pɑo⁵³	
去声 + 阴入	一个月 iə?⁴kɤɯ⁵³yə?⁴	国庆节 kuə?⁴tɕʰiɤ̃⁵³tɕiə?⁴
	擦课桌 tsʰa?⁴kʰuɤ⁵³pfa?⁴	媳妇子 ɕiə?⁴fu⁵³tsə?⁴
去声 + 阳入	做练习 tsuə?⁴liæ⁵³ɕiə?³²⁴	吃面食 tsʰə?⁴miæ⁵³sə?³²⁴
	不正直 pə?⁴tsɤ̃⁵³tsə?³²⁴	
阴入 + 阴平	吃黑枣 tsʰə?⁴xə?⁴tsɑo²⁴	
阴入 + 阳平	的确良 tiə?⁴tɕʰyə?⁴liɑ⁴⁴	吃黑糖 tsʰə?⁴xə?⁴tʰɑ⁴⁴
阴入 + 上声	赤脚跑 sə?⁴tɕyə?⁴pʰɑo³²⁴	
阴入 + 去声	铁业社 tɕʰiə?⁴iə?⁴sɤɯ⁵³	七佛洞 tɕʰiə?⁴fə?⁴tuɤ̃⁵³
阴入 + 阴入	七只脚 tɕʰiə?⁴tsə?⁴tɕyə?⁴	
阴入 + 阳入	七桌席 tɕʰiə?⁴pfa?⁴ɕiə?³²⁴	
阳入 + 阴平	实习生 sə?⁴ɕiə?³²⁴sɤ̃²⁴	踢足球 tɕʰiə?⁴tɕyə?³²⁴tɕʰiɤɯ²⁴
阳入 + 阳平	不拾闲 pə?⁴sə?³²⁴xæ⁴⁴	
阳入 + 上声	确实好 tɕyə?⁴sə?⁴xɑo³²⁴	喝毒酒 xa?⁴tuə?⁴tɕiɤɯ³²⁴
阳入 + 去声	做实验 tsuə?⁴sə?³²⁴iæ⁵³	
阳入 + 阴入	吃毒药 tsʰə?⁴tuə?³²⁴iə?⁴	吃食物 tsʰə?⁴sə?³²⁴və?⁴
阳入 + 阳入	吃滑石 tsʰə?⁴xua?⁴sə?³²⁴	

第一字阳入

阴平 + 阴平	集中营 tɕiə?³²⁴pfɤ̃²⁴iɤ̃²⁴	食花生 sə?³²⁴xuɑ²⁴sɤ̃²⁴
阴平 + 阳平	学三年 ɕiə?³²⁴sæ²⁴ȵiæ⁴⁴	
阴平 + 上声	十斤米 sə?³²⁴tɕiɤ̃²⁴mi³²⁴	
阴平 + 去声	十斤醋 sə?³²⁴tɕiɤ̃²⁴tsʰɤɯ⁵³	
阴平 + 阴入	贴膏药 tɕʰiə?³²⁴kɑo²⁴iə?⁴	十斤蜜 sə?³²⁴tɕiɤ̃²⁴miə?⁴
阴平 + 阳入	石灰石 sə?³²⁴xuei²⁴sə?³²⁴	
阳平 + 阴平	学徒工 ɕiə?³²⁴tʰu⁴⁴kuɤ̃²⁴	
阳平 + 阳平	拔羊毛 pa?³²⁴iɑ⁴⁴mɑo⁴⁴	白羊皮 piə?³²⁴iɑ⁴⁴pʰi⁴⁴
	熟羊皮 fə?³²⁴iɑ⁴⁴pʰi⁴⁴	

阳平 + 上声	白棉袄 piəʔ³²⁴miæ⁴⁴ŋɑo³²⁴	
阳平 + 去声	白棉裤 piəʔ³²⁴miæ⁴⁴kʰu⁵³	白棉被 piəʔ³²⁴miæ⁴⁴pi⁵³
阳平 + 阴平	白油漆 piəʔ³²⁴iɤɯ⁴⁴tɕʰiəʔ⁴	
阳平 + 阳平	十同学 səʔ³²⁴tʰuɣ̃⁴⁴ɕiəʔ³²⁴	
上声 + 阴平	十几天 səʔ⁴tɕi³²⁴tɕʰiæ²⁴	十五天 səʔ⁴vu³²⁴tɕʰiæ²⁴
上声 + 阳平	十几年 səʔ⁴tɕi³²⁴ȵiæ⁴⁴	十五年 səʔ⁴vu³²⁴ȵiæ⁴⁴
	白眼狼 piəʔ⁴ȵiæ³²⁴lɑ⁴⁴	
上声 + 上声	复写纸 fəʔ⁴ɕie²⁴tsʅ³²⁴	十九本 səʔ⁴tɕiɤɯ²⁴pỹ³²⁴
	十九里 səʔ⁴tɕiɤɯ²⁴lei³²⁴	
上声 + 去声	十九号 səʔ⁴tɕiɤɯ³²⁴xɑo⁵³	十九倍 səʔ⁴tɕiɤɯ³²⁴pei⁵³
上声 + 阴入	十九只 səʔ⁴tɕiɤɯ³²⁴tsəʔ⁴	十九日 səʔ⁴ tɕiɤɯ³²⁴zəʔ⁴
上声 + 阳入	十九叠 səʔ⁴tɕiɤɯ²⁴tiəʔ³²⁴	石主席 səʔ⁴pfu²⁴ɕiəʔ³²⁴
去声 + 阴平	十四斤 səʔ³²⁴sʅ⁵³tɕiỹ²⁴	服务生 fəʔ³²⁴vu⁵³sỹ²⁴
去声 + 阳平	服务员 fəʔ³²⁴vu⁵³yæ⁴⁴	十块钱 səʔ³²⁴kʰuai⁵³tɕʰiæ⁴⁴
	十四年 səʔ³²⁴sʅ⁵³ȵiæ⁴⁴	
去声 + 上声	十四里 səʔ³²⁴sʅ⁵³lei³²⁴	十四米 səʔ³²⁴sʅ⁵³mi³²⁴
去声 + 去声	杂志社 tsaʔ³²⁴tsʅ⁵³sɤɯ⁵³	十四号 səʔ³²⁴sʅ⁵³xɑo⁵³
去声 + 阴入	十四日 səʔ³²⁴sʅ⁵³zəʔ⁴	
去声 + 阳入	学化学 ɕiəʔ³²⁴xua⁵³ɕiəʔ³²⁴	实验室 səʔ³²⁴iæ⁵³səʔ³²⁴
阴入 + 阴平	十七张 səʔ³²⁴tɕʰiəʔ⁴tsa²⁴	十只猪 səʔ³²⁴tsəʔ⁴pfu²⁴
	白铁箱 piəʔ³²⁴tɕʰiəʔ⁴ɕia²⁴	
阴入 + 阳平	十只羊 səʔ³²⁴tsəʔ⁴ia⁴⁴	
阴入 + 上声	十只狗 səʔ³²⁴tsəʔ⁴kiɤɯ³²⁴	十只手 səʔ³²⁴tsəʔ⁴sɤɯ³²⁴
阴入 + 去声	十只兔 səʔ³²⁴tsəʔ⁴tʰu⁵³	
阴入 + 阴入	十一只 səʔ³²⁴iəʔ⁴tsəʔ⁴	
阴入 + 阳入	法律学 faʔ³²⁴luəʔ⁴ɕiəʔ³²⁴	
阳入 + 阴平	白石灰 piəʔ⁴səʔ³²⁴xuei²⁴	白圪精 piəʔ⁴kəʔ³²⁴tɕiỹ²⁴
阳入 + 阳平	直接来 tsəʔ⁴tɕiəʔ³²⁴lai⁴⁴	
阳入 + 上声	服毒者 fəʔ⁴tuəʔ³²⁴tsʯ³²⁴	绝食者 tɕyəʔ⁴səʔ³²⁴tsʯ³²⁴
	滑石粉 xuaʔ⁴səʔ³²⁴fɤ̃³²⁴	

阳入 + 去声	集合地 tɕiəʔ⁴xaʔ³²⁴tei⁵³
阳入 + 阴入	服毒药 fəʔ⁴tuəʔ³²⁴iəʔ⁴
阳入 + 阳入	食滑石 səʔ⁴xuaʔ²⁴səʔ³²⁴

第二节　其他变调

娄烦方言有两种相对固定的表状态的结构："ABB 地""AA 地"。在"ABB 地"结构中，A 为单音节性质形容词，具有词根性质，如"红、白、黑、热、凉"等，BB 具有词缀性质，对前面 A 进行描述，后加"地"，共同表示某种状态。"AA 地"结构中，A 一般为单音节性质形容词，有的可以前加"圪"词缀，有的必须前加"圪"词缀，构成"圪 AA 地"结构。上述两结构中，只有重叠语素 BB 或 AA 变调，按照两字组重叠式变调规律变调：叠字为平调不变调，叠字为非平调时都变调，因此叠字为阳平、阴入时不变调，叠字为阴平、上声、去声、阳入都变调。此外，无论后字变调与否，其韵母的主要元音变为长元音。重叠后的结构必须有一个黏着性的"地"。"圪××地"除了重叠部分形容词外，还可以重叠动词，甚至名词，表达同样的语法意义。下面分别说明。

1. ABB 地

A+24+53:+ 地

崭新新地 tsʰæ³²⁴ɕiɤ̃²⁴ɕiɤ̃:⁵³tei⁵³

凉飕飕地 liɑ⁴⁴sɤɯ²⁴sɤ:ɯ⁵³tei⁵³

磁钉钉地 tsʰɿ⁴⁴tiɤ̃²⁴tiɤ̃:⁵³tei⁵³

白花花地 piəʔ³²⁴xuɑ²⁴xuɑ:⁵³tei⁵³ _{白得耀眼}

焦烧烧地 tɕiao²⁴sao:²⁴sao⁵³tei⁵³ _{特别烫}

慢腾腾地 mæ⁵³tʰɤ̃²⁴tʰɤ̃:⁵³tei⁵³

顺溜溜地 fɤ̃⁵³liɯ²⁴liɤ:ɯ⁵³tei⁵³

A+44+44:+ 地

黏糊糊地 n̥z̩æ⁴⁴xu⁴⁴xu:⁴⁴ tei⁵³

稠糊糊地 tsʰɤɯ⁴⁴xu⁴⁴xu:⁴⁴ tei⁵³

泥糊糊地 ȵi⁴⁴xu⁴⁴xu:⁴⁴tei⁵³

偷悄悄地 tʰɤɯ²⁴tɕʰiɑo⁴⁴tɕʰiɑ:o⁴⁴tei⁵³

圪爬爬地 kəʔ³²⁴pʰɑ⁴⁴pʰɑ:⁴⁴tei⁵³ 因病或年老佝偻的样子

A+324+24:+ 地

晴□□地 tɕʰi²⁴tsæ³²⁴tsæ:²⁴tei⁵³ 天气湛蓝清爽的样子

亮瓦瓦地 liɑ⁵³vɑ³²⁴vɑ:²⁴tei⁵³ 透亮

红丹丹地 xuɤ̃⁴⁴tæ³²⁴tæ:²⁴tei⁵³ 红得透亮

肉醒=醒=地 zɤɯ⁵³ɕiɤ̃³²⁴ɕiɤ̃:²⁴tei⁵³ 肥胖的样子

肥崴崴地 ɕi⁴⁴vai³²⁴vɑ:i²⁴tei⁵³ 肥胖过度

闷醒=醒=地 mɤ̃⁵³ɕiɤ̃³²⁴ɕiɤ̃:²⁴tei⁵³ 沉闷

硬铮铮地 ȵiɤ̃⁵³tsɤ̃³²⁴tsɤ̃:²⁴tei⁵³ 硬得有筋骨

臭腥腥地 tsʰɤɯ⁵³ɕi³²⁴ɕi:²⁴tei⁵³ 臭气熏天

嫩□□地 nɤ̃⁵³iæ³²⁴iæ:²⁴tei⁵³ 嫩得鲜亮

宽□□地 kʰuæ²⁴iæ³²⁴iæ:²⁴tei⁵³ 开阔

A+53+324:+ 地

凉瘆瘆地 liɑ⁴⁴sʅ⁵³sʅ:³²⁴tei⁵³ 凉飕飕的

阴瘆瘆地 iɤ̃²⁴sʅ⁵³sʅ:³²⁴tei⁵³ 阴森森的

凉荫荫地 liɑ⁴⁴iɤ̃⁵³iɤ̃:³²⁴tei⁵³ 阴凉

憨处处地 xæ²⁴pfʰu⁵³pfʰu:³²⁴tei⁵³ 憨呆的样子

恼悻悻地 nɑo³²⁴ɕiɤ̃⁵³ɕiɤ̃:³²⁴tei⁵³ 不高兴的样子

生岔岔地 sɤ̃²⁴tsʰɑ⁵³tsʰɑ:³²⁴tei⁵³ 生疏

寡另另地 kuɑ³²⁴liɤ̃⁵³liɤ̃:³²⁴tei⁵³ 长相寡

绵洞洞地 miæ⁴⁴tuɤ̃⁵³tuɤ̃:³²⁴tei⁵³ 绵软

绵齉齉地 miæ⁴⁴nɑ⁵³nɑ:³²⁴tei⁵³ 太软没有筋骨

显外外地 ɕiæ³²⁴vai⁵³vɑ:i³²⁴tei⁵³ 过分显眼

咸意意地 xæ⁴⁴i⁵³i:³²⁴tei⁵³ 略咸

酸意意地 suæ²⁴i⁵³i:³²⁴tei⁵³ 略酸

酸蹓蹓地 suæ²⁴liɤɯ⁵³liɤɯ:³²⁴tei⁵³ 酸得过分

酸圪滋滋地 suæ²⁴kəʔ³²⁴tsʅ⁵³tsʅ:³²⁴tei⁵³ 酸得好

甜意意地 tɕʰiæ⁴⁴i⁵³i:³²⁴tei⁵³ 略甜

第三章　语流音变

苦外外地 kʰu³²⁴vai⁵³va:i³²⁴tei⁵³ 苦的不舒服
苦汉汉地 kʰu³²⁴xæ⁵³xæ:³²⁴tei⁵³ 苦的厉害
辣势势地 laʔ²⁴sʅ⁵³sʅ:³²⁴tei⁵³ 辣的厉害
倔蹓蹓地 tɕyə³²⁴liɣɯ⁵³liɣ:ɯ³²⁴tei⁵³ 孤绝而不近人情
黑熏熏地 xəʔ²⁴ɕyɣ̃⁵³ɕyɣ̃:³²⁴tei⁵³ 毛发浓黑
薄势势地 pəʔ³²⁴sʅ⁵³sʅ:³²⁴tei⁵³ 过分薄
直固固地 tsəʔ³²⁴ku⁵³ku:³²⁴tei⁵³ 太直不灵活
灰败败地 xuei²⁴pʰai⁵³pʰa:i³²⁴tei⁵³ 灰头土脸的样子
绿意意地 luəʔ²⁴i⁵³i:³²⁴tei⁵³ 稍有绿意

A+4ʔ+4ʔ:+ 地

晴刮刮地 tɕʰi²⁴kuaʔ²⁴kuaʔ:⁴tei⁵³ 天气清冷的样子
活脱脱地 xuaʔ³²⁴tʰuaʔ²⁴tʰuaʔ:⁴tei⁵³ 特别像
圪掇掇地 kəʔ³²⁴tuaʔ²⁴tuaʔ:⁴tei⁵³ 用心端的样子
展刮刮地 tsæ³²⁴kuaʔ²⁴kuaʔ:⁴tei⁵³ 平展流畅
齐刷刷地 tɕʰi⁴⁴faʔ²⁴faʔ:⁴tei⁵³ 整齐划一
实密密地 səʔ³²⁴miəʔ²⁴miəʔ:⁴tei⁵³ 密实
展匹匹地 tsæ³²⁴pʰiəʔ²⁴pʰiəʔ:⁴tei⁵³ 身材匀称舒展
灰塌塌地 xuei²⁴tʰaʔ²⁴tʰaʔ:⁴tei⁵³ 衰败的样子
灰色色地 xuei²⁴saʔ²⁴saʔ:⁴tei⁵³ 垂头丧气的样子
黑黢黢地 xəʔ²⁴tɕʰyəʔ²⁴tɕʰyəʔ:⁴tei⁵³ 深黑
灰秃秃地 xuei²⁴tʰuəʔ²⁴tʰuəʔ:⁴tei⁵³ 土地荒芜毫无生气
湿溻溻地 səʔ²⁴tʰaʔ²⁴tʰaʔ:⁴tei⁵³ 湿透的样子

A+324ʔ+4ʔ:+ 地

雪白白地 ɕyəʔ²⁴piəʔ³²⁴piəʔ:⁴tei⁵³

2. AA 地

24+53:+ 地

尖尖地 tɕiæ²⁴tɕiæ:⁵³tei⁵³　　空空地 kʰuɣ̃²⁴kʰuɣ̃:⁵³tei⁵³
低低地 tei²⁴te:i⁵³tei⁵³　　干干地 kæ²⁴kæ:⁵³tei⁵³
酸酸地 suæ²⁴suæ:⁵³tei⁵³　　高高地 kɑo²⁴kɑ:o⁵³tei⁵³
粗粗地 tsʰɣɯ²⁴tsʰɣ:ɯ⁵³tei⁵³　　香香地 ɕiɑ²⁴ɕiɑ:⁵³tei⁵³

光光地 kuɣ²⁴kuɣː⁵³tei⁵³　　　新新地 ɕiɣ̃²⁴ɕiɣ̃ː⁵³tei⁵³
通通地 tʰuɣ̃²⁴tʰuɣ̃ː⁵³tei⁵³　　宽宽地 kʰuæ²⁴kʰuæː⁵³tei⁵³
偷偷地 tʰɤɯ²⁴tʰɤːɯtei⁵³　　轻轻地 tɕʰiɣ̃²⁴tɕʰiɣ̃ː⁵³tei⁵³
清清地 tɕʰiɣ̃²⁴tɕiɣ̃ː⁵³tei⁵³　　虚虚地 ɕy²⁴ɕyː⁵³tei⁵³
真真地 tsɣ̃²⁴tsɣːtei⁵³

44+44:+ 地

甜甜地 tɕʰiæ⁴⁴tɕʰiæː⁴⁴tei⁵³　　沉沉地 tsʰɣ̃⁴⁴tsʰɣ̃ː⁴⁴tei⁵³
文文地 vɣ̃⁴⁴vɣ̃ː⁴⁴tei⁵³　　　　明明地 mi⁴⁴miː⁴⁴tei⁵³
齐齐地 tɕʰi⁴⁴tɕʰiː⁴⁴tei⁵³　　　凉凉地 lia⁴⁴liaː⁴⁴tei⁵³
咸咸地 xæ⁴⁴xæː⁴⁴tei⁵³　　　　蓝蓝地 læ⁴⁴læː⁴⁴tei⁵³
肥肥地 ɕi⁴⁴ɕiː⁴⁴tei⁵³　　　　　甜甜地 tɕʰiæ⁴⁴tɕʰiæː⁴⁴tei⁵³
红红地 xuɣ̃⁴⁴xuɣ̃ː⁴⁴tei⁵³　　　悄悄地 tɕʰiɑo⁴⁴tɕʰiɑoː⁴⁴tei⁵³
黄黄地 xuɣ⁴⁴xuɣː⁴⁴tei⁵³　　　圆圆地 yæ⁴⁴yæː⁴⁴tei⁵³
平平地 pʰi⁴⁴pʰiː⁴⁴tei⁵³

324+24:+ 地

小小地 ɕiɑo³²⁴ɕiɑːo²⁴tei⁵³　　款款地 kʰuæ³²⁴kʰuæː²⁴tei⁵³
展展地 tsæ³²⁴tsæː²⁴tei⁵³　　　哑哑地 ŋa³²⁴ŋaː²⁴tei⁵³
满满地 mæ³²⁴mæː²⁴tei⁵³　　　扁扁地 pæ³²⁴pæː²⁴tei⁵³
浅浅地 tɕʰiæ³²⁴tɕʰiæː²⁴tei⁵³　短短地 tuæ³²⁴tuæː²⁴tei⁵³
暖暖地 næ³²⁴næː²⁴tei⁵³　　　好好地 xɑo³²⁴xɑːo²⁴tei⁵³
软软地 væ³²⁴væː²⁴tei⁵³　　　整整地 tsʅ³²⁴tsʅː²⁴tei⁵³

53+324:+ 地

黍互黍互地 xu⁵³xuː³²⁴tei⁵³　　肉肉地 zɤɯ⁵³zɤɯː³²⁴tei⁵³
净净地 tɕi⁵³tɕiː³²⁴tei⁵³　　　细细地 ɕi⁵³ɕiː³²⁴tei⁵³
烂烂地 læ⁵³læː³²⁴tei⁵³　　　酽酽地 ȵiæ⁵³ȵiæː³²⁴tei⁵³
大大地 tɤɯ⁵³tɤːɯ³²⁴tei⁵³　　亮亮地 lia⁵³liaː³²⁴tei⁵³
慢慢地 mæ⁵³mæː³²⁴tei⁵³　　硬硬地 ȵiɣ̃⁵³ȵiɣ̃ː³²⁴tei⁵³
旧旧地 tɕiɤɯ⁵³tɕiɤːɯ³²⁴tei⁵³　嫩嫩地 nɣ̃⁵³nɣ̃ː³²⁴tei⁵³
快快地 kʰuai⁵³kʰuaːi³²⁴tei⁵³　厚厚地 xiɤɯ⁵³xiɤːɯ³²⁴tei⁵³
淡淡地 tæ⁵³tæː³²⁴tei⁵³　　　贵贵地 kuei⁵³kueːi³²⁴tei⁵³

正正地 tsʅ⁵³tsʅː³²⁴tei⁵³　　　　闷闷地 mɣ̃⁵³mɣ̃ː³²⁴tei⁵³
近近地 tɕiɣ̃⁵³tɕiɣ̃ː³²⁴tei⁵³

4ʔ+4ʔː+ 地

热热地 zaʔ²⁴zaʔː⁴tei⁵³　　　　黑黑地 xəʔ²⁴xəʔː⁴tei⁵³
绿绿地 luəʔ²⁴luəʔː⁴tei⁵³　　　湿湿地 səʔ²⁴səʔː⁴tei⁵³
窄窄地 tsəʔ²⁴tsəʔː⁴tei⁵³　　　密密地 miəʔ²⁴miəʔː⁴tei⁵³
辣辣地 laʔ²⁴laʔː⁴tei⁵³　　　　恶恶地 ŋaʔ²⁴ŋaʔː⁴tei⁵³
秃秃地 tʰuəʔ²⁴tʰuəʔː⁴tei⁵³

324ʔ+24ʔː+ 地

薄薄地 pəʔ³²⁴pəʔː²⁴tei⁵³　　　白白地 piəʔ³²⁴piəʔː²⁴tei⁵³
实实地 səʔ³²⁴səʔː²⁴tei⁵³　　　滑滑地 xuaʔ³²⁴xuaʔː²⁴tei⁵³
熟熟地 fəʔ³²⁴fəʔː²⁴tei⁵³　　　服服地 feʔ³²⁴fəʔː²⁴tei⁵³
直直地 tsəʔ³²⁴tsəʔː²⁴tei⁵³　　　足足地 tɕyəʔ³²⁴tɕyəʔː²⁴tei⁵³
活活地 xuaʔ³²⁴xuaʔː²⁴tei⁵³

无论是"ABB 地"结构还是"AA 地"结构中的 A，都是可以单独说的单音节形容词。"ABB 地"或"AA 地"结构中，重叠后的第二个音节按照两字组重叠式变调规律变调，且重叠的第二个音节韵母主要元音变为长元音，共同表示某种状态。可见，"ABB 地"或"AA 地"结构对其重叠的第二个音节韵母主要元音具有规定作用，再加上该结构的其他因素，共同改变了原来单音节性质形容词的特点，由原来的表性质的形容词结构变为表状态的形容词结构。

3. 圪××地

这种结构不仅可以改变单音节性质形容词的性质，还可以改变单音节动词的性质，构成"圪 VV 地"结构，变成表状态的形容词性结构表示某种状态。与"ABB 地"结构相比，"圪 VV 地"结构前为一个没有具体词汇意义的前缀"圪"，重叠部分为形容词或动词性语素，按照两字组重叠式变调。

圪 +24+53ː+ 地

圪香香地 kəʔ³²⁴ɕia²⁴ɕiaː⁵³tei⁵³ 垂涎欲滴的样子
圪掂掂地 kəʔ³²⁴tiæ²⁴tiæː⁵³tei⁵³ 双手端着的样子

圪尖尖地 kəʔ³²⁴tɕiæ²⁴tɕiæː⁵³tei⁵³ 很尖的样子

圪都都地 kəʔ³²⁴tu²⁴tuː⁵³tei⁵³ 端正担心的样子

圪搲搲地 kəʔ³²⁴vɑ²⁴vɑː⁵³tei⁵³ 用手抓的样子

圪张张地 kəʔ³²⁴tsɑ²⁴tsɑː⁵³tei⁵³ 手张开的样子

圪歪歪地 kəʔ³²⁴vai²⁴vaːi⁵³tei⁵³ 歪歪斜斜的样子

圪 +44+44:+ 地

圪爬爬地 kəʔ³²³pʰɑ⁴⁴pʰɑː⁴⁴tei⁵³ 因病或年老佝偻的样子

圪猴猴地 kəʔ³²⁴xiɤɯ⁴⁴xiɤːɯ⁴⁴tei⁵³ 生疏害怕的样子

圪 +324+24+ 地

圪擞擞地 kəʔ⁴sɤɯ³²⁴sɤːɯ²⁴tei⁵³ 抖抖擞擞的样子

圪衍衍地 kəʔ⁴iæ³²⁴iæː²⁴tei⁵³ 向外溢出的样子

圪抿抿地 kəʔ⁴miɤ̃³²⁴miɤ̃ː²⁴tei⁵³ 头发抿过的样子

圪涌涌地 kəʔ⁴yɤ̃³²⁴yɤ̃ː²⁴tei⁵³ 涌出来的样子

圪 +53+324:+ 地

圪冒冒地 kəʔ³²⁴mɑo⁵³mɑːo³²⁴tei⁵³ 冒出来的样子

圪令令地 kəʔ³²⁴liɤ̃⁵³liɤ̃ː³²⁴tei⁵³ 听话服帖的样子

圪阵阵地 kəʔ³²⁴tsɤ̃⁵³tsɤ̃ː³²⁴tei⁵³ 不等片刻的样子

圪熏熏地 kəʔ³²⁴ɕyɤ̃⁵³tɕyɤ̃ː³²⁴tei⁵³ 小步快跑的样子

圪磨=磨=地 kəʔ³²⁴mɤɯ⁵³mɤːɯ³²⁴tei⁵³ 快跑的样子

圪漾漾地 kəʔ³²⁴iɑ⁵³iɑː³²⁴tei⁵³ 自满得意的样子

圪 +4ʔ+4ʔ:+ 地

圪缩缩地 kəʔ³²⁴faʔ⁴faʔː⁴tei⁵³ 畏缩的样子

圪贴贴地 kəʔ³²⁴tɕʰiəʔ⁴tɕʰiəʔː⁴tei⁵³ 尽力贴近的样子

圪喋喋地 kəʔ³²⁴tiəʔ⁴tiəʔː⁴tei⁵³ 言语过分伶俐

圪煞煞地 kəʔ³²⁴saʔ⁴saʔː⁴tei⁵³ 临近下雨的样子

第三节　儿化及其变调

一　儿化

有关娄烦方言的儿化，前人已经有一些论述。下面讨论娄烦方言儿化时先引述前人相关论述，然后再提出我们的研究结论。

有关娄烦方言儿化的论述主要集中在《山西方言调查研究报告》（1993）（下称《报告》）中，《报告》记录了山西中区娄烦话方言的音系，包括声母 27 个，韵母 36 个，声调 5 个。《报告》所列音系中，声母分 ts 组和 tʂ 组，入声韵母中"节 iaʔ" ≠ "急 iəʔ"，与 1989 年（翟英谊）的语音记录是一致的，所以尽管《报告》有关娄烦音系的内容中没有具体说明记录的是哪个方言小片的语音，我们仍然可以根据《报告》的记音惯例和音系本身反映出来的音类特点，把该音系看作是对娄烦（城关）小片老派的记录。《报告》在基本韵母后面，共列了 21 个儿化韵母。如下。

ɑr（<a　aʔ）瓢儿 zɑr²² 钵儿 pɑr²²

iɑr（<ia　iaʔ）牙儿 iɑr²² 蝶儿 tiɑr²¹³

uɑr（<ua　uaʔ）裤儿 kuɑr⁵⁴ 活儿 xuɑr²¹³

ɐr（<ɛ　ai）半儿 pɐr⁵⁴ 袋儿 tɐr⁵⁴

iɐr（<iɛ）尖儿 tɕiɐr²²

uɐr（<uɛ　uai）官儿 kuɐr²² 块儿 kʰuɐr⁵⁴

yɐr（<yɛ）圈儿 tɕʰyɐr²²

ər（<əɯ）蛾儿 ər²²

uər（<uəɯ　uəʔ）火儿 xuər²¹³ 谷儿 kuər²²

yər（<y　yəʔ）絮儿 ɕyər⁵⁴ 角儿 tɕyər⁵⁴

ʌr（<ei）辈儿 pʌr⁵⁴

iʌr（<iei）些儿 ɕiʌr²²

uʌr（<uei）谁儿 suʌr²²

ur（<u̯）珠儿 pfur²²

aur（<au）刀儿 taur²²

iaur（<iau）苗儿 miaur²²

əur（<əu）头儿 tʰəur²²

iəur（<iəu）后儿 xiəur⁵⁴

ə̃r（<ẽ）门儿 mẽr²²

iə̃r（<iẽ）顶儿 tiẽr²¹³

uə̃r（<uẽ）弓儿 kuẽr²²

上述韵母中，加"·"的音疑为排印之误，经本文作者改动。《报告》并且认为，ɿ ʅ i yẽ yaʔ əʔ iəʔ 7个韵母没有记录到儿化韵的例子。入声韵母儿化时喉塞尾ʔ消失，阴入调读作平声调，阳入调读作上声调。除上列儿化韵之外，还认为有儿尾，如"子儿 tsɿ²¹³⁻⁴ər²² 燕儿 iɛ⁵⁴ər²² 巾儿 tɕiə̃²²ər²² 疗儿 ti²²ər²² 蝶儿 tia²¹³⁻¹¹ər²² 鳖儿 piaʔ²²ər²²"。《报告》中记录娄烦（城关）小片的调类与我们调查结果基本一致，但调值有较大区别；《报告》韵类与我们的调查也有区别，音质方面的区别更加明显。

根据作者实地调查与求证，上面的儿化韵与我们的调查结果有较大差异。现将娄烦（城关）小片儿化韵整理如下。

娄烦（城关）小片共有韵母33个，它们是：ɿ i u y ɑ iɑ uɑ ai uai iɪ ei uei ɑo iɑo ɤɯ iɤɯ uɣ æ ie uæ ye ỹ iỹ uỹ yỹ aʔ iɐʔ uaʔ yɐʔ əʔ iəʔ uəʔ yəʔ。

根据我们的调查，这些韵母只有儿化，没有儿尾。儿化韵母可以分为两类：舒声韵母儿化后，直接使其主要元音变为一个长元音；入声韵母儿化后，喉塞尾消失，主要元音音质变化，并变为长元音。共有28个儿化韵。下面分别举例说明。

ɿ:（>ɿ）

秤儿 tsʰɿ:⁵³   （树圪）枝儿 tsɿ:⁴⁴   刺儿 tsʰɿ:⁵³

（钥）匙儿 sɿ:⁵³   事儿 sɿ:⁵³   （肉）丝儿 sɿ:⁴⁴

i:（>i）

命儿 mi:⁵³   鸡儿 tɕi:⁴⁴   （眼）镜儿 tɕi:⁵³

（腹）脐儿 tɕʰi:⁴⁴   （着）气儿 tɕʰi:⁵³   饧儿 ɕi:⁴⁴ 萝卜熬制的饴糖

（篓头）系儿 ɕi:⁵³

u:（>u）

（晌）午儿 vu:⁴⁴   （起）雾儿 vu:⁵³   虎儿 xu:³²⁴ 人名

第三章　语流音变

铺儿 pʰu:⁵³　　　　　（莜麦）毛儿 mu:⁴⁴　　　锥儿 pfu:⁴⁴
（做）主儿 pfu:³²⁴　　锄儿 pfʰu:⁴⁴　　　　　符儿 fu:³²⁴
（木）梳儿 fu:⁴⁴　　　（识）数儿 fu:⁵³　　　（柏）树儿 fu:⁵³
（灯）树儿 fu:⁵³ 灯台　兔儿 tʰu:⁵³　　　　　驴儿 lu:⁴⁴ 人名
箍儿 ku:⁴⁴　　　　　　瘤儿 ku:⁴⁴　　　　　　鼓儿 ku:³²⁴
裤儿 kʰu:⁵³　　　　　（酒）壶儿 xu:⁴⁴
y:（>y）
（马）驹儿 tɕy:⁴⁴　　　锯儿 tɕy:⁵³　　　　　蛆儿 tɕʰy:⁴⁴
（麦）穗儿 ɕy:⁵³　　　　鱼儿 y:⁴⁴
ɑ:（>ɑ）
叭儿 pɑ:⁴⁴ 拟声词　　　（鸡）巴儿 pɑ:⁴⁴　　　麻儿 mɑ:⁴⁴
把儿 pɑ:⁵³　　　　　　（策）马儿 mɑ:³²⁴ 地名　岔儿（上）tsʰɑ:⁵³ 地名
（树圪）杈儿 tsʰɑ:³²⁴　鸦儿 ŋɑ:⁵³　　　　　　（黑＝）浪＝儿 lɑ:⁵³ 小巷
iɑ:（>iɑ）
（院）墙儿 tɕʰiɑ:⁴⁴　　（豆）牙儿 ȵiɑ:⁴⁴　　杏儿 ɕiɑ:⁵³
uɑ:（>uɑ）
瓜儿 kuɑ:⁴⁴　　　　　　花儿 xuɑ:⁴⁴
a:i（>ai、əʔ）
輔儿 pa:i⁵³ 风箱　　　　牌儿 pʰa:i⁴⁴　　　　钗儿 tsʰa:i⁴⁴
（杨）木儿 ma:i⁴⁴
ua:i（>uai、uaʔ、uəʔ）
狻儿 tua:i⁴⁴ 臀部　　　（垫）狻儿 tua:i³²⁴ 儿童用尿布　鹿儿 lua:i⁴⁴
谷儿 kua:i⁴⁴　　　　　（牛）犊儿 tua:i⁴⁴
iɪ:（>iɪ）
（一）些儿 ɕiɪ:⁴⁴
e:i（>ei）
（一）辈儿 pe:i⁵³　　　位儿 ve:i⁵³　　　　　疔儿 te:i⁴⁴
梨儿 le:i⁴⁴　　　　　　理儿 le:i³²⁴　　　　领儿 le:i³²⁴
（鞋）底儿 te:i³²⁴
ue:i（>uei）

（一）对儿 tueːi⁵³

aːo（>ɑo）

（面）包儿 pɑːo⁴⁴　　猫儿 mɑːo⁴⁴　　刀儿 tɑːo⁴⁴
（过）道儿 tɑːo⁵³　　桃儿 tʰɑːo⁴⁴　　（被）套儿 tʰɑːo⁵³
铙儿 nɑːo³²⁴　　　　枣儿 tsɑːo³²⁴　　（被）罩儿 tsɑːo⁵³
（树）梢儿 sɑːo⁴⁴　　（棉）袄儿 ŋɑːo³²⁴　鏊儿 ŋɑːo⁵³
（圪）壕儿 xɑːo⁴⁴　　号儿 xɑːo⁵³

iaːo（>iao）

瓢儿 pʰiaːo⁴⁴　　　苗儿 miaːo⁴⁴　　　鸟儿 ȵiaːo³²⁴
（面）条儿 tɕʰiaːo⁴⁴（开）窍儿 tɕʰiaːo⁵³（高）勒儿 iaːo⁵³

ɣːɯ（>ɣɯ）

磨儿 mɣːɯ⁵³　　　庄儿（上）pfɣːɯ⁴⁴ 地名　疮儿 pfʰɣːɯ⁴⁴
（抿）床儿 pfʰɣːɯ⁴⁴　方儿 fɣːɯ⁵³ 药方儿　（红）豆儿 tɣːɯ⁵³
（小）偷儿 tʰɣːɯ⁴⁴　（大）个儿 kɣːɯ⁵³　（指）头儿 tʰɣːɯ⁵³
锣儿 lɣːɯ⁴⁴　　　　（葫）芦儿 lɣːɯ⁴⁴　（小）车儿 tsʰɣːɯ⁴⁴
歌儿 kɣːɯ⁴⁴　　　　蛾儿 ŋɣːɯ⁴⁴

iɣːɯ（>iɣɯ）

（石）榴儿 liɣːɯ⁴⁴　（水曲）柳儿 liɣːɯ³²⁴　球儿 tɕʰiɣːɯ⁴⁴
（半）袖儿 ɕiɣːɯ⁵³ 短袖衬衫　狗儿 kiɣːɯ³²⁴　（茶）瓯儿 ŋiɣːɯ⁴⁴
猴儿 xiɣːɯ⁴⁴

uɣː（>uɣ）

（圪）坨儿 tʰuɣː⁴⁴ 面食　（大）伙儿 xuɣː³²⁴　和儿 xuɣː⁴⁴ 一种面食

æː（>æ）

班儿 pæː⁴⁴　　　　（杂）蔓儿 mæː⁴⁴ 一种植物　（拐）弯儿 væː⁴⁴
（瓜）蔓儿 væː⁵³　　（床）单儿 tæː⁴⁴　　簪儿 tsæː⁴⁴
（灯）盏儿 tsæː³²⁴　（汗）衫儿 sæː⁴⁴　　蚕儿 tsʰæː⁴⁴
（猪）肝儿 kæː⁴⁴　　（门）槛儿 kʰæː³²⁴

ieː（>ie）

（靠）边儿 pieː⁴⁴　　面儿 mieː⁵³　　　（饭）店儿 tieː⁵³
（坎）肩儿 tɕieː⁴⁴　　钱儿 tɕʰieː⁴⁴　　（房）檐儿 ieː⁴⁴

燕儿 ie:⁵³

uæ:（>uæ）

（城）关儿 kuæ:⁴⁴　　　　官儿 kuæ:⁴⁴

ye:（>ye）

（线）圈儿 tɕʰye:⁴⁴　　　（鞋）楦儿 ɕye:⁵³

ỹ:（>ỹ）

（木）盆儿 pʰỹ:⁴⁴　　　（没）门儿 mỹ:⁴⁴　　　（酒）盅儿 pfỹ:⁴⁴

（圪）虫儿 pfỹ:⁴⁴ 小虫　蜂儿 fỹ:⁴⁴　　　　（凉）粉儿 fỹ:³²⁴

（一条）缝儿 fỹ:⁵³　　（曲）灯儿 tỹ:⁴⁴ 火柴　（别）针儿 tsỹ:⁴⁴

（后）跟儿 kỹ:⁴⁴ 脚后跟　（撩）羹儿 kỹ:⁴⁴ 小勺子

iỹ:（>iỹ）

鬓儿 piỹ:⁵³ 鬓角　　　　命儿 miỹ:⁵³ 命运　　　（打）铃儿 liỹ:⁴⁴

领儿 liỹ:³²⁴ 领子　　　（手）巾儿 tɕiỹ:⁴⁴　　（有）劲儿 tɕiỹ:⁵³

磬儿 tɕʰiỹ:⁵³　　　　　印儿 iỹ:⁵³

uỹ:（>uỹ）

（车）轮儿 luỹ:⁴⁴　　　（丢）盹儿 tuỹ:³²⁴ 打盹　葱儿 tsʰuỹ:⁴⁴

弓儿 kuỹ:⁴⁴　　　　　魂儿 xuỹ:⁴⁴

yỹ:（>yỹ）

军儿 yỹ:⁴⁴ 人名

a:（>aʔ）

沫儿 ma:⁴⁴　　　　　（一）搭儿 ta:³²⁴　　　（圪）塔儿 tʰa:⁴⁴

（羊）杂儿 tsa:³²⁴　　（打忽）擦儿 tsʰa:⁴⁴ 溜冰　（木）鸽儿 ka:⁴⁴ 鸽子

（蛋）壳儿 kʰa:⁴⁴

ia:i（>iəʔ）

（一）页儿 ia:i⁴⁴　　　（树）叶儿 ia:i⁴⁴　　　笔儿 pia:i⁴⁴

鳖儿 pia:i⁴⁴　　　　　碟儿 tia:i³²⁴

ya:i（>yəʔ）

角儿 tɕya:i⁴⁴　　　　曲儿 tɕʰya:i⁴⁴　　　　雀儿 ɕya:i⁴⁴

二 儿化变调

娄烦方言儿化变调主要是阴平字，儿化后读同阳平 44 调，其他声调的字儿化后不变调。具体如下：

24+ 儿→ 44：

花儿 xuɑ:^{44} 纳瓜儿 nɑʔ^{324}kuɑ:^{44} 压瓜

平车儿 pʰiɤ̃^{44}tsʰʏ:ɯ^{44} 辐丝儿 fə^{324}sʅ:^{44} 辐条

芡筛儿 ɕyə^{324}sa:i^{44} 筛子   洋镐儿 iɑ^{44}kɑ:o^{44} 镐头

刀儿 tɑ:o^{44} 狗娃儿 kiɣɯ^{324}vɑ:^{44}

鸡儿 tɕi:^{44} 八哥儿 pɑʔ^{324}kɤ:ɯ^{44}

圪蚪儿 kə^{324}tʏ:ɯ^{44} 蝌蚪   圪崂儿 kə^{324}lɑ:o^{44} 角落

枕巾儿 tsɤ̃^{53}tɕiɤ̃:^{44} 撩羹儿 liɑo^{44}kɤ̃:^{44} 小勺子

曲灯儿 tɕʰyə^{324}tɤ̃:^{44} 火柴   图钉儿 tʰu^{44}te:i^{44}

木梳儿 mə^{324}fu:^{44} 牙膏儿 ȵiɑ^{44}kɑ:o^{44}

开关儿 kʰai^{24}kuæ:^{44} 电门   提包儿 tɕʰi^{44}pɑ:o^{44}

顶针儿 tei^{324}tsɤ̃:^{44} 针锥儿 tsɤ̃^{24}pfu:^{44}

针箍儿 tsɤ̃^{24}ku:^{44} 小偷儿 ɕiɑo^{324}tʰɤ:ɯ^{44}

气门芯儿 tɕʰi^{53}mɤ̃^{44}ɕiɤ̃:^{44} 连襟儿 liæ^{44}tɕiɤ̃:^{44}

药方儿 iə^{324}fɤ:ɯ^{44} 背心儿 pei^{53}ɕiɤ̃:^{44}

领钩儿 liɤ̃^{324}kiɤ:ɯ^{44} 头巾儿 tʰɤɯ^{44}tɕiɤ̃:^{44}

抿浆儿 miɤ̃^{324}tɕiɑ:^{44} 抿尖   冰糕儿 piɤ̃^{24}kɑ:o^{44}

实边儿 sə^{324}piæ:^{44} 缝被子的边   笔尖儿 piə^{324}tɕiæ:^{44}

满分儿 mæ^{324}fɤ̃:^{44} 圆圈儿 yæ^{44}tɕʰyæ:^{44}

弹弓儿 tæ^{53}kuɤ̃:^{44} 皮筋儿 pʰi^{44}tɕiɤ̃:^{44}

打悠千儿 tɑ^{324}iɑo^{53}tɕʰiæ:^{44} 荡秋千   秧歌儿 iɑ^{44}kɤ:ɯ^{44}

阳平字儿化后仍是 44 调，也可以认为阴平、阳平儿化后变调相同：

葱儿 tsʰuɤ̃:^{44} 石碾儿 sə^{324}ŋɤ:ɯ^{44}

鼻蛾儿 piə^{324}ŋɤ:ɯ^{44} 人中   舌头儿 sɑ^{324}tʰɤ:ɯ^{44}

核桃儿 kə^{324}tʰɑ:o^{44}

上声、去声、阴入、阳入字儿化后声调不变：

笼嘴儿 luỹ⁴⁴tɕy:³²⁴　　　　门把手儿 mỹ⁴⁴pɑ²⁴sɤ:ɯ³²⁴

夹袄儿 tɕiəʔ²⁴ŋɑ:o³²⁴　　　　枣儿 tsɑ:o³²⁴

没准儿 məʔ²⁴pfɤ:³²⁴（以上上声）

这会儿 tsəʔ³²⁴xue:i⁵³　　　　推刨儿 tʰuei²⁴pʰɑ:o⁵³ 刨子

裤儿 kʰu:⁵³　　　　　　　　（扑克）方块儿 fɣɯ²⁴kʰua:i⁵³

脖套儿 pɑʔ³²⁴tʰɑ:o⁵³　　　　不得劲儿 pəʔ³²⁴tiəʔ²⁴tɕiɤ:⁵³（以上去声）

打忽擦儿 tɑ²⁴xuəʔ³²⁴tsʰa:⁴⁴ 滑冰　　扑克儿 pu⁵³kʰa:⁴⁴

鹿儿 lua:i⁴⁴　　　　　　　谷儿 kua:i⁴⁴

树叶儿 fu⁵³ia:i⁴⁴（以上阴入）

骨灰盒儿 kuəʔ³²⁴xuei²⁴xa:³²⁴　　筏儿 fa:³²⁴ 排筏

牛犊儿 ȵiɣɯ⁴⁴tua:i³²⁴（以上阳入）

第四节　里化、日化及相关问题

一　里化及其变调

普通话"在家里、在院里、在心里"等意义表达式，在娄烦方言中，用一种特殊的音变方式表示，为讨论方便，我们把娄烦方言上述意义表达式简称为"里化"。娄烦方言的"里化"通过改变名词性成分N的韵母，表达"在N里"的意义。如果N是舒声，则主要元音变为一个长元音；如果N是入声，则喉塞尾消失，主要元音音质变化，并变为长元音。我们认为，名词性成分N后面应该有"里"，后来逐渐"化入"前面的名词性成分N里面。例如：

（水）池里 tsʰʅ:⁴⁴

坪里 pʰi:⁴⁴　　米里 mi:³²⁴　　地里 te:i⁵³　　井里 tɕi:³²⁴　　镜里 tɕi:⁵³

肚里 tu:⁵³　　水里 fu:³²⁴　　壶里 xu:⁴⁴　　鼓里 ku:³²⁴

嘴里 tɕy:³²⁴　　渠里 tɕʰy:⁴⁴　　茎里 y:⁴⁴

洼里 vɑ:⁵³ 洼地　（裤）裆里 tɑ:⁴⁴　　哪里 nɑ:⁴⁴　　（树）杈里 tsʰa:³²⁴ 树杈

场里 tsʰɑ:⁴⁴　厂里 tsʰɑ:³²⁴　炕里 kʰɑ:⁵³

梁里 liɑ:⁴⁴ 山梁　家里 tɕiɑ:⁴⁴ 家里

筐里 kʰuɑ:⁴⁴

胎里 tʰa:i⁴⁴　崖里 na:i⁴⁴　（麻）袋里 ta:i⁵³　这里 tsa:i³²⁴　那里 va:i⁴⁴

怀里 xua:i⁴⁴　窟里 kʰua:i⁴⁴⁴

街里 tɕiː⁴⁴ 街上

（竖）柜里 kue:i³²⁴

包里 pɑ:o⁴⁴　（半）道里 tɑ:o⁵³　套里 tʰɑ:o⁵³　（圪）崂里 lɑ:o⁴⁴ 角落 （马）槽里 tsʰɑ:o⁴⁴　壕里 xɑ:o⁴⁴　袄里 ŋɑ:o³²⁴

庙里 miɑ:o⁵³　窖里 tɕiɑ:o⁵³　窑里 iɑ:o⁴⁴

坡里 pʰɤ:ɯ⁴⁴　斗里 tɤ:ɯ³²⁴　（灰圪）窦里 tɤ:ɯ⁵³ 灶台里放煤灰的坑　河里 xɤ:ɯ⁴⁴　手里 sɤ:ɯ³²⁴　房里 fɤ:ɯ⁴⁴　窝里 vɤ:ɯ⁴⁴　（圪针）窝里 vɤ:ɯ⁴⁴ 荆棘丛里

沟里 kiɤ:ɯ⁴⁴

（耳）朵里 tuɤ:⁴⁴　锅里 kuɤ:⁴⁴　（灶）火里 xuɤ:³²⁴

碗里 væ:³²⁴　川里 pfʰæ:⁴⁴　（河）畔里 pæ:⁵³　（脑）畔里 pæ:⁵³ （灶火）畔里 pæ:⁵³ 灶台下面　山里 sæ:⁴⁴

眼里 ȵie³²⁴　（圪夹）间里 tɕie⁵³ 腋窝下

（饭）馆里 kuæ:³²⁴

（羊）圈里 tɕye:⁵³　院里 ye:⁵³

（里）盆里 pʰɤ̃:⁴⁴ 盛物器具　瓮里 vɤ̃:⁵³　（门）缝里 fɤ̃:⁵³　城里 tsʰɤ̃:⁴⁴ 坑里 kʰɤ̃:³²⁴

心里 ɕiɤ̃:⁴⁴

村里 tsʰuɤ̃:⁴⁴　（圪）洞里 tuɤ̃:⁵³　（烟）囱里 tʰuɤ̃:³²⁴　桶里 tʰuɤ̃:³²⁴ 笼里 luɤ̃:⁴⁴

云里 yɤ̃:⁴⁴

（水泛）钵里 pa:⁴⁴ 水冲就的坑

（杯）子里 tsa:i⁴⁴　（被）子里 tsa:i⁴⁴　（脖）子里 tsa:i⁴⁴　（鼻）子里 tsa:i⁴⁴　（茅）子里 tsa:i⁴⁴　（柜）子里 tsa:i⁴⁴　（匣）子里 tsa:i⁴⁴　（罐）子里 tsa:i⁴⁴　（缸）子里 tsa:i⁴⁴　（瓮）子里 tsa:i⁴⁴　（瓶）子里 tsa:i⁴⁴

可见，就语音形式而言，娄烦方言相当于普通话"在 N 里"的意义表达式是通过变化名词音节的韵母，使其主要元音变为一个长元音来表达，与娄烦方言儿化韵母在形式上完全相同。

里化变调与儿化变调一样，也只发生在阴平字后：

沙滩里 sɑ²⁴tʰæ:⁴⁴　　圪崂里 kəʔ³²⁴lɑ:o⁴⁴ 角落　　村里 tsʰuɣ̃:⁴⁴
家里 tɕiɑ:⁴⁴　　　　包里 pɑ:o⁴⁴　　　　　　场里 tsʰɑ:⁴⁴
山里 sæ:⁴⁴

阳平字"里化"后不变调，也可以看作变为 44 调，与阴平"里化"变调同：

崖里 nɑ:i⁴⁴　　　　哪里 lɑ:⁴⁴　　　　　　河里 xɣ:ɯ⁴⁴
梁里 liɑ:⁴⁴　　　　房里 fɣ:ɯ⁴⁴　　　　　怀里 xuɑ:i⁴⁴

上声、去声、阴入、阳入"里化"后不变调：

嘴里 tɕy:³²⁴　　　　手里 sɣ:ɯ³²⁴　　　　眼里 ȵiæ:³²⁴
碗里 væ:³²⁴（以上上声）

（圪）洞里 tuɣ̃:⁵³ 坑　　（水）道里 tɑ:o⁵³　　肚里 tu:⁵³
（以上去声）

（院）子里 tsa:i⁴⁴　　　窟里 kʰua:i⁴⁴　　　（水泛）钵里 pa:⁴⁴
（以上阴入）

（教）室里 tɕiɑo⁵³sa:i³²⁴　（茅）勺里 mɑo⁴⁴fa:i³²⁴　（烟）盒里 iæ²⁴xa:³²⁴
（以上阳入）

二　日化及其变调

娄烦方言表时间的"日"常常和它前面的单音节语素合音为新的语音形式，我们称之为"日化"。如果前面的单音节语素是舒声，则主要元音变为一个长元音；如果前面的单音节语素是入声，则喉塞尾消失，主要元音音质变化为长元音。例如：

四日 sɿ:⁵³　　　生日 sɿ:⁴⁴
五日 vu:³²⁴
夏日 xɑ:⁵³

两日 liɑ:³²⁴

夜日 iɿ:⁵³ 昨天

头日 tʰɤ:ɯ⁴⁴ 以前

后日 xiɤ:ɯ⁵³ 后天　　　九日 tɕiɤ:ɯ³²⁴　　　六日 liɤ:ɯ⁵³

三日 sæ:⁴⁴

前日 tɕʰie:⁴⁴ 前天

今日 tsỹ:⁴⁴

明日 miỹ:⁴⁴

冬日 tuỹ:⁴⁴ 冬天

八日 pɑ:⁴⁴

伏日 fa:i³²⁴ 伏天

十日 sa:i³²⁴　　二十日 ər⁵³sa:i³²⁴　　三十日 sæ²⁴sa:i³²⁴　　四十日 sʅ⁵³sa:i³²⁴
五十日 vu²⁴sa:i³²⁴　　六十日 liɤɯ⁵³sa:i³²⁴　　七十日 tɕʰiəʔ²sa:i³²⁴　　八十日 pɑʔ²sa:i³²⁴　　九十日 tɕiɤɯ²⁴sa:i³²⁴　　七日 tɕʰia:i⁴⁴　　一日 ia:i⁴⁴　　一百日 iəʔ²pia:i⁴⁴

娄烦方言的这种"日化"与儿化音变完全相同。

"日化"与儿化变调也完全相同，阴平字"日化"后变 44 调：

24+ 日 → 44：

今日 tsỹ:⁴⁴ 今天　　　生日 sʅ:⁴⁴　　　三日 sæ:⁴⁴

冬日 tuỹ:⁴⁴ 冬天

阳平字"日化"后仍读 44 调，也可以看作与阴平"日化"变调同：

明日 miỹ:⁴⁴ 明天　　　前日 tɕiæ:⁴⁴ 前天

上声、去声、阴入、阳入"日化"后不变调：

前几日 tɕʰiæ⁴⁴tɕi:³²⁴　　晌日 sɑ:o³²⁴（以上上声）

后日 xiɤ:ɯ⁵³　　　夜日 iɿ:⁵³ 昨天（以上去声）

一日 ia:i⁴⁴ 一整天　　　八日 pɑ:⁴⁴　　　七日 tɕʰia:i⁴⁴
（以上阴入）

伏日 fa:i³²⁴　　　十日 sa:i³²⁴（以上阳入）

三 对儿化形式的讨论

就存在方式而言,娄烦方言儿化韵较为隐蔽,表现在以下三个方面。

第一,对舒声韵母来说,每个基本韵母都有相应的儿化韵,其儿化和非儿化的区别仅仅在于,儿化韵只是把非儿化韵母的主要元音变为一个长元音,既没有增加元音音素,也没有减少元音音素。如下:ɿ:(>ɿ)、i:(>i)、u:(>u)、y:(>y)、ɑ:(>ɑ)、iɑ:(>iɑ)、uɑ:(>uɑ)、a:i(>ai)、ua:i(>uai)、iɪ:(>iɪ)、e:i(>ei)、ue:i(>uei)、ɑ:o(>ɑo)、iɑ:o(>iɑo)、ɤ:ɯ(>ɤɯ)、iɤ:ɯ(>iɤɯ)、uɤ:(>uɤ)、æ:(>æ)、ie:(>ie)、uæ:(>uæ)、ye:(>ye)、ỹ:(>ỹ)、iỹ:(>iỹ)、uỹ:(>uỹ)、yỹ:(>yỹ)。因为基本韵母与儿化韵母之间的区别仅仅是音长上的区别,而音长在方言中区别意义的功能非常有限,所以这种音变方式常常使人忽略基本韵母与儿化韵母的差别,从而造成人们对儿化韵母认知上的困难。

第二,对入声韵母来说,儿化后,喉塞尾消失,主要元音音质变化,并变为长元音,并且常常增加新的音素,使儿化韵母与基本韵母迥异,如下:a:(>aʔ)、a:i(>əʔ)、ia:i(>iəʔ、iɐʔ)、ua:i(>uaʔ、uəʔ)、ya:i(>yəʔ、yɐʔ)。在上述基本韵母与儿化韵母的关系中,除儿化韵 a: 与基本韵母 aʔ 还能较为明显地看到它们之间的关系,我们很难从其他儿化韵母的语音形式看到与其对应的基本韵母的影子,如 a:i 与 əʔ, ia:i 与 iəʔ、iɐʔ, ua:i 与 uaʔ、uəʔ, ya:i 与 yəʔ、yɐʔ。另外,入声韵母儿化以后进行了重新整合,下面是娄烦(城关)小片入声韵母系统:

| əʔ | iəʔ | uəʔ | yəʔ |
| aʔ | iɐʔ | uaʔ | yɐʔ |

该系统中,包括两套入声韵母,第一套 əʔ、iəʔ、uəʔ、yəʔ,第二套 aʔ、iɐʔ、uaʔ、yɐʔ,两套入声韵母四呼俱全。这两套韵母在儿化后进行了重新整合,结果如下:

a:i ia:i ua:i ya:i

这是一个完整的四呼齐全的儿化韵系统,其中儿化韵 a:i 来自基本入声韵母 əʔ,ia:i 来自 iɐʔ、iəʔ,ua:i 来自 uaʔ、uəʔ,ya:i 来自 yɐʔ、yəʔ。基本入声韵母 aʔ 的儿化韵母没有进入上述儿化韵系统。由于入声儿化韵与入声基本韵是两套相对独立的系统，并且在音质上有相当的距离，所以仅从独立的音质上很难判断入声儿化韵与入声基本韵母之间的相互关系。再者，入声韵母儿化后，与相关舒声韵母儿化的语音形式完全相同，如：a:i（>ai、əʔ）牌儿 pʰa:i⁴⁴ ‖ 钗儿 tsʰa:i⁴⁴ ‖（杨）木儿 ma:i⁴⁴；ua:i（>uaʔ、uəʔ、uai）鹿儿 lua:i⁴⁴ ‖ 谷儿 kua:i⁴⁴ ‖ 怀儿 hua:i⁴⁴。也就是说，上述入声儿化韵母与相关舒声儿化韵母合并，这也增加了识别入声儿化韵母的难度。

第三，娄烦方言的儿化一般只保留在固定的词语中，如："（柏）树儿 fu:⁵³"常常以儿化的形式出现，但"杨树、柳树、杏树、榆树"等则不可以儿化；"梨儿 le:i⁴⁴、杏儿 ɕia:⁵³、桃儿 tʰɑ:o⁴⁴、枣儿 tsɑ:o³²⁴"只能以儿化的形式出现，而"果子苹果、李子、核桃、葡萄"等则以非儿化的形式出现；"瓜儿 kuɑ:⁴⁴菜瓜的统称"是儿化，但"西瓜、甜瓜、南瓜、冬瓜、木瓜"等则不可以儿化；"鹿儿 lua:i⁴⁴"是儿化，但"猪、狗、牛、羊、狼"都不可以儿化。可见，从词的角度看，娄烦方言的儿化既不受词意义类别的限制，也不受构词规律的限制，常常表现为词语的个别行为，不具有类推性。

总之，娄烦方言舒声的儿化与非儿化只有音长与否的不同，两者距离很近；相反，入声的儿化与非儿化仅根据它们之间语音的相似性很难把它们联系起来，必须根据娄烦方言普遍意义上的儿化形式，再加上意义上的对等关系判断。另外儿化音变形式上常常与别的音变形式混同。就儿化词语而言，常常不受词意义类别的限制，也不受构词规律的限制，表现为词语的个别特征。尽管如此，我们仍然可以对娄烦方言的儿化做出准确的判断，理由有二。

第一，舒声韵母儿化与非儿化只有音长与否的区别，但还是有办法判定其是否儿化。娄烦方言部分地名中带"儿"字，在写法上，这样的"儿"字由于位于三字地名的中间，所以不会因为弱化、合音等因素而丢失，但在读音上，这样的"儿"并不是一个独立的音节，它常常"化"入前一音节，使前一音节读音发生相应变化，即前一音节的主要元音变为长元音。例如：

峁儿上 mɑ:o³²⁴sɑ⁵³ ‖ 庄儿上 pfv:ɯ⁴⁴sɑ⁵³ ‖ 窑儿上 iɑ:o⁴⁴sɑ⁵³ ‖ 鸦儿岩

ŋɑ:⁴⁴ie⁴⁴ ‖ 东儿沿 tuɤ̃:⁴⁴ie⁴⁴ ‖ 岔儿上 tsʰɑ:⁵³sɑ⁵³ ‖ 娄儿上 lɤ:ɯ⁴⁴sɑ⁵³

可见，娄烦方言上述部分地名中的"儿"尽管在写法上是独立的，但在实际读音中，已经"化"入前一个音节，这是一种比较典型的儿化。既然娄烦方言在地名中保留了儿化，那么与地名儿化有同样语音表现的诸如"疗儿 te:i⁴⁴、(莜麦)毛儿 mu:⁴⁴、(豆)牙儿 ȵiɑ:⁴⁴、猫儿 mɑ:o⁴⁴、(靠)边儿 pie:⁴⁴、葱儿 tsʰuɤ̃:⁴⁴"也应该属于儿化。

娄烦方言中，表方位的"里化"词中的"里"、表时间的"日化"词中的"日"，也通过合音的方式"化"入前一音节，与儿化完全相同，但由于"里""日"与儿化在意义上的区别性，我们还是容易把它们与真正的儿化分开。所以把诸如"疗儿 te:i⁴⁴、(莜麦)毛儿 mu:⁴⁴、(豆)牙儿 ȵiɑ:⁴⁴、猫儿 mɑ:o⁴⁴、(靠)边儿 pie:⁴⁴、葱儿 tsʰuɤ̃:⁴⁴"定性为儿化应该是合适的。

第二，对于入声韵母来说，尽管基本韵母与儿化韵母有较大的差别，但入声韵母儿化在形式上与舒声韵母儿化完全相同。娄烦方言有两套入声韵母，它们分别是 əʔ、ieʔ、uəʔ、yəʔ 和 aʔ、iɐʔ、uaʔ、yɐʔ，儿化以后，除 aʔ 韵母对应 a: 儿化韵，əʔ、ieʔ\ɐiʔ、uəʔ\uaʔ、yəʔ\yɐʔ 分别对应 a:i、ia:i、ua:i、ya:i 儿化韵。可见基本韵母与儿化韵母在对应上有较整齐的格局，这种整齐的对应格局对判断入声韵母儿化的性质提供了严格的系统支持。另外，尽管入声韵母儿化后与基本韵母的距离较大，但入声韵母儿化以后也是使韵母主要元音变为长元音，这与舒声韵母的儿化形式完全相同，所以，如果我们可以判定舒声韵母的儿化，自然也可以判定入声韵母的儿化。

总之，娄烦方言的儿化形式尽管隐蔽，但我们还是可以根据方言语音系统的对应规律，加上词语意义的限制加以甄别。

第五节　准词缀变调

娄烦方言的部分准词缀也变调，这些准词缀包括"俩、们、家、初"。

分别说明。

1. 准后缀"俩"变读为 45 调：

妯娌俩 pfəʔ⁴lei³²⁴lia⁴⁵　　姑嫂俩 ku²⁴sao³²⁴lia⁴⁵　　婆媳俩 pʰyɯ⁴⁴ɕiəʔ⁴lia⁴⁵
弟兄俩 tei⁵³ɕy³²⁴lia⁴⁵　　师徒俩 sʅ²⁴tʰu⁴⁴lia⁴⁵

2. 准后缀"们"变读为 53 调：

人们 zỹ⁴⁴mỹ⁵³　　　　　婆姨们 pʰe:i⁴⁴mỹ⁵³　　　妯娌们 pfəʔ⁴lei³²⁴mỹ⁵³
姑嫂们 ku²⁴sao³²⁴mỹ⁵³　师徒们 sʅ²⁴tʰu⁴⁴mỹ⁵³　　学生们 ɕiəʔ³²⁴sỹ²⁴mỹ⁵³

3. 准后缀"家"变读为 53 调：

舭婆家 tɕiæ³²⁴pʰyɯ⁵³xɑ⁵³　　舭爷家 tɕiæ³²⁴ie⁵³xɑ⁵³　　　我家 ŋɑ³²⁴xɑ⁵³
你家 n̩i²⁴xɑ⁵³　　　　　　　他家 tʰɑ²⁴xɑ⁵³

4. 准前缀"初"变读为 44 调：

初一 pfʰu⁴⁴iəʔ⁴ 农历一日　　　初二 pfʰu⁴⁴ər⁵³ 农历二日
初三 pfʰu⁴⁴sæ²⁴ 农历三日　　　初五 pfʰu⁴⁴vu³²⁴ 农历五日
初七 pfʰu⁴⁴tɕiəʔ⁴ 农历七日　　初十 pfʰu⁴⁴səʔ³²⁴ 农历十日

第六节　合　音

经常在一起使用的两个或两个以上的音节，由于组成这些音节的各个音素的相互影响，会使这些音节发生一系列变化；常见的有连读变调、变声、变韵等。在这些音变中，有相当部分是由于音素的某些语音特征游移、合并甚至脱落而产生的。娄烦方言里的合音现象就是如此，它是指两个或两个以上的音节在使用中发生合并，从而使原音节结构发生变化。由合音引起的音节结构的变化除了会使原音节的声、韵、调发生变化外，还会使音节所占有的时间长度发生一系列的变化。为了说明这个问题，我们使用了一个新概念：音节时值，简称音时，是指发一个标准音节所占有的时间长度，一般来说，一个音节占一个音时单位。当合音发生时，原有音节的两个或两个以上的音时单位也会做出相应的变化：有的保留原有的音时长度，只有声、韵、调发生相应变化；有的在声、韵、调变化的同时会有音时单位的合并，比如两个音时单位合并为一个音时单位。以上两种音节时值的变化可以代表合音发展的两个不同阶段：第一个阶段，合音中被合并音节的声、韵、调已经失去独立存在的价值，并入另一音节里，但音节时值仍然保留，使另一音节的元音变成长元音；第二个阶段，在第一阶段的基础上进一步合并，不仅声、韵、调完成了合并，音节时值也合并了，即由原来的两个音节时值单位合并为一个音节时值单位。

娄烦方言有比较丰富的合音现象，合音词在娄烦方言里使用频率极高。主要有儿化合音、里化合音、日化合音、数量结构合音、代词合音、动词合音等。

一　儿化合音

王福堂（2000）讨论儿化时把儿化分成三个发展阶段。我们现在讨论的娄烦（城关）小片的儿化合音应当属于第三个阶段。特点是：在语音的共时平面上，"儿"音节的声、韵、调已经全部脱落，只剩下一个音时单位的音节时值，并且游移到前一音节的主要元音上，使其元音长化，其声调按儿化变调规律变化，即阴平、阴入字儿化后变读为阳平，其他调不变。下面举例时，先写出儿化词，后面是它的儿化合音。

猫儿 mɑ:o⁴⁴	鸡儿 tɕi:⁴⁴	兔儿 tʰu:⁵³	（脑）畔儿 pæ:⁵³
牙儿 ȵia:⁴⁴	袄儿 ŋa:o³²⁴	裤儿 kʰu:⁵³	雀儿 ɕya:i⁴⁴
秤儿 tsʰɿ:⁵³	麻儿 ma:⁴⁴	花儿 xuɑ:⁴⁴	岔儿 tsʰa:⁵³ 岔口
桃儿 tʰɑ:o⁴⁴	杏儿 ɕia:⁵³	梨儿 le:i⁴⁴	牌儿 pʰa:i⁴⁴ 纸牌
孩儿 xi:⁴⁴	圈儿 tɕʰyæ:⁴⁴	歌儿 kɤ:ɯ⁴⁴	蛾儿 ŋɤ:ɯ⁴⁴
冬儿 tuɤ:²⁴ 冬季	夏儿 xɑ:⁵³ 夏季	瓜儿 kuɑ:⁴⁴	驴儿 lu:⁴⁴
鏊儿 ŋa:o⁵³	枣儿 tsɑ:o³²⁴	领儿 le:i³²⁴ 领口	锄儿 pfʰu:⁴⁴
蜂儿 fỹ:⁴⁴	葱儿 tsʰuỹ:⁴⁴	镜儿 tɕi:⁵³	楅儿 pa:i⁵³ 风箱
刀儿 tɑ:o⁴⁴	鱼儿 y:⁴⁴	弓儿 kuỹ:⁴⁴	蛆儿 tɕʰy:⁴⁴
崖儿 na:i⁴⁴	谷儿 kua:i⁴⁴ 谷子	和儿 xuɤ:⁴⁴ 烧制食品	方儿 fɤ:ɯ⁴⁴ 药方
豆芽儿 tɤɯ⁵³ȵia:⁴⁴	树叶儿 fu⁵³ia:i⁴⁴		后门儿 xiɤɯ⁵³mỹ:⁴⁴
麦穗儿 miəʔ²⁴ɕy:⁵³	肉丝儿 zɤɯ⁵³sɿ:⁴⁴		用劲儿 yỹ⁵³tɕiɤ̃:⁵³
别针儿 piə²⁴tsɤ̃:⁴⁴	丢盹儿 tiɤɯ²⁴tuỹ:³²⁴ 打盹		撩羹儿 liao⁴⁴kɤ̃:⁴⁴ 小勺子

面条儿 miæ⁵³tɕʰia:o⁴⁴　　圪坨儿 kəʔ³²⁴tʰuɣ:⁴⁴ 面食　　小偷儿 ɕiao³²⁴tʰɣ:ɯ⁴⁴
大个儿 tɤɯ⁵³kɣ:ɯ⁵³　　小车儿 ɕiao³²⁴tsʰɣ:ɯ⁴⁴　　葫芦儿 xuəʔ³²⁴lɣ:ɯ⁴⁴
被罩儿 pi⁵³tsɑ:o⁵³　　　床单儿 pfʰɣɯ⁴⁴tæ:⁴⁴　　　枕巾儿 tsɤ̃⁵³tɕiɣ:⁴⁴
床罩儿 pfʰɣɯ⁴⁴tsɑ:o⁵³　门槛儿 mɤ̃⁴⁴kʰæ:³²⁴　　　指头儿 tsəʔ²⁴tʰɣ:ɯ⁴⁴
茶壶儿 tsʰɑ⁴⁴xu:⁴⁴　　　靠边儿 kʰao⁵³piæ:⁴⁴　　 书包儿 fu²⁴pɑ:o⁴⁴
鞋底儿 xai⁴⁴te:i³²⁴　　　一些儿 iəʔ²⁴ɕie:⁴⁴ 少量　 鸡巴儿 tɕi²⁴pɑ:²⁴
半袖儿 pæ⁵³ɕiɣ:ɯ⁴⁴ 短袖衬衫　背心儿 pei⁵³ɕiɣ̃:⁴⁴　　　坎肩儿 kʰæ³²⁴tɕie:⁴⁴
垫毲儿 tiæ⁵³tua:i³²⁴ 尿布　　手巾儿 sɣɯ³²⁴tɕiɣ̃:⁴⁴　　手套儿 sɣɯ³²⁴tʰa:o⁵³
围巾儿 vei⁴⁴tɕiɣ̃:⁴⁴　　　灯树儿 tɣ̃²⁴fu:⁵³ 灯台

二　里化合音

里化合音是"n 里"结构；是"里"和它前面的单音节语素合音而成的合音词。在这种合音词里，"里"音节的声、韵、调已经全部脱落，只剩下一个音时单位的音节时值，并且游移到前一音节的主要元音上，使其元音长化，其声调按儿化变调规律变化，即阴平、阴入字变读为阳平，其他调不变。下面举例时，先写出该"里"字合音词所对应的语词，然后是它的里化合音。

地里 te:i⁵³　　　　　碗里 væ:³²⁴　　　　场里 tsʰɑ:⁴⁴ 打谷场里　手里 sɣ:ɯ³²⁴
锅里 kuɣ:⁴⁴　　　　　炕里 kʰɑ:⁵³　　　　街里 tɕie:⁴⁴　　　　茔里 y:⁴⁴ 坟地里
房里 fɣ:ɯ⁴⁴　　　　　嘴里 tɕy:³²⁴　　　　河里 xɣ:ɯ⁴⁴　　　　井里 tɕi:⁴⁴
肚里 tu:⁵³　　　　　　眼里 ȵiæ:³²⁴　　　　城里 tsʰɣ̃:⁴⁴　　　梁里 liɑ:⁴⁴
院里 yæ:⁵³　　　　　　沟里 kiɣ:ɯ⁴⁴　　　　村里 tsʰuɣ̃:⁴⁴　　　心里 ɕiɣ̃:⁴⁴
瓮里 vɣ̃:⁵³　　　　　　山里 sæ:⁴⁴　　　　　怀里 xua:i⁴⁴　　　 云里 yɣ̃:⁴⁴
家里 tɕiɑ:⁴⁴　　　　　盆里 pʰɣ̃:⁴⁴　　　　 桶里 tʰuɣ̃:³²⁴　　　窖里 tɕia:o⁵³
庙里 mia:o⁵³　　　　　川里 pfʰæ:⁴⁴
圪洞里 kəʔ³²⁴tuɣ̃:⁵³　　脑畔里 nao³²⁴pæ:⁵³　　圪崂里 kəʔ³²⁴lɑ:o⁴⁴ 角落
门缝里 mɤ̃⁴⁴fɣ̃:⁵³　　　烟囱里 iæ²⁴tʰuɣ̃:³²⁴　　灶火里 tsao⁵³xuɣ:³²⁴
耳朵里 ɣɯ³²⁴tuɣ:⁴⁴　　裤裆里 kʰu⁵³tɑ:⁴⁴　　　柳盆里 lei³²⁴pʰɣ̃:⁴⁴ 盛物器具
脖子里 paʔ³²⁴tsa:i⁴⁴　　鼻子里 piəʔ³²⁴tsa:i⁴⁴　茅子里 mɑo⁴⁴tsa:i⁴⁴

柜子里 kuei^{53}tsa:i^{44}　　匣子里 ɕiɑ^{24}tsa:i^{44}　　罐子里 kuæ^{53}tsa:i^{44}

缸子里 kɑ^{324}tsa:i^{44}　　瓮子里 vỹ^{53}tsa:i^{44}　　瓶子里 pʰi^{44}tsa:i^{44}

圪夹间里 kəʔ^{324}tɕiə^{24}tɕiæ:^{53} 腋窝下　　水泛钵里 fu^{324}fæ^{53} pɑ:^{44} 水冲就的坑

圪针窝里 kəʔ^{324}tsɣ̃^{24}vɤ:ɯ^{44} 荆棘丛里　　树圪杈里 fu^{53}kəʔ^{324}tsʰɑ:^{324} 树杈

灶火畔里 tsɑo^{53}xuɤ^{324}pæ:^{53} 台下面　　灰圪窦里 xuei^{24}kəʔ^{324}tɤ:ɯ^{53} 灶灰坑

三　日化合音

日化合音是"日"和它前面的单音节语素合音而成的合音词。在这种合音词里,"日"音节的声、韵、调已经全部脱落,只剩下一个音时单位的音节时值,并且游移到前一音节的主要元音上,使其元音长化,其声调也发生变化,即阴入字变读为阳平,阳入字读同上声,其他调不变。下面举例时,先写出该"日"字合音词所对应的语词,然后是它的日化合音。

前日 tɕʰiæ:^{44} 前天　　夜日 ie:^{53} 昨天　　今日 tsɣ̃:^{44}

明日 miỹ:^{44}　　后日 xiɤ:ɯ^{53} 后天　　生日 sɿ:^{44}

头日 tʰɤ:ɯ^{44} 以前　　一日 ia:i^{44}　　两日 liɑ:^{324}

三日 sæ:^{44}　　四日 sɿ:^{53}　　五日 vu:^{324}

六日 liɤ:ɯ^{53}　　七日 tɕʰia:i^{44}　　八日 pa:^{44}

九日 tɕiɤ:ɯ^{324}　　十日 sa:i^{324}　　百日 :i^{44} 第一百天的祭日

二十日 ər^{53}sa:i^{324}　　三十日 sæ^{24}sa:i^{324}　　四十日 sɿ^{53}sa:i^{324}

五十日 vu^{24}sa:i^{324}　　六十日 liɤɯ^{53}sa:i^{324}　　七十日 tɕʰiəʔ^{24}sa:i^{324}

八十日 pɑʔ^{24}sa:i^{324}　　九十日 tɕiɤɯ^{24}sa:i^{324}　　一百日 iəʔ^{4}pia:i^{44}

四　数量结构合音

从一到十的基数词、代词"这""那""哪",与量词"个"结合时,有不同的类型。下面"→"前的是原来的音节,"→"后的是音变情况。

一个　　iəʔ^{4}vai^{53}　　→ ia:i^{24}

两个　　liɑ^{324}vai^{53}　　→ liɑ:^{45}

三个　　sæ^{24}vai^{53}　　→ sæ:^{45}

四个	sʅ⁵³vai³²⁴	→ sʅ⁵³zai³²⁴
五个	vu³²⁴vai⁵³	→ vu³²⁴vai⁵³
六个	liɤɯ⁵³vai³²⁴	→ liɤɯ⁵³vai³²⁴
七个	tɕʰiəʔ⁴vai⁵³	→ tɕʰia:i²⁴
八个	paʔ⁴⁴vai⁵³	→ pɑ:⁴⁵
九个	tɕiɤɯ³²⁴vai⁵³	→ tɕiɤɯ³²⁴vai⁵³
十个	səʔ³²⁴vai⁵³	→ sa:i²⁴
这个	tsei²⁴vai⁵³	→ tɕia:i⁴⁵
那个	vei²⁴vai⁵³	→ via:i⁴⁵
哪个	lɑ³²⁴vai⁵³	→ lɑ:⁴⁵

以上情况可以分为四种类型。

（1）前声后韵结合型。特点是合音音节采用原第一音节的声母和后一音节的韵母结合而成，调值与阴平同。从合音音节时值的角度看，合音音节的主要元音长化，但短于原来两个音节的音节时值之和。包括：

一个	iəʔ⁴vai⁵³	→ ia:i²⁴
七个	tɕʰiəʔ⁴vai⁵³	→ tɕʰia:i²⁴
十个	səʔ³²⁴ vai⁵³	→ sa:i²⁴

可以看出，这一组原第一音节都是入声字，并且韵母的主要元音舌位都较高。合音以后为舒声，并且主要元音的舌位较低。

（2）后音节脱落型。特点是合音音节完全采用原第一音节的声韵，原第二个音节整个脱落，只剩下一个音时单位的音节时值，并且游移到前一音节的主要元音上，使其元音长化，其声调变为45调。包括：

两个	liɑ³²⁴vai⁵³	→ liɑ:⁴⁵
三个	sæ²⁴vai⁵³	→ sæ:⁴⁵
八个	paʔ⁴⁴vai⁵³	→ pɑ:⁴⁵
哪个	lɑ³²⁴vai⁵³	→ lɑ:⁴⁵

这一组原第一音节韵母的主要元音舌位都较低。

（3）后音节弱化型。特点是原第一个音节仍保留原来的声、韵、调；第二音节也基本上保留了原来的声韵，主要变化是声调弱化为轻声。包括：

| 四个 | sʅ⁵³vai³²⁴ | → sʅ⁵³zai³²⁴ |

五个　　vu^{324}vai^{53}　　　→ vu^{324}vai^{53}
六个　　liɣɯ^{53}vai^{324}　　→ liɣɯ^{53}vai^{324}

三个例子里，"四个"还发生了进一步的同化，由于第一音节韵母是一个舌尖前元音，使第二个音节的声母也前化为舌尖浊擦音 z；如果再进一步发展，有可能会出现 sʅai 这样一个合音音节。

（4）这一组包括"这个""那个"。

这个　　tsei^{24}vai^{53}　　→ tɕia:i^{45}
那个　　vei^{24}vai^{53}　　→ via:i^{45}

事实上，这是"这一个""那一个"三个音节的合音变化。如下。

tsei^{24}（iəʔ^{4}vai^{53}）　　→ tsei^{24}iai^{45}　　→ tɕia:i^{45}
vei^{24}（ieʔ^{4}vai^{53}）　　→ vei^{24}iai^{45}　　→ via:i^{45}

合音分两步：第一步"一"与"个"合音为 iai^{45}；第二步"这""那"分别与 iai^{45} 合音，产生 tɕia:i^{45}、via:i^{45} 两合音音节。通过比较可以看出，合音音节 tɕia:i^{45} 的舌面声母 tɕ 的产生时间应该与娄烦精组细音舌面化的时间层次相同。

五　动词重叠"V－V"中"一"的脱落

娄烦方言单音节动词基本上都可以重叠，重叠一般采取"V－V"的形式。在口语里，"一"音节的声、韵、调已经全部脱落，只剩下一个音时单位的音节时值，并且游移到前一音节的主要元音上，使其元音长化。原第一个音节舒声变调；入声舒化，阴入舒化读为阳平，阳入舒化读为上声。原第三个音节舒声一般轻声化，入声保留原调。下面"→"前的是原来的音节，"→"后的是合音。

猜一猜　　tsʰai^{324}iəʔ^{4}tsʰai^{324}　　→ tsʰa:i^{24}tsʰai^0
扶一扶　　fu^{44}iəʔ^{4}fu^{44}　　→ fu:^{44}fu^0
想一想　　ɕiɑ^{324}iəʔ^{4}ɕiɑ^{324}　　→ ɕiɑ:^{24}ɕiɑ^0
看一看　　kʰæ^{53}iəʔ^{4}kʰæ^{53}　　→ kʰæ:^{53}kʰæ^0
说一说　　faʔ^{4}iəʔ^{4}faʔ^4　　→ faʔ:^{4}faʔ^0
学一学　　ɕiəʔ^{324}iəʔ^{4}ɕiəʔ^{324}　　→ ɕiəʔ:^{24}ɕiəʔ^{324}

六 其他合音

	合音前	合音后
不要	pəʔ²⁴iɑo⁵³	→ piɑːo⁴⁵
不用	pəʔ²⁴yɣ⁵³	→ piɣː⁴⁵
人家（代词）	zɣ⁴⁴tɕiɑ²⁴	→ nɑː⁴⁴
去哇	kəʔ²⁴vɑ²⁴	→ kuɑː²⁴
晌午	sɑ²⁴vu³²⁴	→ sɑːo²⁴
怎么	zəʔ²⁴mɑ³²⁴	→ zɑː²⁴
的一个	təʔ²⁴iəʔ²⁴vai⁵³	→ tiɑːi⁴⁵

第四章　方言用字

　　方言用字是指产生时代较早或方言中独特使用的方言字，反映了不同时期的语音历史层次。在存在方式上，方言用字常常和语音系统中的白读音联系在一起，存在于一定的词语中。有的方言用字作为一个独立的词使用，有的只能作为语素与其他语素构成合成词。有的方言用字比较容易确定其形体，有的却有音无字，或至少现在我们还不知道它的本字，所以考本字就成为确定方言用字的一个必要步骤。一般来说，考本字是考证某个方言字在宋代以前文献中的字形、字义，这种研究是传统训诂学的一部分，在求证过程中往往较零散，缺乏系统性。如果能借鉴方言的研究方法和研究成果，特别是方言语音的研究，就可以对方言用字的字形、字义做出比较明确的判断。比如，娄烦方言在说一个人长得非常肥胖、臃肿时用 $\varçi^{44}$ 这个音来形容，但不知道本字是什么。在陕北晋语佳县话里把"肥肉"的"肥"读为 $\varçi^{44}$，通过比较，可以初步判断娄烦方言的 $\varçi^{44}$ 应该为"肥"字，因为意义有联系，声、韵、调也都对得上。再比如，娄烦方言说很浪费时用 $\varçi^{53}$ 这个音来形容，与上面"肥"读为 $\varçi^{44}$ 比较，这个字应该是"费"。还有"尾"读 i^{324}。以上三个词都是止摄合口三等非组字，音韵地位相同，有共同的语音表现，意义也对得上，所以可以确定地说，它们代表的是一个比较早的时间层次。

　　确定方言用字不是一件容易的事情，特别是对方言用字的断代困难仍然很大。"就多数词语来说，很难断然地确定它们产生的时代，语言的继承性表现在很多词语同用于几个时代，意义变化不大，只不过在使用频率或用法上有所不同而已。"（江蓝生 1997）这一判断同样适用于方言用字。我们还不能准确地对方言用字断代，只能大致地反映方言用字的历史层次。

本书方言用字指以下几类：普通话不用或少用，但在方言中使用的特殊用字；普通话使用，但方言中的意义或用法与普通话有区别。下面排列方言用字时以声母为序。

p

迸 pei⁵³　　裂开、断裂：墙上~开一道缝子；~裂子。《广韵》北诤切，去诤帮。《世说新语·方正》："桓（温）弯弹弹刘（惔）枕，丸迸碎床褥间。"

捌 piəʔ³²⁴　　使劲扭转使分开：把馒头~开。《集韵》蒲结切，入屑并，扭转。

擘 piəʔ²⁴　　折断：~断手指头。《广韵》麦韵博厄切："分擘"。

坌 pỹ⁵³　　眼睛里吹进尘土：把眼~哩。《说文·土部》："~：尘也。"段注"凡为细末糁物若被物者皆曰~。"《广韵》蒲闷切，去慁并："尘土"。

腹 pəʔ³²⁴　　腹部：~脐花儿蜀葵、肚~脐儿。《广韵》方六切，入屋非。

菢 pu⁵³　　鸡等孵卵：~蛋、~鸡娃子孵小鸡。《广韵》薄报切，去号并，鸟伏卵。

愊 piəʔ²⁴　　内心不痛快而又无法发泄：做甚甚不成，把人~闷的。《广韵》芳逼切，入职滂。

憋 piəʔ²⁴　　因吃太饱等而肚胀：吃得太多，把人~的；~气的，快通通气哇。《广韵》并列切，入薛帮。

枇 pi⁵³　　也作"篦"。~梳：密齿的梳子。《广韵》毗至切，去至并。《广雅·释器》"枇，栉也。"也作篦头。

滗 pi³²⁴　　挡住渣滓或泡着的东西，把液体倒出去：淘米时~住米，把水倒出去。《广韵》鄙密切，入质帮，"去滓。"

缏 piæ²⁴　　挽起并用针缝合：裤脚子太长，~一~。《广韵》房连切，平仙并，缝合。唐王建《宫词》："缏得红罗手帕子，中心细画一双蝉。"

焙 pei⁵³　　把谷子、豆子等在太阳底下晒干：豆子都~干哩；干~ ~地。《广韵》蒲味切，去队并，烤炙。唐皮日休《寄怀南阳润卿》"醉来浑忘移花处，病起空闻焙药香。"

醭 pəʔ³²⁴　　酒、醋等表面生的白霉：恶~气发霉。《广韵》普木切，入屋滂。

醭 pʰəʔ²⁴　　原指酒、醋等表面生的白霉，引申为倒霉：~霉子运气差；~霉气运气差；~撕气霉运；~运霉运。

煿 pəʔ²⁴　　煎炒或烤干食物：煳~气饭煳的味道、~上糊上。《集韵》伯各切，入铎帮。《齐民要术·作酢法》："有薄饼缘诸麦饼，但是烧煿者，皆得投之。"

摽 piɑo⁵³　　捆绑使连接：~在一起。《广韵》符少切，上小并。

锛 pɣ²⁴　　木工用具，削平木头的平头斧：~子；动词，~上两下。《馀文》博昆切。

驳 pɑʔ²⁴　　反驳或指责：~弹挑剔。《广韵》北角切，入觉帮，批驳。

箅 piəʔ³²⁴　　蒸锅中的笼屉：甑~子蒸笼。《广韵》博计切，去霁帮。

煏 piəʔ²⁴　　炙烤：离得火太近，把人~的。《集韵》弼力切，入职并，用火烘烤。

鞴 pai⁵³　　风箱：~儿；~杆；~拐子。《广韵》蒲拜切，去怪并，皮制鼓风囊。《五灯会元·圣贤》"铲鞴之所多钝铁，良医之门足病人。"

稗 pai⁵³　　植物，似稻谷，有害庄稼生长：~子草。《说文》"稗，禾别也，从禾，卑声。"《广韵》傍卦切，去卦并。

炮 pao⁵³　　一种烹调方法，在旺火上急炒：~豆子；~炒羊肉。《广韵》匹皃切，去效滂。

鞁 pi⁵³　　把鞍辔等套在骡马身上：~马。《广韵》坪祕切，去至并。

褙 piəʔ²⁴　　把布或纸一层层粘在一起：袼~子。《广韵》补妹切，去队帮。本为去声，方言读入声应该为语音弱化。

批 pi²⁴　　用手掌打：~头。《广韵》匹迷切，平齐滂。《左传·庄公二十年》："（宋万）遇仇牧于门，批而杀之。"

饽 pəʔ³²⁴　　擀面时用的干面：面~。《广韵》没韵蒲没切："饽，面饽。"

裱 piɑo³²⁴　　纸糊：~仰层；~窗子。《广韵》方庙切，去笑帮。

犦 pɑo⁴⁴　　拟声词，击中物体的声音。《广韵》蒲角切。

pʰ

谝 pʰiæ³²⁴　　炫耀：那人就是爱~，谁也不如他家。《广韵》符蹇切，上狝并。《说文》：谝，便巧言也。

抛 pʰɑo⁴⁴　　去掉：~转_{去掉}；~咾你，还有谁来嘞？《广韵》匹交切，平肴滂。

抛 pʰɑo⁵³　　滚、掉：荷好，小心~了。《广韵》匹皃切，去效滂。《后汉书·袁绍传》："操乃发石车击绍楼，皆破，军中呼霹雳车。"李贤注："即今之抛车也。抛音普孝反。"

胮 pʰɤɯ²⁴　　肿涨：脸~起来哩。《广韵》匹江切，平江滂。《齐民要术·种枣》"晒枣法：……择取红软者上高厨而暴之，择去胮烂者。"

囗扁 pʰiəʔ⁴　　吹牛，如，瞎~_{胡乱吹牛}；~客子_{说大话的人}。

瞟 pʰiɑo³²⁴　　偷看、斜视：~了一眼；~囗 miəʔ⁴_{斜视或从侧面提醒}。《广韵》敷沼切，上小滂。

棚 pʰei⁴⁴　　简易的棚子：毛~~小棚子。《广韵》薄庚切，平庚并。

脬 pʰɑo⁴⁴　　膀胱：尿~。《广韵》匹交切，平肴滂。

幡 pʰæ⁴⁴　　出殡时用，多用白纸剪成：引魂~。《广韵》孚袁切，平元敷。

潎 pʰiəʔ⁴　　在液体表面掠舀：~油水。《广韵》芳灭切，入薛滂。

片 pʰiæ⁵³　　把木头劈开或已经劈好的柴：~柴_{动词：劈柴}；~柴_{名词：劈好的柴}。《广韵》普面切，去霰滂。

破 pʰɤɯ⁵³　　拼，不顾惜：~命_{拼命}。《广韵》普过切，去过滂。《红楼梦》第六十五回："我说以破着没脸。人家才不敢欺负。"

頖 pʰæ⁵³　　涣散：寒零~：邋遢、涣散、不干净。《广韵》普半切，去换滂。

第四章 方言用字

襻 pʰæ⁵³　　系，缝，扣住：足~手~，~成你个老汉。《广韵》普患切，去谏滂。

喷 pʰỹ⁵³　　量词，指开花结果实、成熟收割或开宴席的次数：吃二~子席。《广韵》普闷切，去慁滂。

m

毛 mu⁴⁴　　细小、细微：~杏杏、~孩孩、~桃儿。《广韵》莫袍切，平豪明。

搣 maʔ²⁴　　摘掉：~帽子摘帽子。

弥 mi²⁴　　把衣服、纸等片状物不足的部分补足：袖子短哩，~上一圪截哇。《方言卷十三》："~：缝也。"《广韵》武移切，平支明。《易·系辞上》："故能弥纶天地之道。"孔颖达疏："弥谓弥缝补和。"

鞔 mæ⁴⁴　　在物体的外部包上一层布或皮：~鞋帮子；~鞋面；~鼓。《广韵》母官切，平桓明。张炳麟《新方言》六："今人谓以革补履头为鞔鞋。"

搫 mæ⁴⁴　　①用力往前扔：把石头~得远远的。②避开：~转他，不要让知道。《集韵》模元切，平元明："引也。"

蔓 mæ⁴⁴　　~菁。《广韵》母官切，平桓明。

慕 mu⁵³　　贪慕、认死理：~住；~牛头认死理的人。《广韵》莫故切，去暮明。《庄子·徐无鬼》："蚁慕羊肉，羊肉膻也。"

蒙 mei⁴⁴　　覆盖：藏~~捉迷藏；把眼~上把眼蒙上；~灰污蔑。《广韵》莫红切，平东明。根据方言语音演变规律，声母、声调都可以对得上，韵母对不上：方言白读 ei 韵母来源于梗开二帮组，如"棚""迸"，"蒙"属于通摄，不应该读 ei 韵母。

摸 mɔʔ³²⁴　　用手接触或抚摸：~捋你把筷子~上一下。《广韵》幕各切，入铎明。

墁 mæ⁵³　　用砖石铺地：~砖、~地。《广韵》莫半切，去换明。明方以智《物理小识·器用类》："铺烊炭，墁砖，永不潮湿，而虫蚁不来。"

毷 mɑo⁵³　　不经思考随便说或做：不知道情况，不敢~说；一句话不对就~了；~离急砍着急莽撞。《集韵》莫报切，去号明。

缅 miæ³²⁴　　卷：~裤脚子把裤腿多出的部分向上折起。《广韵》弥兖切，上弥明。《儿女英雄传》第四回："她先挽了挽袖子，把那佛青粗布衫子的衿子，往一旁一缅。"

哶 miɣ⁵³　　略微喝一点：~上一口；~壶儿。

䤨 mɑo³²⁴　　抵平：~账。

弥 mi⁵³　　吹~ ~吹柳梢儿。

眊 mɑo⁴⁴　　~眭望风，照看；~煞。

耱 myɯ⁵³　　①名词，用荆条等编成的平整土地的一种农具，功用与耙相似。②动词，用耱平整土地。

pf

噇 pfɣ³²⁴　　无节制地吃：不干活，就知道~。《集韵》傅江切，平江澄：食。

拽 pfai⁵³　　用力拉：你往前~，我后头掀。《封神演义》第十六回："一把拽住那人，就往河里跑。"

妯 pfəʔ⁴　　~娌：兄弟之妻的合称。《广韵》直六切，入屋澄。《广雅·释亲》："妯娌，先后也。"《清平山堂话本·快嘴李翠莲记》："妯娌和气，伯叔忻然。"

缀 pfu⁵³　　连缀：~扣子。《广韵》陟卫切，去祭知。

叕 pfəʔ⁴　　用拳头打：他~了我一捶头。《集韵》朱欲切，入烛章："击也。"

築 pfəʔ⁴　　塞，捣土使坚实：~紧；鼻子~得出不上气来。《广韵》侧六切，入屋庄。

pfʰ

揣 pfʰai³²⁴　　估量：摸~；~摸。《广韵》初委切，上纸初。《韩非子·八说》："尽思虑，揣得失，智者之所难也。"

碳 pfʰæ³²⁴　　摩擦致使破烂：手心~疱哩；~练锻炼，使增加能力：孩儿们总得~上一段才能行嘞。《广韵》初两切，上养初，瓦石洗物。

搐 pfʰəʔ²⁴　　抽动：豰~臀部着地向前移动；~溜附着在表面向下溜；入~：窝囊。《集韵》勅六切，入屋彻。

欻 pfʰɑ⁴⁴　　短促而迅速的声音：~地把水倒咯。

戳 pfʰaʔ²⁴　　以物体一端触刺：~子图章；~打摔打；~东拐西；~火恼怒；~擽暴打；~瞎眼哩。《海篇类编》侧鱼切。《宋史·刑法志三》："苏州民张朝之从兄以枪戳死朝父，逃去。"

床 pfʰɤɯ⁴⁴　　古代坐具：~~小板凳。《水经注·湘水》："(井)旁有一脚石床，才容一人坐。"

出 pfʰəʔ²⁴　　原指传奇中的一个段落，又指戏剧中的一个独立的段落或剧目：一~子戏。见《字汇补》。

鶨 pfʰæ⁵³　　鸟名，欺老。灰~儿；黑~儿。《广韵》丑恋切，去线彻。

杵 pfʰu³²⁴　　①名词，棒~、石~。②动词，用长形的东西戳或捅：用指头~他一下。《广韵》昌与切，上与昌。

绌 pfʰəʔ²⁴　　草草地缝：~几针。《广韵》术韵竹律切："缝也。"

v

揉 vɤɯ²⁴　　使弯曲：不要用劲，小心~断；把铁丝~回来；树圪枝~折哩；~曲使弯曲不舒服。《集韵》乌和切，平戈影："手萦也。"

挽 væ³²⁴　　把庄稼等从土里拔出来：~豆子；~莜麦；~草。《集韵》邬管切，上缓影："取也。"元张果宾《薛仁贵》四折："执荠挽菜，缝衣补纳，多亏你这柳氏浑家。"

擩 vu²⁴　　伸出来或探进去：把手~出来；~手；~出来；~拳摸圪都；~一槌；~嘴一天就是~吃，甚也不干。《广韵》儒佳切，平脂日。

搲 va²⁴　　用手抓：他~了我一把；~咯一把豆子；咬的，给我~一~。《集韵》乌瓦切，上马影："吴俗谓手爬物曰~。"元佚名《陈州粜米》第一折："父亲，他那边有搲了些米去了。"

瓾 va³²⁴　　用碗等工具取物：~米、~面。《说文·瓦部》徐铉等按音瓦。《西游记》第八十一回："我相你有些儿偷生抴熟，被公婆赶出来的。"

砓 vei⁴⁴　　磨（动词）：~磨；~面；圪~紧贴移动。《说文·石部》："~，礳也，石~也。"段注："礳今省作磨。"

蔓 væ⁵³　　原指藤蔓：山药~子、瓜儿~子，方言中泛指所有粮食作物的根茎部分，如玉茭子~子、稻黍~子。《广韵》无贩切，去愿微。

瓦 vɑ⁵³　　动词，铺瓦：用~刀~瓦。《广韵》五化切，去祃疑。《急就篇》卷三："榱橡欂栌瓦屋梁。"颜师古注："瓦屋，以瓦覆屋也。"

崴 vai³²⁴　　扭坏、扭伤：脚~了。《集韵》乌买切，上蟹影。

刓 væ²⁴　　剜刻，做衣服时裁剪成弧形或圆形：~领口；~袖子；~扣眼。《广韵》五丸切，平桓疑。《楚辞·九章·怀沙》："刓方以为圆兮，度常未替。"

绾 væ³²⁴　　盘绕打结：把头发~起来。《广韵》乌板切，上潸影。唐刘禹锡《杨柳枝词十三首》："长安陌上无穷树，唯有垂杨绾别离。"

挽 væ³²⁴　　拢取收好：把东西~绺好。《广韵》无远切，上阮微。

睕 væ²⁴　　原指深目貌，现指深看，表示不满：~了一眼。《集韵》乌九切，平桓影。

剜 væ²⁴　　挖：~我的心头肉；~地。《广韵》一丸切，平桓影。《尚书大传》卷二："望钓得玉璜，剜曰：'姬受命，吕佐检。'"唐聂夷中《咏田家》："医得眼前疮，剜却心头肉。"

鸦 vɑ²⁴　　黑老~乌鸦。《广韵》于加切，平麻影。

捂 vu²⁴　　遮盖或封闭：~住眼，不要看。《广韵》乌故切，去暮疑。《中国谚语资料》："挡住千人手，捂不住百人口。"

ts

蘸 tsæ⁵³　　拿物体放入液体中渗透后取出：~莜面；~笔；滚~亲密交往；又~在一起哩。《广韵》庄陷切，去陷庄。明徐渭《葡萄》："尚有旧时书秃笔，偶将蘸墨点葡萄。"

咂 tsaʔ²⁴　　吮吸：不~嘴；圪~。《龙龛手鉴》子答反。

摵 tsaʔ⁴　　拾取：~摞收拾、打扫；~锅室；~并合并；打~结束。《广韵》之石切，入昔章，"拾也。"《农桑辑要·原序》："删其繁重，摵其切要，篆成一书"。

掫 tsɤɯ²⁴　　双手端物：~碗。《广韵》侧九切，上有庄："持物相著。"

祇 tsəʔ⁴　　神~；拜神~。《广韵》旨夷切，平脂张。《说文》"祇，敬也，从示，氏声。"本为舒声，但方言为入声形式，可能为语音弱化所致。

搘 tsʅ²⁴　　支撑：~凳起。《洪武正韵》旨而切，支撑。唐李贺《春昼》："越妇搘机，吴蚕作茧。"

錾 tsæ⁵³　　凿子，或用凿子凿：石头不平整，~一下；~子。《集韵》在敢切，上敢从。

撙 tsuỹ²⁴　　裁剪使其变短：袖子太长，~上一些哇。《广韵》兹损切，上混精。《管子·五辅》："节饮食，撙衣服，泽财足用。"《儿女英雄传》第二十六回："腰里的带子，是我新近缝的，比去年撙进一寸多去了。"

螽 tsuỹ²⁴　　麦~蝗虫。《广韵》职戎切，平东章。《说文》："螽，蝗也。"

栽 tsai²⁴　　~绒毯子。《广韵》祖才切，平咍精。栽绒：把绒线织入以后割断剪平，绒都立着。

砧 tsɤ̃²⁴　　捣衣石：~子；~板；铁~。《广韵》知林切，平侵知。

睫 tsaʔ⁴　　眼~毛。《广韵》即叶切，入叶精。

痄 tsɑ⁵³　　~腮子腮腺炎。《广韵》侧下切，上马庄。

幛 tsɑ⁵³　　~子庆悼用布帛。

宅 tsaʔ⁴　　住宅：纸~；~基地。《广韵》场伯切，入陌澄。

焯 tsɑo⁵³　　把菜在开水中过水：把菜~一~。《广韵》之若切，入药昌。按照语音演变规律应为送气入声字，今方言音可能为入声舒化后与全清音合并所致。

炙 tsaʔ⁴　　火烤：离火远些，要不~得不行。《广韵》之石切，入昔章。《说文》："炙，炮肉也，从肉在火上。"《徐霞客游记·滇游日记十一》："急入其厨，索火炙衣。"

缯 tsɤ̃⁵³　　扎、绑：~辫子。《广韵》疾陵切，平蒸从；《集韵》咨腾切，平登精，皆无去声读音。缯原为名词，指丝织品总称，去声读音可能为名词动化所致。

奓 tsa⁵³　　张开高举：~起耳朵听；头发~起；你把胳膊~起要做甚嘞；~着胆子过河；生~不涝一般指小孩顽皮。《广韵》陟驾切，去祃知："张也，开也。"

照 tsɑo⁵³　　看顾、照管：~门；你~住，不要让人动。《广韵》之少切，去笑章。明汤显祖《牡丹亭·虏谍》："虽则是平分天道，高头偏俺照。"

劗 tsa⁵³　　垂直砍：~砍；~断。

蜇 tsaʔ²⁴　　昆虫叮人：蜂~人。《广韵》陟列切，入薛知。

蹅 tsa²⁴　　踩、踏：~在凳子上。《广韵》钼加切，平麻崇。全浊声母清化平声大多送气，个别不送气，"蹅"可能与此同。

挩 tsuei²⁴　　拉扯：~断；~片子。《广韵》情雪切，入薛从，"断物也"。金董解元《西厢记诸宫调》卷七："翻寻着吴越，把耳朵挩。"

拃 tsa³²⁴　　张开大拇指和食指两端之间的距离：一~。

栅 tsa⁵³　　动词，用荆棘、栅栏等挡住：~住。《广韵》所晏切，去谏生。

侧 tsəʔ²⁴　　斜着：~棱转身子。

栈 tsæ⁵³　　多加饲料精养：~羊；一天不干活，~得吃嗰？《广韵》士限切，上产崇。

趡 tsa⁵³　　大~：动词，飞跑。

遭 tsaʔ²⁴　　关系不好，合不来：~不得。

棹 tsɑo⁵³　　划（船）：~筏。《广韵》直教切，去效澄。

志 tsɿ⁵³　　原意准的，引申为称轻重：用秤~一~。《广韵》职吏切，去志章。《书·盘庚上》："予告汝于难，若射之有志。"

纣 tsyɯ⁵³　　驾车时系在牲口后的皮带。~棍子系在驴、马等尾巴下的横木。《广韵》除柳切，上有澄。《方言》卷九："车纣，自关而东，周、洛、韩、汝、颖二东谓之䋺，或谓之曲绹。或谓之曲纶，自关而西谓之纣。"

荮 tsyɯ⁵³　　量词，碗碟等用草绳束成一捆叫一荮：一~碗。《广韵》除柳切，上有澄。

甃 tsyɯ⁵³　　用砖石修砌井壁：~井。《广韵》侧救切，去宥庄。《易经》："井甃，无咎。"孔颖达疏："子夏曰'甃亦治也，以甎垒井，修井之坏，谓之为甃。'"

ts^h

豉 $ts^ha\text{ʔ}^{24}$　　碎成更小粒的豆子、玉米等：豆～～饭。《广韵》测戟切，陌韵："磨豆。"《集韵》测窄切："破豆也。"

襂 $ts^hɑo^{44}$　　形容词，衣服、被褥等脏：看你不小心的，把衣裳也闹～哩；失～_{脏的太厉害了，都洗不干净}。《集韵》财劳切，平豪清："一曰衣失浣。"

襂 $ts^hɑo^{53}$　　动词，弄脏：不要趴在地上，看把新衣裳都～哩。"襂"有平声切，方言中去声读音应该是动词化的结果。

撮 $ts^hua\text{ʔ}^{24}$　　簸箕取物：～上一簸箕煤。《广韵》仓括切，入末清："手取也。"

搋 ts^hai^{24}　　用拳头的拳面向下或向前使劲：～糕；～面；他～了我一槌头。《广韵》丑皆切，平皆彻："以拳加物。"《警世通言·万秀娘仇报山亭儿》："看布帘里面，约莫没有人，把那见儿钱怀中便搋。"

巉 $ts^hæ^{53}$　　有缺口的坑：不巉。《广韵》锄衔切，平衔崇。

皁 $ts^hɑo^{53}$　　①粉刷：～粉刷白墙用的粉；②拿土或干燥的粉末摊在地上去处理呕吐物、油渍等黏稠物：吐咾一地，荷上些干土～一～。《广韵》昨早切，去皓从。

鸱 $ts^h\text{ɿ}^{24}$　　猫头鹰一类的鸟：半～；饿老～_{老鹰}。《广韵》处脂切，平旨昌。

礤 $ts^ha\text{ʔ}^{24}$　　磨：～子；山药～子；凉菜～子；磨～子；磨～～。《广韵》七曷切，入曷清。

眵 $ts^h\text{ɿ}^{24}$　　眼屎：脓叨～。《广韵》叱支切，平支昌。唐韩愈《短灯檠歌》："夜书细字缀语言，两目眵昏头雪白。"

毢 ts^hai^{44}　　胡须：胡～。《集韵》桑才切，平哈心。明汤显祖《牡丹亭·冥判》："铁丝儿糅定赤支毢。"

氅 ts^ha^{53}　　原指用羽毛制成的外衣，现指一般的大衣：棉大～。《广韵》昌两切，上养昌。

镲 tsʰɑ⁵³　　一种打击乐器：~儿；拍~儿。

瞅 tsʰɣɯ³²⁴　　定睛看：~眼翻白眼，表示不满；圪~用力看。

抻 tsʰɤ̃²⁴　　用力向两头拉：~开。《集韵》痴邻切。

诧 tsʰɑ⁵³　　惊奇：稀~稀罕；恶~非常凶狠。《广韵》丑亚切，去祃彻。

崭 tsʰæ³²⁴　　特别：~新；出~新。《集韵》士灭切，上赚崇。

䂮 tsʰɤ̃³²⁴　　粮食里面的尘土等异物：米里有~哩；挂面里有~嘞；《广韵》初朕切，上寝初。

绰 tsʰɑʔ²⁴　　多出来的：~号；~~有余。《广韵》昌约切，入药昌。

𩣡 tsʰæ³²⁴　　①驴马不鞴鞍：~脊梁马。②仅仅，只：~你一个人可做不完。③后缀：光~~的，甚也没啦。《集韵》严韵楚限切："徒骑也。"

碴 tsʰɑ²⁴　　①名词，小碎块：玻璃~儿。又指物体上的破口：碗上的破~儿。②动词，皮肉被碎片擦破：油糕皮~了喉咙。

掺 tsʰæ²⁴　　把一种东西混合到另一种东西中去：面糊太稠，再~进些水。《集韵》仓含切，平咸生。

氽 tsʰuæ²⁴　　~壶：烧开水用的薄铁或铜小圆桶，插入炉火能很快把水烧开。

揣 tsʰuæ²⁴　　~掇：怂恿，唆使人去干某事。

䂳 tsʰæ⁵³　　碾米或洗衣服的次数：碾咯一~；洗咯一~。《集韵》谏韵初谏切："米一舂。"

s

溨 sɑo⁵³　　①下小雨：圪~的来哩，快走哇。②轻轻地给地上洒水：地干得不行哩，~上些水；凉~~地。《广韵》所教切，去效生："豕食，又雨溅也。"集韵同："水激也。"

挼 suɤ̃⁵³　　原意为推，引申为推送，传播：~丑子；乱~怂恿。《集韵》董韵损动切："推也。"

梢 sɑo²⁴　　树枝末端：柳~；杨~。《说文·木部》："梢，木也。"《广韵》所交切、平肴生。

梢 sɑo⁵³　　砍伐枝叶：~谷儿；~穗子。《集韵》所教切，去效生。

《宋史·河渠志一》："凡伐芦荻谓之芟，伐山木榆柳枝叶谓之梢。"

傱 suỹ²⁴　　无能：~包。《方言卷三》："庸谓之傱，转语也。"郭璞注："傱，犹保傱也，今陇右人名㜸为傱。"戴震疏证："㜸，即古嬾字。"《广韵》息恭切，平钟心："傱恭，怯貌。"《集韵》思恭切。

窚 sæ⁴⁴　　①居住：他在静乐~的嘞。②闲居在家：~下没事干。《说文·穴部》："窚，屋所容受也。"《广韵》是征切，平清禅。

射 səʔ³²⁴　　突然向上或向前冲：前头是崖，不要往前~；从里头~出去。《广韵》食亦切，入昔船。

笙 sʅ²⁴　　微小：一圪~~很少的一点。《方言》卷二："笙，细也。自关而西，秦晋之间，凡细貌谓之笙。"《广韵》所庚切，平庚生。《伍子胥变文》："一寸之草。岂合量天；一笙毫毛，拟拒炉炭。"

烧 sɑo⁵³　　出霞云：早~早霞；晚~晚霞。《广韵》失照切，去笑书，野火。

霎 saʔ²⁴　　极短时间：刚睡咾一~~，到觉来哩？《广韵》山洽切，入洽生。

沙 sɑ⁵³　　挑拣或摇动颗粒状物体使杂质浮于表层以利清除：你看哪个好，自己~一个；~箩子。《广韵》所加切，平麻生。方言为去声，应该为动词化所致。

骟 sæ⁵³　　阉割雄性动物：~猪；~蛋。《篇海类编》式战切。

嗉 syɯ⁵³　　鸟类喉下盛食物的囊：鸡~子；酒~子较小的酒壶。《广韵》桑故切，去暮心。

赤 səʔ²⁴　　裸体：~不条；~脚。《广韵》昌石切，入昔昌。唐韩愈《山石诗》："当流赤足踏涧石，水声激激风吹衣。"

㩃 sʅ²⁴　　饭馊了：~气饭；醭~气。

绱 sɑ⁵³　　~鞋把鞋帮鞋底缝合成鞋。

瘆 sỹ²⁴　　冷颤：凉圪~；打凉圪~；圪~人。《广韵》疏锦切，上寝生。

搧 sæ²⁴　　扇动：~扇子；~凉风。《集韵》尸连切，平仙书。

嗾 sɑo⁵³　　口里发出声音唆使狗咬人：~狗；忽~怂恿。《广韵》苏后切，上厚心。《说文》："嗾，使犬声。"

厮 səʔ³²⁴　　~跟相跟。《广韵》息移切,平支心。方言中入声形式当为语音弱化所致。

糁 sʅ²⁴　　碎小颗粒:饭圪~。《说文·米部》:"糂,以米和羹也;一曰粒也。糁,古文糂,从参。"《集韵》桑感切:"说文,一曰粒也。"

苫 sæ⁵³　　遮盖:桌子上~上块红布;~枕头。《广韵》舒赡切,去艳书。

煽 sæ²⁴　　扇火:~火;~骗。《广韵》式连切,平仙书。

酥 sɣɯ²⁴　　松脆:月饼可~嘞。《广韵》素姑切,平模心。

爽 sɒ³²⁴　　清爽:离~。《广韵》疏两切,上养生。

睄 sɒo⁵³　　快速看:~上一眼。《集韵》所教切,去效生。

觫 suəʔ²⁴　　觳~因惶恐或其他原因引起的身体不自主的发抖。《集韵》苏谷切,入屋心。《孟子·梁惠王上》:"吾不忍其觳觫,若无罪而就死地。"

臊 sao²⁴　　像尿或狐狸的气味:尿~气;狐~味。

索 saʔ⁴　　①名词,绳索。②动词,勒紧,扣紧,捆紧。~驮子捆紧骡马等驮运的庄稼等货物。

筛 sai²⁴　　①敲击:~锣。金董解元《西厢记诸宫调》卷三:"步兵卒子小喽啰,擂狼皮鼓,筛动金锣。"②斟酒或将酒弄热:~酒。《红楼梦》第六十三回:"两个老婆子蹲在外面火盆上筛酒。"《广韵》疏夷切,平脂生。

缩 suei²⁴　　被人整怕了或打怕了,一见对方就胆战心惊:他被人家打~了。也说"~头"。《广韵》所六切,入屋生。

蟮 sæ⁵³　　蚰~:蚯蚓。《集韵》上演切,上弥禅。《玉篇·虫部》:"蟮,曲蟮也。"

縗 suei²⁴　　古丧服,披于胸前:遮头~女儿的公婆去世后娘家配送给女儿哭丧遮脸用的丝绸或棉布。《广韵》仓回切,平灰清。

颣 sæ⁵³　　摇头的样子,引申为病重时动作艰难的样子:圪~~地。《广韵》苏绀切,去勘心。

第四章 方言用字

z

秴 zæ⁵³　　麦~：细碎麦秸，可用于和泥。

穰 zɑ⁴⁴　　禾黍脱粒后的茎穗。糜~；麦~麦粒皮。《广韵》汝阳切，平样日。《说文》："穰，黍裂已治者，从禾，襄声。"

纫 zʅ̃⁵³　　引线穿针：~线；~针。《广韵》女邻切，平真娘。

詀 zæ⁴⁴　　多语：忔~反复说无关紧要的话；~儿~儿地，不知道说了些甚。

t

嗒 tɑ⁴⁴　　拟声词，吆喝牲口向前的短促的声音。

敁 tiæ²⁴　　称量：~敪今作"掂掇"，估计重量，引申为考虑斟酌。《广韵》丁兼切，平添端。

敪 tuaʔ³²⁴　　估计轻重：敁~；叨~找机会。《广韵》丁括切，入末端："敪：度知轻重也。"

搨 taʔ⁴⁴　　把被子、毯子盖在身上或把衣服等披在身上：凉嘞，再~上一个被子哇。《广韵》都合切，入合端："横~小被。"《集韵》德合切，入合端："被横谓之搨，一曰衣敝。"

羝 tei³²⁴　　公羊：忔~。《广韵》都奚切，平齐端。《说文》："羝，牡羊也。"

𡱖 tuəʔ⁴　　臀部：~蛋；锅~底。《广韵》丁木切，入屋端："尾下窍也。"《集韵》都木切，入屋端："博雅：臀也。"

𢪱 tuəʔ⁴　　用指头或棍子轻点：他~了我一指头。《说文·殳部》："𢪱，椎击也。"

突 tuəʔ³²⁴　　烟囱：烟~。《广韵》陀骨切，入没定。《韩非子·喻老》："千丈之堤以蝼蚁之穴溃，百尺之室以突隙之烟焚。"

撴 tuʅ̃²⁴　　重重地往下放：~在地上；~机子。刘流《烈火金刚》第九回："说着把他那支老套筒子枪在地上一撴。"

驮 tɤɯ⁵³　　笼~；~子。《广韵》唐佐切，去箇定。

薡 tiɑo⁵³　　蕨类植物：灰~。《广韵》徒吊切，去啸定。

墪 tuỹ²⁴　　用木头桩或土、石头垒成基础：圪~子；椅~子。《广韵》都昆切，平魂端。

悼 tiɑo⁵³　　开~；~孝。《广韵》徒到切，去号定。

掇 tuaʔ²⁴　　拾取：~伺细心照料；~弄。《广韵》丁括切，入末端。

趸 tuỹ³²⁴　　整批进货：~上些货慢慢卖哇。《字汇补》东本切。

戥 tỹ³²⁴　　①小型的秤：~子。②比较两物的大小：买衣裳时要和旧衣裳~一下；~上鞋样子做；~当比照。

扚 tao²⁴　　用尖指甲猛抓：~了一个血印子；~握乱拿。

浑 tuỹ³²⁴　　在水中乱搅，使水浑浊：忽~；~套乱搞、胡弄：~下一屁股饥荒~乱子闯祸；~饥荒欠债。

蹾 tuỹ²⁴　　垂直下摔：从车上跳下来把腿~断了。

叨 tao²⁴　　喘气急促的样子：~气。

谛 tei⁵³　　反应明白：~懂。《广韵》都计切，去霁端，"审也"。

拓 tʰaʔ²⁴　　热敷或冷敷。

哚 tiəʔ²⁴　　猛吃：又~咾一碗。《广韵》徒结切，入屑定。

敨 tʏɯ³²⁴　　把包着的东西展开：~开。《集韵》他口切，上厚透。

扽 tỹ⁵³　　两头一起用力拉使平整：圪~。《广韵》都困切，去恩端。

敦 tuỹ²⁴　　敦厚：厚~地。《广韵》都昆切，平魂端。

繵 tæ²⁴　　绳索：~□sæ⁵³由三股或四股细绳拧成的绳子。《广韵》唐干切，平寒定。《集韵·寒韵》："繵，绳也。"

吊 tiɑo⁵³　　把毛皮衣服加丝绸或棉布面子或里子：~面子皮袄。

碓 tuei⁵³　　古代舂米用的石臼：三九四九，冻烂~臼。

蹹 tuæ⁵³　　快速地追赶：~狼。《广韵》吐缓切，上缓透。《说文》："蹹，践处也。"

垛 tuỹ⁵³　　①动词，整齐地堆放：将柴禾~起来。②名词，整齐码放好的堆：砖~。③量词，一~砖。

t^h

貒 $t^huæ^{24}$　　~子：猪獾。《方言》卷八："貒，关西谓之貒。"《尔雅·释兽》："貒子貗。"郭璞注："貒，豚也，一名獾。"《广韵》他端切，平桓端："似豚而肥。"

煺 t^huei^{53}　　用热水除去猪、禽类的毛：~猪毛。《广韵》他回切灰韵："焞毛。出字林。"《集韵》通回切，灰韵："以汤除毛，或从推。"以上广韵、集韵都不是去声，只有字汇为去声。《敦煌变文集》卷一《王昭君变文》作"退"："醖五百瓮酒，杀十万口羊，退犊焞驼。"可见唐五代西北方言中读去声。

洮 $t^hɑo^{44}$　　洗米。《广韵》徒刀切，平豪透："清汰也。"《集韵》徒刀切："盥也。一说淅也。"

澾 $t^hɑʔ^{44}$　　水分太多而使衣物弄湿：出水（汗）出得把衣裳都~湿哩。《玉篇·水部》："澾，他盍切，湿也。"

𨧀 $t^huəʔ^{4}$　　变钝：铅笔写~哩，再削一削。《集韵》陀没切，入没透："博雅：钝也。"

炵 $t^hỹ^{24}$　　把已经蒸熟的食物再热一下：把馒头再~一下。《集韵》他东切，平东透："以火暖物。"按《集韵》音应当读合口呼，但今方言普遍读开口呼。

甋 $t^huỹ^{324}$　　半圆筒形的瓦：~瓦。《广韵》徒红切，平东定：甋瓦。

摶 $t^huæ^{44}$　　捏聚成团：~弄。《广韵》度官切，平桓定。

绦 $t^hɑo^{44}$　　~疙瘩 中式纽扣。

謄 $t^hỹ^{44}$　　抄写：~抄。《广韵》徒登切，平登定。《说文》："謄，迻书也，从言，朕声。"

砣 $t^huɤ^{44}$　　类似轱辘的圆形扁平物体：棋~ ~棋子；擦~ 黑板擦。《集韵》徒禾切，平戈定。

鎝 $t^hɑʔ^{4}$　　套：把水笔帽~上。《广韵》他合切，入合透：器物鎝头也。

趿 $t^həʔ^{4}$　　穿鞋时把后跟踩在脚底下：~拉鞋；~拉钻。《广韵》苏合切，入合心。唐杜甫《短歌行赠王郎司直》："西得诸侯棹锦水，欲向何门跂珠履。"

𨱥 $t^hu\mathrm{ə}\mathrm{ʔ}^{4}$　　钝：磨~。《广韵》陀骨切，入没定。《五灯会元·青原行思禅师》："吾有个𨱥斧子，与汝住山。"

筃 $t^hɯ^{44}$　　藤条等编成的器具：篓~用灌木条编就的放物品的圆的器具，上面有四条较粗的灌木条交叉插在一起供手提。《方言》卷五："饲马橐，自关而西谓之淹囊，或谓之淹筃，或谓之筃。"

褟 $t^ha\mathrm{ʔ}^{4}$　　贴身衬衣、简易帽：汗~儿；凉~儿。

䅟 $t^hɑo^{53}$　　~黍：高粱。《集韵》皓韵土皓切："关西呼蜀黍曰䅟。"

鼟 $t^hɤ^{44}$　　拟声词，形容鼓声。

矱 $t^hua\mathrm{ʔ}^{4}$　　（分量）少、短：~了五斤。《广韵》术韵竹律切："短貌。"《玉篇·矢部》："矱，短也。"

裞 $t^huɤ^{53}$　　脱去，脱下来。例：把袖套~下来。马~开了缰绳。

n（n_z、ȵ）

衲 $na\mathrm{ʔ}^{4}$　　用麻线缝鞋底或鞋帮，针脚密度非常大：~鞋底。《广韵》奴答切，平合泥："补~，袂也。"

茶 ȵie^{44}　　反应迟钝缓慢：~处处地。《广韵》如列切，入屑泥："疲役貌。"

攮 na^{324}　　（用刀）刺、戳：~子匕首。《字汇》乃当切。

齉 na^{53}　　鼻子不通气发音不清：~鼻子；

䭆 na^{53}　　软黏：绵~~地太软没有筋骨。《集韵》马韵乃嫁切："䭆，黏也。"

繷 na^{324}　　多：可~嘞。《广韵》女容切，平钟你。《方言》卷十："𩞁、繷，多也。南楚凡大而多谓之𩞁，或谓之繷。"

碾 n_zæ^{324}　　滚压：~子；~钱钱。《广韵》女箭切，去线泥。

黏 n_zæ^{44}　　~糊糊；~洞地；~牙；~糊不擦。《广韵》女廉切，平盐娘。

淊 n_zæ^{53}　　陷入泥泞：车~在泥里了。

蔫 ȵiæ^{44}　　植物因失去水分萎缩或人精神萎靡：死~；圪~人可怜而

不值得同情。《广韵》于乾切，平仙影。

淖 nɑo⁵³　　①泥沼，深泥，烂泥：~泥滩。②陷于泥中：~住了。

酽 n̠iæ⁵³　　浓，味厚：这碗茶太~。

瘏 nɑo⁵³　　药物中毒：~死哩；~老鼠药。《说文》："朝鲜谓药毒谓瘏。"《方言》卷三："凡饮药、傅药而毒……北燕、朝鲜之间谓之瘏。"《广韵》郎到切，去号来。"瘏"与"闹"声母发音部位同，受其牵引与"闹"同音。

l

剺 lei³²⁴　　用刀划开：把猪肚子~开。《广韵》里之切，上之来："剥也。"《说文·刀部》："剺，剥也，划也。"

敹 liɑo⁴⁴　　简单粗略的缝：裤角子扯烂哩，给咱~上几针。《书·费誓》郑玄注："敹，谓穿彻之。"《五方元音》平䕫来："敹，今谓粗略治衣曰敹一针。"

瞭 liɑo⁵³　　看望：多时不见，~你来哩；~人；~孩儿；~火照看火。《广韵》卢鸟切，去筱来："目睛明也。"

秵 livɯ²⁴　　谷物等不种自生，引申为不成熟或半路出家：~生莜麦；~生木匠。《广韵》力举切，上语来："自生稻也。"

挒 liəʔ²⁴　　扭伤、扭痛，扭转：脖子~着哩；~转脑走哩；~干。《广韵》练结切，入宵来："拗~。"

圙 luæ⁴⁴　　①团住，引申为说话声音高而不清楚：把面~住；~儿~地说的些甚嘞，一句也听不下。《集韵》卢丸切，平桓来："圙也。"

捋 luəʔ²⁴　　顺着枝条采树叶或花：~榆钱钱。《广韵》郎括切，入末来："手捋也，取也，摩也。"《集韵》龙辍切，入薛来："捋，采也。"《说文·手部》："捋，易取也。"

笼 luɣ³²⁴　　藤条编成的器具：~驮。《广韵》力董切，上董来。

耧 lyɯ⁴⁴　　松土：~谷儿锄去谷子地里的杂草并给谷株培土。《广韵》朗口切，上厚来。

落 lɑo⁵³　　~窝鸡正在孵蛋的母鸡。

淋 liɤ⁵³　　过滤：~醋；~子；头~子；二~子。《集韵》力鸠切，去沁来。

爁 læ⁴⁴　　用油热：~调和；~葱花。《广韵》庐含切，平覃来：热也，爇也。

馏 liɤɯ⁵³　　熟食再次蒸：~馍馍。《广韵》力救切，去宥来。《世说新语·夙惠》："（陈）太丘问：'炊何不馏?'"

摞 luɤ⁵³　　重叠放置：~拍；~纳；一~书。《广韵》鲁过切，去过来。

燎 liɑo³²⁴　　焚烧：火~；~坡坡。《广韵》力小切，上小来。

哩 liæ⁴⁴　　不断繁杂说话的声音：~儿~地说咾一晌午。《广韵》落贤切，平先来。哩 liæ⁵³方言中为去声，应该为动词化所致，表示说话繁杂：翻~；~上没完。

蹓 liɤɯ⁵³　　~嘴胡乱说。

憭 liɑo⁴⁴　　精明：兀个人可~嘞。《广韵》落萧切，平萧来。《说文》："憭，慧也。"

离 lei⁵³　　不黏连，界限分明：~核子桃；皮不~马虎拖拉，不干不净；稀~粥等稠稀正好；~爽利索。《广韵》吕支切，平支来。方言去声可能为动词化所致。

摝 lyɯ⁵³　　放、搁：摭~。《广韵》鲁过切，去过来。

塄 lɤ⁴⁴：　　田边或地边的坡坎：地~。

棱 lɤ⁴⁴　　物体上不同方向的连接部分或物体表面条状凸起来的部分：见~见角。搓板~。

睖 lɤ⁴⁴　　瞪、怒视：~了一眼。《广韵》丑升切，平蒸彻。

愣 lɤ⁵³　　①失神，发呆：发~。②不灵活：~头~脑。

犁 lei⁴⁴　　黑里带黄的颜色：~牛。

撩 liɑo⁴⁴　　①提，掀起：把帘子~起来。②用手洒水：~了他一身水；扫地以前先~点水。③挑逗：~拨。~逗人。

第四章　方言用字

tɕ

衿 tɕiỹ24　　系（腰带、鞋带等）：~鞋带；~裤带。《说文·系部》："衿，衣系也。"段注："联合衣襟之带也，……凡结带皆曰衿。……今人衿紟不别。居音切，又巨禁切。"《礼记·内则》："衿缨，綦履，以适父母舅姑之所。"郑玄注："衿，犹结也。"《广韵》巨禁切。

挶 tɕyʔ44　　①用两手来捧：~起。②量词：一~土。《说文》作"匊"："在手曰匊。"《经典释文》："两手曰匊"。《集韵》居六切，入屋见："说文：在手曰匊，或从手。"

譥 tɕiɑ53　　强辩：~上没完。《集韵》其两切，上养群："词不屈也。"

姐 tɕiæ324　　~婆外祖母；~爷外祖父。《说文·女部》："姐，蜀人谓母曰姐。"段注："方言也，其字当蜀人所制。"《广雅·释亲》："姐，母也。"

甑 tɕi53　　蒸饭用的器具：~箅子；笼~子。《说文·瓦部》："甑，甗也。"段注："按甑所以炊蒸米为饭者。……子盈切。"

虹 tɕiɑ53　　彩虹：放~出彩虹。《广韵》户公切，平东匣。

墼 tɕiəʔ4　　土与草秸和泥制成的土坯：捣~。《广韵》古历切，入锡见。

菅 tɕiæ24　　青~菅草。《广韵》古颜切，平删见。

羯 tɕiəʔ4　　阉割过的公羊：~羊；~子。《广韵》居竭切，入月见。《广雅·释兽》："羠羊割曰羯。"

噍 tɕiɑo53　　反刍：倒~。《广韵》才笑切，去笑从。《荀子·荣辱》："亦呥呥而噍，乡乡而饱矣。"

橛 tɕyəʔ4　　短木桩：木~子。《集韵》居月切，入月见。

妗 tɕiỹ53　　舅母：~子。《集韵》巨禁切，去沁群。

悸 tɕi53　　担心：疑~担心、关心；急~。《广韵》其季切，去至群。

就 tɕiɯ53　　菜肴等配着主食吃：喝酒~凉菜。陆机《毛诗草木鸟兽虫鱼疏》："……可糁蒸为茹，又可用苦酒淹以就酒。"

蹴 tɕiɯ24　　蹲：圪~。

耩 tɕiɑ324　　①用铁铲铲并举起：~土；~粪。②耕；~地，方言中读为平调，与古音不合，疑为变调。《广韵》古项切，上讲见。

糨 tɕiɑ⁵³　　出~子熬制糨子。

唪 tɕyæ³²⁴　　骂：~人。

噘 tɕyəʔ³²⁴　　大骂：日~。

㹇 tɕy⁵³　　一~牛。

倢 tɕiəʔ⁴　　敏捷：~溜形容动作敏捷利索。《广韵》疾叶切，入叶从。

㩇 tɕiæ⁵³　　①斜着支撑，用柱子支撑倾斜了的房屋：把房墙~住。②杠杆橇：用棍棒~起来。挑~子。《篇海类编》作甸切。

酵 tɕiɑo⁵³　　①发酵，利用微生物的作用使有机物起泡沫变酸，方言将含酵母菌的面团叫"~子"。②走~和尚：不守戒律奸淫妇女的和尚。

掬 tɕyəʔ⁴　　①动词，用两手捧起：以手~水。②量词，指两手相合所捧的量：一~土。③把~：抱住幼童帮其大小便。《集韵》屋韵居六切。《经典释文》："两手曰掬。"

桊 tɕyæ³²⁴　　同棬，穿在牛鼻上的小铁环或小棍儿：牛鼻~儿。《集韵》古卷切，去线见。

馂 tɕyỹ⁵³　　~肉：猪皮、猪骨头熬制汤汁后凝成的胶体。

tɕʰ

粜 tɕʰiɑo⁵³　　卖粮食。《说文·出部》："糶，出谷也。"《广韵》他吊切，去啸透："糶，卖米也。粜，俗。"

怵 tɕʰiɣɯ⁴⁴　　窝囊、没出息：~势；~摊场。《广韵》去秋切，平尤溪："戾也"。

搯 tɕʰiɑ⁵³　　两手紧紧按住不让动：~住不要叫动。又作"抲"。《集韵》麻韵："丘加切：抲，扼也。或作搯。"孙锦标《通俗常言疏证》："《通俗编》：骼，枯驾切。《五灯会元》：金山颖偈，有劝人放开骼蛇手句。按《玉篇》本训为腰骨，与捕捉略无关系。此但以同音借之不顾义理。《集韵》自有搯字，训持也，音与骼同。"可见，古代"搯"也有去声一读。

蹻 tɕʰiɑo²⁴　　抬腿迈过（门槛或沟渠）：从门上（门槛上）~过去。《说文·足部》："蹻，举足行高也。"《素问·针解》："巨虚者蹻足。"《汉书·高帝纪》："亡可蹻足待也。"《广韵》去遥切，平宵溪："举足高。"《集韵》宵韵作"蹺":"举趾谓之蹺。或作蹻。"

屈 tɕʰyəʔ⁴　　鞋小而使脚不舒服:鞋~得人。《集韵》渠勿切,入声迄韵:"博雅:短也。"

芡 tɕʰiæ⁵³　　淀粉:打~;勾~。《说文·艸部》:"芡,鸡头也。"《方言》:"芡,南楚谓之鸡头。"《广韵》巨险切。芡实可以磨淀粉,所以引申表示淀粉。

稀 tɕʰi²⁴　　浓度小,水分高:~离指粥等稠稀正好。《广韵》香衣切,平微晓。

揿 tɕʰiɤ⁵³　　用手按:用手~住。《老残游记》:"腾姑将小铃取出,左手揿了四个,右手揿了三个。"

劁 tɕʰiɑo²⁴　　割:~猪。《广韵》昨焦切,平宵从。

鹐 tɕʰiæ²⁴　　鸟啄物:鸡~咾一口。《广韵》苦咸切,平咸溪。唐章孝标《鹰》:"可惜忍饥寒日暮,向人鹐断碧丝绦。"

戗 tɕʰiɑ²⁴　　逆:~脸风。

戗 tɕʰiɑ⁵³　　支撑物:窗~;

呛 tɕʰiɑ⁵³　　~棒子。

戕 tɕʰiɑ²⁴　　直~~地。

覰 tɕʰyəʔ⁴　　把眼睛眯成一条缝儿看:近~眼近视眼。《正字通》七虑切。《红楼梦》第四十回:"刘姥姥也覰着眼看,口里不住地念佛。"

覰 tɕʰy⁵³　　看、瞧:不搁~看不上眼。《广韵》七虑切,去御清。

搓 tɕʰie²⁴　　圪~~;~绳绳。《广韵》七何切,平歌清。

碹 tɕʰyæ⁵³　　①桥梁、涵洞等工程建筑的弧形部分。②用砖、石等筑成弧形。

绡 tɕʰiɑo²⁴　　把布帛的边儿向里面卷起,然后缝合:~边。《广韵》去遥切,平宵溪。

缉 tɕʰiəʔ⁴　　缝衣:~鞋口子。《广韵》七入切,入缉清。《礼仪·丧服》:"齐者何?缉也。"贾公彦疏:"缉则今人谓之为缏也。"

罄 tɕʰiɤ⁵³　　尽:~等着;~伺随时准备招待;~应等待照顾;~短就差。《广韵》苦定切,去径溪。《尔雅·释诂下》:"罄,尽也。"

揩 tɕʰie²⁴　　抹:~桌子;~干净。《广韵》口皆切,平皆溪。

跄 tɕʰiɑ²⁴　　跌倒：~倒。《广韵》七羊切，平阳清。

谨 tɕiỹ³²⁴　　慎重：勤~勤快。《广韵》居隐切，上隐见。

黢 tɕʰyə∫²⁴　　黑：~黑黑；~绿绿。《广韵》仓聿切，入术清。

伙 tɕʰiæ³²⁴　　~不上：等不及。

纤 tɕʰiæ⁵³　　~杆：勾在犁引头上连接犁与绳索的横杆。

炝 tɕʰiɑ²⁴　　把菜肴放在沸水或热油中稍煮一下即取出，加作料拌：~葱花。

胠 tɕʰy⁵³　　胳膊向里屈回的凹处：胳膊~。

焌 tɕʰyə∫²⁴　　用不带火苗的火烧烫：手划破了，点团棉花~一~。

梃 tɕʰiỹ³²⁴　　杀猪后在猪腿上割一小口，用铁棍插入割口贴着皮下往里捅，梃出空隙后往里吹气使鼓胀，便于煺毛。梃猪时用的铁棍叫梃杖。

锹 tɕʰiæ²⁴　　一种掘土或铲东西的工具，铁制或木制，柄较长：铁~，木~。

䇂 tɕʰie⁵³　　使斜：~坡坡、把身子~一~。《广韵》祃韵迁谢切："斜逆也。"

ɕ

旋 ɕyæ⁵³　　①同时：~吃~做。②用车床或刀子转着圈地削制：用车床~零件。用刀子~苹果。

徇 ɕyỹ⁵³　　紧紧地跟着：一天~在屁股后头，一步也不离开。《广韵》许运切，去问晓："以身从物。"

谖 ɕyæ²⁴　　无中生有、夸张：兀人说话不实在，~塌天哩；嚷~到处传播。《广韵》况袁切，平元晓。《说文·言部》："谖，诈也。"《汉书·息夫躬传》："虚造诈谖之策。"

灺 ɕie⁵³　　火熄灭：火~哩。《广韵》徐野切，上马邪："烛烬。"引申为熄灭。《说文·火部》："灺，烛烬也。从火，也声。"宋袁吉华《思佳客·王宰席上赠歌姬》："银烛~，玉山颓。"

趑 ɕyə∫³²⁴　　来回走：~摸。《集韵》似绝切，入薛邪。元王实甫《西厢记》第四本第四折："下下高高，道路曲折，四野来风，左右乱趑。"

饧 ɕi⁴⁴　　　　糖~。

揳 ɕiəʔ²⁴　　　把楔子、钉子~进去；~了一拳。《箍筋韵会举要》奚结切。

茦 ɕyəʔ³²⁴　　~筛儿筛子。

䧿 ɕyəʔ³²⁴　　鸦~子喜鹊。《广韵》七雀切，入药清。

楔 ɕiəʔ²⁴　　　木~子上平厚下扁锐的木块，用以填塞榫眼空隙，使之固定。《广韵》先结切，入屑心。《淮南子·主术》："大者以为舟航柱梁，小者以为楫楔。"

囟 ɕiỹ⁵³　　　头顶部前方正中位置：~门子。《广韵》息晋切，去震心。

擤 ɕi³²⁴　　　捏住一个鼻孔，另一个鼻孔用力出气，以排除鼻涕：~鼻子。《改拼四声海篇·手部》："擤，以手捻鼻，俗擤脓也。"

楦 ɕyæ⁵³　　　做鞋的模型：鞋~子；~起来。《广韵》呼愿切，去愿晓。唐佚名《玉泉子真录》："初制巾首，辄先斫木为模，所谓其楦者。"

熻 tɕʰiəʔ³　　东西湿了以后慢慢吸收水分变干：刚下雨，路上的水还没有~咾。《广韵》去急切，入缉溪。

挻 ɕyæ²⁴　　　用手推：~开门；我在前面拉，你在后面~。《广韵》徐缘切，平仙心。《敦煌变文集·燕子赋》："男儿丈夫，事有错误，脊背挻破，更何怕惧。"

悻 ɕiỹ⁵³　　　恼恨：恼~~地。《广韵》下耿切，上耿匣。《孟子·公孙丑上》："谏于君而不受，则怒，悻悻然见于面。"

塞 ɕiəʔ²⁴　　　瓶~子。

肥 ɕi⁴　　　　衣裳太~大；外人长得~外外地。

镡 ɕiỹ⁵³　　　~镰刀片较薄，并能折回的镰刀。《广韵》徐林切，平侵邪。

㩪 ɕiəʔ²⁴　　　打：~你两搥。

k

佮 kaʔ⁴⁴　　　合得来：两人脾气不对，~不在一搭儿。《广韵》古合切，入合见："并佮，聚。"

棘 kəʔ²⁴　　　~针：荆棘。《方言》卷三："凡草木刺人，……江湘之间谓之棘。"《广韵》纪力切。陕北神木方言文读 tɕiəʔ²⁴，娄烦方言仍保留舌根音，未腭化。

箍 ku⁴⁴　　围束器物的圈儿：针~儿。《广韵》古胡切，平模见。

绲 kuɤ³²⁴　　镶边：~边。《广韵》古本切，上混见。张炳鳞《新方言·释器》："凡织带皆可以为衣服缘边，故今称缘边为边绲。"

雊 kyɯ⁵³　　打嗝：打圪漏。圪漏，"雊"的分音。《广韵》古侯切，去侯见：雉鸣打嗝

啯 ku²⁴　　强迫：~住做了一会儿。《广韵》公户切，上姥见。

聒 kuaʔ⁴　　声音嘈杂：~儿~地说咾一后晌。《广韵》古活切，入末见。

踻 kuaʔ⁴　　乱跑：不知道~到哪哩。

逛 kɑ⁵³　　到处跑：在哪~咪？《广韵》俱往切，上养见。

钢 kɑ⁵³　　①把刀在布、皮、石或缸沿下磨擦几下使其锋利。②为钝刀回火加钢，使锋利：这把刀该~了。《集韵》居浪切，去宕见。

k^h

栲 kʰəʔ²⁴　　~栳给牛添草料的大筐。《敦煌变文集》卷二《韩擒虎话本》："官健唱诺，改换衣装，作一百姓装裹，担得一~馒头，"《广韵》苦浩切，上皓溪："栲，屈竹木为器。"

窠 kʰəʔ²⁴　　孔穴：~梁钵胸腔和腹腔。《广韵》苦禾切，平戈溪。平声韵，方言入声应该为弱化所致。

合 kʰaʔ⁴　　计量单位，十合为一升：一~子米。《广韵》古沓切，入合见。松苏轼《书东皋传》："子饮酒终日，不过五合。"

酷 kʰuɤ⁵³　　骄傲：~气。《广韵》苦沃切，入沃溪。

科 kʰuɤ²⁴　　修剪：~树。《广韵》苦禾切，平戈溪。《太平广记》卷五十一引张读《宣室志·侯道华》："道华执斧，科古松枝垂且尽，如削。"

勘 kʰæ³²⁴　　训斥：训~。《广韵》苦绀切，去勘溪。《隋书·薛道衡传》："付执法者勘之。"

炕 kʰɑ⁵³　　用温火焙干：把黍子铺开~干。《广韵》苦浪切，去宕溪。唐孔颖达疏："炕，举也，谓一物贯之而举于火上以炙之。"

尅 $k^hə?^{24}$　　克制：那女的命不好，~人嘞。《广韵》苦得切，入德溪。

袈 k^huei^{53}　　用绳子、带子栓成的结：猪蹄~形状像猪蹄一样的结。《广韵》丘愧切，去至溪。《玉篇·衣部》："袈，纽也。"

横 $k^huɣ^{24}$　　木器上的横档木：窗~子。

锢 k^hu^{53}　　封闭：~镰；锨~子。《广韵》古暮切，去暮见。

铿 $k^hɣ̃^{44}$　　拟声词：咳嗽得~儿~地。《广韵》口茎切，平耕溪。《论语·先进》："鼓瑟希，铿耳，舍瑟而作。"

搕 $k^ha?^{24}$　　敲击：~烟袋。《集韵》克盍切，入盍溪。

膏 k^hao^{53}　　上油润滑：~油。《广韵》古到切，去号见。唐韩愈《送李愿归盘谷记》："膏吾车兮秣吾马，从子于盘兮终吾生以徜徉。"

掯 $k^hɣ̃^{53}$　　强迫，压迫，刁难：~住。打~人。宋朱熹《延和奏劄三》："然计户部漕司所催，必是掯定支遣之事，有不得而已者。"

ŋ

揞 $ŋæ^{24}$　　小坑点种：~瓜点豆。

啽 $ŋæ^{324}$　　手持粉状的食品进食：~炒面。《广韵》乌感切，上感影："手进食也。"

揞 $ŋæ^{324}$　　又作罯。蒙住、遮住：阳婆太晃哩，把眼~住。《说文·网部》："罯，覆也。"《方言》卷六："揞，藏也。荆楚曰藏。"《集韵》苦浩切，皓韵："手覆。"

㷱 $ŋao^{44}$　　在锅里煮：~水；~饭。《广韵》乌到切，平号疑："㷱釜，以水添釜。"

鸦 $ŋa^{44}$　　乌鸦：~鹊子喜鹊；白下~白头翁。《广韵》于加切，平麻影。

瓯 $ŋiɯ^{24}$　　~子小而浅的碗。《广韵》乌侯切，平侯影。五代李煜《渔父》："花满渚，酒满瓯。"

硪 $ŋɯ^{44}$　　打夯工具：石~儿；捣~儿。《广韵》五何切，平歌疑。

鏊 $ŋao^{53}$　　烙饼用的平底锅：~儿。《广韵》五到切，去号疑。

沤 ŋiɤɯ⁵³　　长期浸水使腐烂：~皮子；~烂。《广韵》乌候切，去候影。

拗 ŋɑo³²⁴　　用力弯曲致使折断：把棍子~断。《广韵》于绞切，上巧影。

讹 ŋɤɯ⁴⁴　　讹诈：~人。《广韵》五禾切，平戈疑。《红楼梦》第四十八回："讹他拖欠官银，拿他到了衙门里去。"

怄 ŋiɤɯ⁵³　　使生气：~气。《红楼梦》第二十回："你只怨人行动嗔怪你，你再不知道你怄得人难受。"

熰 ŋiɤɯ³²⁴　　太热以至于煳了，引申为人品差：火太大，~锅上哩；~人。《广韵》乌候切，平侯影。

屙 ŋɤɯ²⁴　　排泄大便：~脓下蛋撒泼；~屎。《玉篇》乌何切。

靿 ŋɑo⁵³　　鞋袜的筒：高~鞋；袜~子。《广韵》于教切，去效影。

揞 ŋaʔ⁴　　用灰烬掩盖火：把火~住。《集韵》遏合切，入合影。《太平广记》卷四百六十七引《广古今五行记》："又析肌刳脏，焚揞充膳。"

x

懈 xai⁵³　　松懈：松~~地；饭太稠，倒些水~开。《广韵》古碍切，去卦见。

解 xai⁵³　　了解、懂得：~下。《广韵》胡买切，上蟹匣："晓也。"

荒 xuɤ⁵³　　土地荒芜：~地荒芜的土地。《广韵》呼浪切，去宕晓："草多貌。"

攉 xuaʔ⁴　　用工具把堆积的东西拨开：~开。《广韵》虚郭切，入铎晓。

瘊 xiɤɯ⁴⁴　　较小的疣子：~子。《广韵》户钩切，平侯匣。

涎 xæ⁴⁴　　口水：~水。《广韵》夕连切，平仙邪。《新书·匈奴》："得赐者之喜也……国闻之者，见之者，垂涎而相告。"

荷 xɤɯ⁵³　　扛、担：太重，~不动。《广韵》胡可切，上哿匣。汉张衡《东京赋》："荷天下之重任。"

膏 xɑo⁵³　　蘸墨汁使润滑：~墨。《广韵》古到切，去号见。元冯维敏《不伏老》："题纸散下来了。俺子索磨得墨浓，膏的笔饱。"

咸 xæ⁴⁴　　~盐。《广韵》户谗切，平咸匣。

黏 xu⁵³　　黏：饭熬~哩。《集韵》胡故切，去暮匣。《正字通》："黏，俗黏字。"

觳 xuə?³²⁴　　~觫因惶恐或其他原因引起的身体不自主的发抖。《广韵》胡谷切，入屋匣。

溃 xuei⁵³　　伤口或疮溃烂：~脓。流脓~水。

劐 xua?³²⁴　　用刀尖插入物体然后顺势拉开：用剪子把布一~两开。

∅

窅 iɑo³²⁴　　眼睛眍进去：眼深~~的。

约 iɑo²⁴　　~预：估计。

莠 iɤɯ⁵³　　狗尾草：谷~子。《广韵》与久切，上有以："草也。"《说文·艸部》："莠，禾粟下生莠。"《孟子·尽心下》："恶莠，恐其乱苗也。"

茔 y⁴⁴　　坟地：~儿。《广韵》余倾切，平清以。

䮄 iæ²⁴　　独~牛能单独拉犁耕地的壮年牛。《广韵》雨元切，平元云。

鹞 iɑo⁵³　　鹞鹰：~子；呱呱~。《广韵》弋照切，去效以。

窨 iẽ⁵³　　地窨：地~子。《广韵》于禁切，去沁影。

舁 y²⁴　　抬、举起：~轿的。《广韵》以诸切，平鱼以。《三国志·魏志·华歆传》："时华歆亦以高年疾病，朝见皆使载舆车，虎贲舁上殿就坐。"

黡 iæ³²⁴　　黑痣：~子。《广韵》于琰切，上琰影。

缘 iæ⁴⁴　　缘分：对~法。《广韵》与专切，平仙以。

贇 yẽ⁴⁴　　舒服美好：过的可~嘞。《广韵》于伦切，平真影。

䌖 iẽ³²⁴　　缝衣：~被子。《广韵》于谨切，上隐影。《广雅·释诂二》："䌖，䋥也。"《集韵》："缝衣曰䌖。"

荫 iẽ⁵³　　因不见阳光而又凉又潮：凉~~地；~着哩。《广韵》于禁切，去沁影。《吕氏春秋·先己》："松柏成而涂之人荫矣。"

溋 iɤ²⁴　　液体渗透或扩散。《广韵》于真切，平真影。《物类相感志·文房》："绢布上写字，用姜汁末及粉，则不溋开。"同"洇"。

衍 iæ³²⁴　　液体因晃动儿洒出来：桶里的水～出来了；圪衍。《广韵》以浅切，上弥以。《文选·上林赋》："东注太湖，衍溢陂地。"张铣注："衍，亦溢也。"

臆 i⁵³　　主观想象：不打～想没有想到。《广韵》于力切，入职影。

尾 i³²⁴　　～巴；马～罗筛；三～儿（雌蟋蟀）。

第五章 同音字汇

（1）本字汇以静游小片语音为准。

（2）本字汇先按韵母分部，韵母的次第如下：ɿ ər i u y ə ɐ ia uɑ ai uai ie ei uei ɑo iɑo yɯ iyɯ uɤ æ iæ uæ yæ ɤ̃ iɤ̃ uɤ̃ yɤ̃ əʔ iəʔ uəʔ yəʔ aʔ uaʔ。

（3）本字汇同韵母的字按声母顺序排列，声母的次第如下：p pʰ m pf pfʰ f v t tʰ n l ts tsʰ s z tɕ tɕʰ n̠ ɕ k kʰ ŋ x ø。

（4）本字汇声调的次第如下：阴平 24、阳平 44、上声 324、去声 53、阴入 ʔ4、阳入 ʔ324。

（5）字下面画单线"—"的表示白读；写不出本字的用"□"表示；注文中的"～"代表所注的字，例如：钉~子；只列单字音；特殊读音下加"·"。

ɿ

ts [24] 知蜘支肢枝资姿咨□~黄黄：非常黄 蒸~点心 滋兹辎睁~眼 争~气 正~月 揸支撑：~凳起 [44] 吱拟声词 [324] 紫纸姊旨指子籽梓之芝止址脂整~~地一百块钱 [53] 滞制智自雉稚至致字痔置治志痣正~好志原意准的，引申为称轻重：用秤~一~

tsʰ [24] 辞词持鸱猫头鹰一类的鸟：半~。饿老~ 眵眼屎：脓叨~ [44] 弛差参~慈磁瓷迟痴池 [324] 雌疵此侈耻齿指六~~；抓~~ [53] 刺赐翅次秤伺~候

s [24] 撕斯厮施师狮尸司丝私诗 生老~~：家里最小的孩子 升~子：量具 声~音 笙微小：一圪~~ 㶽饭馊了：~气饭 酸~气 [44] 思祠晋~始时绳~子 [324]

死屎使史驶 [53] 世势誓逝豕是氏四肆矢示视嗜似祀巳寺嗣饲士仕柿事市恃试侍剩匙

z [24] 扔 [44] □车辆等快速驶过的声音

ɚ

ø [44] 儿 [324] 耳尔而饵 [53] 二贰

i

p [24] 彼鄙屄批用手掌打：~头 [44] □拟声词，汽车喇叭声 [324] 比滓挡住渣滓或泡着的东西，把液体倒出去秕饼柿~子 [53] 蔽敝币弊毙莲闭病陛臂被~子避备蓖鞴~马

p^h [24] 批坯土~子彼 [44] 皮瓶平~地□慢性子披疲□圪~：躲避琵坪痱 [324] 脾 [53] 屁譬

m [24] 弥把衣服、纸等片状物不足的部分补足：袖子短哩，~上一圪截哇 [44] 迷谜糜~子眉明 [324] 米 [53] 命寐圪~：小睡狝吹~~：吹柳梢儿

tɕ [24] 鸡稽菁蔓~精明饥肌基机讥睛眼~ [324] 挤井几己 [53] 祭际穄~子济计继镜净寄技妓冀纪记忌甑~算子：小的蒸笼既悸急~：担心

$tɕ^h$ [24] 听~不下清~米汤青~草稀浓度小，水分高：离 [44] 梯题提蹄啼妻齐脐晴~开哩：天晴了畦企奇骑歧祁欺杞其棋期旗 [324] 体启起 [53] 替涕剃屉砌契器弃气

ȵ [44] 泥尼 [324] 你 [53] 腻拟

ɕ [24] 西犀星~宿牺稀腥羊~味 [44] 溪兮奚携畦徙肥衣裳太~大；~崴崴地：臃肿、笨拙的样子饧糖~ [324] 洗玺喜熙希擤捏住一个鼻孔，另一个鼻孔用力出气，以排除鼻涕：~鼻子嬉醒~得~不得，懂不懂 [53] 细系戏费~鞋

x [44] 孩

ø [24] 宜谊移伊夷疑医衣依应答~赢 [44] 蝇~子姨 [324] 影~住蚁椅嘤~嚷嚷以尾~巴 [53] 艺缢翳~子：目疾映仪义议易肄意异毅亿翼忆映~镜易液腋臆主观想象：不打~想：没有想到

第五章 同音字汇

u

p [44] □拟声词，类似放屁的声音 [324] 补捕堡 [53] 布怖部簿步抱菢~鸡娃

pʰ [24] 铺~盖□~次：零碎布头 [44] 蒲菩脯 [324] 谱普浦 [53] 铺店~

m [44] 模摹谋毛细小、细微：~杏杏、~孩孩、~桃儿 [324] 母亩某牡拇 [53] 幕暮墓募牧睦慕贪慕、认死理：~住；牛头；羨~

pf [24] 猪珠诸诛朱蛛株硃 [44] 锥~儿 [324] 主煮 [53] 著柱助蛀铸注驻炷火~缀扣子；耳~子

pfʰ [24] 初吹输~钱 [44] 厨除锄杵石~ [324] 楚储础处相~拄杵用长形的东西戳或捅：用指头~他一下 [53] 处到~

f [24] 梳疏书舒夫麸辅枢输殊 [44] 跗脚面：~高、~低敷抚扶芙谁浮 [324] 褚蔬暑鼠黍署薯肤府腑俯甫斧腐数动词水否 [53] 付赋傅赴讣符父附数名词竖树睡富副妇负

v [24] 吴蜈吾梧汝儒乳污捂侮乌擩伸出来或探进去：把手~出来；手~出来；~拳摸圪都；~一槌；~嘴 [44] 如无呜 [324] 五伍午舞武忤~逆子：极不孝顺的孩子鹉捂遮盖或封闭：~住眼，不要看 [53] 误悟雾勿务戊诬巫戌

t [24] 都圪~：拳头 [44] 嘟 [324] 赌堵肚猪~斗步：村名 [53] 肚~子杜度渡镀

tʰ [44] 图涂途屠徒 [324] 土吐 [53] 兔

l [44] 驴 [324] 吕旅缕屡 [53] 滤虑

ts [24] 猪珠诸诛朱蛛株硃 [44] 锥 [324] 阻主煮 [53] 著柱助蛀铸注驻炷火~

tsʰ [24] 初 [44] 厨除锄杵石~ [324] 储楚础处相~拄杵 [53] 处到~

s [24] 梳疏书舒枢输殊 [324] 褚蔬暑鼠黍署薯数动词 [53] 数名词庶恕戍竖树

z [24] 汝儒乳擩~进去 [44] 如

k [24] 姑孤菇箍围束器物的圈儿：针~儿；桶~罟强迫：~住做了一会儿 [44] 汩~儿~地喝水咕 [324] 古估股鼓沽 [53] 故顾固雇

kʰ [24] 枯 [324] 苦 [53] 库裤锢封闭：~镰；镢~子

x [24] 呼乎 [44] 湖壶胡糊弧狐蝴煳 [324] 虎浒唬 [53] 户互护鹱黏：饭熬~哩

y

l　　[44] 驴 [324] 吕旅缕屡 [53] 滤虑

tɕ　　[24] 居车~马炮拘□因发高烧而面孔红赤驹□火~：柴草生的火堆 [324] 举矩咀嘴 [53] 锯据巨拒距句具剧聚惧踞炬醉剧惧一~牛

tɕʰ　　[24] 趋区驱□~扣：一种老式扣子抠~眼：丑的长相 [44] 渠蛆 [324] 取娶趣 [53] 去觑看、瞧：不搁~胠胳膊向里屈回的凹处：胳膊~

n̠　　[324] 女

ɕ　　[24] 虚嘘墟兄 [44] 徐须需随~上：顺便带上 [324] 许 [53] 序叙绪婿酗恤胥絮穗

ø　　[24] 于淤异~起来：抬起来 [44] 鱼渔余迂榆盂~县愚荦坟地：~儿 [324] 语与雨予羽屿禹宇禺苇~子盂痰~ [53] 御誉遇玉愉喻愈寓预豫驭慰~问喂尉~迟：姓

a

p　　[24] 巴芭爬帮邦梆蚌 [44] 叭拟声词，比如鞭炮的声音 [324] 把绑榜膀 [53] 爸把柄爸吧罢~哩：做游戏时一方暂时失去游戏机会坝霸

pʰ　　[44] 爬趴啪琶旁庞乓滂螃 [53] 怕胖

m　　[24] 妈蟆蛤~：青蛙 [44] 麻嘛忙芒盲茫氓 [324] 马码莽蟒 [53] 骂

pf　　[24] 抓 [324] 爪

pfʰ　　[24] □~马：马上 [44] 欻短促而迅速的声音：~地把水倒咾

f　　[24] 芳方肪 [44] 房防 [324] 耍纺访仿坊妨 [53] 放

v　　[24] 娃挖蛙搋用手抓：他~了我一把；~了一把豆子；咬的，给我一~鸦黑老~：乌鸦哇语气词 [44] 王汪 [324] 瓦名词往网亡枉往抓用碗等工具舀物：~米、~面 [53] 瓦动词，铺瓦：用~刀洼凹望忘旺妄

t　　[24] 当爹裆 [44] 嗒拟声词，吆喝牲口向前的短促的声音 [324] 党挡档 [53] 大~车当~铺荡宕

tʰ　　[24] 汤他她它 [44] 堂棠唐糖塘 [324] 倘躺 [53] 趟烫

n　　[24] 哪哪个那 [44] 拿囊□炕~：炕沿高出炕的部分馕柔软：~糕 [324] 嚷说无意

第五章 同音字汇

义或不被人理解的话 攮（用刀）刺、戳：~子㿀多；可~嘞 [53] 齉鼻子不通气发音不清：
~鼻子 㳾多软黏：绵~~地

l	[24] 拉 [44] 郎廊狼螂 [324] 朗 [53] 落~下；丢下浪
ts	[24] 脏赃张章樟彰蟑渣踏踩、踏：~在凳子上 [44] 咱囗湿~~：非常湿咤拟声词 [324] 长~大掌涨拃张开大拇指和食指两端之间的距离：—~ [53] 炸榨诈匠丈仗杖胀障瘴~气葬藏西~脏帐痄~腮子：腮腺炎幛~子：庆悼用布帛奓张开高举：~起耳朵听；头发~起；你把胳膊~起要做甚嘞；~着胆子过河；生~不涝栅动词，用荆棘、栅栏等挡住：~住劗垂直砍：~砍；~断趱大~：动词，飞跑
tsʰ	[24] 差仓沧舱昌 [44] 茶苍搽常长~短尝肠偿嫦藏查楂察茬床牙~骨碴(1) 名词，①小碎块：玻璃~儿。②物体上的破口：碗上的破~儿；新~儿。（2）动词，皮肉被碎片擦破：油糕皮~了喉咙 [324] 叉杈场厂敞袳 [53] 岔唱畅倡氅原指用羽毛制成的外衣，现指一般的大衣：棉大~镲一种打击乐器：~儿；拍~儿诧惊奇：稀~；恶~
s	[24] 沙纱砂鲨伤商墒萨桑 [44] 囗~儿~地：做事干净利落的样子 [324] 傻洒撒丧嗓赏炘哂—~地爽清爽：离~ [53] 厦上尚绱~鞋：把鞋帮鞋底缝一起裳沙挑拣或摇动颗粒状物体使杂质浮于表层以利清除：你看哪个好，自己~一个；~箩子
z	[44] 瓤穰禾黍脱粒后的茎穗：糜~；麦~囗拟声词，形容声音很大 [324] 嚷壤 [53] 让
k	[24] 岗冈刚纲钢缸 [44] 囗拟声词，形容钝响 [324] 哥 [53] 杠逛到处跑：在哪~唻钢(1)把刀在布、皮、石或缸沿下磨擦几下使其锋利。(2)为钝刀回火加钢，使锋利：这把刀该~了
kʰ	[24] 糠康 [44] 咔拟声词 [324] 慷扛 [53] 抗炕用温火焙干：把黍子铺开~干
ŋ	[24] 昂肮 [44] 鸦~鹊子；白下~ [324] 哑 [53] 鸦~儿；囗~腰：弯下腰
x	[44] 行航杭 [53] 项巷下吓夏
ø	[24] 阿~胶

iɑ

l	[44] 良凉量粮梁粱 [324] 两 [53] 亮晾谅辆
tɕ	[24] 家加痂圪~嘉枷佳袈江僵姜疆浆羌缰豇~豆礓浪~石：铝矾石耩耕；~地：耕地将~军 [324] 假真~贾讲奖蒋耩用铁铲铲并举起：~土；~粪 [53] 假~期

199

tɕh [24] 枪腔戕直~~地：态度生硬、不友好炝~葱花跄~倒：摔倒□抱：起来戗逆：~
脸风 [44] 墙强樯 [324] 呛~地哩：把饭吃到气管里抢 [53] 呛~棒子：詈语，相当
于讨厌恰洽搭两手紧紧按住不让动：~住不要叫动。又作"抲"戗支撑物：窗~

价架嫁驾稼降酱匠犟虹放~：出彩虹糨~子：糨糊将大~礓强辩：~上没完

ȵ [44] 牙芽娘 [324] 仰躺：~下 [53] 压酿

ɕ [24] 虾霞匣香乡箱厢湘翔降 [44] 相~媳妇子：男方到女方家求婚镶祥详襄
[324] 想响享 [53] 下吓夏厦象像橡巷杏向项相~片

ø [44] 涯衙阳羊洋扬秧杨殃央鸯疡炀鞅 [324] 雅养仰氧痒 [53] 亚样漾
□~下：剩下，余下压

uɑ

ts [24] 装庄妆抓桩 [324] 爪 [53] 壮状撞

tsh [24] 窗 [44] 床疮 [324] 闯 [53] 创

s [24] 双霜孀 [44] □拟声词，表示做事利索 [324] 耍爽

k [24] 瓜光 [44] 咣拟声词 [324] 寡剐广 [53] 挂褂卦逛

kh [24] 夸框筐匡眶狂 [44] □拟声词，齐步走的声音 [324] 垮胯腿~ [53] 跨旷
况

x [24] 花华铧慌荒惶 [44] 黄簧凰皇隍璜磺蝗哗拟声词 [324] 晃谎恍幌
[53] 化华~山桦划画话

ai

p [24] 白 [324] 摆 [53] 拜捭风箱稗~子草败

ph [44] 排牌 [324] □~调：捉弄 [53] 派败灰~地

m [44] 埋 [324] 买 [53] 卖迈

pf [53] 拽用力拉：你往前~，我后头掀

pfh [324] 揣~摸

f [24] 摔衰 [53] 帅

v [24] 歪 [44] □拟声词，说话或哭叫的声音那~儿："那里"的合音 [324] 崴扭坏、扭

伤：脚~了 [53] 外□句首语气词，表提顿个一~

t [24] 呆~着不动 [324] 逮呆~眉处眼：傻乎乎的样子 [53] 戴带贷待怠殆代袋大~夫

tʰ [24] 胎□驴打~：驴的一种叫声苔 [44] 抬台 [53] 态太泰

n [44] 崖捱~打 [324] 乃奶 [53] 耐奈内

l [44] 来 [324] □不~脑：摇头 [53] 赖癞

ts [24] 灾斋贼栽~绒毯子 [44] □拟声词，人或动物尖利的叫声 [324] 宰载年~□本地人学说不流利的普通话 [53] 再在载~重寨债□用木条等把门别住

tsʰ [24] 钗差出~掇用拳头的拳面向下或向前使劲：~糕；~面；他~了我一槌头 [44] 才材财裁豺柴毽胡须：胡~ [324] 采睬猜彩踩 [53] 菜棌蔡

s [24] 筛敲击：~锣 [44] 腮鳃 [324] □用劲摇 [53] 赛晒

k [24] 该 [324] 改 [53] 概溉盖丐

kʰ [24] 开 [324] 凯楷 [53] 慨

ŋ [24] 哀埃挨~住 [324] 蔼矮 [53] 碍艾爱隘

x [44] 鞋 [324] 海□~子：一种口小肚大的坛子 [53] 亥害骇懈松懈：松~~地；饭太稠，倒些水~开解了解、懂得：~下

ø [24] 哀埃挨~住 [44] 唉 [324] 蔼矮 [53] 碍艾爱隘哎

uai

k [24] 乖 [44] □大口喝水的声音 [324] 拐 [53] 怪

kʰ [324] 蒯 [53] 块一~钱快筷会~计

x [44] 怀槐淮 [324] 哄 [53] 坏

ie

tɕ [24] 皆阶秸街 [324] 解姐驰~爷 [53] 界借届戒介芥疥诫蚧~蟆：癞蛤蟆藉~故械

tɕʰ [24] 揩擦：~干净搓圪~~；~绳绳 [44] 茄~子□~下：感到委屈而不理人 [324] 且 [53] 笡使斜：~坡坡、把身子~一~

ȵ [44] 茶~子：傻子

ɕ [44] 些邪斜鞋 [324] 写 [53] 谢泻懈蟹谐泄解姓炝火熄灭：火~哩

ø [44] 爷 [324] 也野 [53] 夜

ei

p [24] 杯碑卑悲 [44] □拟声词：头疼得~儿~地 [53] 背辈倍焙~干迸~开

pʰ [24] 胚 [44] 陪赔裴棚简易的棚子：毛~~ [324] 培丕 [53] 配佩沛辔

m [44] 梅枚媒蒙藏~~：捉迷藏；把眼~上：把眼蒙上；~灰：污蔑 [324] 煤每美 [53] 妹味媚寐

pf [24] 追~肥

pfʰ [24] 垂锤槌

f [24] 飞非匪□~圪泡：晋语妃 [44] 肥 [324] 翡 [53] 费肺废吠沸税痱□叹词，身体疼痛时惊叫

v [24] 微威危 [44] 桅唯维惟围碨磨（动词）：~磨；~面；圪~ [324] 尾违伟委苇纬 [53] 外~人卫位未味魏畏慰胃谓为

t [24] 低钉名词：~子 [44] 疗 [324] 底抵顶羝公羊：圪~ [53] 帝钉动词弟第递地谛反应明白：~懂

l [44] 犁黎离篱璃梨狸雷零~钱灵魂~~铃~子黧黑里带黄的颜色：~牛 [324] 礼柳~盒李里理娌儡垒嵒□~~拉拉：漫无边际地走或说领~子劙用刀划开：把猪肚子~开 [53] 例励丽隶另~外荔利痢吏厉累泪类离不粘连，界限分明：~核子桃；皮不~；稀~；~爽

uei

t [24] 堆 [53] 对队兑碓古代舂米用的石臼：三九四九，冻烂~臼

tʰ [24] 推 [324] 腿 [53] 退蜕煺用热水除去猪、禽类的毛：~猪毛唾

l [44] 雷 [324] 儡垒 [53] 累泪类

ts [24] 追揣拉扯：~断；~片子 [324] 嘴□性格孤僻或不近人情 [53] 最醉罪缀赘坠坐~下

tsʰ [24] 催崔吹炊 [44] 垂锤槌 [53] 脆翠粹

第五章　同音字汇

s [24] 靴~子虽缞古丧服，披于胸前：遮头~缩被人整怕了或打怕了，一见对方就胆战心惊：他被人家打~了 [44] 随髓绥 [324] 锁水~库 [53] 岁碎穗遂隧税

z [53] 芮锐瑞

k [24] 圭闺龟轨归□物体的两面紧挨着用力摩擦 [324] 鬼给 [53] 鳜柜贵桂

kʰ [24] 盔魁傀~儡奎逵葵 [53] 溃~败愧襀用绳子、带子拴成的结：猪蹄~

x [24] 灰徽 [44] 回茴蛔挥 [324] 恢悔辉毁 [53] 贿晦会绘惠慧讳烩秽溃伤口或疮溃烂：~脓；流脓~水

ɑo

p [24] 襃包胞刨 [44] 爆象声词，常指放爆竹的声音 [324] 保宝堡饱 [53] 抱报暴豹爆鲍雹炮~豆子

pʰ [44] 袍泡抛~转：去掉剖脬尿~ [324] 跑 [53] 炮泡~在水里刨抛滚、掉；荷好，小心~了

m [44] 毛茅猫矛眊~哨：望风，照看 [324] 峁卯铆~掉：顶替掉 [53] 帽冒貌氅不经思考随便说或做：不知道情况，不敢~说；一句话不对就~了；~离急砍

t [24] 刀叨用尖指甲猛抓：~了一个血印子；~握叨喘气急促的样子：~气 [44] 叨 [324] 祷岛倒打~ [53] 到悼倒~水道稻盗□~~：衣服口袋

tʰ [24] 掏 [44] 桃滔逃淘陶萄涛洮洗米终~疙瘩：中式纽扣 [324] 讨 [53] 套韬~黍：高粱

n [44] 铙挠 [324] 脑恼 [53] 闹淖(1)泥沼，深泥，烂泥：~泥滩。(2)陷于泥中：~住了瘘药物中毒：~死哩；~老鼠药

l [44] 牢劳捞唠 [324] 老姥咾语气词 [53] 涝烙骆酪落~窝鸡：正在孵蛋的母鸡

ts [24] 遭糟朝今~召昭招 [324] 早枣蚤澡找沼寻 [53] 造躁灶罩赵笊兆诏焯把菜在开水中过水：把菜~一~照看顾、照管：~门；你~住，不要让人动棹划（船）：~筏

tsʰ [24] 操抄钞超 [44] 曹槽巢朝~代潮褯衣服、被褥等脏：看你不小心的，把衣裳也闹~哩；失~ [324] 草骣~驴：母驴炒吵 [53] 糙造躁糙衣服、被褥等被弄脏皂①粉刷：~粉：刷白墙用的粉；②拿土或干燥的粉末摊在地上去处理呕吐物、油渍等粘稠物：吐咾一地，荷上些干土~一~

s [24] 骚臊捎烧绍臊像尿或狐狸的气味: 尿~气; 狐~味 梢树枝末端: 柳~; 杨~ [44] 韶 [324] 扫~地嫂少多~ [53] 扫~帚少~年绍睄快速看:~上一眼嗾口里发出声音唆使狗咬人:~狗; 忽~ 梢砍伐枝叶:~谷儿;~穗子潲下小雨: 圪~的来哩, 快走哇烧出霞云: 早~; 晚~

z [44] 饶不~人□~儿~地: 形容动作麻利 [324] 绕围~扰 [53] 绕~圈

k [24] 高膏~药羔糕镐 [324] 稿搞 [53] 告

kʰ [324] 考烤 [53] 膏~油靠犒

ŋ [44] 熬爊在锅里煮:~水;~饭 [324] 袄拗用力弯曲致使折断: 把棍子~断搞~价格 [53] 傲鏊~儿: 烙饼用的平底锅 懊奥勒鞋袜的筒: 高~鞋; 袜~子

x [44] 蒿狼~薅毫壕豪号 [324] 好~坏 [53] 好喜~耗浩号~数膏蘸墨汁使润滑:~墨

ø [44] 熬爊~水; [324] 袄拗~断 [53] 傲鏊~儿懊奥勒高~鞋

iɑo

p [24] 膘标彪 [44] □拟声词, 东西摔坏的声音 [324] 表裱婊 [53] □摔坏或损失摽~在一起

pʰ [24] 飘嫖漂~走 [44] 瓢 [324] 瞟 [53] 票漂~亮

m [44] 苗描 [324] 藐渺秒 [53] 庙妙谬

t [24] 刁雕貂 [53] 钓吊掉调音~, 调动藋蕨类植物: 灰~悼开~;~孝

l [44] 疗辽聊寥獠镣敹简单粗略的缝: 裤角子扯烂哩, 给咱~上几针憭精明: 兀个人可~呖撩~逗 [324] 了燎焚烧: 火~;~坡坡 [53] 料潦炓马~蹶子廖姓瞭看望: 多时不见,~你来哩;~人;~孩儿;~火

tɕ [24] 交郊胶教~书狡焦蕉椒骄娇浇缴 [324] 绞铰搅剿矫侥 [53] 教~育校~对较窖觉睡~噭反刍: 牛倒~轿叫酵(1)发酵, 利用微生物的作用使有机物起泡沫变酸, 方言将含酵母菌的面团叫 "~子"。(2)走~和尚: 不守戒律奸淫妇女的和尚。

tɕʰ [24] 敲礁樵挑蹺抬腿迈过（门槛或沟渠）: 从门上（门槛上）~过去劁割:~猪缲把布帛的边儿向里面卷起, 然后缝合:~边 [44] 悄桥乔侨荞条笤调~和 [324] 巧 [53] 俏跳粜卖粮食窍

第五章 同音字汇

ȵ [44] □骄傲，别人不容易接近□准头好：~正地 [324] 咬鸟 [53] 尿

ɕ [24] 浠消宵霄硝销器萧箫晓 [44] 学~开车 [324] 小 [53] 孝效校笑

ø [24] 妖邀腰要~求幺~二三吆约~预：估计 [44] 肴摇谣窑姚尧 [324] 舀杳~无音信 [53] 要重~耀鹞黄~；~子；呦呦 窅眼睛眍进去：眼深~地

ɣɯ

p [24] 波菠玻膀肩~跛~脚帮邦梆北路~子 [44] □拟声词，~儿~地：形容亲吻时发出的声音 [324] 簸动词，~一绑磅榜 [53] 簸名词，~箕棒傍谤

pʰ [24] 颇坡胮肿：脸~哩 [44] 婆滂旁螃庞 [53] 破~命：拼命

m [44] 魔磨~刀摩忙芒~种茫盲 [324] 莽眉处眼：非常莽撞，不顾及别人的感受 蟒 [53] 磨~面、石~耱用荆条等编成的平整土地的一种农具，功用和耙相似

pf [24] 装庄 [53] 壮状撞

pfʰ [24] 窗疮 [44] 床~~：小板凳 [324] 闯 [53] 创

f [24] 霜双孀方肪芳 [44] 房防 [324] 所彷妨纺访仿 [53] 放

v [24] 窝倭踒~回来：向里折弯回来汪一~水挼使弯曲：不要用劲，小心~断；把铁丝~回来；树圪枝~折哩；~曲 [44] 王汪姓 [324] 亡往网柱 [53] 卧忘妄旺芒麦~儿望

t [24] 多兜蚪 [324] 斗~升抖陡敨把包着的东西展开：~开 [53] 斗~争大~爷驮驮子、笼~豆逗

tʰ [24] 拖偷 [44] 头投驼驮拿，~起来筅藤条等编成的器具：筅~ [53] 透骰吃~盔：膝盖

n [44] 挪奴□形容小孩健康可爱 [324] 努 [53] 怒

l [44] 罗锣箩骡螺胴裸炉庐芦颅楼娄耧松土：~谷儿 [324] 鲁橹卤搂蒌篓 ~抱 [53] 路赂露鹭□打骨：打嗝漏陋撸摞~：收拾、打扫

ts [24] 遮租州洲周舟粥搋双手端物：~碗 [324] 左佐者祖组走肘 [53] 就蔗奏昼宙皱绉骤咒纣驾车时系在牲口后的皮带：~棍子甃用砖石修砌井壁：~井苲量词，碗碟等用草绳束成一捆叫一苲：一~碗

tsʰ [24] 搓~麻绳绳车粗抽瞅定睛看：~眼；吃~ [44] 蛇愁绸稠筹愁仇酬 [324] 扯丑瞅 [53] 醋措凑臭。

s [24] 奢赊佘苏搜馊收酥松脆：月饼可~酥嗍 [44] □~儿~地：形容动作干净利索

205

[324] 舍艘叟嗾圪~：抖动，发抖 首守狩叟手 [53] 射麝社素诉塑嗽瘦兽售寿绶瘦受授嗾鸟类喉下盛食物的囊：鸡~子；酒~子

z [44] 揉柔 [324] 惹 [53] 肉

k [24] 歌哥勾钩沟 [324] 狗苟 [53] 个一~人雊打嘓：打圪漏。圪漏，"雊"的分音 够构购

kʰ [24] 抠 [324] 可口 [53] 可~好：正好 扣寇

ŋ [24] 屙~屎：拉屎 [44] 蛾鹅俄讹讹诈：~人 硪打夯工具：石~儿；捣~儿 [324] 我 [53] 饿

x [24] □~油面：蒸油面 [44] 河何荷~花 侯喉猴瘊 [324] □拿、取：~起来，~上吼 [53] 贺后厚候荷扛、担：太重，~不动

iɯ

t [24] 丢

l [44] 流刘留榴硫琉溜馏蒸~ [324] 柳稆谷物等不种自生，引申为不成熟或半路出家：~生莜麦；~生木匠 [53] 六馏熟食再次蒸：~馍馍；~米饭；糕蹓~嘴

tɕ [24] 揪蹴蹲：圪~纠~缠 [324] 酒九久韭灸纠~正 [53] 就菜肴等搭着主食吃：喝酒~凉菜 救究臼舅咎旧柩

tɕʰ [24] 秋囚泅丘求球遒 [44] 屌男性生殖器 俅窝囊、没出息：~势；~摊场

ȵ [44] 牛游静~：地名 [324] 扭纽 [53] 拗

ɕ [24] 修羞休 [324] 朽 [53] 秀宿星~绣袖嗅

k [24] 勾钩沟 [324] 狗苟 [53] 够构购

kʰ [24] 抠 [324] 口 [53] 扣寇

ŋ [24] 欧殴呕瓯~子：小而浅的碗 [324] 藕偶熰太热以至于烱了，引申为人品差：火太大，~锅上哩；~人 [53] 沤长期浸水使腐烂：~皮子；~烂 怄使生气：~气

x [44] 侯喉猴瘊较小的疣子：~子 [324] 吼 [53] 后厚候

ø [24] 忧优尤邮犹悠幽 [44] 由油游 [324] 有友 [53] 右又佑莠~子草 诱釉幼

第五章 同音字汇

uɣ

t [24] □摔 [324] 朵躲 [53] 剁垛惰堕

tʰ [44] 陀砣~子：车轱辘；棋~~；擦~ [324] 妥椭 [53] 唾

n [53] 糯

l [53] 㩐重叠放置：~拍；~纳；一~书；~起来

ts [53] 坐座

tsʰ [24] 搓 [53] 锉钢~错

s [324] 梭琐~碎锁

k [24] 锅光 [324] 果裹广 [53] 过

kʰ [24] 颗匡筐眶狂科修剪：~树横木器上的横档木：窗~子 [53] 课况旷阔酷骄傲：~气

x [24] 荒慌 [44] 和禾黄簧皇蟥惶 [324] 火伙谎 [53] 祸货晃荒土地荒芜：~地

ø [324] 我

æ

p [24] 班斑颁扳般搬 [324] 板版扁~担 [53] 扮办瓣半拌伴绊畔

pʰ [24] 攀潘 [44] 廾一~炕盘番西~柿幡出殡时举的像幡的东西，多用白纸剪成：引魂~ [53] 盼判叛襻扣住纽扣的套或器物上用来结或攀手的环形带：足~手~，~成你个老汉颁寒零~：邋遢、涣散、不干净

m [44] 蛮瞒馒摱用力往前扔：把石头~得远远的鞔在物体的外部包上一层布或皮：~鞋帮子；~鞋面；鼓蔓・菁 [324] 满 [53] 慢漫幔墁用砖石铺地：~砖、~地

pf [24] 专砖 [324] 转~学 [53] 赚撰转~圆圈篆传~记

pfʰ [24] 穿 [44] □~儿~地：拟声词，水流的声音传~达椽川船 [324] 喘碛摩擦致使破烂：手心~疱哩；~练 [53] 篡串鷍鸟名，欺老：灰~儿；黑~儿

f [24] 闩拴翻 [44] 凡帆番烦矾繁 [324] 反 [53] 范犯泛涮贩饭

v [24] 豌湾弯刓剜刻，做衣服时裁剪成弧形或圆形：~领口；~袖子；扣眼剜挖：~我的心头肉；~地腕原指深貌，现指深看，表示不满：~了一眼 [44] 完丸顽玩~笑

[324] 皖碗软晚挖把庄稼等从土里拔出来：~豆子；~莜麦；~草绾盘绕打结：把头发~起来 挽拢取收好：把东西~绺好 [53] 玩游~ 腕万蔓原指藤蔓：山药~子、瓜儿~子，方言中泛指所有粮食作物的根茎部分，如玉茭子~子、稻黍~子

t [24] 耽担动词丹单氇绳索：~□sæ53；由三股或四股细绳拧成的绳子 [44] □拟声词，形容过于伶俐的口齿 [324] 胆掸毛~子 [53] 担名词淡旦诞但弹子~蛋疸

tʰ [24] 贪坍痰摊滩檀坛潭谭 [44] 谈弹~棉花 [324] 毯坦 [53] 探炭叹

n [24] □~~：污浊物 [44] 难~度南男 [324] 暖 [53] 难空~

l [44] 蓝篮兰拦栏燎用油热~调和；~葱花 [324] 览揽榄缆懒 [53] 滥烂

ts [24] 沾粘瞻占~卜毡 [44] 簪 [324] 斩湛清~盏展攒崭 [53] 暂錾凿子，或用凿子凿：石头不平整，~一下；~子；~花站蘸拿物体放入液体中渗透后取出：~莜面；~笔；滚~占赞绽栈多加饲料精养：~羊；一天不干活，~得吃嗂？战颤湛~江

tsʰ [24] 参搀掺把一种东西混合到另一种东西中去：面糊太稠，再~进些水 [44] 蚕惭谗馋残缠蝉禅惨 [324] 产铲崭特别：~新；出~新足産①驴马不鞴鞍：~脊梁马。②仅仅，只：~你一个人可做不完。③后缀：光~，甚也没啦 [53] 餐灿巉有缺口的坑：不巉粟産碾米或洗衣服的次数：碾咾一~；洗咾一~

s [24] 三杉衫珊山删膻煽扇火：~火；~骗搧扇动：~扇子；~凉风 [44] 宨住在某地 [324] 陕闪散羊~哩伞 [53] 散分~扇名词善膳单姓禅~让蟮蚰~：蚯蚓穎摇头的样子，引申为病重时动作艰难的样子：圪~地苫遮盖：桌子上~上块红布；~枕头骟阉割雄性动物：~猪；~蛋□氇：由三股或四股细绳拧成的绳子

nz [44] 黏~糊糊；~洞地；~牙；糊不擦 [324] 碾滚压：~子；~钱钱 [53] 湳陷入泥泞：车~在泥里了

z [44] 諵多语：圪~；~儿~儿地，不知道说了些甚 [324] 染冉然 [53] 秎麦~：细碎麦秸，可用于和泥

k [24] 甘疳柑泔~水橄尴干~湿肝杆 [324] 感敢擀~面赶 [53] 干~活

kʰ [24] 龛看~守 [324] 堪砍戡训斥：训~坎□丢弃 [53] 看~见

ŋ [24] 庵淹安鞍垵小坑点种：~瓜点豆 [44] 严密封好，没有缝隙 [324] 揞又作罯。蒙住、遮住：阳婆太晃哩，把眼~住唵吃粉状的食品：~炒面 [53] 暗岸按案

x [24] 憨还 [44] 含函咸衔寒韩闲涎口水：~水鹹~盐 [324] 喊罕 [53] 撼憾酣陷馅鼾汉旱汗焊翰捍

第五章 同音字汇

ø [24] 庵淹安鞍 [44] 严密封好 [324] 揞唵 [53] 暗岸按案

iæ

p [24] 鞭边缏卷起袖子或裤腿 [324] 贬编蝙扁匾 [53] 变辩辨汴便方~遍辫

pʰ [24] 偏便~宜 [324] 篇谝炫耀：那人就是爱~，谁也不如他家 [53] 骗牉~牛片 把木头劈开或已经劈好的柴：~柴

m [44] 棉绵眠 [324] 免勉娩缅渑冕缅卷：~裤脚子 [53] 面

t [24] 掂颠战称量：~斔，今作"掂掇"，估计重量，引申为考虑斟酌 [324] 点典 [53] 店电殿奠佃垫

l [44] 廉镰簾连联怜莲嗹不断繁杂说话的声音：~儿~地说咾一晌午 敛 [324] 脸 [53] 殓练炼

tɕ [24] 监尖兼艰间柬奸笺肩坚 [324] 减碱检俭简拣剪煎茧馎~婆：外祖母；~爷：外祖父 [53] 鉴监国子~舰渐剑谏涧箭溅践贱饯件建键健腱荐见 菅青~：菅草 桦(1)斜着支撑，用柱子支撑倾斜了的房屋：把房墙~住。(2)杠杆橇：用棍棒~起来；挑~子

tɕʰ [24] 歼签潜钳添谦迁天填千牵铅鹐鸟啄物：鸡~咾一口 锨一种掘土或铲东西的工具，铁制或木制，柄较长：铁~；木~ [44] 甜钱乾虔田前 [324] 舔浅遣 佥~不上：等不及 [53] 嵌欠歉芡淀粉：打~；勾~纤~杆：勾在犁头上连接犁与绳索的横杆

ȵ [44] 黏拈颜年蔫植物因失去水分萎缩或人精神萎靡：圪~人 [324] 眼碾辇捻撚 [53] 念捻雁砚酽浓，味厚：这碗茶太~

ɕ [24] 仙先□搟癣 [44] 衔咸嫌闲涎贤弦 [324] 险鲜显 [53] 陷馅限线羡宪献现县

ø [24] 淹腌腌烟缘缘分：对~法辕独~牛鄢蔫死~ [44] 严盐阎檐酽焉延言研沿芫 [324] 掩演衍液体因晃动儿洒出来：桶里的水~出来了；圪~ 黶黑痣：~子 [53] 验厌炎艳焰谚筵堰砚燕咽宴

uæ

t [24] 端 [324] 短 [53] 断锻段缎椴蹳快速地追赶：~狼

tʰ [24] 猯~子：一种野生动物 [44] 团搏捏聚成团：~弄

l [44] 鸾卵恋联圝团住，引申为说话声音高而不清楚 [53] 乱

n [324] 暖

ts [24] 专砖 [324] 转 [53] 赚钻纂篆撰转传~记

tsʰ [24] 汆~丸子；~壶：烧开水用的薄铁或铜小圆桶，插入炉火能很快把水烧开揣~掇：怂恿，唆使人去干某事穿 [44] 传~达椽川船 [324] 喘 [53] 窜篡串

s [24] 酸闩拴 [53] 算蒜涮

k [24] 官棺观冠衣~鳏关 [324] 管馆 [53] 惯贯灌罐冠~军

kʰ [24] 宽 [324] 款

x [44] 桓还环鬟 [324] 欢缓 [53] 唤换焕幻患宦

yæ

tɕ [24] 捐 [324] 卷~起来啳骂：~人桊同棬，穿在牛鼻上的小铁环或小棍儿：牛鼻~儿 [53] 眷卷绢倦圈猪~

tɕʰ [24] 圈犬 [44] 全泉拳权颧 [324] □~住：关在某一处，不让乱动 [53] 劝券碹(1)桥梁、涵洞等工程建筑的弧形部分。(2)用砖、石等筑成弧形

ɕ [24] 掀谖无中生有、夸张：兀人说话不实在，~塌天哩；嚷~揎用手推：~开门；我在前面拉，你在后面~ [44] 轩喧玄悬 [324] 宣选 [53] 漩鏇楦做鞋的模型：鞋~子；~起来眩旋 (1)临时（做）：~吃~做。(2)用车床或刀子转着圈削制：用车床~零件；用刀子~苹果

ø [24] 冤袁辕援渊源 [44] 圆员元原 [324] 远 [53] 院愿怨

ɤ̃

p [24] 锛~子崩 [44] 嘣拟声词 [324] 本 [53] 奔笨迸蹦坋也作"坌"。眼睛里吹进尘土

pʰ [24] 喷烹 [44] 盆朋彭膨棚蓬 [324] 捧 [53] 喷量词，指开花结果实、成熟收

第五章 同音字汇

割或开宴席的次数：吃二~子席。

m [24] 萌盟蒙懵 [44] 门 [324] 猛 [53] 闷孟梦

pf [24] 中忠终钟盅 [324] 准肿种~子噇无节制地吃：不干活，就知道~ [53] 众重~量种~地中~奖

pfʰ [24] 椿春冲 [44] 虫重~复 [324] 蠢纯充宠 [53] 冲~门口来了一个人：突然从门口来了个人

f [24] 分芬纷焚风枫疯封峰蜂锋 [44] 坟逢缝 [324] 粉讽 [53] 唇顺奋粪愤忿凤奉俸缝一条~

v [24] 温瘟 [44] 文纹闻翁绒 [324] 稳蚊吻刎 [53] 润闰问璺瓮

t [24] 登灯 [44] 噔象声词 [324] 等戥①小型的秤：~子。②比较两物的大小：买衣裳时要和旧衣裳~一下；~上鞋样子做；~当 [53] 邓凳镫澄瞪扽两头一起用力拉使平整：忔~

tʰ [24] 吞腾藤熥①把已经蒸熟的食物再热一下：把馒头再~一下。②热气烫：不小心叫气~了一下 [44] 誊抄写：~抄疼鼟拟声词，形容鼓声 [53] □怂恿别人干坏事

n [44] 能农脓 [53] 嫩浓

l [24] 囵囫~ [44] 塄田边或地边的坡坎：地~棱物体上不同方向的连接部分或物体表面条状凸起来的部分：见~见角睖瞪、怒视：了~一眼 [324] 冷 [53] 愣⑴失神，发呆：发~。⑵不灵活：~头~脑

ts [24] 针斟珍臻榛真曾姓增蒸睁争今~日正~月征长~砧捣衣石；~子；~板；铁~ [324] 疹诊征~求拯整铮大~~地 [53] 枕镇阵振震憎赠证症筝正政挣缯扎，绑；~辫子

tsʰ [24] 参~差澄乘撑抻用力向两头拉；~开 [44] 沉岑陈尘辰晨臣曾~经层承丞橙成程城诚 [324] 惩称~呼磣粮食里面的尘土等异物：米里有~哩；挂面里有~嘞 [53] 趁衬蹭称相~秤

s [24] 深森参人~身申伸僧升生牲笙甥声糁碎小颗粒：饭圪~；疹冷战：凉圪~；打凉圪~；圪~人 [44] 神绳 [324] 沈审婶省 [53] 葚桑~甚肾慎剩胜圣盛渗

z [44] 吟人仁壬 [324] 忍仍扔 [53] 任刃认纫引线穿针：~线；~针

k [24] 跟根庚羹耕筋折~头 [44] □拟声词 [324] 梗耿 [53] 更

kʰ [24] 吭 [44] 铿拟声词：咳嗽得~儿~地 [324] 恳垦肯坑啃 [53] □把门~住：把门关上掯强迫，压迫，刁难：~住；打~人

ŋ [24] 恩

x [44] 痕恒亨衡横~直 [324] 很 [53] 恨横蛮~

∅ [24] 恩 [44] 嗯 [53] 摁

iɤ̃

p [24] 彬宾槟兵 [324] 禀丙秉饼柄 [53] 鬓病并

pʰ [44] 贫频凭平坪评瓶屏萍 [324] 品拼~音 [53] 拼~命聘姘

m [44] 民鸣明名铭 [324] 闽悯敏抿皿 [53] 命眠含在嘴里：~上一口；~壶儿

t [24] 丁钉~子 [44] 叮 [324] 顶鼎 [53] 定钉~住订锭

l [44] 林淋临邻鳞磷陵凌菱灵零铃伶拎翎 [324] 檩领岭 [53] 赁吝令另淋过滤：~醋；~子；头~子；二~子

tɕ [24] 今金禁~不住襟津巾斤筋京荆惊鲸精晶睛经衿系（腰带、鞋带等）：~鞋带；~裤带 [324] 锦仅~你，我不着急紧景警井谨慎重：勤~ [53] 浸禁~止进晋尽劲近境敬竞镜静靖净劲径妗舅母：~子

tɕʰ [24] 钦琴禽亲芹卿清情晴轻听厅亭青蜻庭蜓 [44] 侵擒秦勤停廷 [324] 寝请艇挺倾顷梃杀猪后在猪腿上割一小口，用铁棍插入割口贴皮下往里捅，梃出空隙后往里吹气使鼓胀，便于煺毛 [53] 沁拉屎，有贬义亲~家庆揿用手按：用手~住磬尽：~等着；~伺：~应；~短

ȵ [44] 银凝宁拧 [53] 硬佞

ɕ [24] 心辛新薪欣星腥馨忻芯 [44] 寻行形型刑陉 [324] 省反~醒 [53] 信讯衅迅兴行品~幸性姓囟头顶部前方正中位置：~门子悻恼恨：恼~~地鐔~镰。《广韵》徐林切，平侵邪

∅ [24] 音阴淫因姻寅鹰莺鹦樱英婴缨赢萤 [44] 殷蝇盈营莹 [324] 引隐尹影颖纚缝衣：~被子 [53] 饮~马窨地~子；地窨印硬应孕映荫因不见太阳而又凉又潮：凉~~地；~着哩潭液体渗透或扩散

uɤ̃

t [24] 墩敦蹲东冬敦敦厚；厚~地蹾垂直下摔：从车上跳下来把腿~断了礅用木头桩

212

或土、石头垒成基础：圪~子；椅~子 撉重重地往下放：~在地上；~机子 [44] 咚拟声词 [324] 懂董浑在水中乱搅，使水浑浊：忽~ ；~套；饥荒 冨整批进货：~上些货慢慢卖哇 [53] 吨顿饨囤沌盾钝遁冻栋动洞炖

t^h [24] 通 [44] 屯豚臀同铜桐童瞳 [324] 捅桶筒 卥统瓬半圆筒形的瓦：瓦 [53] 痛褪脱去，脱下来：把袖套~下来；狗~开了缰绳

l [24] 论~语 [44] 轮伦沦龙聋仑隆笼 [324] 拢垄垅笼藤条编成的器具：~驮 [53] 论弄

ts [24] 尊遵棕鬃宗中盅忠终踪钟摶裁剪使其变短：袖子太长，~上一些哇 螽麦~：蝗虫 [324] 准总肿种~子 [53] 种~地粽众纵重轻~中~奖

ts^h [24] 村聪椿春冲 [44] 存丛虫从重~复匆葱 [324] 囪充崇宠蠢纯 [53] 寸唇冲~门口来了一个人

s [24] 孙松嵩伀无能：~包 [324] 损 [53] 顺送宋颂诵讼挣原意为推，引申为推送，传播：~丑子；孖~

z [44] 茸冗容蓉熔荣绒 [53] 润闰

k [24] 公蚣工功弓躬宫恭供~不起 [324] 滚攻汞巩绲镶边：~边拱 [53] 棍贡共供~应□猜

k^h [24] 昆姜~：人名坤空 [324] 啃昆~仑山捆孔恐 [53] 困控空~缺

x [24] 昏婚浑荤 [44] 魂馄弘轰宏烘红洪鸿虹 [324] 哄 [53] 混

yỹ

tɕ [24] 均钧菌钧军窘君迥供~不起 [324] 拱猪~子 [53] 俊郡粽馂~肉：肉冻儿
tɕ^h [44] 群裙琼穷

ɕ [24] 兄胸凶 [44] 旬荀循巡勋雄熊寻 [53] 殉熏薰训颂诵讼徇紧紧地跟着：一天~在屁股后头，一步也不离开

ø [24] 晕□轻轻抚摩 [44] 匀云荣融雍容蓉熔庸赟舒服美好：过的可~嘞 [324] 允永咏泳臃甬勇涌 [53] 用熨韵运

ə˞

p [ʔ4] 不 煿~上哩：糊了 [ʔ324] 薄~荷片 腹~脐儿：肚脐眼 醭恶~气：发霉 饽擀面时用的干面：面~

pʰ [ʔ4] 醭~霉子 [ʔ324] 箔~蓝

m [ʔ4] 木目穆 [ʔ324] 没苜鼻~涕 摸用手接触或抚摸：~捋

pf [ʔ4] 竹筑祝烛触妯~娌：兄弟之妻的合称 筑塞，捣土使坚实：~紧；鼻子~得出不上气来 擞用拳头打：他~了我一槌头

pfʰ [ʔ4] 出搐抽动：豵~；~溜；入 齣原指传奇中的一个段落，又指戏剧中的一个独立的段落或剧目：一~子戏 绌草草地缝：~几针

f [ʔ4] 复佛缚福幅蝠腹覆叔束 [ʔ324] 勺~子 芍~药花 服伏熟淑赎辐~丝 属

v [ʔ4] 物勿屋沃褥入 [ʔ324] 辱

t [ʔ4] 的奣□~脑：脑袋

tʰ [ʔ4] 跂穿鞋时把后跟踩在脚底下：~拉鞋；~拉钻

l [ʔ4] 嘞语气词

ts [ʔ4] 蛰秩质则植值价~织职殖窄摘脊只指~甲 炙火烤：离火远些，要不~得不行 执□~住：坚持住 祇神~；拜神~ 侧斜着：~棱转身子 [ʔ324] 直值~不~侄

tsʰ [ʔ4] 拆赤斥尺吃娶

s [ʔ4] 湿瑟虱失蚀赤裸体：~不条；~脚；~足 释 [ʔ324] 十什拾实室食识式饰适石厮~跟：相跟 射突然向上或向前冲：前头是崖，不要往前~；从里头~出去

z [ʔ4] 日 [ʔ324] ~死食：詈语，吃最后一餐饭

k [4] 去棘~针：荆棘圪~喽：恶心想吐的感觉

kʰ [ʔ4] 刻克可~好勒 尅克制：那女的命不好，~人嘞 栲~栳：给牛添草料的大筐 [ʔ324] 窠孔穴：~梁 钵

x [ʔ4] 核郝姓黑赫 [ʔ324] □~浪：胡同

iə˞

p [ʔ4] 鳖憋笔毕必北逼百柏伯碧壁璧幅~擘折断：~断手指头。《广韵》麦韵博厄切："分擘" 煏烤炙 憋~气 褙袼~子 [ʔ324] 鼻别白 捌~开算 甑~子：蒸笼

第五章　同音字汇

pʰ [ʔ4] 撇潎在液体表面掠舀：~油水 匹迫拍魄僻辟劈 口扁吹牛：瞎~；~客子：说大话的人

m [ʔ4] 灭篾密蜜墨默麦脉觅拇大~指头儿

t [ʔ4] 跌得滴德嫡咥猛吃：又~咾一碗 [ʔ324] 叠碟的目~敌狄笛

l [ʔ4] 猎立粒笠列裂烈劣栗略掠力历捩扭伤、扭痛，扭转：脖子~着哩；~转脑走哩；~干

tɕ [ʔ4] 夹袷~祆甲接捷劫挟集辑急级及杰揭节截~断结洁疾吉即鲫极积迹脊籍绩寂击激偮敏捷：~溜 墼土与草秸和泥制成的土坯：捣~ 羯阉割过的公羊：~羊；~子 [ʔ324] 截半路~住

tɕʰ [ʔ4] 恰掐洽妾怯帖泣铁切截东半~七漆乞迄雀鹊却踢剔漆劫戚嘁东西湿了以后慢慢吸收水分变干：刚下雨，路上的水还没有~了 缉缝衣：~鞋口子

ȵ [ʔ4] 聂镊蹑孽捏虐疟匿逆溺

ɕ [ʔ4] 狭峡胁协袭吸瞎辖薛歇蝎屑瞎楔木~子：上平厚下扁锐的木块，用以填塞榫眼空隙，使之固定 膝息熄媳惜昔夕锡 口倒~：聊天 斂打：~你两摉 塞瓶~子 揳把楔子、钉子~进去 [ʔ324] 习悉学席析

ø [ʔ4] 鸭押叶页业揖噎乙一逸约钥乐抑益译役疫

uəʔ

t [ʔ4] 孤用指头或棍子轻点：他~了我一指头 尻臀部：~蛋；锅~底 [ʔ324] 独读犊牍督毒突烟肉：烟~ 《广韵》陀骨切，入没定。

tʰ [ʔ4] 突秃鈯变钝：铅笔写~哩，再削一削

l [ʔ4] 律勒鹿录陆捋碌辘轳六~指指：六指儿 绿 口㧜捋顺着枝条采树叶或话：~榆钱钱肋

ts [ʔ4] 做啄琢涿浊族竹筑逐祝足烛触妯 [ʔ324] 卒~子

tsʰ [ʔ4] 猝出簇促触龊─~子戏 絀草草地缝：~几针

s [ʔ4] 述速肃宿缩叔束蜀觫瞉~：因惶恐或其他原因引起的身体不自主的发抖 [ʔ324] 勺~子 芍~药花 术熟淑俗赎属

z [ʔ4] 入褥 [ʔ324] 辱

k [ʔ4] 骨国谷锢~漏锅 口~利：听话，乖 [ʔ324] 口~口（luəʔ4）子：擀面杖

| kʰ | [ʔ4] 窟哭 |
| x | [ʔ4] 忽惑囫 [ʔ324] 葫西~芦觳~觫：因惶恐或其他原因引起的身体不自主的发抖 |

yəʔ

tɕ [ʔ4] 倔镢~子：农具 脚角饺~子 掬(1)动词，用两手捧起：以手~水。(2)量词，指两手相合所捧的量：一~土。(3)把~：抱住幼童帮其大小便 足 [ʔ324] 撅橛 短木桩：木~子 嚼绝决觉噘日~：骂人 诀卒橘菊局

tɕʰ [ʔ4] 瘸掘缺屈麴曲觑 把眼睛眯成一条缝儿看：近~眼 黢黑：~黑黑；~绿绿 焌 用不带火苗的火烧烫：手划破了，点团棉花~一~

ɕ [ʔ4] 雪血穴戌恤削肃宿蓄畜续 [ʔ324] 续学俗趐 来回走：~摸鹊鸦~子：喜鹊 筎~筛儿：筛子

ø [ʔ4] 裕悦阅月越曰粤跃岳狱域育郁浴欲

aʔ

p [ʔ4] 八钵钹剥驳~膊胳~木山榆~ [ʔ324] 拔勃博卜箩~脖

pʰ [ʔ4] 泼朴扑仆瀑□~害虫：臭大姐

m [ʔ4] 抹末沫莫膜寞摸摵~帽子：摘帽子 蚂~蚱□~下脸来：生气时拉下脸 [ʔ324] 陌

pf [ʔ4] 拙~手笨脚 桌卓捉镯

pfʰ [ʔ4] 戳 以物体一端触刺：~子；~打；~东拐西；~火；~擽；~瞎眼哩

f [ʔ4] 刷说发缩 [ʔ324] 乏伐筏罚

v [ʔ4] 挖袜握

t [ʔ4] 答搭褡 把被子、毯子盖在身上或把衣服等披在身上：凉啷，再~上一兀被子哇 [ʔ324] 达

tʰ [ʔ4] 踏搭闼~子沓塔塌獭托特褐 贴身衬衣，简易帽：汗~儿、凉~儿 鞳 套：把水笔帽~上 溻 水浸透：湿了 拓 热敷或冷敷

n [ʔ4] 纳捺诺衲 用麻线缝鞋底或鞋帮，针脚密度非常大：~鞋底 [ʔ324] □睡~：梦魇

l [ʔ4] 辣蜡腊邋落洛络乐

第五章 同音字汇

ts [ʔ4] 扎用针~；毛~~：蜈蚣 眨 摺 褶 札 匝 蚱 哲 作 凿 昨 酌 择 摭~摞（收拾、打扫）锅室；~并；打~ 泽 赜 咂 咋 吸：不~嘴；圪~ 睫 眼~毛 宅 地~；纸~ 蜇 昆虫叮人；蜂~人 遗 关系不好，合不来：~不得 [ʔ324] 杂 炸~油糕 铡 浙

tsʰ [ʔ4] 厕 插 擦 察 侧 测 册 策 涉 豉 碎成更小粒的豆子、玉米等：豆~~饭 礤 磨：~子；山药~子；凉菜~子；磨~子；磨~~ 绰 多出来的：~号；~~有余 [ʔ324] □处~：漫骂 错~开

s [ʔ4] 摄 撒 杀 设 煞 索 绳~焯 把菜放在开水里~一~ 色 啬 霎 极短时间：刚睡咾一~~，到觉来哩？[ʔ324] 舌 折 朔 索 姓

z [ʔ4] 热 若 弱

k [ʔ4] 鸽 割 葛 各 阁 搁 格 革 佮 合得来：两人脾气不对，~不在一搭儿 [ʔ324] 隔~开

kʰ [ʔ4] 咳~嗽 磕 渴 客 壳 嗑 瞌 颏 搕 敲击：~烟袋 合 计量单位，十合一升：一~子米

ŋ [ʔ4] 鄂 恶 额 扼 鸭 □ 粮食发霉 □一~子眼：单眼皮 掩 用灰烬掩盖火：把火~住 [ʔ324] □~灰哩：使别人倒霉

x [ʔ4] 喝 瞎 [ʔ324] 合 盒 鹤

uaʔ

t [ʔ4] 掇 拾取或细心照料：拾~、~伺；~弄 [ʔ324] 夺 铎 踱 敠 估计轻重：戥~；叨~

tʰ [ʔ4] 脱 饳 剩饭~子 □ 圪~：得过且过 矬 出（分量）少、短：~了五斤

l [ʔ4] 捋~起袖子

ts [ʔ4] 撮一圪~：一点儿 拙~手笨脚 桌 卓 捉 镯

tsʰ [ʔ4] 撮 簇 其 取物：~上一簸箕煤 戳

s [ʔ4] 刷 说 缩

k [ʔ4] 刮 掴 打人一~：打人一耳光 聒 声音嘈杂：~儿~地说咾一后响 跍 乱跑：不知道~到哪哩

kʰ [ʔ4] 阔 括 酷

x [ʔ4] 豁 或 获 攉 用工具把堆积的东西拨开：~开 [ʔ324] 活 猾 滑 劐 用刀尖插入物体然后顺势拉开：用剪子把布一~两开

第六章　声母的历史层次

第一节　疑母和影喻微泥母

根据学者们（王力 1980；唐作藩 2002）的研究，中古疑母、泥母、微母都是鼻音声母，影母是唯一的零声母，喻母"是个半元音，带点摩擦"（唐作藩 2002）这些声母演变到现代方言，它们之间的关系发生了很大的变化。以北京话为例，除泥母仍然读作鼻音声母之外，疑母、微母、影母、喻母基本都读零声母，具体为：疑母绝大多数读零声母（例外有：拟、孽、虐、凝、逆等少数字），微母、影母、喻母则全部读零声母。从共时平面来看，这些声类在北京话的演变相对比较整齐单一，很难仅仅根据北京话自身的表现细化这些古声母的演变层次。与北京话相比，上述古声母在娄烦方言的演变要复杂得多，可以通过排比以上声母在娄烦方言的变化，在一定程度上了解这些声母演变的历史层次。

从娄烦方言整体看，上述同一古声母在不同方言小片有一定差异，但主要差别还在于不同古声母娄烦在方言中的不同演变。

一　疑母和影母

疑母与影母在娄烦方言中的读音类型比较一致，下面分别列出疑母、影母在娄烦方言中的读音。

娄烦方言疑母字读音见表 6-1。

第六章 声母的历史层次

表 6-1 娄烦方言疑母字读音

	开口一等						开口二等					
	果摄	蟹摄	效摄	流摄	山摄	宕摄	假摄	蟹摄	效摄	咸摄	山摄	梗摄
	鹅	饿	艾	熬	偶	岸	昂	牙	捱	咬	严~实	眼	硬
娄烦（城关）	ŋɤɯ⁴⁴	ŋɤɯ⁵³	ŋai⁵³	ŋao⁴⁴	ŋiɤɯ³²⁴	ŋæ⁵³	ŋɑ⁴⁴	ȵia⁴⁴	nai⁴⁴	ȵiɑo³²⁴	ŋæ⁴⁴	ȵie³²⁴	ȵiɣ̃⁵³
静游	ŋɤɯ⁴⁴	ŋɤɯ⁵³	ŋai⁵³	ŋao⁴⁴	ŋiɤɯ³²⁴	ŋæ⁵³	ŋɑ²⁴	ȵia⁴⁴	nai⁴⁴	ȵiɑo³²⁴	ŋæ⁴⁴	ȵiæ³²⁴	ȵiɣ̃⁵³
天池	ŋɤ⁴⁴	ŋɤ⁵³	ŋai⁵³	ŋao⁴⁴	ŋəu³²⁴	ŋæ⁵³	ŋɑ⁴⁴	ȵia⁴⁴	nai⁴⁴	ȵiɑo³²⁴	ie⁴⁴	ȵie³²⁴	ȵiɣ̃⁵³
顺道	ŋɤ⁴⁴	ŋɤ⁵³	ŋei⁵³	ŋo⁴⁴	ŋəu³¹²	ŋæ⁵³	ŋʌu⁴⁴	ȵia⁴⁴	nei⁴⁴	ȵio³¹²	ie⁴⁴	ȵie⁴⁴	ȵiɣ̃⁵³

	开口三等										开口四等
	止摄		咸摄	深摄	山摄		臻摄	宕摄		曾摄	梗摄	山摄
	宜	疑	酽	验	吟	言	孽	银	仰	虐	凝	逆	砚
娄烦（城关）	ȵi⁴⁴	i⁴⁴	ȵie⁵³	ie⁵³	iɣ̃⁴⁴	ie⁴⁴	ȵiɛʔ⁴⁴	ȵiɣ̃⁴⁴	ȵia³²⁴	ȵiaʔ⁴⁴	ȵiɣ̃⁴⁴	ȵiɛʔ⁴⁴	ȵie⁵³
静游	ȵi²⁴	i²⁴	ȵiæ⁵³	iæ⁵³	iɣ̃⁴⁴	iæ⁴⁴	ȵiəʔ⁴⁴	ȵiɣ̃⁴⁴	ȵiɑ³²⁴	ȵiəʔ⁴⁴	ȵiɣ̃⁴⁴	ȵiəʔ⁴⁴	ȵiæ⁵³
天池	ŋ̍⁴⁴	z̩⁴⁴	ȵie⁵³	ie⁵³	iɣ̃⁴⁴	ie⁴⁴	ȵiəʔ⁴⁴	ȵiɣ̃⁴⁴	ȵiɑ³²⁴	ȵiəʔ⁴⁴	ȵiɣ̃⁴⁴	ȵiəʔ⁴⁴	ȵie⁵³
顺道	ŋ̍⁴⁴	z̩⁴⁴	ȵie⁵³	ie⁵³	iɣ̃⁴⁴	ie⁴⁴	ȵia⁴⁴	ȵiɣ̃⁴⁴	ȵiʌu³¹²	ȵiaʔ⁴⁴	ȵiɣ̃⁴⁴	ŋ̍⁴⁴	ȵie⁵³

	合口											
	果一 假二	遇一、三				蟹一		山一、二、三				江二	通三
	卧	瓦	吴	五	语	遇	外	玩	顽	元	月	乐	玉
娄烦（城关）	vɤɯ⁵³	vɑ³²⁴	vu⁴⁴	vu³²⁴	y³²⁴	y⁵³	vai⁵³/vei⁵³	væ⁴⁴	væ⁴⁴	ye⁴⁴	yeʔ⁴⁴	yaʔ⁴⁴/iaʔ⁴⁴	y⁵³
静游	vɤɯ⁵³	vɑ³²⁴	vu²⁴	vu³²⁴	y⁵³	vai⁵³/vei⁵³	væ⁴⁴	væ⁴⁴	yə⁴	yəʔ⁴	yəʔ⁴/iəʔ⁴	y⁵³	
天池	vɤ⁵³	vɑ³²⁴	vu⁴⁴	vu³²⁴	zʅ³²⁴	zʅ⁵³	vai⁵³	væ⁴⁴	væ⁴⁴	ye⁴⁴	yeʔ⁴⁴	yaʔ⁴⁴/iaʔ⁴⁴	zʅ⁵³
顺道	vɤ⁵³	vɑ³¹²	vu⁴⁴	vu³¹²	zʅ³¹²	zʅ⁵³	vɛi⁵³	væ⁴⁴	væ⁴⁴	ye⁴⁴	yaʔ⁴⁴	yaʔ⁴⁴/iaʔ⁴⁴	zʅ⁵³

说明：江摄开口一般跟合口走，所以表中把它们看作合口。

从表 6-1 可以看出，疑母开口一等字不论哪一个韵摄都读 ŋ 声母，没有例外。疑母开口二等字绝大多数读 ȵ/n，只有咸摄的"严~实"、读 ŋ 声母。

我们统计了疑母开口二等读 ȵ/n 声母和 ŋ 声母的比例分配，读 ȵ/n 声母的占到全部相关字的 78%，读 ŋ 声母的占到全部相关字的 22%。疑母开口三四等字一部分读 ȵ 声母（顺道小片"逆"读 n 声母的 ɿ 韵母字，应该是韵母高化，声母舌尖化的结果，下同），一部分读齐齿呼零声母（天池、顺道两小片读 z 声母的 ɿ 韵字，如"疑"，应该是这两小片韵母高化，声母舌尖化的结果，我们仍然视其为零声母字，下同）。统计疑母开口三四等字读 ȵ 声母和齐齿呼零声母的比例表明，读 ȵ 声母的占全部相关字的 47%，读齐齿呼零声母占全部相关字的 53%，两者相差不大。疑母合口字都读零声母，没有例外。仅就疑母合口字读零声母而言，部分读合口呼零声母（北京话的合口呼零声母字在娄烦方言中，零声母的 u 韵字为 v 声母 u 韵字，尽管如此，我们仍然把上述相关字看作合口呼零声母，下同），一部分读撮口呼零声母（北京话的撮口呼零声母字在天池、顺道两小片中，零声母的 y 韵字读 z 声母的 ɿ 韵字，如"语"，应该是这两小片韵母高化，声母舌尖化的结果，尽管如此，我们仍然把上述相关字看作撮口呼零声母，下同）。从古音来历看，合口呼零声母主要来自一二等，撮口呼零声母主要来自三等。

影母在方言中的读音见表 6-2。

表 6-2　娄烦方言影母字读音

	开口一等							开口二等			
	蟹摄	效摄	流摄	咸摄	山摄	臻摄	宕摄	假摄	蟹摄	效摄	咸摄	梗摄
	爱	袄	讴	暗	鞍	恩	恶	哑	挨~住	坳	压~腰	扼	樱
娄烦（城关）	ŋai⁵³	ŋao³²⁴	ŋiɣɯ⁴⁴	ŋæ³	ŋæ⁴⁴	ŋỹ⁴⁴	ŋaʔ⁴⁴	ŋa³²⁴	ŋai⁴⁴	ŋao⁵³	ŋa⁵³	ŋaʔ⁴⁴	iɣ⁴⁴
静游	ŋai⁵³	ŋao³²⁴	ŋiɣɯ²⁴	ŋæ³	ŋæ²⁴	ŋỹ²⁴	ŋaʔ⁴⁴	ŋa³²⁴	ŋai²⁴	ŋao⁵³	ŋa⁵³	ŋaʔ⁴⁴	iɣ²⁴
天池	ŋei⁵³	ŋao³²⁴	ŋəu³²⁴	ŋæ³	ŋæ⁴⁴	ŋʌʔ⁴⁴	ŋa³²⁴	ŋai⁴⁴	ŋao⁵³	ŋa⁵³	ŋaʔ⁴⁴	iɣ⁴⁴
顺道	ŋei⁵³	ŋʌu³¹²	ŋəu³²⁴	ŋæ³	ŋæ⁴⁴	ŋỹ⁴⁴	ŋaʔ⁴⁴	ŋa³¹²	ŋei⁴⁴	ŋʌu⁵³	ŋa⁵³	ŋaʔ⁴⁴	iɣ⁴⁴

	开口三等									开口四等	
	止摄	效摄	流摄	咸摄	深摄	山摄	臻摄	宕摄	曾摄	梗摄	效摄	山摄
	衣	腰	优	掩	厌	阴	蔫	一	殃	应	影	吆~喝	烟
娄烦（城关）	i⁴⁴	iao⁴⁴	iɣɯ⁴⁴	ŋæ³²⁴	ie⁵³	iɣ⁴⁴	ie⁴⁴	iəʔ⁴⁴	ia⁴⁴	iɣ⁵³/i⁵³	iɣ³²⁴/i³²⁴	iao⁴⁴	ie⁴⁴

续表

静游	i²⁴	iɑo²⁴	iɤu²⁴	ŋæ³²⁴	iæ⁵³	iỹ²⁴	iæ²⁴	iəʔ⁴⁴	iɑ⁴⁴	iỹ⁵³/iʅ²⁴	iỹ³²⁴/i³²⁴	iɑo²⁴	iæ²⁴
天池	ʅ⁴⁴	iɑo⁴⁴	ir⁴⁴	ŋæ³²⁴	ie⁵³	iỹ⁴⁴	ie⁴⁴	iəʔ⁴⁴	iɑ⁴⁴	iỹ⁵³	iỹ³²⁴/ʅ³²⁴	iɑo⁴⁴	ie⁴⁴
顺道	ʅ⁴⁴	io⁴⁴	ir⁴⁴	ŋæ³¹²	ie⁵³	iỹ⁴⁴	ie⁴⁴	iəʔ⁴⁴	iʌu⁴⁴	iỹ⁵³	iỹ⁵³/ʅ⁵³	io⁴⁴	ie⁴⁴

	合口										
	果一	假二	遇一三	蟹二	止三	山二三	臻一	宕三	江二	通一三	
	窝	洼	乌	淤	蛙	慰	弯	怨	稳	枉	握	瓮	拥
娄烦（城关）	vɤu⁴⁴	vɑ⁴⁴	vu⁴⁴	y⁴⁴	vɑ⁴⁴	vei⁵³/y⁵³	væ²⁴	ye⁵³	vỹ³²⁴	vɑ³²⁴/vɤu³²⁴	vɑʔ⁴⁴	vỹ⁵³	yỹ³²⁴
静游	vɤu²⁴	vɑ²⁴	vu²⁴	y²⁴	vɑ²⁴	vei⁵³/y⁵³	væ²⁴	yæ⁵³	vỹ³²⁴	vɑ³²⁴/vɤu³²⁴	vɑ²⁴	vỹ⁵³	yỹ³²⁴
天池	vɤ⁴⁴	vɑ⁴⁴	vu⁴⁴	zʅ⁴⁴	vɑ⁴⁴	vai⁵³/zʅ⁵³	væ⁴⁴	ye⁵³	vỹ³²⁴	vɑ⁴⁴/vɤ⁴⁴	vʌ⁴⁴	vỹ⁵³	yỹ³²⁴
顺道	vɤ⁴⁴	vɑ⁴⁴	vu⁴⁴	zʅ⁴⁴	vɑ⁴⁴	vei⁵³/zʅ⁵³	væ⁴⁴	ye⁵³	vỹ³¹²	vʌu³¹²	vɑʔ⁴⁴	vỹ⁵³	yỹ³¹²

说明：江摄开口二等一般跟合口走，所以表中临时把它归入合口。

从表6-2可以看出，影母开口一等字不论哪一个韵摄都读ŋ声母，没有例外。影母开口二等字基本读ŋ声母，只有梗摄的"樱"读齐齿呼零声母，可以看作例外。影母开口三四等字绝大部分读齐齿呼零声母（天池、顺道两小片读z声母的ʅ韵字，如"衣、影白读"，应该是这两小片韵母高化，声母舌尖化的结果，我们仍然视其为零声母字），很小部分读ŋ声母，只有来自咸摄的"掩"。统计影母开口三四等字读齐齿呼零声母和ŋ声母的比例表明，读齐齿呼零声母的占全部相关字的92%，读ŋ声母的占全部相关字的8%，两者相差很大。影母合口字都读零声母，没有例外。仅就影母合口字读零声母而言，一部分读合口呼零声母，一部分读撮口呼零声母。从古音来历看，合口呼零声母主要来自一二等，撮口呼零声母主要来自三等。

比较疑母、影母在娄烦方言今读音情况，二者有比较大的一致性，也有不少差别。疑母、影母最大的一致是开口一等都读ŋ声母，合口都读零声母，并且合口呼零声母主要来自一二等，撮口呼零声母主要来自三等。

二者的区别主要集中在开口二和三四等今读音上。疑母开口二等在方言中今读以 n̠/n 声母为主，读 ŋ 声母所占比例不大；影母开口二等则基本上读 ŋ 声母。疑母开口三四等一部分读 n̠ 声母，一部分读齐齿呼零声母，两者相差不大；影母开口三四等绝大部分读齐齿呼零声母，很小部分读 ŋ 声母。为方便起见，我们把疑母、影母在娄烦方言今读音简化为表6-3。

表6-3 娄烦方言疑影母字读音对照

	开口一等	合口	开口二等	开口三四等
疑母	ŋ 没有例外	u－/y－ 合口呼零声母主要来自一二等，撮口呼零声母主要来自三等	n̠/n 或 ŋ n̠/n 声母为主，ŋ 声母比例不大	n̠ 或 i－ 两者相差不大
影母			ŋ 基本上读 ŋ 声母，个别字读齐齿呼零声母	i－ 或 ŋ 绝大部分读齐齿呼零声母，很小部分读 ŋ 声母

说明：表中 u－代表合口呼零声母，i－代表齿呼零声母，y－代表撮口呼零声母。

通过比较疑母、影母字在娄烦方言表现出的共同点和差异，可以帮助我们在一定程度上了解这些古声母在方言中的演变层次。

根据学者研究（王力1980；唐作藩2002），中古疑母被拟音为 *ŋ 声母，影母是唯一的零声母，这是两个不同的声类。从娄烦方言的读音看，疑母开口一等还保留了比较古老的读音：仍然读 ŋ 声母。疑母、影母在相当程度上已经合流，这样的合流根据开合口的不同、等的差别而表现出不同的合流方向和进程。就开口一等来说，疑母、影母今都读 ŋ 声母，没有例外，说明在疑影母开口一等的合流过程中，应该是影母并入疑母，即影母→疑母，并且这一音变过程已经全部完成，结果就是影母开口一等今读声母也是 ŋ 声母。

影母是中古时期唯一的零声母（王力1980；唐作藩2002），现在娄烦方言中合口仍然读为零声母。有意思的是，原本读鼻音声母的疑母合口也同影母一样在方言中今读都是零声母，并且疑影母合口在方言中相当一致：都是合口呼零声母来自一二等，撮口呼零声母来自三等。由此可以判定，疑母合口和影母合口的合流应该比较完全，因为二者在方言的今读中非常一致，这是一种具有系统性质的对应关系，说明疑母合口和影母合口的合流是深刻的。从演变方向看，应该是疑母并入影母，这与开口一等正好相反，因为现在方言中疑影母都读零声母，而影母原本就是零声母。

当然，无论是影母开口一等并入疑母开口一等，还是疑母合口并入影母合口，似乎还可以从另一个方面作出推断。就开口一等来说，疑母先并入影母，读零声母，然后再演变为现在的鼻音声母，但是这一推断很难在零声母向鼻音声母的演变环节上找到充分的证据。就合口来说，也可以推测影母先并入疑母，读鼻音声母，然后再演变为现在的零声母，但是这一推断同样很难在鼻音声母向零声母的演变环节上找到证据。如果进行上述推断，可能碰到的一个更大的问题是：以开口一等为例，假如疑母先并入影母，读零声母，这时就可能会与其他等呼的影母零声母字合并，然后在以后的演变中只能走共同的道路，但从现在方言事实看，疑影母开口一等的演变与其他等呼迥然不同，所以只能推翻上述的推测。同样，假如推测影母合口并入疑母，也会碰到类似的困难。

从现有材料看，疑影母开口一等和合口的演变层次较为整齐和简单。疑影母开口二等、开口三四等由于其内部读音差异较大，所以表现出更加复杂的演变层次。

先看疑母开口二等、三四等。疑母开口二等字绝大多数读 n/n，只有咸开二的"严~实"、梗开二的"额"读 ŋ 声母。具体来说，读 n/n 声母的占到全部相关字的78%，读 ŋ 声母的占到全部相关字的22%。疑母开口三四等字一部分读 ȵ 声母，一部分读齐齿呼零声母。具体来说，读 ȵ 声母的占全部相关字的47%，读齐齿呼零声母占全部相关字的53%，两者相差不大。总的来看疑母开口二等和三四等，开口二等都读鼻音声母，开口三四等读鼻音声母的不到全部相关字的一半；开口二等还有少数（22%）字读 ŋ 声母，到开口三四等已经完全不读 ŋ 声母了。与此同时开口二等还没有零声母，到开口三四等零声母已经占到全部相关字的53%。可见，从疑母开口二等到三四等，是鼻音声母逐渐失去自己领地的过程，同时也是零声母逐渐强势的过程。由原来的鼻音声母逐渐演变为零声母，说明疑母开口二、三、四等字可能逐渐与原本属于零声母的影母字合并，并且根据疑母二等和三四等读零声母的比例，可以推断疑母二等和三四等在与影母合并中进程的差别：较早合并的应该是疑母开口三四等，现在方言中已经有超过一半的字读零声母，而疑母开口二等还没有开始类似的演变，仍读鼻音声母。另外，联系疑母开口一等在方言中的今读，还可以看出另外一种演变趋势：疑母开口一等都读 ŋ 声母，开口二等只有少部分读 ŋ 声母，其他大部分读 n/ȵ 声母，开口三四等读 n/ȵ 声母的也只有不到一半，其他都读零声母，说明在疑母开口字的演变层次方面，开口一等是最为保守的，开口二等也较为保守，三四等最容易与别的音类合并。我们知道，中古音韵等的区别主要是指韵母主要元音舌位的高低，一等是舌位最低的，三四等是舌位较高的，因此，在疑母开口与影母合并读零声母的演变进程中，应该是从舌位较高的三四等开始。

与有关疑母开口的上述讨论相联系的另外一个问题是，从疑母一等到三等，舌根鼻音逐渐减少，三四等已经完全没有舌根鼻音。与此同时，开口二等以舌面及舌尖鼻音为主，三四等舌尖鼻音只有不到一半。说明从开口一等到开口四等，也是一个鼻音由舌根向舌面/舌尖前移的过程，这种变化似乎与疑母开口并入影母开口读零声母的合并相关，是否因此就说明疑母的舌根鼻音在并入影母零声母时中间要有一个舌根鼻音前移的中间状态，应该还需要更加充分的材料证明。

再看影母二等、三四等。影母开口二等字基本读 ŋ 声母，只有梗开二的"樱"读齐齿呼零声母。影母开口三四等字绝大部分读齐齿呼零声母，只有来自咸开三的"掩、淹"读 ŋ 声母，读齐齿呼零声母的占全部相关字的92%，读 ŋ 声母的占全部相关字的8%，两者相差很大。联系影母开口一等，可以这样认为，影母开口一二等字今读 ŋ 声母，开口三四等今读主要是零声母。也就是说，对影母开口字而言，是否并入疑母，一二等与三四等明显不同：一二等并入，三四等没有并入。

同样都是开口二等，疑母和影母明显不同：疑母在方言中今读主要是 n/ȵ 声母，影母主要是 ŋ 声母，影母的读音与疑母开口不一致。影母开口二等与疑母开口二等在方言今读音的差异说明，影母开口二等实际上只是并入疑母开口一等，并没有并入疑母开口二等。可以肯定的是，影母开口二等从来就没有与同样属于二等的疑母字合并，否则，影母开口二等应该跟着疑母开口二等走。究竟影母开口二等有没有先并入影母开口一等，然后与影母开口一等一起并入疑母开口一等，从现在的材料中还很难找到答案。同样都是三四等，影母和疑母也明显不同，影母在方言中今读主要是齐齿呼零声母，疑母则部分读 ȵ/n 声母，部分读齐齿呼零声母。我们认为，影母开口三四等读齐齿呼零声母应该是存古，疑母开口三四等在方言中部分字读零声母是疑母字向影母字合并。至于疑母开口三四等在方言中今读 ȵ/n 声母的部分字，既有存古色彩，仍然保留鼻音的读法，也有一定变化，由原来的舌根鼻音演变为舌面/舌尖鼻音。

无论是疑母，还是影母，合口读合口呼零声母和撮口呼零声母。我们知道，中古影母原本就是零声母，所以原本读鼻音声母的疑母在方言中读零声母应该是疑母并入影母的结果。

通过以上分析，中古疑母、影母各个音类在存古的程度大小方面是不同的，并由此形成几个存古的相对稳定区：

第一存古稳定区：以疑母开口一等为基点，吸引影母开口一等，影母开口二等。韵母主要元音的舌位都较低；

第二存古稳定区：以影母开口三四等为基点，吸引疑母开口三四等部分字（韵母主要元音的舌位较高）；

第三存古稳定区：以影母合口为基点，吸引疑母合口所有字（无论韵母舌位高低）。

另外，疑母开口二等大部分，开口三四等一部分，既有存古色彩，也有变化色彩。

因此，就中古疑母、影母在方言中的演变而言，较为明显地表现出三种趋势：

第一，保留中古疑母鼻音的读法，包括疑母开口一等、影母开口一二等；

第二，保留中古影母零声母的读法，包括影母开口三四等、疑母开口三四等部分、疑影母合口。又包括两个小的趋势，第一方言今读齐齿呼，包括影母开口三四等、疑母开口三四等部分，第二方言今读合口呼和撮口呼，包括疑影母合口；

第三，舌根鼻音向舌面/舌尖鼻音变化，包括疑母开口二等大部分、疑母开口三四等部分。

以上主要根据疑母、影母在娄烦方言中的读音，对其演变趋势和层次做了分析。疑影母除了它们之间的音类分合变化以外和喻母、微母、泥母也多有关涉，下面讨论疑影母和喻母、微母、泥母的关系。

二 疑影母和喻母

下面是喻母字在娄烦方言中的今读音。见表6-4

表6-4 娄烦方言喻母字的今读音

	喻母开口									
	假三	止三	效三	流三	山三	咸开三	臻开三	宕开三	曾开三	梗开三
	夜	移	摇	有	演	盐	引	羊	蝇	赢
娄烦（城关）	iɿ⁵³	i⁴⁴	iɑo⁴⁴	iɤɯ³²⁴	ie³²⁴	ie⁴⁴	iỹ³²⁴	iɑ⁴⁴	iỹ³²⁴/i⁴⁴	iỹ⁴⁴/i⁴⁴
静游	ie⁵³	i²⁴	iɑo⁴⁴	iɤɯ³²⁴	iæ³²⁴	iæ⁴⁴	iỹ³²⁴	iɑ⁴⁴	iỹ⁴⁴/i⁴⁴	iỹ²⁴/i²⁴
天池	iɿ⁵³	zʅ⁴⁴	iɑo⁴⁴	iɿ³²⁴	ie³²⁴	ie⁴⁴	iỹ³²⁴	iɑ⁴⁴	iỹ⁴⁴/zʅ⁴⁴	iỹ⁴⁴/zʅ⁴⁴
顺道	iɿ⁵³	zʅ⁴⁴	io⁴⁴	iɿ³¹²	ie³¹²	ie⁴⁴	iỹ³¹²	iʌu⁴⁴	iỹ⁴⁴/zʅ⁴⁴	iỹ⁴⁴/zʅ⁴⁴
	喻母合口							
	遇合三	蟹合三	止合三	山合三	臻合三	宕合三	梗合三	通合三
	雨	卫	位	院	云	王	荣	用
娄烦（城关）	y³²⁴	vei⁵³	vei⁵³	ye⁵³	yỹ⁴⁴	vyɯ⁴⁴	yỹ⁴⁴	yỹ⁵³
静游	y³²⁴	vei⁵³	vei⁵³	yæ⁵³	yỹ⁴⁴	vyɯ⁴⁴	yỹ⁴⁴	yỹ⁵³
天池	zɥ³²⁴	vai⁵³	vai⁵³	ye⁵³	yỹ⁴⁴	vɤ⁴⁴	yỹ⁴⁴	yỹ⁵³
顺道	zɥ³¹²	vei⁵³	vei⁵³	ye⁵³	yỹ⁴⁴	vʌu⁴⁴	yỹ⁴⁴	yỹ⁵³

从表6-4可以看出，这些字都是三等字，一部分字在娄烦方言中今读齐齿呼零声母（天池、顺道两小片读z声母的ʅ韵字，如"移"，应该是这两小片韵母高化，声母舌尖化的结果，我们仍然视其为齐齿呼零声母字），一部分读撮口呼零声母（天池、顺道两小片读z声母的ɥ韵字，如"雨"，应该是这两小片韵母高化，声母舌尖化的结果，我们仍然视其为撮口呼零声母字），一部分读合口呼零声母。从来源看，齐齿呼零声母字来自开口三等，合口呼和撮口呼零声母字来自合口三等。

疑影母在方言中也有读零声母的，其中开口读齐齿呼零声母，具体来自疑母开口三四等部分字、影母开口三四等绝大部分字。喻母开口在方言中也读齐齿呼零声母字，并且全部都读齐齿呼零声母。由此可见，影母开口三四等与喻母开口有更大的一致性，所以二者的合流应该更加充分更加全面。就疑母开口三四等来说，只有部分读齐齿呼零声母，其他还仍然读鼻音声母，说明疑母开口三四等向零声母齐齿呼的归并还不全面，不充分。因此，在疑母、影母、喻母开口三四等的合流进程中，首先应该是影母、喻母合流，然后是疑母逐渐向它们靠拢。

就合口来说，疑影喻之间的关系又表现出不同的特点。比较疑、影、喻三母合口，疑母与影母之间有更大的一致性。表 6-5 为疑母、影母合口字今读音对照。

表 6-5　疑母、影母合口字今读音对照

	疑母合口									
	一二等						三等			
	果一	假二	遇一	蟹一	山一	山二	遇三	山三		通三
	卧	瓦	吴	五	外	玩	顽	语	遇	元	月	玉
娄烦（城关）	vɤɯ⁵³	va³²⁴	vu⁴⁴	vu³²⁴	vai⁵³/vei⁵³	væ⁴⁴	væ⁴⁴	y³²⁴	y⁵³	ye⁴⁴	yɐʔ⁴⁴	y⁵³
静游	vɤɯ⁵³	va³²⁴	vu²⁴	vu³²⁴	vai⁵³/vei⁵³	væ⁴⁴	væ⁴⁴	y³²⁴	y⁵³	yæ⁴⁴	yɐʔ²⁴	y⁵³
天池	vɤ⁵³	va³²⁴	vu⁴⁴	vu³²⁴	vai⁵³	væ⁴⁴	væ⁴⁴	zʅ³²⁴	zʅ⁵³	ye⁴⁴	yɐʔ⁴⁴	zʅ⁵³
顺道	vɤ⁵³	va³¹²	vu⁴⁴	vu³¹²	vei⁵³	væ⁴⁴	væ⁴⁴	zʅ³¹²	zʅ⁵³	ye⁴⁴	yaʔ⁴⁴	zʅ⁵³

	影母合口									
	一二等						三等			
	果一	假二	遇一	蟹二	山二	臻一	通一	遇三	止三	山三	宕三	通三
	窝	洼	乌	蛙	弯	稳	瓮	淤	慰	怨	枉	拥
娄烦（城关）	vɤɯ⁴⁴	va⁴⁴	vu⁴⁴	va⁴⁴	væ⁴⁴	vỹ³²⁴	vỹ⁵³	y⁴⁴	vei⁵³/y⁵³	ye⁵³	va³²⁴/vɤɯ³²⁴	yỹ³²⁴
静游	vɤɯ²⁴	va²⁴	vu²⁴	va²⁴	væ²⁴	vỹ³²⁴	vỹ⁵³	y⁴⁴	vei⁵³/y⁵³	yæ⁵³	va³²⁴/vɤɯ³²⁴	yỹ³²⁴
天池	vɤ⁴⁴	va⁴⁴	vu⁴⁴	va⁴⁴	væ⁴⁴	vỹ³²⁴	vỹ⁵³	zʅ⁴⁴	vai⁵³/zʅ⁵³	ye⁵³	va⁴⁴/vɤ⁴⁴	yỹ³²⁴
顺道	vɤ⁴⁴	va⁴⁴	vu⁴⁴	va⁴⁴	væ⁴⁴	vỹ³¹²	vỹ⁵³	zʅ⁴⁴	vei⁵³/zʅ⁵³	ye⁵³	vʌu³¹²	yỹ³¹²

从表 6-5 可以看出，疑母、影母一二等和疑母、影母三等有非常明显的分界：一二等读合口呼零声母，三等读撮口呼零声母（影母宕合三的"柱"可以看作例外）。把表 6-5 简化为下面对应关系为：

	一二等	三等
疑母合口	u−	y−
影母合口	u−	y−

可见疑母合口与影母合口有相当一致的语音对应关系。与疑影母合口比较，喻母三等合口既有读撮口呼零声母的，也有读合口呼零声母的，表现出明显的差别。

丁帮新（1979）曾论证过深层比较，主张通过音系结构关系的类同确定语言的亲疏远近，这种方法同样可以用来判断同一方言不同音类之间的关系，相同点越多关系越近，相同点越少关系越远。从上面可以看出，疑影母合口有相同的读音表现，即它们分别与方言今读的音系结构关系完全相同，说明二者的合并是全面的，它们关系密切，因此首先合流。尽管喻母合口三等也有读撮口呼的，但还有相当一部分字读合口呼零声母，所以与疑影母关系较疏远。上述情况说明，就合口而言，首先是疑影母合流，合流以后的部分音类与喻母的部分音类合流。

三　疑影母和微母

微母只有合口三等。表 6-6 是微母字在娄烦方言中的今读音。

表 6-6　娄烦方言微母字今读音

	微母											
	遇合三			止合三		山合三		臻合三		宕合三		
	无	舞	雾	尾白读	味	晚	万	袜	文	物	芒麦~	网	忘
娄烦（城关）	vu44	vu324	vu53	vei324/i324	vei53	væ324	væ53	vaʔ44	vỹ44	vəʔ44	vɑ53/vyɯ53	vɑ324/vyɯ324	vɑ53/vyɯ53
静游	vu44	vu324	vu53	vei324/i324	vei53	væ324	væ53	vaʔ4	vỹ44	vəʔ4	vɑ53/vyɯ53	vɑ324/vyɯ324	vɑ53/vyɯ53

续表

	微母										
	遇合三			止合三		山合三		臻合三		宕合三		
	无	舞	雾	尾_{白读}	味	晚	万	袜	文	物	芒_{麦~}	网	忘
天池	vu⁴⁴	vu³²⁴	vu⁵³	vai³²⁴ /zʅ³²⁴	vɛi⁵³	væ³²⁴	væ⁵³	vʌʔ⁴⁴	vỹ⁴⁴	vəʔ⁴⁴	mɑ⁴⁴ /mɤ⁴⁴	vɑ³²⁴ /vɤ³²⁴	vɑ⁵³ /vɤ⁵³
顺道	vu⁴⁴	vu³¹²	vu⁵³	vɛi³¹² /zʅ³¹²	vɛi⁵³	væ³¹²	væ⁵³	vʌʔ⁴⁴	vỹ⁴⁴	vəʔ⁴⁴	mʌu⁴⁴	vʌu³¹²	vʌu⁵³

从表 6-6 可以看出，中古微母字在方言中今读合口呼零声母（北京话的合口呼零声母字在娄烦方言中，因擦化而变成唇齿浊擦音 v 声母字，尽管如此，我们仍然把上述相关字看作合口呼零声母），只有个别字例外，如"尾_{白读}"为齐齿呼零声母、"芒_{麦~}"在天池、顺道两小片读 m 声母。

从共时平面看，微母读合口呼零声母，不仅与疑影母合口一二等合流，如"卧瓦外玩顽王"（疑母合口一二等）、"窝洼蛙碗豌腕挖温瓮"（影母合口一二等），而且与喻母合口三等蟹摄、止摄、宕摄合流，如"卫位围胃王旺"。中古疑母是鼻音，微母也是鼻音，喻母是个半元音，只有影母是零声母。从现在方言的读音看，影母合口一二等仍然还是零声母，且是合口呼零声母，所以可能变化不大。而曾经作为鼻音的疑母（一二等合口）、微母（合口三等）现在也读零声母，与影母合口一二等今读合流，这应该是一个相当大的变化。上文说过，疑母合口与影母合口的合流具有系统性结构的特点，所以它们之间的合流是全面而深刻的。与疑母一样同为鼻音的微母，在与影母合流之前是否与疑母、喻母先期合并过，仅从现有的材料还很难做出结论。

四 疑母和泥母

（一）读音类型

中古疑母和泥母都是鼻音声母，疑母是舌根鼻音，泥母是舌尖鼻音。中古疑母开口和合口在娄烦方言的读音不同：中古疑母开口今读有相当一部分读鼻音声母，合口都读零声母。就中古开口而言，又根据中古韵母等的不同表现出不同的趋势。中古一等字读鼻音声母 ŋ，没有例外，二三等字有的读齐齿呼零声母，有的读舌尖鼻音声母 n，个别字读舌根鼻音声母 ŋ。具体来说，中古疑母开口二等大部分字在方言中读 n 声母，如"挨挨打咬硬"，只有小部分字读舌根鼻音声母 ŋ，如"严~实额"；中古开口三等疑母一小部分字在方言中读 ȵ 声母，如"牛孽逆"。其他字都读齐齿呼零声母，很少有读 ȵ 声母的。就中古合口而言，都读 v 声母或撮口呼零声母，其中 v 声母应该是合口呼零声母进一步擦化的结果，以合口呼零声母对待。

泥母在方言中读 n 或 ȵ 声母，具体来说，泥母在洪音前读 n，在今齐齿呼韵母前读 ȵ，详见表 6-7。

表 6-7　娄烦方言泥母字读音

	泥母									
	果摄	假摄	遇摄		蟹摄			止摄	效摄	咸摄	
	挪	拿	努	女	奶	泥	内	你	闹	尿	南	念
娄烦（城关）	nɤɯ⁴⁴	nɑ⁴⁴	nɤɯ³²⁴	ȵy³²⁴	nai³²⁴	ȵi⁴⁴	nai⁵³	ȵi³²⁴	nao⁵³	ȵiao⁵³	næ⁴⁴	ȵie⁵³
静游	nɤɯ⁴⁴	nɑ⁴⁴	nɤɯ³²⁴	ȵy³²⁴	nai³²⁴	ȵi⁴⁴	nai⁵³	ȵi³²⁴	nao⁵³	ȵiao⁵³	næ⁴⁴	ȵiæ⁵³
天池	nɤ⁴⁴	nɑ⁴⁴	nəɯ³²⁴	nʐʯ³²⁴	nai³²⁴	nʐʅ⁴⁴	nai⁵³	nʐʅ³²⁴	nao⁵³	ȵiao⁵³	næ⁴⁴	ȵie⁵³
顺道	nɤ⁴⁴	nɑ⁴⁴	nəɯ³²⁴	nʐʯ³¹²	nɛi³¹²	nʐʅ⁴⁴	nɛi⁵³	nʐʅ³¹²	nʌu⁵³	ȵio⁵³	næ⁴⁴	ȵie⁵³
	流摄	山摄				臻摄	宕摄	曾摄	梗摄	通摄
	扭	难~易	碾	年	暖	嫩	囊	娘	能	宁	农	浓
娄烦（城关）	ȵiɤɯ³²⁴	næ⁴⁴	nʐæ³²⁴	ȵie⁴⁴	nuæ³²⁴/næ³²⁴	nỹ⁵³	nɑ⁴⁴	ȵiɑ⁴⁴	nỹ⁴⁴	ȵiỹ⁴⁴	nỹ⁴⁴	nỹ⁵³
静游	ȵiɤɯ³²⁴	næ⁴⁴	nʐæ³²⁴	ȵiæ⁴⁴	nuæ³²⁴/næ³²⁴	nỹ⁵³	nɑ⁴⁴	ȵiɑ⁴⁴	nỹ⁴⁴	ȵiỹ⁴⁴	nỹ⁴⁴	nỹ⁵³
天池	nəɯ³²⁴	næ⁴⁴	nʐæ³²⁴	ȵie⁴⁴	nuæ³²⁴	nỹ⁵³	nɑ⁴⁴	ȵiɑ⁴⁴	nỹ⁴⁴	ȵiỹ⁴⁴	nỹ⁴⁴	nỹ⁵³
顺道	nʐəu³¹²	næ⁴⁴	nʐæ³¹²	ȵie⁴⁴	nuæ³¹²	nỹ⁵³	nʌu⁴⁴	ȵiʌu⁴⁴	nỹ⁴⁴	ȵiỹ⁴⁴	nỹ⁴⁴	nỹ⁵³

可以看出，中古疑母今开口呼字在今娄烦方言中有相当一部分与泥母合流，读 n 声母；今齐齿呼韵母，读 ȵ 声母。

（二）泥疑母的合流和舌尖擦化

1. 泥疑母的合流

一般认为，中古泥母相当稳定，在现代方言中大都仍读 n 声母。（王力 1980）娄烦方言也不例外，在洪音前读 n 声母，细音前读 ȵ 声母。疑母在中古是舌根鼻音，娄烦开口一等仍然读 ŋ 声母。开口二等主要读 n/ȵ 声母，少数读 ŋ 声母。开口三四等部分读 ȵ 声母。这样，疑母和泥母在 n/ȵ 声母合流。

从音理上说，"舌根音在 i、y 的前面容易发生变化，是由于 ŋ 的发音部位和 i、y 距离较远。"（王力 1980）现在看来，疑母开口二三等相当多的字在娄烦方言读 n/ȵ 声母与上述音理有关，因为 n/ȵ 声母既可以解决 i y 和 ŋ 声母 "远" 的矛盾，又可以使声母保持鼻音的特点。从变化过程看，应该是疑母开口二三等声母并入泥母，因为泥母读 n 声母是 "古已有之"。

中古泥母曾经有个舌面化的演变，即舌尖鼻音 n 演变为舌面鼻音 ȵ，以今齐齿呼韵母为条件，因此这是一种发生在晚近的变化。今舌面鼻音 ȵ 不仅来自中古泥母，而且来自中古疑母开口二三四等，例如 "捏碾念尿（以上泥母）咬眼硬（以上疑母）" 等都读 ȵ 声母。

我们认为，中古疑母开口二三四等读舌面鼻音 ȵ 似乎不是疑母相关字整个混入泥母以后发生的变化，因为 "眼_{疑母}" 读 ȵ 声母，应该与 "碾_{泥母}" 同音，即 "眼_{疑母}＝碾_{泥母}"，那么，与 "眼_{疑母}" 同类的其他疑母字如 "言（山摄开口三等字）" 等都应该读 ȵ 声母，事实上，"言" 等字都读齐齿呼零声母。由此可以推断，疑母相关字混入泥母不是采取齐步走的音变方式，而是部分发生相关变化，如 "咬眼硬"，有的未发生类似的变化，如 "言"。可见这是一种 "词汇扩散" 的音变方式。

2. 舌尖擦化

中古泥疑母字今声母的另一演变是舌尖擦音化。北京话读 i y 韵母的字，在天池、顺道两小片读 n_z 声母，涉及遇摄、蟹摄、止摄，如 "女_{遇摄}、泥_{蟹摄}、你_{止摄}"。除此以外，娄烦全境把 "碾"、顺道把 "扭暖" 读 n_z 声母，这些字涉及流摄、山摄。

在陕北晋语南部的清涧、延川、子洲、子长等地，普遍存在韵母元音的高化。对遇摄来说，韵母元音高化为舌尖前圆唇元音 ʮ；对止摄来说，韵母元音高化为舌尖前不圆唇元音 ʅ。也许是韵母的这种变化引起声母的相应变化。泥母的"女"字，原读 n 声母应该没有疑问，n 是舌尖音，发音部位与 z 相同，这为 n 声母演变为 z 声母提供了便利。按照音理，舌尖元音更容易与擦音结合。基于以上因素，"女"字的声母从 n 向 z 演变是最为合理和可能的，在这中间应该有 n_z 这样一个阶段，即 n→n_z→z（李建校 2006）。陕北晋语已经演变到 z 的阶段，天池、顺道两小片还处在 n_z 的阶段。

与上述变化相联系的是疑母"鱼语遇"等字的变化，和泥母的"女"字有相同的地方，也有不同之处。相同的都是由于韵母元音的高化而引起的变化，但泥母的"女"字声母是一种演变，即由 n 声母演变为 n_z 声母；而疑母的"鱼"字声母则是滋生，即由原来的撮口呼零声母滋生出 z 声母。疑母字的这种变化在音理上也可以解释为："鱼"是合口三等字，与娄烦（城关）小片、静游小片比较，原读 y 韵母应该没有问题，y 是舌面前元音，进一步高化就是 ʮ，如果发 ʮ 元音时摩擦大一点，自然就可以滋生出 z 来。即 y→ʮ→zʮ。

蟹摄开口三四等、止摄开口泥母的读音，以"你$_{止摄}$、泥$_{蟹摄}$"为例。这两个泥母字都读 n_z 声母，演变原因与上文遇摄泥疑母相同，都是由于韵母元音的高化。与娄烦（城关）、静游两小片比较，"你$_{止摄}$、泥$_{蟹摄}$"两字原来应该读 i 韵母，高化后为 ʅ，使声母演变为 n_z。n_z 声母还可能进一步演变为 z，如陕北晋语延川方言的"泥"就是如此。（李建校 2006）

第二节　知庄章组

一　读音类型

中古知庄章组声母在娄烦方言读 ts pf 两组声母。娄烦方言 ts 组声母有两个来源，一个是中古精组，一个是中古知庄章组。中古知庄章组今读 ts 组声母的包括：假开二三、假合二的"傻"，蟹开二，止开三，效开二三

第六章 声母的历史层次

("抓、爪"除外),流开三,咸开二三("赚"除外),深开三,山开二三,臻开三,宕开三(庄组除外),曾开三,梗开二三。简言之,知庄章开口除去效开二的"抓、爪",咸开二的"赚",宕开三庄组,江开二,其他都读 ts 组声母。中古知庄章组今读 pf 组声母的包括:假合二("傻"除外),遇合三,蟹合三,止合三,效开二的"抓、爪",咸开二的"赚",山合二三,臻合三,宕开三庄组,江开二,通合三。简而言之,知庄章合口(假合二"傻"除外)的字,再加上效开二的"抓、爪",咸开二的"赚",宕开三庄组,江开二读 pf 组声母。分述如下。

中古知庄章组今读 ts 组声母,见表 6-8。

表 6-8　娄烦方言知庄章组今读 ts 组声母

	假开二三		蟹开二		止开三		效开二三		流开三		咸开二三	
	茶	蛇	债	柴	纸	迟	吵	烧	抽	稠	衫	粘
	平澄麻	平船麻	去庄卦	平崇佳	上章纸	平澄脂	上初巧	平书宵	平彻尤	平澄尤	平生衔	平知鉴
娄烦（城关）	tsʰa⁴⁴	tsʰɤɯ⁴⁴	tsai⁵³	tsʰai⁴⁴	tsʅ³²⁴	tsʰʅ⁴⁴	tsʰɑo³²⁴	sɑo⁴⁴	tsʰɤɯ⁴⁴	tsʰɤɯ⁴⁴	sæ⁴⁴	tsæ⁴⁴
静游	tsʰa⁴⁴	tsʰɤɯ⁴⁴	tsai⁵³	tsʰai⁴⁴	tsʅ³²⁴	tsʰʅ⁴⁴	tsʰɑo³²⁴	sɑo²⁴	tsʰɤɯ²⁴	tsʰɤɯ²⁴	sæ²⁴	tsæ²⁴
天池	tsʰa⁴⁴	tsʰɤ⁴⁴	tsai⁵³	tsʰai⁴⁴	tsʅ³²⁴	tsʰʅ⁴⁴	tsʰɑo³²⁴	sɑo⁴⁴	tsʰəu⁴⁴	tsʰəu⁴⁴	sæ⁴⁴	tsæ⁴⁴
顺道	tsʰa⁴⁴	sɤ⁴⁴	tsɛi⁵³	tsʰɛi⁴⁴/sei⁴⁴	tsʅ³¹²	tsʰʅ⁴⁴	tsʰʌu³¹²	sʌu⁴⁴	tsʰəu⁴⁴	tsʰəu⁴⁴/tsəu⁴⁴	sæ⁴⁴	tsæ⁴⁴
	深开三		山开二三		臻开三		宕开三		曾开三		梗开二三	
	涩	针	山	缠	衬	虱	胀	尝	直	绳	牲	睁
	入生缉	平章侵	平生山	平澄仙	去初震	入生质	去知漾	平禅阳	入澄职	平船蒸	平生庚	平庄耕
娄烦（城关）	səʔ⁴⁴	tsɤ̃⁴⁴	sæ⁴⁴	tsʰæ⁴⁴	tsʰɤ̃⁵³	səʔ⁴⁴	tsa⁵³	tsʰa⁴⁴	tsəʔ³²⁴	sɤ̃⁴⁴/sʅ⁴⁴	sɤ̃⁴⁴	tsɤ̃⁴⁴/tsʅ⁴⁴
静游	səʔ⁴	tsɤ̃²⁴	sæ²⁴	tsʰæ²⁴	tsʰɤ̃⁵³	səʔ⁴	tsa⁵³	tsʰa⁴⁴	tsəʔ³²⁴	sɤ̃⁴⁴/sʅ⁴⁴	sɤ̃²⁴	tsɤ̃²⁴/tsʅ²⁴
天池	səʔ⁴⁴	tsɤ̃⁴⁴	sæ⁴⁴	tsʰæ⁴⁴	tsʰɤ̃⁵³	səʔ⁴⁴	tsa⁵³	tsʰa⁴⁴	tsəʔ³²⁴	sɤ̃⁴⁴/sʅ⁴⁴	sɤ̃⁴⁴	tsɤ̃⁴⁴/tsʅ⁴⁴
顺道	səʔ⁴⁴	tsɤ̃⁴⁴	sæ⁴⁴	tsʰæ⁴⁴	tsʰɤ̃⁵³	səʔ⁴⁴	tsʌu⁵³	tsʰʌu⁴⁴/tsʌu⁴⁴	tsəʔ⁴⁴	sɤ̃⁴⁴/sʅ⁴⁴	sɤ̃⁴⁴	tsɤ̃⁴⁴/tsʅ⁴⁴

中古知庄章组合口今读 ts 组的只有假合二的"傻"。

中古知庄章组今读 pf 组声母，见表 6-9。

表 6-9 娄烦方言知庄章组今读 pf 组声母

	合口										
	假合二	遇合三		蟹合三	止合三				山合二三		臻合三
	傻	猪	厨	书	赘	锥	吹	水	涮	船	出	顺
	上生马	平知鱼	平澄虞	平书鱼	去章祭	平章脂	平昌支	上书旨	去生谏	平船仙	入昌术	去船稕
娄烦（城关）	suɑ³²⁴/fɑ³²⁴	tsu⁴⁴/pfu⁴⁴	tsʰu⁴⁴/pfʰu⁴⁴	su⁴⁴/fu⁴⁴	tsuei⁵³	tsuei⁴⁴/pfu⁴⁴	tsʰuei⁴⁴/pfʰu⁴⁴	suei³²⁴/fu³²⁴	suæ⁵³/fæ⁵³	tsʰuæ⁴⁴/pfʰæ⁴⁴	tsʰuəʔ²⁴⁴/pfʰəʔ²⁴⁴	suɤ̃⁵³/fɤ̃⁵³
静游	suɑ³²⁴/fɑ³²⁴	tsu²⁴/pfu²⁴	tsʰu²⁴/pfʰu²⁴	su²⁴/fu²⁴	tsuei⁵³	tsuei²⁴/pfu²⁴	tsʰuei²⁴/pfʰu²⁴	suei³²⁴/fu³²⁴	suæ⁵³/fæ⁵³	tsʰuæ⁴⁴/pfʰæ⁴⁴	tsʰuəʔ²⁴⁴/pfʰəʔ²⁴⁴	suɤ̃⁵³/fɤ̃⁵³
天池	suɑ³²⁴/fɑ³²⁴	tsu⁴⁴/pfu⁴⁴	tsʰu⁴⁴/pfʰu⁴⁴	su⁴⁴/fu⁴⁴	tsuai⁵³/pfai⁵³	tsuai⁴⁴/pfu⁴⁴	tsʰuai⁴⁴/pfʰu⁴⁴	suai³²⁴/fu³²⁴	suæ⁵³/fæ⁵³	tsʰuæ⁴⁴/pfʰæ⁴⁴	tsʰuəʔ²⁴⁴/pfʰəʔ²⁴⁴	suɤ̃⁵³/fɤ̃⁵³
顺道	suɑ³²⁴/fɑ³²⁴	tsu⁴⁴	tsʰu⁴⁴	su⁴⁴/fu⁴⁴	tsuei⁵³/tsu⁴⁴	tsuɛi⁴⁴	tsʰuɛi⁴⁴/fu⁴⁴	suei³¹²/fu³¹²	suæ⁵³/fæ⁵³	tsʰuæ⁴⁴	tsʰuəʔ²⁴⁴	suɤ̃⁵³/fɤ̃⁵³

	合口		开口								
	通合三		效开二		咸开二	宕开三庄组				江开二		
	中	熟	抓	爪	赚	壮	疮	床	霜	桌	戳	双
	平知东	入禅屋	平庄肴	上庄巧	去澄陷	去庄漾	平初阳	平崇阳	平生阳	入知觉	入彻觉	平生江
娄烦（城关）	tsuɤ̃⁴⁴/pfɤ̃⁴⁴	suəʔ³²⁴/fəʔ³²⁴	tsuɑ⁴⁴/pfɑ⁴⁴	tsɑo⁴⁴/pfɑ⁴⁴	tsuæ⁵³/pfæ⁵³	tsuɑ⁵³/pfɤ⁵³	tsʰuɑ⁴⁴/pfʰɤɯ⁴⁴	tsʰuɑ⁴⁴/pfʰɤɯ⁴⁴	suɑ⁴⁴/fɤɯ⁴⁴	tsuɑʔ²⁴⁴/pfɑʔ²⁴⁴	tsʰuɑʔ²⁴⁴/pfʰɑʔ²⁴⁴	suɑ⁴⁴/fɤɯ⁴⁴
静游	tsuɤ̃²⁴/pfɤ̃²⁴	suəʔ³²⁴/fəʔ³²⁴	tsuɑ²⁴/pfɑ²⁴	tsɑo²⁴/pfɑ²⁴	tsuæ⁵³/pfæ⁵³	tsuɑ⁵³/pfɤ⁵³	tsʰuɑ²⁴/pfʰɤɯ²⁴	tsʰuɑ²⁴/pfʰɤɯ²⁴	suɑ²⁴/fɤɯ²⁴	tsuɑʔ²⁴/pfɑʔ²⁴	tsʰuɑʔ²⁴/pfʰɑʔ²⁴	suɑ²⁴/fɤɯ²⁴
天池	tsuɤ̃⁴⁴/pfɤ̃⁴⁴	suəʔ³²⁴/fəʔ³²⁴	tsuɑ⁴⁴	tsɑo⁴⁴	tsuæ⁵³/pfæ⁵³	tsuɑ⁵³/pfɤ⁵³	tsʰuɑ⁴⁴/pfʰɤ⁴⁴	tsʰuɑ⁴⁴/pfʰɤ⁴⁴	suɑ⁴⁴	tsuʌ⁴⁴/pfʌʔ⁴⁴	tsʰuʌʔ²⁴⁴/pfʰʌʔ²⁴⁴	suɑ⁴⁴/fɤ⁴⁴
顺道	tsuɤ̃⁴⁴	suəʔ³¹²/fəʔ³¹²	tsuɑ⁴⁴	tsɑo³¹²	tsuæ⁵³	tsuʌu⁵³	tsʰʌu⁴⁴/fʌu⁴⁴	tsʰʌu⁴⁴	suʌu⁴⁴/fʌu⁴⁴	tsuɑʔ²⁴⁴	tsʰuɑʔ²⁴⁴	fʌu⁴⁴

从表 6-9 可以看出，知庄章组合口在方言中今天基本都读 pf 组声母（假合二的"傻"可以看作例外），但知庄章组开口读 pf 组声母的颇多，有

效开二的"抓、爪",咸开二的"赚",宕开三庄组,江开二。

尽管知庄章组读 pf 组声母主要是合口,也有来自开口的,但我们仍然能看出知庄章组在方言中今读音的基本界限:开口读 ts 组声母,合口读 pf 组声母。也就是说,中古开口和合口成为方言中今读音类的基本界限。

二 演变层次

知庄章组在娄烦方言中今读音的基本界限是开口读 ts 组声母,合口读 pf 组声母。如果把这一基本界限放在更大的范围去考察,有助于我们分析这种区别所反映出的演变层次。

根据张世方(2004)的研究,知庄章组合口读 pf 组声母在汉语方言中分布"见于陕西、山西、甘肃、青海、新疆、山东、安徽、河南、湖北、湖南、江西、广东(客家话)等省区,其中大部分方言属于官话系统,尤其以中原官话为多,同时散见于晋语、兰银官话"。不管中古知庄章组开口字在这些方言中读什么,基本都存在知庄章开口与合口今声母不同的趋势。王临惠(2003)曾讨论过汉语方言庄组、知二与章组、知三分立的范围,认为这一特点在汉语官话方言中分布的区域很广,包括中原官话的汾河片(运城)、关中片(西安)、洛徐片(徐州)、秦陇片(西宁)、郑曹片(赣榆)、南疆(焉耆)兰银官话的北疆片(乌鲁木齐)、河西片(民勤)、北京官话的沧惠片(沧州)、保唐片(天津)、胶辽官话的青州片(平度)、登连片(文登)。王临惠所划定的范围后来被张世方进一步扩大。实际上,开口的庄组、知二与章组、知三的分立在汉语方言中分布非常广,向北一直延伸到内蒙古,向西一直延伸到青海、新疆,向南一直延伸到湘语、赣语区,向东一直延伸到胶辽半岛(李建校 2006)。这个范围与张世方所划定的范围正好重合。所以基本上可以推断,知庄章合口、开口有分别的地区也是庄组、知二与章组、知三分立的地区,或者说凡是庄组、知二与章组、知三分立的地区,知庄章合口、开口都有区别,这样我们就可以把知庄章合口、开口的区别纳入庄组、知二与章组、知三分立的背景中讨论。因此,娄烦方言知庄章合口、开口的区别也可以看作是庄组、知二与章组、知三分立发展的遗留而已。

仅有上面的推断还不足以说明问题，好在翟英谊（1989）记录了娄烦方言老派的读音。娄烦方言老派仍然分 ts tʂ，并且在分法上与吕梁片的离石、汾阳、临县、方山、石楼、大宁、永和、蒲县、隰县9个方言点相同。具体为：读 ts 组声母的字来自精组洪音、庄组、知组二等、章组止摄，读 tʂ 组声母的字来自知组三等、章组非止摄。（见表6-10）

表6-10 娄烦方言及吕梁片部分方言知庄章组字声母

		精组洪音	庄组	知组二等	章组止摄	知组三等	章组非止摄
		字	债	罩	支	知	制
娄烦		ts	ts	ts	ts	tʂ	tʂ
吕梁片	离石	ts	ts	ts	ts	tʂ	tʂ
	汾阳	ts	ts	ts	ts	tʂ	tʂ
	临县	ts	ts	ts	ts	tʂ	tʂ
	方山	ts	ts	ts	ts	tʂ	tʂ
	石楼	ts	ts	ts	ts	tʂ	tʂ

可见，娄烦方言老派也是庄组、知二与章组、知三分立的。

为了搞明白知庄章合口、开口的历史层次，有必要搞明白汉语方言中庄组、知二与章组、知三分立的历史层次。

学界有一种普遍被接受的看法：隋唐时汉语共同语的标准语是汴洛音（蒋绍愚1994），到了宋代，随着政治中心的东移南迁，汴洛音作为共同语标准语的地位受到旁落。从元代建都大都以后到明清两代都以北京为都城，所以一般认为北京话就自然成为当时共同语的基础方言。但是近年来有人提出明代官话的基础方言是南京话（鲁国尧1985）。无论如何，北京话和南京话都是两种非常重要的方言。但是，从共时平面看，无论是北京话还是南京话都不是开口的庄组、知二与章组、知三分立的方言。南京话知庄章三组声母的读音类型与昌徐型完全不同。关于北京话，熊正辉（1990）认为"北京话在 ts tʂ 分法上有点特别，有点像济南型，又有点像南京型，介乎二者之间"。北京话曾梗宕江四摄入声字有文白读，文读 ts 组声母，白读 tʂ 组声母。但是北京话除以上四摄的二等知庄组字白读以及止摄开口的三等字外,其他都读 tṣ 组声母,这和昌徐型明显不同。今北京话中,中古的庄组字大多数读 tṣ 组声母,但又有一小部分读 ts 组声母。读 ts 组声母的庄组字范围十分广泛,无论从中古音的条件看,还是从今天北京音的条件看,都很难找出明显的规律。高晓虹(2002)排比了从元代的《中原音韵》到明代的《重订司马温公等韵图经》《合并字学集韵》再到清代的《李氏音鉴》《音韵逢源》直到民国的《京音字汇》,考察了上述有关韵书中庄组字的读音,认为:读 ts 组声母的庄组字中,入声字多是明末清初南京话影响北京话造成的,而非入声字有些早在元代就已经读 ts 组声母,但数量很少,到《音韵逢源》《京音字汇》才与今北京话基本一致。后来出现的读同精组的庄组非入声字,多是口语中不常用的,也说明可能受明代官话影响。显然她认为北京话庄组字读 ts 组声母与方言影响有密切关系。

可见,前述开口的庄组、知二与章组、知三分立的方言与北京话庄组读入精组的现象有本质的不同。首先,开口的庄组、知二与章组、知三分立的方言可以找到语音的分化条件,而北京话却无法找到类似的语音分化条件,所以前者很可能是语言演变的结果,后者很可能是语言接触的结果;其次,开口的庄组、知二与章组、知三分立的方言在地域上的广泛分布也很难用语言的相互接触解释;最后,北京话从元代以后才逐渐成为汉语标准语基础方言,这正好说明了从宋代开始中原官话汴洛音由标准语基础方言的地位逐渐旁落,可以设想,中原官话汴洛音曾对北京话有过影响。

基于上述原因,可以得到下面的结论:前述方言开口的庄组、知二与章组、知三的分立应该是历史的遗留,也就是说,这些方言曾有过一个庄组、知二声母与章组、知三声母分立的时期,是方言中较早的成分。王力先生(1980)《汉语史稿》说得更详细:"在上古语音系统中,照系二等(庄初崇山)和精系相近,三等(章昌船书禅)和知系(即端系)相近。有了这个历史渊源,庄初崇山到后来有一部分到章昌船书去了,还剩下一部分字并到精清从心里来。分化的条件不很清楚,但是有一种现象是很明显的,就是只有庄初崇山变的 ts tsʰ s,没有章昌船书禅变的 ts tsʰ s。"下面是北京话部分庄组字读 ts 组声母的两种可能:第一种可能,上古音在现代北京话里的遗留，只不过由于年代的久远变得残缺不全，所以现在看起来毫无规律。但是这种假设有两个问题：按照一般的道理，如果北京话庄组字读 ts 组声母是上古音在现代北京话里的遗留，尽管年代久远而残缺不全，但从音类来说，应该由整齐变得不整齐，从字数来说应该由多变少。事实上根据《中原音韵音系》（杨耐思 1981）中的同音字表可以看出，现在读作 ts 组声母的庄组字当时根本不读 ts 组声母，如："厕阻俎所责侧册策测色穑洒篡邹诹驺森参岑涔"等字，也就是说，北京话庄组读 ts 组声母的字从元代开始是由少变多，这与常规不合。另外，在北方汉语的大部分方言都保持开口庄组、知二与章组、知三分立的大背景下何以北京话能脱离这一规律而独自行事，也与常理不合。第二种可能是北京话原本就不是庄组、知二与章组、知三分立的。现在看来，汉语在历史上确实有过庄组、知二与章组、知三分立的时期，但并不是整个汉语都是如此。根据现代汉语方言的表现，庄组、知二与章组、知三的分立应该以中原官话为中心。隋唐时期中原官话应该是汉语的权威方言，它对周围方言的影响可想而知，它可能以词汇扩散的形式对当时非权威方言的北京话产生影响，使得部分庄组字混入精组，并且混入精组的多为非入声字，因为当时的入声字尚有明显的塞音韵尾，特征明显，所以不易混入精组，这也就是北京话非入声字有些早在元代就已经读 ts 组声母的原因。元代以后，大部分北方汉语入声的塞音韵尾消失，原来入声字的鲜明特征降低，所以入声字多在明末清初混入精组。随着宋代以后政治中心的东移南迁，直到元代建都北京，中原官话的权威地位逐渐旁落，对北京话的权威影响也在逐渐减弱，同时北京话地位的提高，抗拒了中原官话的进一步影响，原来的扩散终止，所以庄组读入精组的字只能以散乱的形式存在于现代北京话里。

总之，汉语官话开口的庄组、知二与章组、知三分立的方言与北京话庄组读入精组的现象有本质的不同：前者代表的是较早期的层次，后者是方言接触与影响的结果。

有了以上的结论，娄烦方言知庄章开口合口的分别所代表的历史层次也就容易判断了，它们也属于较早期的层次，只是这样的层次在其他方面已经消失，现在方言中只剩下开口、合口的区别了。

三 pf pfʰ f 声母

知庄章合口字读唇齿音的现象很早就引起学者的注意，较早讨论汉语方言 pf 组声母的学者有高本汉（2003）、白涤洲（1954）、Forrest R.A.D（1957）、桥本万太郎（1961）等，他们对 pf 组声母的读音特点、形成都做了非常有益的探讨。白涤洲（1954）在讨论关中方言 pf 组声母的读音特点及形成时认为"知照系字读 pf 时以舌尖抵齿龈，若不嫌累赘应写作 pft；周至知照系字读 pftʰ 时上齿紧抵下唇，舌尖位于上齿龈，发破裂音，盖 tʂ、tʂʰ 变 pf、pfʰ 之过渡也"。桥本万太郎（1961）在讨论晋语的唇齿塞擦音和擦音时，推测了由舌尖后声母到唇齿音声母的演变过程。认为知系字读唇齿音以合口为条件，所以 u 介音在这一演变过程中作用明显，由此拟测舌尖后声母向唇齿音声母的演变为：

* tsʰru- > tsrʰɯ- > tsrfʰɯ- > trfʰɯ- > trpfʰɯ- > trpfʰ- > pfʰ-

"r"代表舌尖后卷舌成分。上述演变过程可以解释为：首先是圆唇介音"u"的圆唇性减弱，变为同等高度的不圆唇元音 ɯ；然后在不圆唇元音 ɯ 的影响下，出现有明显送气色彩的双唇擦音成分，同时舌尖擦音成分随之减弱；接着是舌尖擦音成分继续减弱并由此消失，这时语音演化到 trfʰɯ- 阶段；接着唇齿因素继续增强，同时舌尖和卷舌因素随之继续减弱；到最后舌尖卷舌因素完全消失，演变成送气的唇齿音。在桥本万太郎的演化模式中，强调了圆唇介音"u"的作用，是它引发声母从舌尖后向唇齿演化。

桥本万太郎强调了圆唇介音"u"的圆唇性，并由此引发了唇齿音的出现。除此以外，还应该与汉语很多方言 i u y 等高元音的强摩擦性有关。石汝杰（1998）认为，"汉语方言的语音中，有一种比较普遍的现象，即高元音（尤其是前高元音 i 和 y）常有强烈的摩擦"。并且以苏南西部吴语为例说明这种强摩擦的特点："发音时努力把舌位向上抬高，和上颚接触（有时相当紧密），气流从这个窄缝中挤出，这样就使这个元音带上了比较强烈的摩擦，以至其音色和普通的高元音很不相同。"石汝杰（1998）

排比了汉语方言中的这些现象，包括：西北方言的银川、西宁、新疆焉耆永宁、乌鲁木齐回民汉语方言、陕北的延川、清涧、子长；山西方言的文水、汾西、寿阳、沁县、武乡，以及祁县、离石等；江淮方言的泰县、兴化、海安、盐城、合肥等；吴语地区的江苏吴语、浙江吴语等；徽语的歙县、绩溪、浙江遂安；以及其他官话方言的云南方言、河南方言、山东方言部分地区。由此得出由于带有强摩擦导致高元音的变化：第一，高元音的舌尖化；第二，声母的增减；第三，整个音系格局的变化。

娄烦方言中，类似 i 和 y 高元音的强摩擦而引起的声韵变化同样存在，天池、顺道两小片最为明显，为方便比较，我们一并列出娄烦（城关）小片、静游小片的读音。i→ɿ见表6-11。

表6-11 娄烦方言 i→ɿ 韵字读音

	蟹开三				蟹开四						
	币	毙	祭	际	闭	迷	泥	挤	剂	西	洗	细
	去并祭	去并祭	去精祭	去精祭	去帮霁	平明齐	平泥齐	上精荠	去从霁	平心齐	上心荠	去心霁
娄烦（城关）	pi⁵³	pi⁵³	tɕi⁵³	tɕi⁵³	pi⁵³	mi⁴⁴	n̩i⁴⁴	tɕi³²⁴	tɕi⁵³	ɕi³²⁴	ɕi³²⁴	ɕi⁵³
静游	pi⁵³	pi⁵³	tɕi⁵³	tɕi⁵³	pi⁵³	mi⁴⁴	n̩i⁴⁴	tɕi³²⁴	tɕi⁵³	ɕi²⁴	ɕi³²⁴	ɕi⁵³
天池	pɿ⁵³	pɿ⁵³	tsɿ⁵³	tsɿ⁵³	pɿ⁵³	mɿ⁴⁴	mɿ⁴⁴	tsɿ³²⁴	tsɿ⁵³	sɿ⁴⁴	sɿ³²⁴	sɿ⁵³
顺道	pɿ⁵³	pɿ⁵³	tsɿ⁵³	tsɿ⁵³	pɿ⁵³	mɿ⁴⁴	mɿ⁴⁴	tsɿ³¹²	tsɿ⁵³	sɿ⁴⁴	sɿ³¹²	sɿ⁵³

	止开三							曾梗开三			
	臂	披	皮	糜	记	欺	喜	医	蝇白	病白	明白	镜白
	去帮寘	平滂支	平并支	平明支	去见志	平溪之	上晓止	平影之	平以蒸	去并映	平明庚	去见映
娄烦（城关）	pi⁵³	pʰi⁴⁴	pʰi⁴⁴	mi⁴⁴	tɕi⁵³	tɕʰi⁴⁴	ɕi³²⁴	i⁴⁴	i⁴⁴	pi⁵³	mi⁴⁴	tɕi⁵³
静游	pi⁵³	pʰi⁴⁴	pʰi⁴⁴	mi⁴⁴	tɕi⁵³	tɕʰi⁴⁴	ɕi³²⁴	i²⁴	i⁴⁴	pi⁵³	mi⁴⁴	tɕi⁵³
天池	pɿ⁵³	pʰɿ⁴⁴	pʰɿ⁴⁴	mɿ⁴⁴	tsɿ⁵³	tsʰɿ⁴⁴	sɿ³²⁴	zɿ⁴⁴	zɿ⁴⁴	pɿ⁵³	mɿ⁴⁴	tsɿ⁵³
顺道	pɿ⁵³	pʰɿ⁴⁴	pʰɿ⁴⁴	mɿ⁴⁴	tsɿ⁵³	tsʰɿ⁴⁴	sɿ³¹²	zɿ⁴⁴	zɿ⁴⁴	pɿ⁵³	mɿ⁴⁴	tsɿ⁵³

y → ʮ 见表 6-12。

表 6-12 娄烦方言 y → ʮ 韵字读音

	遇合三									
	女	蛆	絮	徐	居	举	锯	去~皮	渠	巨
	上泥语	平清鱼	去心御	平邪鱼	平见鱼	上见语	去见御	去溪御	平群鱼	上群语
娄烦（城关）	ny³²⁴	tɕʰy⁴⁴	ɕy⁵³	ɕy⁴⁴	tɕy⁴⁴	tɕy³²⁴	tɕy⁵³	tɕʰy⁵³	tɕʰy⁴⁴	tɕy⁵³
静游	ny³²⁴	tɕʰy²⁴	ɕy⁵³	ɕy⁴⁴	tɕy²⁴	tɕy³²⁴	tɕy⁵³	tɕʰy⁵³	tɕʰy⁴⁴	tɕy⁵³
天池	mʮ³²⁴	tsʰʮ⁴⁴	sʮ⁵³	sʮ⁴⁴	tsʮ⁴⁴	tsʮ³²⁴	tsʮ⁵³	tsʰʮ⁵³	tsʰʮ⁴⁴	tsʮ⁵³
顺道	mʮ³¹²	tsʰʮ⁴⁴	sʮ⁵³	sʮ⁴⁴	tsʮ⁴⁴	tsʮ³¹²	tsʮ⁵³	tsʰʮ⁵³	tsʰʮ⁴⁴	tsʮ⁵³
	遇合三									
	拒	距	鱼	语	虚	许	淤	余	异	预
	上群语	上群语	平疑鱼	上疑语	平晓鱼	上晓语	平影鱼	平以鱼	平以鱼	去以御
娄烦（城关）	tɕy⁵³	tɕy⁵³	y⁴⁴	y³²⁴	ɕy⁴⁴	ɕy³²⁴	y⁴⁴	y⁴⁴	y⁴⁴	y⁵³
静游	tɕy⁵³	tɕy⁵³	y⁴⁴	y³²⁴	ɕy²⁴	ɕy³²⁴	y⁴⁴	y⁴⁴	y²⁴	y⁵³
天池	tsʮ⁵³	tsʮ⁵³	zʮ⁴⁴	zʮ³²⁴	sʮ⁴⁴	sʮ³²⁴	zʮ⁴⁴	zʮ⁴⁴	zʮ⁴⁴	zʮ⁵³
顺道	tsʮ⁵³	tsʮ⁵³	zʮ⁴⁴	zʮ³¹²	sʮ⁴⁴	sʮ³¹²	zʮ⁴⁴	zʮ⁴⁴		zʮ⁵³

可见，高元音 i 和 y 常常具有强烈摩擦，从而使元音舌尖化，并促使声母也发生一系列变化：舌面元音舌尖化，零声母演化为舌尖浊擦音 z。

事实上，除了高元音 i 和 y 常常具有强烈摩擦而发生一系列变化以外，高元音 u 也因为强烈的摩擦发生一系列变化。具体为：零声母 u 韵母字因为擦化而实际变为 v 声母字。其他 u 韵母字实际音质也变成 v 韵母。（见表 6-13）

表 6-13 娄烦方言 vu 音节字读音举例

	遇合三								
	吴	五	误	乌	污	如	无	舞	雾
	平疑模	上疑姥	去疑暮	平影模	平影模	平日鱼	平微虞	上微虞	去微遇
娄烦（城关）	vu⁴⁴	vu³²⁴	vu⁵³	vu⁴⁴	vu⁴⁴	vu⁴⁴	vu⁴⁴	vu³²⁴	vu⁵³

续表

	遇合三								
	吴	五	误	乌	污	如	无	舞	雾
	平疑模	上疑姥	去疑暮	平影模	平影模	平日鱼	平微虞	上微虞	去微遇
静游	vu^{24}	vu^{324}	vu^{53}	vu^{24}	vu^{24}	vu^{44}	vu^{44}	vu^{324}	vu^{53}
天池	vu^{44}	vu^{324}	vu^{53}	vu^{44}	vu^{44}	vu^{44}	vu^{44}	vu^{324}	vu^{53}
顺道	vu^{44}	vu^{312}	vu^{53}	vu^{44}	vu^{44}	zu^{44}	vu^{44}	vu^{312}	vu^{53}

其他 u 韵→ v 见表 6-14。

表 6-14　娄烦方言 v 韵字读音举例

	遇合一										
	步	脯胸~	墓	赌	土	图	肚~子	古	苦	胡	壶	户
	去并暮	平并模	去明暮	上端姥	上透姥	平定模	上定姥	上见姥	上溪姥	平匣模	平匣模	上匣姥
娄烦（城关）	pv^{53}	p^{h}v^{44}	mv^{53}	tu^{324}	t^{h}u^{324}	t^{h}u^{44}	tu^{53}	ku^{324}	k^{h}u^{324}	xu^{44}	xu^{44}	xu^{53}
静游	pv^{53}	p^{h}v^{44}	mv^{53}	tu^{324}	t^{h}u^{324}	t^{h}u^{44}	tu^{53}	ku^{324}	k^{h}u^{324}	xu^{44}	xu^{44}	xu^{53}
天池	pv^{53}	p^{h}v^{44}	mv^{53}	tu^{324}	t^{h}u^{324}	t^{h}u^{44}	tu^{53}	ku^{324}	k^{h}u^{324}	xu^{44}	xu^{44}	xu^{53}
顺道	pv^{53}	p^{h}v^{44}/pv^{44}	mv^{53}	tu^{312}	t^{h}u^{312}	t^{h}u^{44}	tu^{53}	ku^{312}	k^{h}u^{312}	xu^{44}	xu^{44}	xu^{53}

	遇合三									
	驴	吕	猪	除	梳	斧	傅	孵	主	蛀	输	树
	平来鱼	上来语	平知鱼	平澄语	平生鱼	上非虞	去非遇	平敷虞	上章虞	去章遇	平书虞	去禅遇
娄烦（城关）	lu^{44}	lu^{324}	tsu^{44}/pfu^{44}	ts^{h}u^{44}/pf^{h}u^{44}	su^{44}/fu^{44}	fu^{324}	fu^{53}	fu^{44}/pu^{53}	tsu^{324}/pfu^{324}	tsu^{53}/pfu^{53}	su^{44}/pf^{h}u^{44}	su^{53}/fu^{53}
静游	lu^{44}	lu^{324}	tsu^{24}/pfu^{24}	ts^{h}u^{24}/pf^{h}u^{24}	su^{24}/fu^{24}	fu^{324}	fu^{53}	fu^{44}/pu^{53}	tsu^{324}/pfu^{324}	tsu^{53}/pfu^{53}	su^{24}/pf^{h}u^{24}	su^{53}/fu^{53}
天池	lu^{44}	lu^{324}	tsu^{44}/pfu^{44}	ts^{h}u^{44}/pf^{h}u^{44}	su^{44}/fu^{44}	fu^{324}	fu^{53}	fu^{44}/pu^{53}	tsu^{324}/pfu^{324}	tsu^{53}/pfu^{53}	su^{44}/pf^{h}u^{44}	su^{53}/fu^{53}
顺道	lu^{44}	lu^{312}	tsu^{44}	ts^{h}u^{44}	su^{44}/fu^{44}	fu^{312}	fu^{53}	fu^{44}/pu^{53}	tsu^{312}	tsu^{53}	su^{44}/fu^{44}	su^{53}/fu^{53}

在第一章音系和附录中，我们把上表 v 仍然记为 u，主要考虑记音习惯，实际上它们的音质是 v。

可见，娄烦方言在 i 和 y 高元音的强摩擦而引起的声韵变化的同时，高元音 u 也发生了同样的变化，这种对称的变化具有系统的性质，充分说明这种变化的深刻和全面。

高元音 u 的这种深刻而全面的变化并没有只停留在对 u 韵母字影响，在此基础上，u 介音韵母字也受到相应的影响。我们知道 u 是一个后高元音。罗常培、王钧（1981）根据舌面元音嘴唇的圆展程度把它们分为五级：

（1）特展（0度）：像 i e ɛ æ a 等，嘴唇向两旁伸开比较扁平。
（2）中性（1度）：像 ɨ ə ɯ ɣ ʌ ɑ 等，嘴唇成自然状态。
（3）略圆（2度）：像 œ ɑ ɔ 等，嘴唇略成长圆形。
（4）圆（3度）：像 o ø 等，嘴唇成圆圈形。
（5）最圆（4）：像 u y 等，嘴唇撮敛成一个小圆孔。

可见，后高元音 u 发音时双唇的作用最为明显，而这样的元音加上摩擦因素，就可能使元音辅音化，这种辅音化造成的发音要求就是双唇或唇齿化，于是，由于 u 介音的强摩擦化，从而形成的新的双唇或唇齿化的语音特点，并最终会在声母上表现出来。

不同的声母在吸纳这些新特点时，会因为其不同的发音特点而采取不同的策略。娄烦老派方言与合口呼韵母相拼的声母有 p 组、t 组、ts 组、k 组，也应该有 tʂ 组。p 组只能与 u 韵母拼，不能与其他合口呼韵母拼，p 组声母本身是双唇音，所以它便于兼容 u 韵母因摩擦而产生的辅音性的双唇或唇齿特点，而自己却无须太大的变化。t 组声母是舌尖前音，由于它们的发音部位接近双唇或唇齿，因此 t 组声母也比较容易吸纳 u 元音因摩擦而产生的双唇或唇齿特点。从娄烦方言老派的读音（翟英谊，1988）看，ts 组声母不与 u 韵母拼，普通话 ts 组声母拼 u 韵母的字如"组族租粗醋苏酥素诉塑"等字，娄烦方言都读如流摄今读韵母，ts 组声母可以与除 u 韵母之外的其他合口呼韵母拼，如"最罪崔催脆翠碎虽钻尊做"，但由于 ts 组声母是舌尖前音，由于它们的发音部位接近双唇或唇齿，因此 ts 组声母也比较容易吸纳 u 元音因摩擦而产生的双唇或唇齿特点。k 组声母是舌根音，它们的发音部位与双唇或唇齿距离很远，所以有足够的空间容纳 u

元音因摩擦而产生的双唇或唇齿特点。tṣ组声母是舌尖后音，它们与双唇或唇齿既不远也不近。言其不远，是指它们与双唇或唇齿之间没有像k组声母一样有足够的空间容纳u元音因摩擦而产生的双唇或唇齿特点；言其不近，是指它们和双唇或唇齿之间没有像t组、ts组一样接近，从而容易消化u元音因摩擦而产生的双唇或唇齿特点。由于tṣ组声母发音部位的关系，使它们在处理韵母部分传导来的u元音因摩擦而产生的双唇或唇齿特点时，采取了不同于其他声母的做法：发音部位前移，变成带有摩擦的、发音部位靠前的新声母。

张世方（2004）通过排比知系合口字在相关方言中的变化，列出了tṣ组声母向pf组声母演化的两条路径：（以tṣu为例）

（1）tṣu- > tsʅ- > tsf- > tf- > pf

（2）tṣu- > tṣv- > tṣf- > tf- > pf

第一条路径，张世方列出下列材料：（董琳莉，2000）

	猪	出	书	追	锤	水	闰
板房子	tṣu	tṣʰu	ṣut	ṣuei	tṣʰuei	ṣuei	zu̯ẽ
终南	tsʅ	tsʰʅ	sʅ	tsʅ̯ei	tsʰʅ̯ei	sʅ̯ei	zʅ̯ẽ
哑柏	tsfu	tsfʰu	fu	tsfei	tsfʰei	fei	vẽ
周至	pfu	pfʰu	fu	pfei	pfʰei	fei	vẽ

板房子知系合口呼字的声母与北京话相同；从终南到哑柏再到周至，正好是tsʅ- > tsf- > tf- > pf的演化，中间缺少tf这样一个环节，西安回民话的知系合口呼字读tf tfʰ f v正好可以补足这一环节。

关于第二条路径，曹志耘、邵朝阳（2001）指出，青海乐都方言tṣ组声母合口呼单韵母时是v，韵母v与声母tṣ组声母同时发音，可以看做第二条路径的tṣv-。另外新疆乌鲁木齐、吉木萨尔知系合口呼字正好读tṣf，加上西安回民话的知系合口呼字读tf tfʰ f v，也可以构成tṣu- > tṣv- > tṣf- > tf- > pf的演化途径。

娄烦方言新派没有tṣ组声母，但老派有tṣ组声母，相当于北京话的u韵母字，其韵母的实际音质是v，看来娄烦知庄章组合口呼字今读pf声母应该遵循的是上述两条路径中的第二条路径。

娄烦四个方言小片并不都是 pf pfʰ f v 四个声母俱全，娄烦（城关）、静游、天池三小片四个声母俱全，顺道小片只有 f v 声母。见表 6-15

表6-15　娄烦方言 pf pfʰ f v 声母字读音举例

		遇合三			止合三			效开二		咸开二
		猪	厨	书	锥	锤	睡	水	抓	爪	赚
		平知鱼	平澄虞	平书鱼	平章脂	平澄脂	去禅置	上书旨	平庄肴	上庄巧	去澄陷
娄烦（城关）		tsu⁴⁴/pfu⁴⁴	tsʰu⁴⁴/pfʰu⁴⁴	su⁴⁴/fu⁴⁴	tsuei⁴⁴/pfu⁴⁴	tsʰuei⁴⁴/pfʰei⁴⁴	suei⁵³/fu⁵³	suei³²⁴/fu³²⁴	tsuɑ⁴⁴/pfɑ⁴⁴	tsɑo³²⁴/pfɑ³²⁴	tsuæ⁵³/pfæ⁵³
静游		tsu²⁴/pfu²⁴	tsʰu⁴⁴/pfʰu⁴⁴	su²⁴/fu²⁴	tsuei²⁴/pfu²⁴	tsʰuei⁴⁴/pfʰei⁴⁴	suei⁵³/fu⁵³	suei³²⁴/fu³²⁴	tsuɑ²⁴/pfɑ²⁴	tsɑo³²⁴/pfɑ³²⁴	tsuæ⁵³/pfæ⁵³
天池		tsu⁴⁴/pfu⁴⁴	tsʰu⁴⁴/pfʰu⁴⁴	su⁴⁴/fu⁴⁴	tsuai⁴⁴/pfu⁴⁴	tsʰuai⁴⁴	suai⁵³/fu⁵³	suai³²⁴/fu³²⁴	tsuɑ⁴⁴/pfɑ⁴⁴	tsɑo³²⁴	tsuæ⁵³/pfæ⁵³
顺道		tsu⁴⁴	tsʰu⁴⁴	su⁴⁴/fu⁴⁴	tsuei⁴⁴/tsu⁴⁴	tsʰuɛi⁴⁴	suɛi⁵³/fu⁵³	suɛi³¹²/fu³¹²	tsuɑ⁴⁴	tsuɑ³¹²	tsuæ⁵³

		山摄合口			臻合三			宕江开口		通合三	
		转~圈	窜	涮	准	春	顺	桌	双	中	属
		去知线	去清换	去生谏	上章准	平昌谆	去船稕	入知觉	平生江	平知东	入禅烛
娄烦（城关）		tsuæ⁵³/pfæ⁵³	tsʰuæ⁵³/pfʰæ⁵³	suæ⁵³/fæ⁵³	tsuỹ³²⁴/pfỹ³²⁴	tsʰuỹ⁴⁴/pfʰỹ⁴⁴	suỹ⁵³/fỹ⁵³	tsuaʔ⁴⁴/pfaʔ⁴⁴	suɑ⁴⁴/fvu⁴⁴	tsuỹ⁴⁴/pfỹ⁴⁴	suəʔ³²⁴/fəʔ³²⁴
静游		tsuæ⁵³/pfæ⁵³	tsʰuæ⁵³/pfʰæ⁵³	suæ⁵³/fæ⁵³	tsuỹ³²⁴/pfỹ³²⁴	tsʰuỹ⁴⁴/pfʰỹ²⁴	suỹ⁵³/fỹ⁵³	tsuaʔ⁴/pfaʔ⁴	suɑ²⁴/fvu²⁴	tsuỹ⁴⁴/pfỹ⁴⁴	suəʔ³²⁴/fəʔ³²⁴
天池		tsuæ⁵³/pfæ⁵³	tsʰuæ⁵³/pfʰæ⁵³	suæ⁵³/fæ⁵³	tsuỹ³²⁴/pfỹ³²⁴	tsʰuỹ⁴⁴/pfʰỹ²⁴	suỹ⁵³/fỹ⁵³	tsuʌʔ⁴⁴/pfʌʔ⁴⁴	suɑ⁴⁴/fv⁴⁴	tsuỹ⁴⁴/pfỹ⁴⁴	suəʔ³²⁴/fəʔ³²⁴
顺道		tsuæ⁵³	tsʰuæ⁵³	suæ⁵³/fæ⁵³	tsuỹ³¹²	tsʰuỹ⁴⁴	suỹ⁵³/fỹ⁵³	tsuaʔ⁴⁴	fʌu⁴⁴	tsuỹ⁴⁴	suəʔ³¹²/fəʔ³¹²

顺道小片的 f 声母应该来自 ʂ 声母的合口呼字，v 声母来自合口呼零声母字。从理论上讲，顺道小片与娄烦（城关）、静游、天池三小片的差异可能通过两种方式产生：一种是顺道小片原来也有 pf pfʰ 声母，后来这两个声母又回归到舌尖声母；一种是顺道小片 ʂ 声母的合口呼字、合口呼零声母字演变为 f v 声母，tʂ tʂʰ 声母还没有来得及演变为 pf pfʰ 声母就已经被别的音变中断。下面具体分析。

先看第一种可能。首先，假如顺道小片原来也有 pf pfʰ 声母，后来这两个声母又回到舌尖声母这一假设成立，那么，从现在方言的共时平面看，回归以后的声母读 tʂ tʂʰ 声母，但是这样的回归很难找到语音演变的内部机制。另外我们不得不问，为什么只有 pf pfʰ 声母回归，而同属一个组别的 f v 声母却没有回归？如果这种假设成立，很明显是违反语音演变的系统性，不符合语音演变的规律。如果不是方言内部演变机制所致，是否由于普通话的影响。但是这一推断也很难成立，因为如果是普通话影响，那么回归以后应该读 tʂ tʂʰ 声母才对，但事实并非如此。另外，顺道小片在整个娄烦方言中偏于一隅，政治经济都相对较为发达的娄烦（城关）小片没有受到普通话的类似影响，而地处偏远的顺道小片却受到这种影响，与常理不合。

当然汉语方言中由 pf pfʰ 声母回归 tʂ tʂʰ 声母的现象并非没有。根据张世方（2004）的研究，山西晋南地区在早期也有过 pf pfʰ 声母，后来由于某种原因 pf pfʰ 声母又回归到舌尖声母。理由如下：晋南地区知系合口字读唇齿音声母的方言相连成片，大部分方言 pf pfʰ f v 四个声母俱全，占很大优势，仅有 f v 声母但没有 pf pfʰ 声母的方言杂处于 pf pfʰ f v 四个声母俱全的方言之中。所以根据方言特征在地域上的延展性，今天只有 f v 声母的方言在早期也是有 pf pfʰ 声母的。另外在晋南只有 f v 声母的方言中，现在仍然有 tʂ tʂʰ 声母，这也使 pf pfʰ 声母在回家过程中有家可归。与晋南方言形成鲜明对比的是，在今天共时平面上，顺道小片没有 tʂ tʂʰ 声母，所以即使顺道曾经有过 pf pfʰ 声母，它们也曾经回归过，但因为顺道小片没有 tʂ tʂʰ 声母，很难容纳这样新的音类进入，所以使这样的回归变得不可能。

再看第二种可能。顺道小片 ʂ 声母的合口呼字、合口呼零声母字演变为 f v 声母，tʂ tʂʰ 声母还没有来得及演变为 pf pfʰ 声母就已经被别的音变中断。从音理看，u 元音是由于强摩擦化而影响到声母的，同样都是舌尖后声母，tʂ tʂʰ 和 ʂ 同样在接受 u 元音的摩擦化影响时表现实际上也不相同，tʂ tʂʰ 是塞擦音，ʂ 是擦音，所以 ʂ 本身的摩擦性就比塞擦音 tʂ tʂʰ 明显，ʂ 本身较为明显的摩擦性使它在容纳 u 元音的摩擦化影响时更为方便，所以从音理上看 ʂ 声母接受 u 元音的摩擦化影响变为 f 的可能性要大。再看合口呼零声母，本来声母位置就是空位，所以u元音的摩擦化影响更容易得到满足，即由原来的合口呼零声母演化为具有擦化性质的v声母。从地域上看，顺道小片位于娄烦与古交的交界处，娄烦方言pf pfʰ f v四个声母俱全，而古交是没有pf pfʰ声母的，所以顺道小片只有 f v声母应该有从娄烦到古交过渡的性质。因此，我们更倾向于认为，顺道小片ʂ声母的合口呼字、合口呼零声母字先演变为f v声母，tʂ tʂʰ声母还没有来得及演变为pf pfʰ声母就已经被别的音变中断。事实上，娄烦方言老派是分ts组声母和tʂ组声母的，tʂ组声母向ts组声母合并也就是近期的事。这种合并可能就是tʂ tʂʰ声母还没有来得及演变为pf pfʰ声母的中断力量。

基于上述认识，我们认为，娄烦方言tʂ组声母向pf组声母演变并不是同步进行的，首先是ʂ声母的合口呼字、合口呼零声母字先演变为f v声母，其次才是tʂ tʂʰ声母演变为pf pfʰ声母。顺道小片在tʂ tʂʰ声母还未演变为pf pfʰ声母时，音变被中断，所以现在只有f v声母。

另外，顺道小片合口呼字、合口呼零声母字先演变为f v声母，而tʂ tʂʰ声母没有演变为pf pfʰ声母，从另外一个方面说明摩擦因素在促使这种音变中的关键作用。这也是为什么知庄章合口字演变为唇齿音声母是由于u元音的摩擦化影响的一个间接证据。

第三节　精组见系

本节主要讨论舌面声母的舌尖化、开口二等部分字的读音。

一　舌面声母的舌尖化

（一）读音类型及分布

普通话的tɕ tɕʰ ɕ n声母拼i y韵母的字，在娄烦部分方言小片中，声母舌尖化为ts tsʰ s n̝声母；零声母的i y韵母字，衍生出一个z声母来，主要涉及中古遇摄、蟹摄、止摄、曾摄、梗摄的相关字。具体见表6-16。

表 6-16　娄烦方言 i y 韵母字读音举例

	遇摄				蟹摄				止摄	
	举	渠	女	榆	挤	齐	西	泥	妓	棋
	上见语	平群鱼	上泥语	平以虞	上精荠	平从齐	平心齐	平泥齐	上群纸	平群之
娄烦（城关）	tɕy³²⁴	tɕʰy⁴⁴	n̠y³²⁴	y⁴⁴	tɕi³²⁴	tɕʰi⁴⁴	ɕi⁴⁴	n̠i⁴⁴	tɕi⁵³	tɕʰi⁴⁴
静游	tɕy³²⁴	tɕʰy⁴⁴	n̠y³²⁴	y²⁴	tɕi³²⁴	tɕʰi⁴⁴	ɕi²⁴	n̠i⁴⁴	tɕi⁵³	tɕʰi⁴⁴
天池	tsɿ³²⁴	tsʰɿ⁴⁴	mɿ³²⁴	zɿ⁴⁴	tsɿ³²⁴	tsʰɿ⁴⁴	sɿ⁴⁴	m̠ɿ⁴⁴	tsɿ⁵³	tsʰɿ⁴⁴
顺道	tsɿ³¹²	tsʰɿ⁴⁴	mɿ³¹²	zɿ⁴⁴	tsɿ³¹²	tsʰɿ⁴⁴	sɿ⁴⁴	m̠ɿ⁴⁴	tsɿ⁵³	tsʰɿ⁴⁴

	止摄		曾摄		梗摄					
	你	姨	蝇	井	晴	星	净	镜	听	映
	上泥止	平以脂	平以蒸	上精静	平从清	平心青	去从劲	去见映	平透青	去影映
娄烦（城关）	n̠i³²⁴	i⁴⁴	iɣ̃³²⁴/i⁴⁴	tɕiɣ̃³²⁴/tɕi³²⁴	tɕʰiɣ̃⁴⁴/tɕʰi⁴⁴	ɕiɣ̃⁴⁴/ɕi⁴⁴	tɕiɣ̃⁵³/tɕi⁵³	tɕiɣ̃⁵³/tɕi⁵³	tɕʰiɣ̃⁴⁴/tɕʰi⁴⁴	iɣ̃⁵³/i⁵³
静游	n̠i³²⁴	i⁴⁴	iɣ̃⁴⁴/i⁴⁴	tɕiɣ̃³²⁴/tɕi³²⁴	tɕʰiɣ̃⁴⁴/tɕʰi²⁴	ɕiɣ̃⁴⁴/ɕi²⁴	tɕiɣ̃⁵³/tɕi⁵³	tɕiɣ̃⁵³/tɕi⁵³	tɕʰiɣ̃⁴⁴/tɕʰi²⁴	iɣ̃⁵³/i⁵³
天池	n̠ɿ³²⁴	zɿ⁴⁴	iɣ̃⁴⁴/zɿ⁴⁴	tɕiɣ̃³²⁴/tsɿ³²⁴	tɕʰiɣ̃⁴⁴/tsʰɿ⁴⁴	ɕiɣ̃⁴⁴/sɿ⁴⁴	tɕiɣ̃⁵³/tsɿ⁵³	tɕiɣ̃⁵³/tsɿ⁵³	tɕʰiɣ̃⁴⁴/tsʰɿ⁴⁴	iɣ̃⁵³/zɿ⁵³
顺道	n̠ɿ³¹²	zɿ⁴⁴	iɣ̃⁴⁴/zɿ⁴⁴	tɕiɣ̃³¹²/tsɿ³¹²	tɕʰiɣ̃⁴⁴/tsʰɿ⁴⁴	ɕiɣ̃⁴⁴/sɿ⁴⁴	tɕiɣ̃⁵³/tsɿ⁵³	tɕiɣ̃⁵³/tsɿ⁵³	tɕʰiɣ̃⁴⁴/tsʰɿ⁴⁴	iɣ̃⁵³/zɿ⁵³

从表 6-16 可以看出，普通话的 tɕ tɕʰ ɕ n 声母拼 i y 韵母的字，在娄烦（城关）、静游两小片中，声母读 tɕ tɕʰ ɕ n̠ 声母，但在天池、顺道两小片中，声母舌尖化为 ts tsʰ s n̠ 声母。普通话零声母的 i y 韵母字，在娄烦（城关）、静游两小片，仍然读零声母的 i y 韵母字，在天池、顺道两小片，衍生出一个 z 声母来。从来源看，这些字全部来自中古的精组见系三四等字。

在山西的其他方言中，也有相同或类似的情况。山西方言的该类现象主要分布在山西省的中部和西部，到目前为止，已经发现有该现象的还有 13 个县市，其中中部县市有：祁县、介休、汾阳、文水、寿阳、榆社、武乡、沁县、古交共 9 个县市，西部县市有：偏关、离石、临县、汾西。汾西方言的相关字记音为 ʐ 韵母，我们仍然把它看作高元音舌尖化过程中较为前期的变化。从来源看，舌尖音韵母主要来自蟹摄开口三四等、止摄开口三等、止摄合口三等、遇摄合口三等，其次还有曾梗摄舒声白读部分字、部分入声舒化字。

除山西方言外，汉语其他方言也存在该类现象，大致如下：西北方言的银川（高葆泰、林涛，1993），青海方言的西宁（张成材，1987）、互助、湟源、大通（王双成，2006）、乐都（曹志耘、邵朝阳，2001），新疆焉耆永宁（刘俐李，1994）、乌鲁木齐回民汉语方言（刘俐李，1989），陕北延川（张崇，1990）、清涧、子长（刘育林，1988）。江淮方言的泰县（张建民，1991）、兴化（张丙钊，1995）、海安（王荣生，1996）、盐城（苏晓青，1993）、合肥（《汉语方音字汇》第二版，1989）、南通（《江苏省上海市方言概况》，1960）等。浙江的绍兴（王福堂，1959）、温州（郑张尚芳，1964）、遂安（曹志耘，1996）等。其他方言还有安徽歙县（赵日新，1989）、云南江川、师宗、邱北（《云南方言调查报告》，1969）、河南信阳（张启焕等，1993）。上述方言中，有关该类现象的相关字来源与山西方言的相关字来源相同。

（二）成因

高元音的舌尖化现象很早就引起学者的注意。高本汉（2003）认为：一个很使劲的读音法可以发生口部的摩擦，于是使 i 很像 ʐ。乔全生（1990）在分析汾西方言的语音时，专门对该类问题做过说明，认为 ʑ 是舌面前浊擦音，可以自成音节，如姨 ʑ^{53}，也可以做韵母，如闭 pʑ^{55}。β 是双唇浊擦音，也可以自成音节，这时略带轻微的 u，如五 uβ^{44}，也可以做韵母，如布 pu^{55}。张成材（1987）在分析西宁方言的音系时认为，西宁既有普通的 i，也有 j，二者对立，其中 j 的摩擦较重，而且可以自成音节，他把这样的音素处理为 j。西宁方言也有 y 韵母，并略带 ɥ 的意味，摩擦较重，他把这样的音素处理为 ɥ，西宁方言没有普通的 y 韵母和 ɥ 韵母对立。赵元任（1928）在分析吴语时，把宜兴、金坛、溧阳、丹阳的 i 记为 iz，其中的 z 表示摩擦，同时在金坛的 iz 下特别注明"摩擦重"。同样在 y 韵母后面，加上 z 或 ɥ 等修饰符号，以表示这些韵母的摩擦成分。另外，在说明 i 韵母时，认为"大都是一个很紧的一个 i，有几处舌尖伸前而得到一个 i$_z$。也有地方舌不向前而读音发生一点摩擦，得 i$_j$ 音"。在说明 iu 韵母时，认为："iu（居、虚）最普通的就是普通的 y 音，但有的地方加一点摩擦，有地方微带舌尖作用。"郑张尚芳（1964）在分析温州方言的音系时说："高元音包括带摩擦性的 i y ʋ 和舌尖元音 ɿ ʮ。这些元音都带有一定成分的辅音性质。"并且在详细分析这些元音时说："i 和 y 在音节开头或自成音节时要更紧，摩擦更显著，可以看成 ɿ 和 ʮ 的元音化。"

上述学者虽然对该类语音现象的描述有所不同，但都强调了发这些音时的摩擦性，并由此带来的辅音色彩。

近年来，许多学者都围绕该类问题做过深入的研究。

石汝杰（1998）认为，汉语方言的高元音（尤其是前高元音 i 和 y）常常带有强烈的摩擦，发音时，努力把舌面向上抬高，和上颚接触（有时相当紧密），气流从这个窄缝中挤出，这样就使这个元音带上了比较强烈的摩擦，以致其音色和普通的高元音不同。他并且认为，这种强烈的摩擦最终会导致高元音的舌尖化，促使声母发生变化。

朱晓农（2004）在讨论同样问题时，称之为汉语元音的高顶出位，认为这是舌面高元音高化到顶以后，继续高化而导致的比较特殊的音变。汉语方言的高顶出位共有 6 种情况：擦化、舌尖化、边擦化、鼻音化、央化、裂化。其中擦化是 6 种情况的初始状态："当舌面元音继续高化，原先已经很窄的高元音气流信道进一步变窄，此时如果气流量相应减弱，就会变成近音（approximant）。如果气流量不相应减弱，那么，层流在通过变窄的通道时就会变成湍流，从而产生摩擦。"高元音由于抬高而产生摩擦成分，可以记为 i_z, y_z，这时如果继续高化而不堵塞通道的话，就会变成舌尖元音 ɿ 和 ʮ，舌尖元音的舌位和发音已经非常接近辅音 ɹ/z 了，因此，由于元音的高化，就会导致舌面前声母的舌尖化。

舌面声母的舌尖化，既是韵母的问题，也是声母的问题。一个音位自身发生变化以后，实际上也就说明它的组合环境发生了相应的变化。当舌面高元音因摩擦而舌尖化以后，必然会对与它组合的声母提出新的要求，从而使声母发生相应的调整和变化，下面以 i 韵母为例说明。就一般方言而言，与 i 韵母拼合的声母有双唇塞音 p 组，舌尖前塞音 t 组，舌面前塞擦音 tɕ 组，以及零声母。徐通强、王洪君（1986，下称徐文）排列了 i > ɿʮ 演变声母的不同次序："大概 tɕ（包括 tɕʰ、ɕ，下面其他的声母类比）之后的 -i 先变

成 -ɿ，t- 之后的次之，双唇音 p- 之后的再次之，最后扩及零声母，完成音变的过程，统统以 -ɿ 的形式出现，表现出整齐的规律性。"朱晓农（2004，下称朱文）对上述次序做了更为全面的调整，认为："先是齿擦音/塞擦音声母（精系）si > sɿ。接下去是龈颚音声母（见晓细音）ɕi > ʂɿ，以及零声母（影喻）i > ɿ。然后是齿塞音声母（端系）ti > tsɿ，最后是唇音声母 pi > pɿ。"并且指出，这种不同声母后的 i 舌尖化次序具有蕴含性，即如果 p 组声母后的 i 舌尖化了，蕴含着齿塞音 t 组声母后的 i 也舌尖化了，意味着喉音 ø、龈颚音声母后的 i 更早就已经舌尖化了，蕴含着齿擦音早已经舌尖化了。

比较徐文和朱文，可以看出朱文把零声母的舌尖化大大提前，这也许更符合该类音变的事实本身。从音理上看，零声母音节在声母位置是空位，与其他非零声母音节相比，在韵母发生变化而引起声母变化过程中，零声母的声母空位使韵母变化对其产生的影响畅通无阻，而非零声母音节却面临着要逐渐适应韵母变化带来的影响，声母或者变化，如 tɕ 组声母；或不变，如 p 组声母。从娄烦方言的天池、顺道两小片来看，零声母的演变肯定是在 t- 之前。如表 6-17 [为了便于比较，一并把娄烦（城关）、静游两小片的读音列出]：

表 6-17 娄烦方言 i 韵母零声母字与 ii 韵母 t 声母字读音对照

	止开三					曾开三			梗开三	
	疑	蚁	谊	议	宜	亿	忆	蝇	影	映
	平疑之	上疑纸	去疑寘	去疑寘	平疑支	入影职	入影职	平以蒸	上影梗	去影映
娄烦（城关）	i⁴⁴	i³²⁴	i⁴⁴/ȵi⁴⁴	i⁵³	i⁴⁴/ȵi⁴⁴	i⁵³	i⁵³	iɤ̃³²⁴/i⁴⁴	iɤ̃³²⁴/i³²⁴	iɤ̃⁵³/i⁵³
静游	i²⁴	i³²⁴	i²⁴/ȵi²⁴	i⁵³	i²⁴/ȵi²⁴	i⁵³	i⁵³	iɤ̃³²⁴/i⁴⁴	iɤ̃³²⁴/i²⁴	iɤ̃⁵³/i⁵³
天池	zɿ⁴⁴	zɿ³²⁴	ŋɿ⁴⁴	zɿ⁵³	ŋɿ⁴⁴	zɿ⁵³	zɿ⁵³	iɤ̃⁴⁴/zɿ⁴⁴	iɤ̃³²⁴/zɿ³²⁴	iɤ̃⁵³/zɿ⁵³
顺道	zɿ⁴⁴	zɿ³¹²	zɿ⁴⁴/ŋɿ⁴⁴	zɿ⁵³	zɿ⁴⁴/ŋɿ⁴⁴	zɿ⁵³	zɿ⁵³	iɤ̃⁴⁴/zɿ⁴⁴	iɤ̃⁵³/zɿ⁵³	iɤ̃⁵³/zɿ⁵³

	蟹开四		止开三			梗开三				
	低	底	地	李	里	梨	领	令	钉	顶
	平端齐	上端荠	去定至	上来止	上来止	平来脂	上来静	去来劲	平端青	上端迥
娄烦（城关）	tei⁴⁴	tei³²⁴	tei⁵³	lei³²⁴	lei³²⁴	lei⁴⁴	liɤ̃³²⁴/lei³²⁴	liɤ̃⁵³	tiɤ̃⁴⁴/tei⁴⁴	tiɤ̃³²⁴/tei³²⁴
静游	tei²⁴	tei³²⁴	tei⁵³	lei³²⁴	lei³²⁴	lei⁴⁴	liɤ̃³²⁴/lei³²⁴	liɤ̃⁵³	tiɤ̃²⁴/tei²⁴	tiɤ̃³²⁴/tei³²⁴

续表

	蟹开四		止开三			梗开三			
	低	底	地	李	里	梨	领	令	钉	顶
	平端齐	上端荠	去定至	上来止	上来止	平来脂	上来静	去来劲	平端青	上端迥
天池	tiɿ⁴⁴	tiɿ³²⁴	tiɿ⁵³	liɿ³²⁴	liɿ³²⁴	liɿ⁴⁴	liỹ³²⁴/liɿ³²⁴	liỹ⁵³	tiỹ⁴⁴/tiɿ⁴⁴	tiỹ³²⁴/tiɿ³²⁴
顺道	tiɿ⁴⁴	tiɿ³¹²	tiɿ⁵³	liɿ³²⁴	liɿ³²⁴	liɿ⁴⁴	liỹ³¹²/liɿ³²⁴	liỹ⁵³	tiỹ⁴⁴/tiɿ⁴⁴	tiỹ³¹²/tiɿ³¹²

从表 3-17 可以看出，零声母的 i 韵母已经高化为 ɿ，并且衍生出声母 z 来，但 t 声母的没有变化，并没有像徐文预测的一样早已经变为 ts。所以仅从天池顺道两小片就可以得出，零声母的 i 韵母在舌尖化过程中，应该比 t 声母的 i 韵母字舌尖化更早。所以在排列前高元音舌尖化 i > ɿ\ɿ 按声母不同有不同次序时，应该把零声母的 i 韵母排在较前的位置。

徐文和朱文同样把 pi > pɿ 的演变放在 ti > tsɿ 之后，这种排列也同样受到方言事实的挑战，下面是天池、顺道两小片的读音，如表 6-18 [为方便比较，一并把娄烦（城关）、静游两小片的字音列出]：

表 6-18 娄烦方言 i 韵母 p 组声母字与 iɿ 韵母 t 组声母字读音对照

	蟹开三		止开三			梗开三			
	币	毙	米	臂	披	眉	病	明	命	坪
	去并祭	去并祭	上明荠	去帮寘	平滂支	平明脂	去并映	平明庚	去明映	平并庚
娄烦（城关）	pi⁵³	pi⁵³	mi³²⁴	pi⁵³	pʰi⁴⁴	mi⁴⁴	piỹ⁵³/pi⁵³	miỹ⁴⁴/mi⁴⁴	miỹ⁵³/mi⁵³	pʰiỹ⁴⁴/pʰi⁴⁴
静游	pi⁵³	pi⁵³	mi³²⁴	pi⁵³	pʰi⁴⁴	mi⁴⁴	piỹ⁵³/pi⁵³	miỹ⁴⁴/mi⁴⁴	miỹ⁵³/mi⁵³	pʰiỹ⁴⁴/pʰi⁴⁴
天池	pɿ⁵³	pɿ⁵³	mɿ³²⁴	pɿ⁵³	pʰɿ⁴⁴	mɿ⁴⁴	piỹ⁵³/pɿ⁵³	miỹ⁴⁴/mɿ⁴⁴	miỹ⁵³/mɿ⁵³	pʰiỹ⁴⁴/pʰɿ⁴⁴
顺道	pɿ⁵³	pɿ⁵³	mɿ³¹²	pɿ⁵³	pʰɿ⁴⁴	mɿ⁴⁴	piỹ⁵³/pɿ⁵³	miỹ⁴⁴/mɿ⁴⁴	miỹ⁵³/mɿ⁵³	pʰiỹ⁴⁴/pʰɿ⁴⁴

	蟹开四		止开三			梗开三			
	低	底	地	李	里	梨	领	令	钉	顶
	平端齐	上端荠	去定至	上来止	上来止	平来脂	上来静	去来劲	平端青	上端迥
娄烦（城关）	tei⁴⁴	tei³²⁴	tei⁵³	lei³²⁴	lei³²⁴	lei⁴⁴	liỹ³²⁴/lei³²⁴	liỹ⁵³	tiỹ⁴⁴/tei⁴⁴	tiỹ³²⁴/tei³²⁴
静游	tei²⁴	tei³²⁴	tei⁵³	lei³²⁴	lei³²⁴	lei⁴⁴	liỹ³²⁴/lei³²⁴	liỹ⁵³	tiỹ²⁴/tei²⁴	tiỹ³²⁴/tei³²⁴
天池	tiɿ⁴⁴	tiɿ³²⁴	tiɿ⁵³	liɿ³²⁴	liɿ³²⁴	liɿ⁴⁴	liỹ³²⁴/liɿ³²⁴	liỹ⁵³	tiỹ⁴⁴/tiɿ⁴⁴	tiỹ³²⁴/tiɿ³²⁴
顺道	tiɿ⁴⁴	tiɿ³¹²	tiɿ⁵³	liɿ³²⁴	liɿ³²⁴	liɿ⁴⁴	liỹ³¹²/liɿ³²⁴	liỹ⁵³	tiỹ⁴⁴/tiɿ⁴⁴	tiỹ³¹²/tiɿ³¹²

第六章 声母的历史层次

从表6-18可以看出，方言中已经发生 pi > pʅ 的演变，但尚未发生 ti > tsʅ 演变，所以，有必要对徐文、朱文所提出的演变序列进行调整。

我们认为，i > ʅ\ɿ 演变声母的不同次序：零声母和 tɕ 组之后的 -i 先变成 -ʅ，双唇音 p- 之后的次之，t- 之后的次之。

因此，由于高元音 i 的高化及摩擦化，致使中古精组见系字的开口三等四等声母由原来的舌面音演变为如今的舌尖音。在高元音 i 的高化及摩擦化的同时，高元音 y 也经历了同样的变化，同样致使古精组见系合口三四等字声母由原来的舌面音演变为现在的舌尖音。娄烦方言中经历这种变化的主要集中在天池顺道两小片，见表6-19：（为比较方便，一并列出娄烦（城关）、静游两小片的相关字读音）

表6-19 娄烦方言 y 韵母 tɕ 组声母字读音举例

	遇合三				止合三				蟹合三	
	锯	渠	语	女	嘴	醉	穗	苇	随	岁
	去见御	平群鱼	上疑语	上泥语	上精纸	去精至	去邪至	上云尾	平邪支	去心祭
娄烦（城关）	tɕy⁵³	tɕʰy⁴⁴	y³²⁴	ȵy³²⁴	tsuei³²⁴ /tɕy³²⁴	tsuei⁵³ /tɕy⁵³	suei⁵³ /ɕy⁵³	vei³²⁴ /y³²⁴	suei⁴⁴ /ɕy⁴⁴	suei⁵³ /ɕy⁵³
静游	tɕy⁵³	tɕʰy⁴⁴	y³²⁴	ȵy³²⁴	tsuei³²⁴ /tɕy³²⁴	tsuei⁵³ /tɕy⁵³	suei⁵³ /ɕy⁵³	vei³²⁴ /y³²⁴	suei⁴⁴ /ɕy⁴⁴	suei⁵³ /ɕy⁵³
天池	tsʮ⁵³	tsʰʮ⁴⁴	zʮ³²⁴	ɳʮ³²⁴	tsuɛi³²⁴ /tsʮ³²⁴	tsuɛi⁵³ /tsʮ⁵³	suɛi⁵³ /sʮ⁵³	vɛi³²⁴ /zʮ³²⁴	suɛi⁴⁴ /sʮ⁴⁴	suɛi⁵³ /sʮ⁵³
顺道	tsʮ⁵³	tsʰʮ⁴⁴	zʮ³¹²	ɳʮ³¹²	tsuei³¹² /tsʮ³¹²	tsuei⁵³ /tsʮ⁵³	suei⁵³ /sʮ⁵³	vei³¹² /zʮ³¹²	suei⁴⁴ /sʮ⁴⁴	suei⁵³ /sʮ⁵³

i 和 y 都是舌面前高元音，二者的区别仅仅在于前者不圆唇，后者圆唇，所以在高化的过程中二者基本同步。这种情况在天池、顺道两小片也有明显的体现：

        i 系   y 系

tɕi → tsʅ   例字：剂记   tɕy → tsʮ   例字：醉白距

tɕʰi → tsʰʅ   例字：齐起   tɕʰy → tsʰʮ   例字：蛆渠

ɕi → sʅ   例字：西喜   ɕy → sʮ   例字：穗白絮

i → zʅ   例字：医异   y → zʮ   例字：苇白雨

ȵi → ɳʅ   例字：泥你   ȵy → ɳʮ   例字：女

演变步骤基本同步，说明二者的演变和整个音系结构聚合关系有关。当然，i 系有 pi > pɿ 的演变，y 系则没有类似的变化，这应该是由 i、y 两系组合关系的差异导致的。

在高元音 i、y 同步变化的同时，同为高元音的 u 也发生了类似的变化：u > v，但 u > v 的演变不仅在 u 作为单韵母时发生，而且当 u 作为介音时，在一定的声母条件下也会影响声母，致使声母发生一系列的变化（详见本章第一节）。说明高元音的高化是整体性质的，就像三轮车的三个车轮，当一个车轮向前时，另外两个车轮必须向前，当然它们可以有不同转速的区别。i y u 三个高元音中，i y 的演变相当一致，u 的演变表现出一定的差异。

二 开口二等见系部分字的读音及历史层次

（一）读音类型

除梗摄开口二等外，普通话开口二等见系字大多读细音，但在娄烦方言中还有相当一部分读洪音，见表 6–20。

表 6–20 娄烦方言开口二等见系字读音举例

	假开二					蟹开二			效开二	咸开二	
	下	吓	夏	哑	鸦	解~下	崖	鞋	靿	咸	陷
娄烦（城关）	ɕia⁵³/xa⁵³	ɕia⁵³/xa⁵³	ɕia⁵³/xa⁵³	ŋa³²⁴	ŋa⁵³	xai⁵³	nai⁴⁴/ȵir⁴⁴	ɕir⁴⁴/xai⁴⁴	ŋao⁵³	ɕie⁴⁴/xæ⁴⁴	ɕie⁵³/xæ⁵³
静游	ɕia⁵³/xa⁵³	ɕia⁵³/xa⁵³	ɕia⁵³/xa⁵³	ŋa³²⁴	ŋa⁵³	xai⁵³	nai⁴⁴	ɕie⁴⁴/xai⁴⁴	ŋao⁵³	ɕiæ⁴⁴/xæ⁴⁴	ɕiæ⁵³/xæ⁵³
天池	ɕia⁵³/xa⁵³	ɕia⁵³/xa⁵³	ɕia⁵³/xa⁵³	ŋa³²⁴	va⁴⁴	xai⁵³	ȵir⁴⁴	ɕir⁴⁴/xai⁴⁴	ŋao⁵³	ɕie⁴⁴/xæ⁴⁴	ɕie⁵³
顺道	ɕia⁵³/xa⁵³	ɕia⁵³/xa⁵³	ɕia⁵³/xa⁵³	ŋa³¹²	ia⁴⁴	xɛi⁵³	ȵir⁴⁴/nɛi⁴⁴	ɕir⁴⁴/xɛi⁴⁴	ŋʌu⁵³	ɕie⁴⁴/xæ⁴⁴	ɕie⁵³

	咸开二					山开二		江开二	
	馅	严	衔	匣	鸭	压~腰	闲	瞎	项	巷
娄烦（城关）	ɕie⁵³/xæ⁵³	ie⁴⁴/ŋæ⁴⁴	ɕie⁴⁴/xæ⁴⁴	xaʔ³²⁴	ia⁴⁴/ŋaʔ⁴⁴	ȵia⁵³/ŋa⁵³	ɕie⁴⁴/xæ⁴⁴	xaʔ⁴⁴	ɕia⁵³/xa⁵³	ɕia⁵³/xa⁵³

续表

	咸开二					山开二		江开二	
	馅	严	衔	匣	鸭	压~腰	闲	瞎	项	巷
静游	ɕiæ⁵³ /xæ⁵³	iæ⁴⁴ /ŋæ⁴⁴	ɕiæ⁴⁴ /xæ⁴⁴	xaʔ³²⁴	ia⁴⁴ /ŋa⁴⁴	n̠ia⁵³ /ŋa⁵³	ɕiæ⁴⁴ /xæ⁴⁴	xaʔ⁴	ɕia⁵³ /xɑ⁵³	ɕia⁵³ /xɑ⁵³
天池	ɕie⁵³ /xæ⁵³	ie⁴⁴	ɕie⁴⁴ /xæ⁴⁴	xʌʔ³²⁴	iɑ⁴⁴	n̠iɑ⁵³ /ŋɑ⁵³	ɕie⁴⁴ /xæ⁴⁴	xʌʔ⁴⁴	ɕia⁵³ /xɑ⁵³	ɕia⁵³ /xɑ⁵³
顺道	ɕie⁵³	ie⁴⁴	ɕie⁴⁴	xaʔ³¹²	ia⁴⁴	n̠ia⁵³	ɕie⁴⁴ /xæ⁴⁴	xaʔ⁴⁴	ɕiʌu⁵³ /xʌu⁵³	ɕiʌu⁵³ /xʌu⁵³

从古音来历看，这些字来自假摄、蟹摄、效摄、咸摄、山摄、江摄。今读音主要是 x ŋ 声母。

（二）见系颚化的历史

至于见系字的演变，可能要复杂很多。在见系字的演变过程中，其在细音前颚化是一个非常重要的变化，乔全生（2006）对该问题做过讨论（以下简称乔文）。

乔文首先列举了晋语尚未颚化的例子。

晋方言上党片见系三四等未颚化的读音，如下：

阳城

精₍精₎ ₋tɕiə̃n ≠经₍见₎ ₋ciə̃n 趣₍清₎ tɕʰy⁼ ≠去₍溪₎ cʰy⁼ 修₍心₎ ₋ɕieŋ ≠休₍晓₎ ₋çiaŋ

平顺

精₍精₎ ₋tɕiŋ ≠经₍见₎ ₋ciŋ 趣₍清₎ tɕʰy⁼ ≠去₍溪₎ cʰy⁼ 修₍心₎ ₋ɕiəŋ ≠休₍晓₎ ₋çiəŋ

山西南部中原官话汾河片的部分方言，中古见系开口二等也保留了 k、x 的读音。如：

	街	界	解~开	芥	戒₍猪八~₎	鞋	蟹	解₍姓₎
吉县	₋kai	kai⁼	⁼kai	kai⁼	kai⁼	₋xai	xai⁼	xai⁼
临猗	₋kai	kai⁼	⁼kai	kai⁼	kai⁼	₋xai	xai⁼	xai⁼

汾河片万荣方言、河津方言读"起"为 ⁼kei，如"早起、起来"。

并州片多数方言溪母字"去"白读 kʰəʔ⁼。见系二等晓匣母白读 x，如介休方言：下夏吓鞋孝解咸匣瞎辖。

文献中也有不少山西方言见系未颚化的记载（引自乔全生，2006）。

在这些材料中，有些说的是开口二等，如：

清光绪九年（1883）范启堃等重修的《文水县志》卷三《方言》记载："不解曰解（音害）不下。""解"是蟹摄开口二等匣母字。现在娄烦方言说"不明白"或"不知道"时，也说"解 xai[53] 不下"。

同样，1917年胡宗虞修纂的《临县志》卷十三《风土方言》也记载："不懂为解不下（解读若亥）。"

1929年徐昭俭等修纂的《绛县县志》卷一《方言略》用注音字母记载：瞎辖读 xa，鞋读 xai。"瞎"是山摄开口二等晓母字，"辖"是山摄开口二等匣母字，"鞋"是蟹摄开口二等匣母字。

有些说的是三等，如：

明代陆容《菽园杂记》卷四记载："又如'去'字，山西人为'库'，山东人为'趋'，陕西人为'气'，南京人为'可'去声，湖广人为'处'。"可见山西方言的"去"字还没有颚化。"去"是遇摄合口三等溪母字。即使是现在，"去"在山西方言中常常读 kəʔ 或 kʰəʔ，仍然未颚化。

清道光年间杨延亮编纂《赵城县志》卷十八《风俗附方言》记载："身倦曰乖。""倦"是山摄合口三等群母字，今赵城方言仍然读 ₌kuai。

1920年徐黄之等修纂的《虞乡县志》卷四《方言略》记载："筋读作根。""筋"是臻摄开口三等见母字。

通过排比今方言材料和古代文献资料，乔文认为：二等字颚化比一等字快，三四等字比一二等字快，晓匣母一二等韵颚化比溪母快。总的来说，见系一等韵颚化的时间只能晚于二等韵。如果能搞清楚晓匣母一等韵颚化的时间，也就可以推测出二等韵颚化的时间下限。下面的问题就是判断一等韵字颚化的时间。

在进行推断中，乔文选择了一个蟹摄一等开口匣母字"孩"，通过对该字的考证，来判断山西晋语见系一等字的颚化时间。

一等的"孩"字在晋语中大致有两个读音：清涧、临县等方言读 ₌ɕi ₌ɕiɛ；临汾一带说"男孩"时读 ₌sʅ，一般写作"厮"。

首先要证明临汾一带说"男孩"时读 ₌sʅ，写作"厮"并非本字。《玉篇》："厮，贱也。"《公羊传·宣公十二年》："厮、役、扈、养，死者数百人。"陈立疏:"其实厮为贱役之通称。"又引申为"役使"义。如《广雅·释诂一》:"厮,使也。"《史记·司马相如列传》:"厮征伯侨役羡门兮,属岐伯使尚方。"《广韵》息移切:"厮,厮养也,役也,使也。"可见"厮"没有"男孩"意思。临汾方言把"男孩"叫作"厮 ₌ʂʅ"应该是同音替代某个字。

可以用排除法证明临汾方言把"男孩"叫作"₌ʂʅ",其本字应该是"孩"。首先指出晋方言的ʅ韵母字来自止开三的精组、知系以及止蟹摄的见系字。但是在精组的"厮"在意义上无法与"男孩"联系,又精组、知系也没有表示男孩的其他字,因此可以排除是精组、知系字的可能。再看ʅ韵母的另外一个来源蟹止摄见系字。见组只可能读 tsʅ tsʰʅ,不可能读 sʅ,所以又可以把见组排除。剩下只有晓组了,蟹止摄三四等晋方言中部可以读 ₌sʅ,但所辖字都与男孩义无关,因此可以将晓组的蟹止摄三四等排除。

最后只剩下蟹摄一二等。临汾方言表男孩义的 sʅ 只能从这里产生。根据晋方言清涧、临县的读音,蟹摄开口一等匣母"孩"读 ₌ɕi,这个音是可以与表男孩义的 ₌sʅ 联系。晋方言经历了舌面元音 i 高化的演变,即 i > ʅ,随之舌面前擦音 ɕ 也相应演变为舌尖前擦音 s,因此有 ɕi > sʅ 的演变。另外,"孩 ₌ɕi"读阳平,表男孩义的 ₌sʅ 也是阳平,声调也对得上。

晋方言有不少地方管男孩为"小子",如文水读 "ᶜɕi 子"(胡双宝,1990),是否"厮"就是"小"呢?应该不是。"小"读 ᶜɕi 是因为文水效摄字都读 i 韵母;尽管文水方言也有ʅ韵母,但与 i 是对立的;"小"为上声,与表男孩义的 ₌sʅ 阳平对不上,声调也不合。可见语音上可以排除表男孩义的 ₌sʅ 读 ᶜɕi 可能性。另外从意义上看,"小子"在上古指"子弟或下一辈",如《诗·大雅·思齐》:"肆成人有德,小子有造。"到清代才有指男孩的用法,如《红楼梦》第四十九回:"偏他只爱打扮成个小子的样儿,原比他打扮女儿更俏丽了些。"

娄烦(城关)、静游两小片,"孩"读 ₌xi,这应该是清涧、临县读 ɕi 的前身。另外文水、武乡读 ₌xɛ,天镇读 ₌xɛx,这样就把"孩"读音的演变顺序串联起来了:

* xɒi > xɑi > xai > xɛ > xi > ɕi > ʅ

其中 xi > ɕi 应该代表见系字由舌面前音向舌尖前音发展。

因此临汾方言表男孩义的 $_s$ʅ，其本字应该是"孩"。

但是，"孩"读 ʅ，并被误写为"厮"在元代已经相当普遍。因为元曲有许多"厮儿"表"男孩儿"的用例。下面是《元曲选》（中华书局1958，数字是页码）的部分用例（引自乔全生，2006）：

请来凭脉，他道小梅行必定是个厮儿胎。（武汉臣《散家财天赐老生儿》369）

若是个女儿呵，罢论，若是个小厮儿呵，耻辱那老子一场。（武汉臣《散家财天赐老生儿》369）

我向来，若是得个女儿也，则分的他一半儿家私，若是得一个小厮儿，我两只手交付与他那家私，我不干生受了一场。（武汉臣《散家财天赐老生儿》368）

（旦儿云）今日所生一子，记的驸马临亡之时，曾有遗言，若是添个小厮儿，唤作赵氏孤儿，待他久后成人长大，与父母雪冤报仇。（纪君祥《赵氏孤儿》1478）

（屠岸贾云）我如今不免诈传灵公的命，把普国内但是半岁以下，一月之上新添的小厮，都与我刷将来，见一个剁三剑，其中必然有赵氏孤儿，可不除我这腹心之害。（纪君祥《赵氏孤儿》1482）

（程婴云）其时公主腹怀有孕，赵朔遗言，我若死后，那添的个小厮儿呵，可名赵氏孤儿，与俺三百口报仇。（纪君祥《赵氏孤儿》1494）

（吕丘亮云）我有一子，却是个村厮儿，你久后得志，休忘了此子。（李寿卿《伍员吹箫》655）

（旦儿云）若是掷个上上大吉，便是小厮儿；掷个中平，便是女儿；若是掷个不合神道，便是鬼胎（张国宾《相国寺公孙合汗衫》125）

（搽旦云）俺员外取得一个妇人，叫做什么张海棠，他跟前添了个小厮儿，长成五岁了也。（李行道《包待制智赚灰栏记》1109）

（王兽医云）我可与你个小厮儿。（旦儿云）你哪里将来？（王兽医云）姐姐你休问也他。若是姐夫来家，则说是你添的。（旦儿云）好、好，兄弟也，你将这女儿，或是丢在河里井里。凭你将的去。（杨文奎《翠红乡儿女两团员》461）

（王兽医云）我问他得了个儿也是女，他便道："得了个小厮儿。"（杨文奎《翠红乡儿女两团员》466）

（卜儿云）居士，你寻思波，俺女儿不曾嫁，小厮儿不曾娶，你投至的这个家业，非一日之故。（《庞居士误放来生债》306）

（老夫人云）又有个小妮子，是自幼伏待孩儿的，唤作红娘。一个小厮儿，唤作欢郎。（王实甫《西厢记·楔子》）

（李四云）一双儿女，厮儿叫做喜童，女儿叫做娇儿。（关汉卿《包待制智斩鲁斋郎》842）

可见元曲道白中"厮"的含义与临汾"厮"含义相同。结合上文语音分析，说明最迟到元代，"孩"的读音已经从 ɕi 演变到 ʂɿ 了。乔文认为，实际语音的演变往往早于著录的时间，所以，以"孩"为代表的一等见系字的颚化可能在宋元。又一等的颚化晚于二等的颚化，所以二等的颚化应该在宋元之前。

就整个晋方言看，各片之间古见系颚化极不平衡，有的片在晚唐五代就已经出现颚化的兆头，有的至今三四等字还未颚化。可见晋方言的颚化是个相当长的过程。

第四节　透母和定母平声

一　读音类型

透母属于端组次清音，定母属于端组全浊音。在北方方言中，透母读 t^h 声母，定母平声大部分方言读 t^h 声母，但在娄烦方言，透母读 $tɕ^h$ 声母，定母平声在娄烦（城关）、静游、天池三小片读 $tɕ^h$ 声母，在顺道小片白读 t 声母。见表 6-21

表 6-21　娄烦方言透母与定母平声字读音举例

	蟹开四				效开四				咸开四	
	梯	替	提	蹄	挑	跳	条	调~料	添	贴
	平透齐	去透霁	平定齐	平定齐	平透萧	去透啸	平定萧	平定萧	平透添	入透帖
娄烦（城关）	tɕʰi⁴⁴	tɕʰi⁵³	tɕʰi⁴⁴/ti⁴⁴	tɕʰi⁴⁴	tɕʰiɑo⁴⁴	tɕʰiɑo⁵³	tɕʰiɑo⁴⁴	tɕʰiɑo⁴⁴	tɕʰie⁴⁴	tɕʰieʔ⁴⁴
静游	tɕʰi²⁴	tɕʰi⁵³	tɕʰi⁴⁴/ti⁴⁴	tɕʰi⁴⁴	tɕʰiɑo²⁴	tɕʰiɑo⁵³	tɕʰiɑo⁴⁴	tɕʰiɑo⁴⁴	tɕʰiæ²⁴	tɕʰiəʔ⁴⁴
天池	tsʰɿ⁴⁴	tsʰɿ⁵³	tsʰɿ⁴⁴/tiɿ⁴⁴	tɕʰiɿ⁴⁴	tɕʰiɑo³²⁴	tɕʰiɑo⁵³	tɕʰiɑo⁴⁴	tɕʰiɑo⁴⁴	tɕʰie⁴⁴	tɕʰieʔ⁴⁴
顺道	tɕʰi⁴⁴	tɕʰi⁵³	tsʰɿ⁴⁴/tɕʰi⁴⁴	ti⁴⁴	tɕio⁴⁴	tɕio⁵³	tɕio⁴⁴/tio⁴⁴	tɕio⁴⁴/tio⁴⁴	tɕʰie⁴⁴	tɕʰiaʔ⁴⁴

	咸开四	山开四				梗开四				
	甜	天	铁	田	填	听	踢	停	庭	挺
	平定添	平透先	入透屑	平定先	平定先	平透青	入透锡	平定青	平定青	上定迥
娄烦（城关）	tɕʰie⁴⁴	tɕʰie⁴⁴	tɕʰieʔ⁴⁴	tɕʰie⁴⁴	tɕʰie⁴⁴	tɕʰiɤ̃⁴⁴/tɕʰi⁴⁴	tɕʰiəʔ⁴⁴	tɕʰiɤ̃⁴⁴	tɕʰiɤ̃⁴⁴	tɕʰiɤ̃³²⁴
静游	tɕʰiæ⁴⁴	tɕʰiæ²⁴	tɕʰiəʔ⁴⁴	tɕʰiæ⁴⁴	tɕʰiæ²⁴	tɕʰiɤ̃²⁴/tɕʰi²⁴	tɕʰiəʔ²⁴	tɕʰiɤ̃²⁴	tɕʰiɤ̃²⁴	tɕʰiɤ̃³²⁴
天池	tɕʰie⁴⁴	tɕʰie⁴⁴	tɕʰieʔ⁴⁴	tɕʰie⁴⁴	tɕʰie⁴⁴	tɕʰiɤ̃⁴⁴/tsʰɿ⁴⁴	tɕʰiəʔ⁴⁴	tɕʰiɤ̃⁴⁴	tɕʰiɤ̃⁴⁴	tɕʰiɤ̃³²⁴
顺道	tɕʰie⁴⁴/tie⁴⁴	tɕʰie⁴⁴	tɕʰia ʔ⁴⁴	tɕʰie⁴⁴	tɕʰie⁴⁴/tie⁴⁴	tɕʰiɤ̃⁴⁴/tsʰɿ⁴⁴	tɕʰiəʔ⁴⁴	tɕʰiɤ̃⁴⁴	tɕʰiɤ̃⁴⁴	tɕʰiɤ̃³¹²

从表 6-21 可以看出，透母定母读 tɕʰ 声母的全部来自开口四等，包括蟹摄、效摄、咸摄、山摄、梗摄。实际上，中古也只有以上几摄有开口四等。从娄烦方言看，又可以分为两种情况：一种为无论是中古透母，还是定母平声，都读 tɕʰ 声母，娄烦（城关）、静游、天池属于这样的情况；一种为中古透母读 tɕʰ 声母，定母有文白读，文读 tɕʰ 声母，白读 t 声母。

根据笔者调查，与娄烦顺道相邻的古交市常安、原相两个乡镇也有类似顺道一样的读音。见表 6-22

第六章 声母的历史层次

表 6-22 古交市常安透母与定母平声字读音举例

	蟹开四				效开四				咸开四	
	梯	替	提	蹄	挑	跳	条	调~料	添	贴
	平透齐	去透霁	平定齐	平定齐	平透萧	去透啸	平定萧	平定萧	平透添	入透帖
常安	tɕʰi⁴⁴	tɕʰi⁵³	tei⁴⁴	tei⁴⁴	tɕʰiʌu⁴⁴	tɕʰiʌu⁵³	tɕʰiʌu⁴⁴\ tiʌu⁴⁴	tiʌu⁴⁴	tɕʰiæ⁴⁴	tɕʰiɐʔ⁴⁴

	咸开四	山开四				梗开四				
	甜	天	铁	田	填	听	踢	停	庭	挺
	平定添	平透先	入透屑	平定先	平定先	平透青	入透锡	平定青	平定青	上定迥
常安	tiæ⁴⁴	tɕʰiæ⁴⁴	tɕʰiɐʔ⁴⁴	tiæ⁴⁴	tiæ⁴⁴	tɕʰi⁴⁴	tɕʰiɐʔ⁴⁴	tɕʰi⁴⁴	tɕʰiẽ⁴⁴	tɕʰiẽ³¹

说明：表中"\"前的音一般为白读，"\"后的音一般为文读。

二 演变层次

根据娄烦（城关）、静游、天池三小片与顺道小片之间的差异，我们可以大致推断出它们在演变上的一些层次。从现在方言中透母开口四等都读 tɕʰ 声母来看，这些方言肯定发生过 tʰ > tɕʰ 的演变。问题是顺道小片的定母字，文读 tɕʰ 声母，白读 t 声母。从顺道小片定母读音可以看出，文读经历过 tʰ > tɕʰ 的演变，白读则没有。又因为 tʰ > tɕʰ 的演变有一个重要的条件：送气因素，因此可以推断顺道定母平声白读一直就是不送气的 t 声母。由此可以看出，顺道定母的文读层和白读层是截然不同的两个层次，这两个层次遵循着自己的道路独自向前发展。

现在顺道定母平声有文白两读的，如条 tɕʰio⁴⁴/tio⁴⁴、调~料 tɕʰio⁴⁴/tio⁴⁴、甜 tɕʰie⁴⁴/tie⁴⁴、填 tɕʰie⁴⁴/tie⁴⁴ 等，其文读在之前也应该读 tʰ，它们与透母字一样，经历了 tʰ > tɕʰ 的演变，并且这些文读只能产生在透母的 tʰ > tɕʰ 演变之前或 tʰ > tɕʰ 演变期间，因为如果 tʰ > tɕʰ 的演变一旦结束，从文读来的 tʰ 就不再具有向 tɕʰ 演变的条件了。

事实上，娄烦方言青年一代又有新的文读：上述诸字都可以读为 tʰ+齐齿呼音节，这是在旧文读 tɕʰ+齐齿呼音节之后的新的文读。

因此透母与定母在语音演变和文白叠置上出现了不同的格局。

先说透母，原本读 t^h 声母，然后是 $t^h > t\varctheta^h$ 的演变。现在又有新的文读：t^h+ 齐齿呼音节，与旧的文读形成叠置。从表面上看，似乎是 $t\varctheta^h$ 向 t^h 的回归，但这里新的 t^h 不是 $t^h > t\varctheta^h$ 演变的本土的 t^h，它实际上是外来的 t^h。它们之间的关系如下：

原读：t^h+ 齐齿呼 > $t\varctheta^h+$ 齐齿呼
新文读：t^h+ 齐齿呼

定母的情况要复杂一些。首先定母在白读 t 声母的阶段，有文读 t^h 和白读叠置，然后文读的 t^h 与透母字一道经历 $t^h > t\varctheta^h$ 的演变，之后一直和透母一起变化；现在又有新的文读：t^h+ 齐齿呼音节，与旧的文读形成叠置。所以，定母字就出现文白三叠的情况：

旧白读：t+ 齐齿呼音节
旧文读：t^h+ 齐齿呼 > $t\varctheta^h+$ 齐齿呼
新文读：t^h+ 齐齿呼

无论是透母，还是定母平声，都经历了 $t^h > t\varctheta^h$ 的演变，下面讨论产生这种演变的原因。

从上表可以看出，娄烦方言凡 t^h+ 齐齿呼 > $t\varctheta^h+$ 齐齿呼，但同是舌尖塞音的 t+ 齐齿呼却没有发生类似的变化。为了方便比较，我们尽可能选择同等呼的字。见表 6-23

表 6-23 娄烦方言 t+ 齐齿呼字读音举例

	蟹开四				效开四			咸开四		
	低	弟	底	低	雕	吊	掉	点	店	叠
	平端齐	上定荠	上端荠	平端齐	平端萧	去端啸	去定啸	上端忝	去端桥	入定帖
娄烦（城关）	tei⁴⁴	tei⁵³	tei³²⁴	tei⁴⁴	tiao⁴⁴	tiao⁵³	tiao⁵³	tie³²⁴	tie⁵³	tieʔ³²⁴
静游	tei²⁴	tei⁵³	tei³²⁴	tei²⁴	tiao²⁴	tiao⁵³	tiao⁵³	tiæ³²⁴	tiæ⁵³	tiəʔ³²⁴
天池	tir⁴⁴	tir⁵³	tir³²⁴	tir⁴⁴	tiao⁴⁴	tiao⁵³	tiao⁵³	tie³²⁴	tie⁵³	tieʔ³²⁴

续表

	蟹开四			效开四			咸开四		
	低	弟	底	低	雕	吊	掉	点	店	叠
	平端齐	上定荠	上端荠	平端齐	平端萧	去端啸	去定啸	上端忝	去端㮇	入定帖
顺道	tiɿ⁴⁴	tiɿ⁵³	tiɿ³¹²	tiɿ⁴⁴	tio⁴⁴	tio⁵³	tio⁵³	tie³¹²	tie⁵³	tiaʔ³¹²

	咸开四	山开四				梗开四				
	跌	电	殿	奠	垫	钉	顶	滴	定	笛
	入端帖	去定霰	去定霰	去定霰	去定霰	平端青	上端迥	入端锡	去定径	入定锡
娄烦（城关）	tiɐʔ⁴⁴	tie⁵³	tie⁵³	tie⁵³	tie⁵³	tiỹ⁴⁴/tei⁴⁴	tiỹ³²⁴/tei³²⁴	tiə⁴⁴	tiỹ⁵³	tiəʔ³²⁴
静游	tiəʔ²⁴	tiæ⁵³	tiæ⁵³	tiæ⁵³	tiæ⁵³	tiỹ²⁴/tei²⁴	tiỹ³²⁴/tei³²⁴	tiə²⁴	tiỹ⁵³	tiəʔ³²⁴
天池	tiɐʔ⁴⁴	tie⁵³	tie⁵³	tie⁵³	tie⁵³	tiỹ⁴⁴/tiɿ⁴⁴	tiỹ³²⁴/tiɿ³²⁴	tiɐʔ⁴⁴	tiỹ⁵³	tiəʔ³²⁴
顺道	tiaʔ⁴⁴	tie⁵³	tie⁵³	tie⁵³	tie⁵³	tiỹ⁴⁴/tiɿ⁴⁴	tiỹ³¹²/tiɿ³¹²	tiaʔ⁴⁴	tiỹ⁵³	tiəʔ⁴⁴

对比表6-21和表6-23，韵母都是齐齿呼，声母都是舌尖前塞音，唯一不同的是表6-21都是送气声母，表6-23声母都不送气。所以送气成分的有无是引起舌尖前塞音是否向舌面前塞擦音演变的原因之一。

再看表6-24。

表6-24 娄烦方言 tʰ+开口呼字读音举例

	蟹摄				效摄			咸摄		
	胎	态	太	抬	掏	套	桃	溻	谈	痰
	平透咍	去透代	去透泰	平定咍	平透豪	去透号	平定豪	入透盍	平定谈	平定谈
娄烦（城关）	tʰai⁴⁴	tʰai⁵³	tʰai⁵³	tʰai⁴⁴	tʰɑo⁴⁴	tʰɑo⁵³	tʰɑo⁴⁴	tʰaʔ⁴⁴	tʰæ⁴⁴	tʰæ⁴⁴
静游	tʰai²⁴	tʰai⁵³	tʰai⁵³	tʰai⁴⁴	tʰɑo²⁴	tʰɑo⁵³	tʰɑo⁴⁴	tʰaʔ²⁴	tʰæ⁴⁴	tʰæ²⁴
天池	tʰai⁴⁴	tʰai⁵³	tʰai⁵³	tʰai⁴⁴	tʰɑo⁴⁴	tʰɑo⁵³	tʰɑo⁴⁴	tʰʌʔ⁴⁴	tʰæ⁴⁴	tʰæ⁴⁴
顺道	tʰɛi⁴⁴	tʰɛi⁵³	tʰɛi⁵³	tʰɛi⁴⁴/tɛi⁴⁴	tʰʌu⁴⁴	tʰʌu⁵³	tʰʌu⁴⁴/tʌu⁴⁴	tʰaʔ⁴⁴	tʰæ⁴⁴	tʰæ⁴⁴/tæ⁴⁴

续表

	咸摄	山摄				曾摄			通摄	
	塌	叹	坛	弹~琴	炭	瞪	疼	特	通	秃
	入透盍	去透翰	平定寒	平定寒	去透翰	平定登	平定登	入定德	平透东	入透屋
娄烦（城关）	tʰaʔ⁴⁴	tʰæ⁵³	tʰæ⁴⁴	tʰæ⁴⁴	tʰæ⁵³	tʰɣ̃⁴⁴	tʰɣ̃⁴⁴	tʰaʔ⁴⁴	tʰuɣ̃⁴⁴	tʰuəʔ⁴⁴
静游	tʰaʔ⁴	tʰæ⁵³	tʰæ²⁴	tʰæ²⁴	tʰæ⁵³	tʰɣ̃⁴⁴	tʰɣ̃⁴⁴	tʰaʔ⁴	tʰuɣ̃²⁴	tʰuəʔ⁴
天池	tʰʌʔ⁴⁴	tʰæ⁵³	tʰæ⁴⁴	tʰæ⁴⁴	tʰæ⁵³	tʰɣ̃⁴⁴	tʰɣ̃⁴⁴	tʰʌʔ⁴⁴	tʰuɣ̃⁴⁴	tʰuəʔ⁴⁴
顺道	tʰaʔ⁴⁴	tʰæ⁵³	tʰæ⁴⁴	tʰæ⁴⁴	tʰæ⁵³	tʰɣ̃⁴⁴	tʰɣ̃⁴⁴	tʰaʔ⁴⁴	tʰuɣ̃⁴⁴	tʰuəʔ⁴⁴

与表6-21相比，表6-24都是送气的舌尖前塞音，唯一的不同就是前者拼齐齿呼，后者拼开口呼、合口呼，但前者有 tʰ > tɕʰ 的演变，而后者没有。因此，齐齿呼韵母应该是 tʰ > tɕʰ 演变的另外一个原因。

从音理上看，当 tʰ 与齐齿呼韵母相拼时，舌尖声母的送气成分会使声母多少带有一些擦音的性质，同时后面齐齿呼韵母的 i 介音是个舌面前高元音，发 i 元音时会使舌面抬高，当舌面抬高时，舌尖的阻塞作用相应降低，这时发音部位有从舌尖向舌面后移的倾向，再加上 tʰ 辅音的送气成分，使发辅音时需要的阻塞在舌面的位置进一步加强，直到完全把阻塞位置后移到舌面，于是就发生了 tʰ > tɕʰ 的变化。

娄烦方言 tʰ > tɕʰ 的演变还具有感染作用。n 与齐齿呼韵母相拼时，作为介音的 i 元音会使舌面抬高，同样，当舌面抬高时，舌尖的阻塞作用相应降低，这时发音部位有从舌尖向舌面后移的倾向，这样为 n > ȵ 的演变提供了可能，但 n 是否会向 ȵ 变化并不是由 n 自己决定，当音系里已经发生 tʰ > tɕʰ 的演变后，同为舌尖音的 n 也变成了 ȵ。又因为 n 原本还可以拼撮口呼韵母 y，当齐齿呼韵母前的 n 变成了 ȵ，同属细音的 y 前的 n 也变成了 ȵ。见表6-25

表 6-25　娄烦方言 ȵ + 齐齿呼字读音举例

	泥	腻	你	年	尿	牛	聂	娘	宁	女
	平泥齐	去泥至	上泥止	平泥先	去泥啸	上泥有	入泥叶	平泥阳	平泥青	上泥语
娄烦（城关）	ȵi⁴⁴	ȵi⁵³/ȵiəʔ⁴	ȵi³²⁴	ȵie⁴⁴	ȵiɑo⁵³	ȵiɣɯ⁴⁴	ȵieʔ⁴⁴	ȵiã⁴⁴	ȵiỹ⁴⁴	ȵy³²⁴
静游	ȵi⁴⁴	ȵi⁵³/ȵiəʔ⁴	ȵi³²⁴	ȵiæ⁴⁴	ȵiɑo⁵³	ȵiɣɯ⁴⁴	ȵiəʔ⁴	ȵiɑ⁴⁴	ȵiỹ⁴⁴	ȵy³²⁴
天池	nʐ̩⁴⁴	n̩ʅ⁵³	n̩ʅ³²⁴	ȵie⁴⁴	ȵiɑo⁵³	ȵiɿ³²⁴	ȵieʔ⁴⁴	ȵiã⁴⁴	ȵiỹ⁴⁴	nʐy³²⁴
顺道	nʐ̩⁴⁴	n̩ʅ⁵³	n̩ʅ³¹²	ȵie⁴⁴	ȵio⁵³	ȵiɿ³²⁴	ȵiaʔ⁴⁴	ȵiʌu⁴⁴	ȵiỹ⁴⁴	nʐy³¹²

表 6-25 中, 天池、顺道两小片 ɿ ʅ 韵母的字为 nʐ 声母, 这并不影响我们的推测。可以肯定, 天池、顺道两小片和娄烦（城关）、静游两小片一样原来也读 n 声母, 后来随着 tʰ > tɕʰ 的演变, n 变成 ȵ, 涉及所有的齐齿呼韵母的字。在此基础上, 天池、顺道两小片舌面前音声母后面 i y 韵母高化为 ɿ ʅ, 舌面前音 tɕ tɕʰ ɕ ȵ 也相应地演变成舌尖前音 ts tsʰ s nʐ, 而其他齐齿呼前面的舌面前音没有发生变化, 于是天池、顺道两小片的 "泥" 读 nʐ̩⁴⁴ "女" 读 nʐy³²⁴\nʐy³¹², 其他齐齿呼前面的 ȵ 不变。

娄烦方言的端组声母变化的参差具有普通语音学上的意义。虽然同样都是舌尖前音, 但它们在方言演变过程中却表现出不同的特点: tʰ 在齐齿呼前演变为 tɕʰ, 但 t 却没有类似的变化; tʰ 在齐齿呼前演变为 tɕʰ 的同时, 与它同组, 并有同样组合的 n 也发生了类似的变化, 从 n 变为 ȵ, 可见在齐齿呼前, 鼻音 n 与 tʰ 更加接近。因此, 我们认为, 同是舌尖前音的 t tʰ n, 它们在与齐齿呼相拼时, tʰ n 有更大的一致性, 可以分为一组。这个结论是否意味着别的同组声母因与韵母组合的不同也有类似的下位分组, 还有待进一步证实。

第五节　全浊塞音、塞擦音声母

中古全浊塞音、塞擦音声母在娄烦各个方言小片的读音并不一致: 娄烦（城关）、静游、天池三小片, 全浊塞音、塞擦音声母平声今读送气声母，仄声今读不送气声母；顺道小片，平声一般有白读，并且和仄声一样都读不送气声母。因为全浊塞音、塞擦音声母仄声不论文白在各个小片都读不送气，比较统一，分歧主要在全浊塞音、塞擦音声母平声白读上面，下表只举全浊声母平声字，具体见表6-26。

表6-26 娄烦方言全浊塞音、塞擦音声母平声字读音举例

	果摄	假摄		遇摄	蟹摄			止摄		
	婆	爬	耙	脯胸~	抬	蹄	赔	骑	瓷	磁
	平并戈	平并麻	去并祃	平并模	平定咍	平定齐	平并灰	平群支	平从脂	平从之
娄烦（城关）	pʰɣɯ⁴⁴	pʰɑ⁴⁴	pʰɑ⁴⁴	pʰu⁴⁴	tʰai⁴⁴	tɕʰi⁴⁴	pʰei⁴⁴	tɕʰɿ⁴⁴	tsʰɿ⁴⁴	tsʰɿ⁴⁴
静游	pʰɣɯ²⁴/pʰɣɯ⁵³	pʰɑ⁴⁴	pʰɑ⁴⁴	pʰu⁴⁴	tʰai⁴⁴	tɕʰi⁴⁴	pʰei⁴⁴	tɕʰɿ⁴⁴	tsʰɿ⁴⁴	tsʰɿ⁴⁴
天池	pʰɣ⁴⁴/pʰɣ⁵³	pʰɑ⁴⁴/pɑ⁴⁴	pɑ⁵³	pʰu⁴⁴	tʰai⁴⁴	tɕʰiɿ⁴⁴	pʰai⁴⁴	tsʰɿ⁴⁴	tsʰɿ⁴⁴	tsʰɿ⁴⁴/tsɿ⁴⁴
顺道	pʰɣ⁴⁴/pɣ⁴⁴	pʰɑ⁴⁴/pɑ⁴⁴	pɑ⁴⁴	pʰu⁴⁴/pu⁴⁴	tʰɛi⁴⁴/tɛi⁴⁴	ti⁴⁴	pʰɛi⁴⁴/pɛi⁴⁴	tsʰɿ⁴⁴/tsɿ⁴⁴	tsʰɿ⁴⁴/tsɿ⁴⁴	tsʰɿ⁴⁴/tsɿ⁴⁴

	止摄	效摄								流摄
	葵	桃	萄	槽	刨~地	潮	荞	条	调~料	头
	平群脂	平定豪	平定豪	平从豪	平并肴	平澄宵	平群宵	平定萧	平定萧	平定侯
娄烦（城关）	kʰuei⁴⁴	tʰɑo⁴⁴	tʰɑo⁴⁴	tsʰɑo⁴⁴	pɑo⁴⁴	tsʰɑo⁴⁴	tɕʰiɑo⁴⁴	tɕʰiɑo⁴⁴	tɕʰiɑo⁴⁴	tʰɣɯ⁴⁴
静游	kʰuei²⁴	tʰɑo⁴⁴	tʰɑo⁴⁴	tsʰɑo⁴⁴	pɑo²⁴	tsʰɑo⁴⁴	tɕʰiɑo⁴⁴	tɕʰiɑo⁴⁴	tɕʰiɑo⁴⁴	tʰɣɯ⁴⁴
天池	kʰuae⁴⁴	tʰɑo⁴⁴	tʰɑo⁴⁴	tsʰɑo⁴⁴	pɑo⁴⁴	tsʰɑo⁴⁴	tɕʰiɑo⁴⁴	tɕʰiɑo⁴⁴	tɕʰiɑo⁴⁴	tʰəu⁴⁴
顺道	kʰuei⁴⁴/kei⁴⁴	tʰʌu⁴⁴/tʌu⁴⁴	tʰʌu⁴⁴/tʌu⁴⁴	tsʰʌu⁴⁴/tsʌu⁴⁴	pʌu⁴⁴	tsʰʌu⁴⁴/tsʌu⁴⁴	tɕio⁴⁴/tio⁴⁴	tɕʰio⁴⁴/tio⁴⁴	tɕʰio⁴⁴/tio⁴⁴	tʰəu⁴⁴/təu⁴⁴

	流摄	咸摄		山摄					臻摄	
	稠	痰	甜	钱	填	前	团	椽	盆	群
	平澄尤	平定谈	平定添	平从仙	平定先	平从先	平定桓	平澄仙	平並魂	平群文
娄烦（城关）	tsʰɣɯ⁴⁴	tʰæ⁴⁴	tɕʰie⁴⁴	tɕʰie⁴⁴	tɕʰie⁴⁴	tɕʰie⁴⁴	tʰuæ⁴⁴	tsʰuæ⁴⁴/pfʰæ⁴⁴	pʰỹ⁴⁴	tɕʰyỹ⁴⁴
静游	tsʰɣɯ⁴⁴	tʰæ²⁴	tɕʰiæ⁴⁴	tɕʰiæ²⁴	tɕʰiæ⁴⁴	tɕʰiæ⁴⁴	tʰuæ⁴⁴	tsʰuæ⁴⁴/pfʰæ⁴⁴	pʰỹ⁴⁴	tɕʰyỹ⁴⁴
天池	tsʰəu⁴⁴	tʰæ⁴⁴	tɕʰie⁴⁴	tɕʰie⁴⁴	tɕʰie⁴⁴	tɕʰie⁴⁴	tʰuæ⁴⁴	tsʰuæ⁴⁴/pfʰæ⁴⁴	pʰỹ⁴⁴	tɕʰyỹ⁴⁴

第六章　声母的历史层次

续表

	流摄	咸摄		山摄					臻摄	
	稠	痰	甜	钱	填	前	团	椽	盆	群
	平澄尤	平定谈	平定添	平从仙	平定先	平从先	平定桓	平澄仙	平并魂	平群文
顺道	tsʰəu⁴⁴/tsəu⁴⁴	tʰæ⁴⁴/tæ⁴⁴	tɕʰie⁴⁴/tie⁴⁴	tɕʰie⁴⁴/tɕie⁴⁴	tɕʰie⁴⁴/tie⁴⁴	tɕʰie⁴⁴/tɕie⁴⁴	tʰuæ⁴⁴/tuæ⁴⁴	tsʰuæ⁴⁴/tsuæ⁴⁴	pʰỹ⁴⁴/pỹ⁴⁴	tɕʰyỹ⁴⁴/tɕyỹ⁴⁴

	宕摄				通摄		
	藏隐~	墙	长~短	肠	铜	虫	穷
	平从唐	平从阳	平澄阳	平澄阳	平定东	平澄东	平群东
娄烦（城关）	tsʰɑ⁴⁴	tɕʰiɑ⁴⁴	tsʰɑ⁴⁴	tsʰɑ⁴⁴	tʰuỹ⁴⁴	tsʰuỹ⁴⁴/pfʰỹ⁴⁴	tɕʰyỹ⁴⁴
静游	tsʰɑ⁴⁴	tɕʰiɑ⁴⁴	tsʰɑ⁴⁴	tsʰɑ⁴⁴	tʰuỹ⁴⁴	tsʰuỹ⁴⁴/pfʰỹ⁴⁴	tɕʰyỹ⁴⁴
天池	tsʰɑ⁴⁴	tɕʰiɑ⁴⁴	tsʰɑ⁴⁴	tsʰɑ⁴⁴	tʰuỹ⁴⁴	tsʰuỹ⁴⁴/pfʰỹ⁴⁴	tɕʰyỹ⁴⁴
顺道	tsʰʌu⁴⁴/tsʌu⁴⁴	tɕʰiʌu⁴⁴/tɕiʌu⁴⁴	tsʰʌu⁴⁴/tsʌu⁴⁴	tsʰʌu⁴⁴/tsʌu⁴⁴	tʰuỹ⁴⁴/tuỹ⁴⁴	tsʰuỹ⁴⁴/tsuỹ⁴⁴	tɕʰyỹ⁴⁴/tɕyỹ⁴⁴

说明：表中"/"前的音一般为文读，"/"后的音一般为白读。

根据中古全浊声母平声字声母的读音，可以把娄烦方言分为两片：娄烦（城关）、静游、天池三小片为一片，中古全浊声母平声读送气声母；顺道为另外一片，中古全浊声母平声白读为不送气声母。

就整个山西方言来说，根据全浊塞音、塞擦音声母今读的不同，可以分为三种类型。第一种类型与以北京话为代表的北方方言的语音发展相同。具体为：全浊塞音、塞擦音声母今读依据声调的平仄分为送气清音和不送气清音，平声送气，仄声不送气，称之为平仄分音型。属于这种类型的主要分布在山西方言的中部以北、北部地区、东部以及东南部，如忻州、大同、长治、晋城等。第二种类型有文白异读，文读与平仄分音区一致，白读则不论平仄，都读不送气声母，称之为不送气型。属于这种类型的主要分布在山西方言中部太原盆地，如清徐、太谷、祁县、平遥、文水、孝义、介休、古交等。第三种类型也有文白异读，文读同样与平仄分音区一致，白读则不论平仄，都读送气清音，称之为送气型。属于这种类型的方言主要分布在山西方言的南部，如洪洞、临汾、闻喜、万荣等。第二种类型不送气区与第三种类型送气区基本上有个大概的分界：介于太原盆地和临汾盆地之间的灵霍山谷（灵石、霍州之间）。

太原处在第二种类型不送气音型方言区的中心位置，但是根据北京大学中国语言文学系语言学教研室《汉语方音字汇》（第二版）的单字音记录，（1989）中古全浊塞音、塞擦音字也都是平声送气，仄声不送气，与北京话没有什么差别，这似乎是一种比较特殊的现象。但是在太原方言词汇（温端正，1981）中，还会看到中古全浊塞音、塞擦音字白读不论平仄都读不送气声母的一些遗留，这样的白读都有一定的词汇条件，这样的字尽管不是很多，但分布较广，基本涉及所有的韵摄，现举例如下：

并母：婆 ₌pɤ：老~、姊妹~夫、后婚~姨、大~针、老娘~、善~~、~~（外祖母）；钯 ₌pa：~儿；脯 ₌pu：~子头；盘 ₌pæ̃：~头闺女、底~~、方~。

定母：头 ₌təu：前~、后~、外~、顶~、猴儿~、四合~院、半~砖、舌~、崩~（前额）、指~儿、笤~儿、木~；甜 ₌tie：~面饼；填 ₌tie：~房婆姨；提 ₌ti：~猴儿。

从母：脐 ₌tɕi：不~儿、肚不~（引者注："不"应当为"腹"）；前 ₌tɕie：~家家、跟~、跟跟~、头~；钱 ₌tɕie：~工、现成~；墙 ₌tɕiõ：~儿；蚕 ₌tsæ：~沙。

澄母：场 ₌tsõ：~儿；虫 ₌tsuŋ：秋凉~儿。

群母：箕 ₌tɕi：簸~；勤 ₌tɕiŋ：~谨。

这些读音只残留在一定的土语词汇中。有意思的是，我们在晋源（旧太原城，现属于太原城区的一部分）方言中发现的中古全浊塞音、塞擦音字白读不论平仄都读不送气声母的情况要比太原城里丰富得多，摘录如下：（词汇中带点的字为中古全浊塞音、塞擦音平声字）

婆婆姨 tɕʰy⁴²puɯ⁴⁴i⁴⁴ ‖ 双身婆姨 tsʰuo⁴⁴sə̃⁴⁴puɯ⁴⁴i⁴⁴ ‖ 后婆姨 xəu⁵³puɯ⁴⁴i⁴⁴ ‖ 神婆婆 sə̃⁴⁴puɯ⁴⁴puɯ⁴⁴ ‖ 婆妇们 puɯ⁴⁴fv⁵³mə̃⁴⁴ ‖ 婆婆媳妇子 ‖ 婆婆家 puɯ⁴⁴puɯ⁴⁴A⁴⁴ ‖ 脚脯子 tɕyəʔ⁴⁴puɯ⁴⁴tsə⁰ ‖ 挺起脯子 tʰə̃⁴²⁻⁴⁴tɕʰi⁴²puɯ⁴⁴tsɤ⁰ ‖ 除孝 tsv⁴⁴tɕyo⁵³ 第五个七日后洗孝衣 ‖ 葡萄火 pv⁴⁴tɑo⁴⁴xuo⁴² ‖ 糊涂 xuəʔ²⁴⁴⁻⁴⁴tuə⁴² ‖ 猪蹄蹄 tsv⁴⁴ti⁴⁴ti⁴⁴ ‖ 铰脐带 tɕiɑo⁴²tɕi⁴⁴tɛɛ⁵³ ‖ 磨腹脐 muɯ⁵³pə⁴⁴tɕi⁴⁴ ‖ 赔钱 pei⁴⁴tɕiẽ⁴⁴ ‖ 提土土 tiəʔ²⁴⁴⁻⁴⁴tʰv⁴²tʰv⁴² ‖ 迟 tsɿ⁴⁴ ‖ 称锤疙瘩 tsʰə̃⁵³tsv⁴⁴kə²⁴⁴tɤʔ⁴⁴

调脓 tiao⁴⁴nɔ̃⁴⁴ ‖ 调和 tiao⁴⁴xɯ⁴⁴ ‖ 切条子 ɕʰiəʔ⁴⁴-⁴⁴tiao⁴⁴tsɤ⁰ 切面 ‖ 头皮 təu⁴⁴pʰi⁴⁴ ‖ 舌头头帽儿 sɐʔ⁴⁴təu⁰təu⁰mao⁵³ɛ⁰ ‖ 木头 mə⁴⁴təu⁵³ ‖ 搭头 tɐʔ⁴⁴təu⁴⁴ 媳妇家人送头上用的布料 ‖ 剃头铺 tʰi⁵³təu⁴⁴kʰv⁵³ ‖ 石头 səʔ⁴²təu⁵³ ‖ 打头道 ta⁴²təu⁴⁴tʰuə̃53 ‖ 上头 suo⁵³təu⁰ ‖ 下头 xa⁵³təu⁰ ‖ 前头 tɕiẽ⁴⁴təu⁴⁴ ‖ 后头 xəu⁵³təu⁴⁴ ‖ 外头 vɛe⁵³təu⁰ ‖ 后头 xəu⁵³təu⁴⁴ ‖ 稠 tsəu⁴⁴ ‖ 甜 tiẽ⁴⁴ ‖ 蚕蚕籽儿 tsã⁴⁴tsã⁴⁴tsʅ⁴²ɛ⁰ ‖ 蚕蚕屎 tsã⁴⁴ tsã⁴⁴sʅ⁴² ‖ 泉子 tɕyã⁴⁴tsɤ⁰ ‖ 头发旋 ‖ 双泉子 tsʰuo⁴⁴ tɕyã⁴⁴tsɤ⁰ 两个旋 ‖ 前家家 tɕiẽ⁴⁴tɕia⁴⁴ tɕia⁴⁴ 后夫与前妻所生的子女 ‖ 门前 mə̃⁴⁴tɕiẽ⁴⁴ 大门外 ‖ 前襟 tɕiẽ⁴⁴tɕiẽ⁴⁴ ‖ 前头 tɕiẽ⁴⁴təu⁴⁴ ‖ 跟前 kə̃⁴⁴tɕiẽ⁴⁴ ‖ 弹棉花 tã⁴⁴miẽ⁴⁴xuɐ⁴⁴ ‖ 钱包 tɕiẽ44paо⁴⁴ ‖ 摇钱树 iao⁴⁴tɕiẽ⁴⁴fv⁵³ ‖ 定婚钱 tiɔ̃⁵³xuɔ̃⁴⁴tɕiẽ⁴⁴ ‖ 工钱 kuɔ̃⁴⁴tɕiẽ⁴⁴ ‖ 赔钱 pei⁴⁴tɕiẽ⁴⁴ ‖ 挣钱 tsɔ̃⁵³tɕiẽ⁴⁴ ‖ 现成钱 ɕiɛ⁵³tsʰɔ̃⁴⁴tɕiẽ⁴⁴ ‖ 摆椽 pɛe⁴²tsuã⁵³ ‖ 算盘子 suã⁵³pã⁴⁴tsɤ⁰ ‖ 盘缠 pã⁴⁴tsã⁴⁴ ‖ 路费 ‖ 弹指头 tã⁴⁴tsəʔ⁴⁴təu⁵³ ‖ 勤谨 tɕiẽ⁴⁴tɕiẽ⁴² ‖ 洗脚盆儿 ɕi⁴²tɕyəʔ⁴⁴pə̃⁴⁴ɛ⁰ ‖ 院墙儿 iẽ⁵³tɕyo⁴⁴ɛ⁰ ‖ 山墙 sã⁴²tɕyo⁴⁴ ‖ 墙上 tɕyo⁴⁴ɛ⁰suo⁵³ ‖ 肠子 tsuo⁴⁴tsɤ⁰ ‖ 心疼 ɕiẽ⁴⁴tə̃⁴⁴ ‖ 童养媳妇妇 tuə̃⁴⁴yo⁴²ɕiəʔ⁴⁴fu⁵³fu⁰ ‖ 铜镜儿 tuə̃⁴⁴tɕi⁵³ɛ⁰ 哈哈镜 ‖ 铜子儿 tuə̃⁴⁴tsʅ⁴²ɛ⁰ ‖ 磕头虫虫 kɐʔ⁴⁴-⁴⁴təu⁴⁴tsuə̃⁴⁴tsuə̃⁴⁴ ‖ 毛毛虫 mao⁴⁴mao⁴⁴tsuə̃⁴⁴ ‖ 虫虫 tsuə̃⁴⁴tsuə̃⁴⁴

我们知道，太原一直都是山西的政治、经济、文化中心，交通发达，并且在历史上经历过几次重大的变迁，居民来源复杂，所以它的方言难免不受外界方言的影响。对太原方言起冲击作用的应该只有以北京方言为基础音的普通话了，而且这样的影响随着城市的发展，特别是普通话的推广，普通话的平仄分音型逐渐覆盖了太原方言原来的不送气型。到目前为止，太原方言基本已经接近平仄分音型了，即使中古全浊塞音、塞擦音声母今白读还残留在一些土语词中，但也仅仅是在与文读层竞争中坚持下来的最后部分。尽管如此，我们还是可以从晋源方言的相关白读中看到太原方言曾经的样子。所以太原方言属于不送气音型应该没有什么问题。

回到娄烦方言顺道小片，中古全浊塞音、塞擦音声母今白读仍然是不论平仄都读不送气音声母，这完全符合山西方言的不送气音型。实际上，顺道小片邻接古交，而古交也是典型的不送气音型方言。山西方言的不送气音型方言应该是以太原盆地为中心，向四周扩散。西北向一致扩散到古交，直至娄烦的顺道小片。

从中古全浊塞音、塞擦音今读音上看，娄烦（城关）、静游两小片属于平仄分音型。但是，如果联系娄烦（城关）、静游两小片与其邻近方言的关系，这两小片很可能属于送气音型。理由如下。

先看娄烦（城关）、静游两小片的归属。

娄烦县位于山西省中部太原地区的西北端，其北部、西北、西部、西南被忻州地区的静乐县、岚县、方山、交城包围，只有东部及东南部与属于太原地区的古交市相接。

山西方言研究中，对娄烦方言的划分主要有以下两次。

1986年侯精一先生的《晋语的分区》把晋语分为八个片，娄烦方言属于其中的并州片（包括太原、清徐、娄烦、榆次、太谷、祁县、平遥、介休、灵石、交城、文水、孝义、寿阳、榆社、盂县），它北面、西北是属于吕梁片兴隰小片的静乐、岚县，西面是属于吕梁片汾州小片的方山，只有南部、东部的顺道小片是属于并州片的交城、古交。1987年的《中国语言地图集》基本采用了这一观点。1993年，《山西方言调查研究报告》把山西方言分为六个区，娄烦话属于其中区方言的太原片，其北面、西北是属于西区离石片的静乐、岚县、方山，其南面、东面的顺道小片是同属一片的交城、古交。可见上述两次分区对娄烦方言的处理基本相同。唯一不同的是，1986年的分区把娄烦北部、西部的静乐、岚县和方山划分为两个不同的方言小片，1993年的分区把上述三县划归一个方言片：离石片。这一不同不会影响本文的论证。

就分区标准来说，上述两次基本相同，主要有：①平声分不分阴阳，即古平声清声母字与浊声母字声调有无分别；②今阴平与上声是否同调，即古平声清声母字与古上声清声母字、次浊声母字声调有无分别；③入声分不分阴阳，即古入声清声母字与全浊声母字声调有无分别；④去声分不分阴阳，即古去声清声母字与古上声全浊声母、古去声浊声母字声调有无分别。娄烦介于山西晋语的并州片（大致相当于中区方言，下同）与吕梁片（大致相当于西区方言，下同）之间。无论并州片，还是吕梁片，入声都分阴阳，古去声清声母字与古上声全浊声母、古去声浊声母字声调没有

第六章 声母的历史层次

分别,所以上述标准的③④点在讨论娄烦话应该归并州片还是吕梁片方面没有意义,略去不记。

首先,对照以上标准的①②两点,娄烦方言就不完全符合并州片的特点。

就①来说,并州片多数点古平声清声母字与浊声母字今声调相同,吕梁片古平声清声母字与浊声母字今声调不同。娄烦方言古平声字的读音在不同地点情况不同。整个娄烦话可以分为四个小片:娄烦(城关)、静游、天池、顺道,其中说娄烦话的约占总人口的67%,说静游话的约占总人口的23%,说天池、顺道话的约占总人口的10%。娄烦(城关)、天池、顺道三小片古平声清声母字与浊声母字今声调相同,如趋=区、溪=西、吹=垂、琴=侵,与并州片多数点一致;静游小片古平声清声母字与浊声母字今声调不同,如趋≠区、溪≠西、吹≠垂、琴≠侵,与吕梁片一致。所以仅这一点来说,娄烦话已经很难说完全属于并州片。

就②来说,并州片古平声与古上声清声母、次浊声母字今调值、调型都不同,吕梁片古平声与古上声清声母、次浊声母字今调值、调型相当接近。娄烦话在这点上不同地点情况也不同。顺道小片古平声与古上声清声母、次浊声母字今调值、调型都不同,与并州片多数点一致;静游小片古平声与古上声清声母、次浊声母字今调值、调型相当接近,与吕梁片一致。

其次,并州片在一些重要的演变条例上相当一致。而娄烦话与这些条例对照则有不少出入,反倒与吕梁片非常一致。

第一,古全浊声母塞音、塞擦音声母平声字白读在并州片大部分方言点读不送气声母,娄烦(城关)、静游、天池则读送气声母。表6-27列出并州片古全浊塞音、塞擦音声母平声字(部分代表字)在其多数点的白读,然后与娄烦话对照。表中横线表示没有相应的白读。

表 6-27 全浊塞音、塞擦音声母平声字在并州片与娄烦（城关）、静游、天池三小片读音对照

| | 茄~子 | 迟 | 桃 | 甜 | 钱 | 团 | 穷 |
	果开三平戈群	止开三平脂澄	效开一平豪定	咸开四平添定	山开三平仙从	山合一平恒定	通合三平东群
清徐	₌tɕie	₌tsʅ	₌tou	₌tie	—	—	₌tɕyʌ̃
榆次	₌tɕie	₌tsʮ	₌təu	₌tie	₌tɕie	₌tuæ	₌tɕyɔ̃
太谷	₌tɕie	₌tsʅ	₌tɑu	₌tiẽ	₌tɕiẽ	₌tyẽ	₌tɕyũ
祁县	₌tɕi	₌tsʅ	₌tau	₌tiẽ	₌tɕiẽ	tuɯ˚	₌tɕyũm
平遥	₌tɕiE	₌tsʅ	₌tɔ	₌tiE	₌tɕiE	₌tuaŋ	₌tɕyŋ
介休	₌tɕiE	—	₌tou	₌tiE	₌tɕiE	₌tuæ	₌tɕyɔ̃
交城	₌tɕiE	₌tsʅ	₌təu	₌tiõ	₌tɕiõ	₌tuã	₌tɕyɔ̃
文水	₌tɕi	₌tsʅ	₌təu	₌tien	₌tɕien	—	₌tɕyəŋ
孝义	₌tɕiE	₌tsʅ	₌tɑɁ	₌tiaŋ	₌tɕiaŋ	₌tuỹ	₌tɕyŋ
古交	₌tɕie	₌tsʮ	₌tou	₌tie	₌tɕie	—	₌tɕyỹ
娄烦（城关）	₌tɕʰii	₌tsʰʅ	₌tʰɑo	₌tɕʰie	₌tɕʰie	₌tʰuæ	₌tɕʰyỹ
静游	₌tɕʰie	₌tsʰʅ	₌tʰɑo	₌tɕʰiæ	₌tɕʰiæ	₌tʰuæ	₌tɕʰyỹ
天池	₌tɕʰii	₌tsʰʅ	₌tʰou	₌tɕʰie	₌tɕʰie	₌tʰuæ	₌tɕʰyỹ

娄烦话古全浊声母平声字读送气声母，与吕梁片完全一致。

第二，北京话 [tʰ] 声母拼齐齿呼韵母的字，在并州片的其他点也读 [tʰ] 声母，但在娄烦、静游、天池三小片话读 [tɕʰ] 声母。见表 6-28

表 6-28 北京话 tʰ 声母拼齐齿呼字在并州片的声母

	太原	清徐	榆次	太谷	祁县	平遥	介休	交城	文水	孝义	娄烦
天	₌tʰie	₌tʰie	₌tʰie	₌tʰie	₌tʰiẽ	₌tʰiE	₌tʰiE	₌tʰiE	₌tʰien	₌tʰiaŋ	₌tɕʰie
条	₌tʰiau	₌tʰiou	₌tʰuai	₌tʰiau	₌tʰiau	₌tʰiɔ	₌tʰiou	₌tʰiau	₌tʰiɐu	₌tʰiao	₌tɕʰiɑo
听	₌tʰiŋ	₌tʰiʌ̃	₌tʰiɔ̃	₌tʰiɔ̃	₌tʰi 白	₌tʰi 白	₌tʰiɔ̃	₌tʰiẽ	₌tʰiəŋ	₌tʰiŋ	₌tɕʰyiŋ̆
贴	tʰiəɁ₌	tʰia₌	tʰia₌	tʰiaɁ₌	tʰiɑɁ₌	tʰiʌɁ₌	tʰia₌	tʰiaɁ₌	tʰiaɁ₌	tʰiəɁ₌	tɕʰiəɁ₌

第六章 声母的历史层次

娄烦话的这个特点与并州片其他点区别明显，反倒与吕梁片的静乐话十分一致。如：天 ₌tɕʰiæ ‖ 条 ₌tɕʰiɑo ‖ 听 ₌tɕʰiɤ̃ ‖ 贴 ₌tɕʰiəʔ。

第三，北京话 [tʂ tʂʰ ʂ] 声母拼合口呼韵母的字，在娄烦方言读 pf pfʰ f 声母。这一点与并州片其他方言点迥异，与属于吕梁片的静乐话完全一致。见表 6-29

表 6-29　北京话 tʂ tʂʰ ʂ 声母拼合口呼韵母字在并州片等方言今读声母

	太原	清徐	榆次	太谷	祁县	平遥	介休	文水	孝义	娄烦	静乐
抓	₌tsua	₌tsuɒ	₌tsuã	₌tsuɒ	₌tsua	₌tsuɑ	₌tsua	₌tsua	₌tsua	₌pfã	₌pfã
捉	tsuaʔ₌	₌tsua	tsuaʔ₌	tsuaʔ₌	tsuaʔ₌	tsuʌʔ₌	tsuaʔ₌	tsuaʔ₌	tsuaʔ₌	pfaʔ₌	pfaʔ₌
锄	₌tsʰu	₌tsʰu	₌su 白	₌tsu 白	₌tsʰu	₌sʅ	₌sʅ 白	₌su 白	₌su 白	₌pfʰu	₌pfʰu
睡	suei⁼	ɕy⁼	su⁼	fu⁼	suei⁼	suei⁼	suei⁼	sue⁼	suei⁼	fu⁼	fu⁼

第四，并州片的大部分方言点都不分 ts tʂ，娄烦方言老派仍然分 ts tʂ，并且在分法上与吕梁片的离石、汾阳、临县、方山、石楼、大宁、永和、蒲县、隰县相同。具体为：读 ts 组声母的来自精组洪音、庄组、知组二等、章组止摄，读 tʂ 组声母的来自知组三等、章组非止摄。见表 6-30。

表 6-30　娄烦、并州片、吕梁片 ts tʂ 声母读音对照

		精组洪音	庄组	知组二等	章组止摄	知组三等	章组非止摄
		字	债	罩	支	知	制
并州片	太原	ts	ts	ts	ts	ts	ts
	清徐	ts	ts	ts	ts	ts	ts
	榆次	ts	ts	ts	ts	ts	ts
	太谷	ts	ts	ts	ts	ts	ts
	祁县	ts	ts	ts	ts	ts	ts
娄烦		ts	ts	ts	ts	tʂ	tʂ
吕梁片	离石	ts	ts	ts	ts	tʂ	tʂ
	汾阳	ts	ts	ts	ts	tʂ	tʂ
	临县	ts	ts	ts	ts	tʂ	tʂ
	方山	ts	ts	ts	ts	tʂ	tʂ
	石楼	ts	ts	ts	ts	tʂ	tʂ

第五，果摄与宕江摄。并州片的大部分方言点，果摄与宕江摄字读音没有合并，吕梁片几乎所有方言点，果摄与宕江摄完全合并或部分合并。娄烦（城关）、静游两小片在果摄、宕江摄的演变上与吕梁片完全一致。如下：

	波果:邦江	磨果:忙宕	窝果:王宕	拖果:汤宕	笋果:狼宕	梭果:双江	锅果:光宕
太原	≠	≠	≠	≠	≠	≠	≠
清徐	≠	≠	≠	≠	≠	≠	≠
文水	≠	≠	≠	≠	≠	≠	≠
交城	≠	≠	≠	≠	≠	≠	≠
介休	≠	≠	≠	≠	≠	≠	≠
汾阳	≠	≠	≠	≠	≠	≠	≠
娄烦	=	=	=	≠	=	=	=
离石	=	=	=	?	?	=	=
中阳	=	=	=	=	=	=	=
柳林	=	=	=	=	=	=	=
临县	≠	≠	≠	=	=	=	=
方山	=	=	=	=	=	=	=
岚县	=	=	=	?	?	=	=
静乐	=	=	=	=	≠	=	=
兴县	=	=	=	=	=	=	=
隰县	=	=	=	=	=	=	=
大宁	=	=	=	=	=	=	=
永和	=	=	=	=	=	=	=
汾西	=	=	=	=	=	=	=

第六，调值调型。并州片几乎所有的方言点，各类舒声的调值调型大致相同：只有一个平声，并且常常是平调型；上声为降调；去声为升调。吕梁片舒声的调值调型与并州片有明显不同：有两个平声，阴平为降升曲折调，阳平为平调；上声为降升曲折调；去声为降调。娄烦方言在调值调型上与吕梁片相同：在分阴阳平的静游，阴平也是降升曲折调，阳平也是平调，上声也是降升曲折调，去声也是降调；在只有一个平声的娄烦（城关）、天池两小片，平声为平调，与并州片一样，与吕梁片的阳平也一样；上声为降升曲折调，去声为降调，与吕梁片也完全一样，见表6-31。

表6-31 娄烦、并州片、吕梁片调型对照

并州片				吕梁片			
	平声	上声	去声		阴平	阳平	上声	去声
太原	11	53	45	汾阳	324	22	312	55
清徐	11	53	53	离石	213	44	312	53
榆次	11	53	53	方山	214	44	313	51
太谷	22	323	45	中阳	424	55	313	52
祁县	44	21	53	临县	24	44	312	53
平遥	13	53	53	柳林	214	44	314	52
介休	13	523	45	兴县	324	44	213	52
交城	11	42	53	岚县	314	55	213	52
文水	22	423	53	静乐	24	44	314	53
孝义	11	312	53	石楼	214	44	413	53
寿阳	22	423	45	永和	423	44	213	51
榆社	44	312	45	娄烦静游	24	44	324	53
				娄烦（城关）	44		324	53
				娄烦天池	44		324	53

从表6-31可以看出，尽管并州片一些方言点上声是降升曲折调，但从整个调型来看，仍然是前高后低，如介休523、文水423、孝义312、寿阳423、榆社312，所以可以把它们看作降调，与其他点的调型一致。另外并州片去声除孝义一点为降调外，其他点都是中升调，相当一致。吕梁片绝大部分点阴平是一个降升曲折调，只有临县、静乐似乎是个升调，但根据李小平（1991），阴平的实际调值应当为224；静乐阴平24的调值也略有曲折（李建校，2005），所以临县、静乐的阴平仍然可以看作是一个低降高升的曲折调，静游小片阴平24也略有曲折，与吕梁片阴平的调型完全相同。吕梁片上声都是降升曲折调，娄烦（城关）、静游、天池三小片也是降升曲折调，与吕梁片完全一致，与并州片完全不同。吕梁片去声都是降调，娄烦（城关）、静游、天池三小片也是降调，与吕梁片完全一致，与并州片完全不同。

第七，儿化和儿尾。并州片与吕梁片在儿化和儿尾方面也存在很大差异，并州片方言主要以儿尾为主，吕梁片方言主要以儿化为主。娄烦方言与吕梁片相同，只有儿化，没有儿尾。

并州片绝大多数方言点只有儿尾：

太原：老派主要有儿尾，儿尾自成音节读作 ər，平声调。如：

夹袄儿 tɕiaʔ²ɣɔu⁵³ər¹¹　柳毛儿 liəu⁵³mou¹¹ər¹¹　谷儿 kuəʔ²⁻⁵⁴ər¹¹

清徐：没有儿化韵，儿尾自成音节读作 ɛ，轻声，如：

车儿 tsʰyɯ¹¹ɛ⁰　马儿 mɒ⁵³ɛ⁰　帽儿 mɔu⁵³ɛ⁰

榆次：儿尾自成音节读作 ər，如：

树儿 su⁵³ər¹¹⁻⁵⁴　村儿 tsʰuŋ¹¹ər¹¹　枣儿 tsɔ⁵³ər¹¹　花儿 xuɑ¹¹ər¹¹

平遥：儿尾自成音节，读 ʐʌʔ¹³。如。

葱儿 tsʰuŋ¹³⁻³¹ʐʌʔ¹³⁻⁵³　梨儿 li¹³ʐʌʔ¹³　枣儿 tsɔ⁵³ʐʌʔ¹³　桃儿 tɔ¹³ʐʌʔ¹³

文水：儿尾自成音节，读 e²²。如。

羊儿 iʊ²²e²²　桥儿 tɕʰiɐŋ²²e²²　井儿 tɕiəŋ⁴²³e²²　墙儿 tɕiʊ²²e²²

交城：没有儿化，有儿尾，儿尾自成音节，读 ər。如：

冰棍儿 piɛ̃¹¹kuɛ̃⁵³ər¹¹　木鸽儿 məʔ²kəʔ²ər¹¹　枣儿 tsɐu⁴²ər¹¹

祁县：没有儿化，只有儿尾。儿尾读自成音节的 l̩。如：

牛儿 niəu⁴⁴l̩⁴⁴　角儿 tɕyaʔ²²l̩⁴⁴⁻⁵³

寿阳：有儿尾，无儿化。儿尾自成音节读 ər。如：

桃儿 tɔu²²ər²²　枣儿 tsɔu⁴²³ər²²

榆社：主要以儿化为主，儿尾较少。儿尾自成音节读 ər⁴⁴。如：

城儿 tsʰɛ̃⁴⁴ər⁴⁴　地儿 tŋ⁴⁵ər⁴⁴　学堂儿 ɕia⁴³⁴tʰɔ̃⁴⁴ər⁴⁴

灵石：无儿化，儿尾词也不多。儿尾自成音节读 ər。如：

特 = 儿特 = 儿 tʰəʔ²³⁴ər⁴⁴ tʰəʔ²³⁴ər⁴⁴ 鸟飞的声音

并州片没有儿尾的方言点只有太谷、孝义、介休、盂县四个。与并州片相比，吕梁片绝大多数方言点只有儿化。

离石：只有儿化。如：

瓣儿 pɑr⁵³　官儿 kuɑr²¹³　枣儿 tsɔr³¹²

汾阳：只有儿化。如：

孩儿 xər²²　姐儿 tɕiər²²　羊儿 iuər²²　锅儿 kur⁴²³

临县：只有儿化。如：

衫儿 sɑr⁲⁴　芽儿 niɑr⁴⁴　画儿 xuɑr⁵³　盖儿 kər⁵³

方山：只有儿化。如：

孩儿 xər⁵¹　梨儿 liər⁵¹　钱儿 tɕʰiər⁵¹　（一）会儿 xuər⁵¹

静乐：只有儿化。如：

孩儿 xi:　桃儿 tʰɑ:o　花儿 xuã:（树）叶儿 iɛ:

隰县：只有儿化。如：

鸡儿 tɕiər⁴¹　画儿 xuɑr⁵⁵　门儿 mər⁲⁴　鱼儿 yɐr⁲⁴

大宁：只有儿化。如：

马儿 mɑr³¹　花儿 xuɑr⁲⁴　鸡儿 tɕiər⁴²　兔儿 tuər⁵⁴

永和：只有儿化。如：

孩儿 xɑr⁵¹　画儿 xuɑr⁵¹　盆儿 pʰər⁴⁴　桃儿 tʰor⁴⁴

蒲县：只有儿化。如：

梨儿 lir¹³　鱼儿 yr¹³　马儿 mɐr²²⁻⁵²　花儿 xuɐ⁵¹

吕梁片确定只有儿尾的只有兴县、岚县，其他柳林、中阳、石楼3点存疑。

另外，娄烦方言除了在语言内部特征更接近吕梁片以外，从历史行政沿革上，娄烦与属于吕梁片的静乐、岚县也有非常密切的关系。

我们查阅了娄烦从北魏至今的行政沿革历史，除极个别历史阶段娄烦划归太原外，绝大多数隶属于相当于今吕梁片的岚州、管州、忻州，其中大多数时间属于吕梁片的静乐。简述如下：

根据《娄烦县志》(1999)记载，北魏太平真君七年（446），娄烦属肆州秀容郡岢岚县。西魏文帝大统十二年（546），属西魏肆州秀容郡。隋大业四年（608），置楼烦郡，统辖静乐、临泉、秀容三县，娄烦隶属于静乐县。唐武德四年（621），置六度县，治所在今娄烦县北靠近静乐县的东六度村，属管州。唐武德六年（623），娄烦即并入静乐县，改属岚州。唐天宝元年（742），改岚州为楼烦郡，唐乾元元年（758），恢复为岚州。在此后一直到后梁，虽置楼烦监，又于唐龙纪元年（889）置楼烦县，但一直属岚州。宋咸平五年（1002），楼烦依旧设县，属于岚州。景德三年（1006），天池县并入静乐县。到金大定二十九年（1189），娄烦属河东北路的岚州。

元太祖十六年（1221），楼烦废县为镇，并入静乐县，属管州。至元二年（1265），改属岚州。至元三年（1266），又废县入管州，属静乐县。明洪武二年（1369），娄烦仍然为镇，设巡检司，属静乐县。清沿明制。雍正二年（1724），娄烦为镇，设巡检司，属忻州静乐县，直到清末。民国初年，废府改道，娄烦属于山西省雁门道静乐县。1940年1月设立晋西北行政公署，娄烦属三专署静乐县，并且成为静乐县抗日民主政府驻地。1945年民主政府驻地移至静乐城。1949年10月至1971年4月，娄烦境域一直属于静乐县。1971年5月，娄烦建县，属于吕梁地区。1972年4月改属太原市至今。

可见无论是从娄烦方言的语言特点，还是从娄烦的行政历史沿革，娄烦（城关）、静游小片与吕梁片的关系都极为密切，特别与属于吕梁片的静乐话差别非常小。如果把静乐话划归吕梁片，娄烦方言也应该划归吕梁片。所以我们认为，把娄烦方言划归吕梁片应该更符合语言事实。

确定了娄烦（城关）、静游两小片与吕梁片的关系，如果能确定吕梁片塞音、塞擦音的读音类型，娄烦的类型自然也就确定了。

徐通锵（1990）在讨论中古全浊塞音、塞擦音在山西的今读时认为，"从现在山西方言的情况来看，吕梁山西侧的方山、柳林、离石、中阳一带某些残存的白读还显示它与晋南方言有密切的联系。"并且列举了离石方言（刘勋宁1980）中古全浊塞音、塞擦音仄声白读送气的例字：

婢避稻造嚏牛倒~沓杂炸用油~集拔铡刀截叛钹掘勃饽突薄昨着睡~撞镯特泽择宅笛仆曝瀑犊族毒轴局

同时又补充了柳林的一些例字：

步捕佩鼻夺弼侄术白~倔铎凿直值白

他并且认为"这一地区的方言原来与晋南方言大概是连成一片的，由于受声调平仄而分为送气音和不送气音的大北方方言的影响，它的固有特点逐步消退，今天只留下一些残存的痕迹"。

中古全浊塞音、塞擦音仄声在娄烦（城关）、静游两小片也有不少是送气的，只是数量更少，如"驮避稻造沓炸用油~叛掘勃突仆曝族佩耙叛艇挺躁截跪败撞"。如果中古全浊塞音、塞擦音仄声白读送气在柳林、离石等吕梁片仅仅是一些残留，娄烦（城关）、静游两小片由于处在吕梁片的边缘，再加上平仄分音型的强大影响，这种残留几乎已经消亡，但根据其仅有的一些遗留，以及它在语音的其他方面与吕梁片的一致性，仍然可以把娄烦（城关）、静游小片归入送气音型。

事实上，根据学者们的调查研究，全浊塞音、塞擦音平仄全变送气清音的现象在西北汉语方言中有相当范围的分布。《山西方言调查研究报告》（1993）列汾河片24个方言点，其中有23个方言点古全浊不论平仄，今塞音、塞擦音多读送气清音。还有上面提到的吕梁片的离石、中阳、柳林、临县、方山、岚县、兴县、石楼等。张维佳（2002）在综合研究的基础上，认为关中方言中古全浊今读送气音范围很大，仅向北就可以延伸到与关中北部富县、宜川接壤的延安、甘泉、延长、延川、清涧、子长数县。李建校（2006）认为，这一界线还可以再向北推进到陕北晋语子洲西南的何家集一带。另外位于陕北晋语西南的中原官话秦陇片也是中古全浊声母仄声今塞音、塞擦音读送气清音的方言。

邢向东（2002）在论述神木南乡和山西离石等地全浊塞音、塞擦音入声读送气声母时认为："在更早时期，它们应当属于全浊塞音塞擦音不论平仄都读送气音的方言，与山西方言南区以及西区的隰县、永和，陕北的延川、清涧、延安等相同。这样推断的根据是：第一，有部分入声以外的全浊仄声读送气清音，如万镇话'部败佩避叛艇挺造坠撞跪'等11字读送气音（其中4字与北京话相同）。第二，保留送气音的入声字和保留送气音的其他全浊仄声字都是方言的高频字。第三，全浊入声字中保留送气音的，也往往保留阳入调，也就是说，阳入和送气音是互相制约、互相支持的现象。这一点似乎可以说明，万镇等方言保留全浊塞音、塞擦音送气音与保留阳入调密切相关，都是属于'最保守'的一类字。"可见这一范围还可以继续向北、向东延伸。

罗常培（1961）通过对《千字文》《大乘中宗见解》中汉藏对音材料的研究，认为在唐五代西北方言中，全浊塞音、塞擦音读送气声母，并且分布范围相当广泛，包括现在娄烦在内的整个西北地区。这是一个时地相近的有力旁证。

　　综上所述，娄烦方言可以分为两区。东南部的顺道小片属于不送气音型。中部、西部、北部的娄烦（城关）、静游、天池三小片基本接近送气音区。可以设想娄烦方言的娄烦（城关）、静游、天池三小片，全浊声母仄声字原来读送气音，随着权威方言平仄分音力量的影响（大部分北方汉语方言都受到这一势力的影响），使得北部、西部、中部地区一部分曾读为送气音的全浊声母仄声字变为不送气音。

第七章　韵母的历史层次

第一节　果摄的读音类型及其历史层次

娄烦方言果摄今读音比较复杂，表现在两个方面：一是果摄内部今读韵母类型较多，二是果摄今读音常常和别的韵摄有分合关系。下面将从这两个方面讨论果摄在娄烦方言的读音。

果摄分一三等。三等字少，但韵母类型并不少。开口三等"茄"在四个小片中读 iɪ\ie 韵母，合口三等常用字有两个："瘸"在娄烦（城关）、静游两小片中读 yəʔ⁴⁴ 韵母，应该是舒声促化，在天池小片中读 y 韵母，在顺道小片中读 yɪ 韵母；"靴"在娄烦（城关）、静游两小片中读 uei 韵母，在天池小片中读 y 韵母，在顺道小片中读 yɪ 韵母。这样，开合口三等三个常用字在四个方言小片中读 iɪ\ie yɪ yəʔ y uei 5 个韵母。其中 iɪ\ie yɪ 韵母构成三等韵在今方言中的基本格局。

一等字较多，在娄烦方言中读 ɤɯ ɤ uɤ iɪ əu ɑ y uai uei uei，共 10 个韵母，其中以读 ɤɯ uɤ ɤ 韵母的最多。娄烦（城关）、静游两小片读 ɤɯ uɤ 韵母的在天池、顺道两小片中分别读 ɤ uɤ 韵母。读 ɤɯ ɤ 韵母的来自开口一等的端泥组大部分、精组、见系大部分、合口一等帮组。读 uɤ 韵母的来自合口一等端组大部分、精组大部分、见晓组、影组大部分。上面两对韵母构成果摄字今读的基本格局：

娄烦（城关）小片、静游小片：　ɤɯ　：　uɤɯ

天池小片、顺道小片：　　　　　　ɤ　：　uɤ

剩下的韵母都是散见于某一个音类。使用较多的是 əu 韵母，只有顺道小片有这个韵母,来自合口一等的泥组。其次是ɑ韵母,来自开口一等端泥见组部分字,另外顺道"驮"也读ɑ韵母。y韵母只有天池、顺道小片有,来自合口一等从母的"坐、座",天池合口一等心母的"锁"。uai uɛi韵母只有一个字,即见母去声的"个"。uei韵母只有娄烦(城关)、静游两小片有,来自合口一等透母的"唾"、来自合口一等从母的"坐"、合口一等心母的"锁"。iɿ\ie韵母,来自开口一等精组的"左搓"。表7–1是果摄在娄烦方言的具体读音。

表7–1 娄烦方言果摄字读音

	开一								合一		
	多	搓	左	我	他	驮	大	那	哥	剁	锅	火
	平端歌	平清歌	上精哿	上疑哿	平透歌	平定歌	去定个	去泥个	平见歌	去端过	平见戈	上晓果
娄烦(城关)	ɣɯ	ɣɯ	iɿ	ɣɯ	ɑ	ɣɯ	ɑ	ɑ	ɑ	uy	uy	uy
静游	ɣɯ	ɣɯ	ie	ɣɯ	ɑ	ɣɯ	ɑ	ɑ	ɑ	uy	uy	uy
天池	y	y	iɿ	y	ɑ	y	ɑ	ɑ	y	uy	uy	uy
顺道	y	y	iɿ	y	ɑ	ɑ	ɑ	ɑ	y	uy	uy	uy

	合一		开一		合一				开三		合三	
	坐	锁	唾	个	座	蹉	啰~唆	骡	摞	茄	瘸	靴
	上从果	上心果	去透过	去见个	去从过	平影戈	平泥戈	平来戈	去来过	平群戈	平群戈	平晓戈
娄烦(城关)	uei	uei	uei	vai	uy	uy	ɣɯ	ɣɯ	ɣɯ	iɿ	yə?	uei
静游	uei	uei	uei	vai	uy	uy	ɣɯ	ɣɯ	ɣɯ	ie	yə?	uei
天池	y	y	uy	uɛi	y	uy	y	y	y	iɿ	y	y
顺道	y	uy	uy	uɛi	y	uy	əu	əu	əu	iɿ	yɪ	yɪ

说明:尽管"个"在娄烦(城关)、静游两小片,"蹉"在上述四小片有v声母,但仍看作合口呼零声母字。

uai uɛi韵母中,i是韵尾,和来自蟹摄、止摄合口字的韵母相同。在上面诸音中,也许最早的是uai uɛi韵母。

根据音韵学家的研究,汉语古音有所谓歌微通转现象,即歌韵和灰泰支脂等韵合口字之间的通转。下面引自郑张尚芳(1983)列出的出自《广

第七章 韵母的历史层次

韵》《集韵》两部韵书中歌微通转互读通写的用例：

歌：灰　挼禾乃：回奴　　坐则卧：子对　　妥他果：吐猥

　　　　　蓑苏和：素回　　缞苏禾：苏回　　朘臧戈：祖回

　　　　　块苦卧：苦对　　颓卧吐：杜回

　　　　　火呼果：煨呼罪"南人呼火也"　　莝寸卧"或作撮"：撮昨回、撮内

　　　　　挫则卧"撮也"：撮昨回"折也"　　挫臧戈"案也"：按祖回"按也"

　　　　　陊丁戈"陊堆"：堆都回　　坐狙卧"被罪"：罪徂贿

歌：泰　蜕汤卧：他外　　毻汤卧：他外　　㾰鲁过、鲁果：郎外（又：沫卢对"相殨染也"）

歌：支　毁呼卧：许委　　𡡓鲁过：力为　　倭鸟禾：于为

　　　　　朘臧戈：津垂　　䪳徒果：直垂

歌：支　挼奴禾：儒佳　　莎苏禾：宣佳　　缧卢戈：伦追

　　　　　㩱落戈：伦追　　鱼徒果：以水

歌微通转说明，应该在《切韵》之前歌部、微部为同一个韵部，都带一个同样的韵尾 i。娄烦方言来自果摄的"个"和蟹止摄合口一样读 uai/uɛi 韵母，应该是古代歌微通转在方言中的遗留，说明这是一种相当古老的语音现象。

实际上歌韵字带 i 韵尾，读类似 ai 的音在汉语南方方言中并不少见。下面是温州的读音：（郑张尚芳，1983）

个 kai ‖ 饿 ŋai\vai ‖ 蛾 灯 mai ‖ 簸 pai ~ 米 ‖ 唾 tʰai ‖ 腡 lai 手指腡文 ‖ 裸 lai ‖ 㩱 lai 卷被子 ‖ 稞 lai 唐~ ‖ 瘰 lai 鸡染疫 ‖ 剉（莝）tsʰai 砍斫 ‖ 璅 sai 小

还有：夺 dai₌ ‖ 螺 ₌lai 白 ‖ 左 tsei⁼ 白 ‖ 锁 ⁼sai 白（《汉语方音字汇》1989）

下面是《汉语方音字汇》（1989）其他点的材料：

武汉：大 tai⁼

长沙：大 tai⁼ 白

南昌：大 tʰai⁼ 文

梅县：大 tʰai ‖ 搓 ₌tsʰai 白

广州：大 tai⁼ ‖ 搓 ₌tʃʰai 白

阳江：大 tai²‖舵 ⁻tʰai 白‖搓 ⁻tʃʰai 白

厦门：大 tai²⁻ 文

潮州：大 ⁼tai 文

福州：大 tai²⁻ 文‖河 ⁼xai 白‖簸 puai²⁻ 白‖破 pʰuai²⁻ 白‖磨 ⁼muai 白~刀‖舵 tuai²⁻ 白‖堕 tuei²⁻ ‖笋 ⁼lai 白‖蓑 ⁼sai 白‖果 ⁼kuei 白‖裹 ⁼kuei 白‖过 kuai⁻ 白‖火 ⁼huei 白‖伙 ⁼huei 白‖我 ⁼ŋuai 白

福州还有：跛 pai~骸‖拖 tʰai\tʰuai‖挼 nui‖馃 kui（郑张尚芳，1983）

另外还有——

浙南庆元：个 kɛi‖磨 mei~刀‖唾 tʰɛi‖螺 lɛi 田~‖朘 lɛi‖蛾 uɛi‖火 huɛi（郑张尚芳，1983）

潮阳：个 kai‖舵~公 tai‖大 tai~家伙（张盛裕，1979）

福安：螺 lɔi‖蓑 sɔi‖坐 sɔi‖剉 tsʰɔi 砍：~草‖火 hui‖伙 hui‖馃 kui

福安畲客：我 ŋuɑi‖个 kuɑi（罗美珍，1980）

在少数民族语言中也有这种现象——

云南泰仂语：左 sāi‖过 kāi‖剉 sɔi~菜‖蜗 hɔi‖螺 hɔi（喻翠容、罗美珍，1980）

贵州龙里布依语：个 kāi‖左 sui‖蓑 sai‖够 tāi 岳母（喻翠容，1980）

广西龙胜勉瑶语：左 tsai‖笋 lai‖破 pʰai‖搓 tsʰai‖醝咸 dzai‖坐 tswěi‖惰 lwěi 卢卧切‖蓑 fěi（陈其光、李永燧，1981）

朝鲜、越南、泰语的古汉语借词中也有这种现象（引自郑张尚芳 1983）

泰语借词：歌 gāi[kʰāi]‖朘 lāi 纹理、指纹‖左 zāi[sāi]‖蜗 hɔi‖螺 hɔi‖火~萤 hɔi‖唾 tʰui（蔡文星，1970）

越南语借词：个 cái[kai]‖磨刀 mài‖蛾 ngài[ŋai]‖左 trái[tᵉai]‖舵 lái‖剉 thái[tʰai]‖梭 thoi‖唆嗾 xui[sui]（何成等，1960）

朝鲜语借词：个 kai‖锁 soai‖倭 oai‖驮 tʰai‖磨石~mai（s）（玄公廉，1927）

汉语方言的粤语、闽语、吴语、湘语、客家话都不同程度存在歌微通转的现象，同时在泰语、越南语、朝鲜语的古汉语借词中也有同类的现象，无法用偶合来解释，应该是古汉语语音的遗存。罗杰瑞（1979）认为反映的是秦汉时代的语音，王力（1958）认为应该是汉音。可见这是一种相当古老的语音层次。

尽管娄烦方言歌微通转的字很少，只有"个"字，是高频字，而且在存在方式上为其保留古音提供了方便。"个"是个使用范围极广的量词，通常情况下，它前面是数词，并且前面的数词与"个"以两种形式出现：第一，"个"是独立的音节，但 v（u）音素失落，根据前字的不同，或者变调，或者不变调，如下：

四个　　　sʅ⁵³vai³²⁴　　→　　sʅ⁵³ zai³²⁴/sʅ⁵³ai³²⁴
六个　　　liɣɯ⁵³vai³²⁴　　→　　liɣɯ⁵³ vai³²⁴/liɣɯ⁵³ai³²⁴

"四、六"在娄烦方言读去声，"个"在去声后变调为324。"四个"可以读为sʅ⁵³zai³²⁴，在此之前应该还有sʅ⁵³vai³²⁴这样一个阶段，然后v（u）音素失落，在同化的作用下，变为sʅ⁵³ zai³²⁴，同时又读sʅ⁵³ai³²⁴。"六个"中"个"介音v（u）丢失，"个"的调值变为324。

五个　　　vu³²⁴ vai⁵³　　→　　vu³²⁴ vai⁵³/vu³²⁴ai⁵³
九个　　　tɕiɣɯ³²⁴vai⁵³　　→　　tɕiɣɯ³²⁴ vai⁵³/tɕiɣɯ³²⁴ai⁵³

"五、九"在娄烦方言是上声，"个"在上声后不变调。"五个、九个"中，"个"介音v（u）丢失，"个"仍然是独立的音节，读原有的声调。

"一个、两个、三个、七个、八个、十个"，不论前字是什么调类调值，合音以后一律读新调值24。

一个　　　iəʔ⁴⁴ vai⁵³　　→　　ia:i²⁴
两个　　　liɑ³²⁴ vai⁵³　　→　　liɑ:²⁴
三个　　　sæ²⁴ vai⁵³　　→　　sæ:²⁴
七个　　　tɕʰiəʔ⁴⁴vai⁵³　　→　　tɕʰia:i²⁴
八个　　　paʔ⁴⁴ vai⁵³　　→　　pɑ:²⁴
十个　　　səʔ³²⁴ vai⁵³　　→　　sa:i²⁴

可以看出，除了"四个、五个、六个、九个"还分别是两个独立的音节，其他"一个、两个、三个、七个、八个、十个"已经完全以合音的形式出现。即使是"四个、五个、六个、九个"，在它们各自的读音中已经没有v（u）音素，调值也有一定变化，应该正处于双音节向单音节的合音化过程当中,因此我们正好可以看出其在合音之前的语音状态。

由于"个"作为出现频率很高的量词的特殊身份,它前面一定要有数词。娄烦方言中,"个"和前面的数词常常以合音的身份出现,这样有利于"个"自身读音在一定程度上的保留。又由于"个"除了上述白读外,还有文读kɣɯ⁵³(娄烦城关),并且一般人们可以把kɣɯ⁵³读音和字形"个"联系在一起,vai⁵³则一般不清楚就是"个",常用同音字"外"替代,这也有利于"个"古音的保留。

与uai韵类似的另一个韵母是uei韵。uei韵母只有娄烦(城关)、静游两小片有,来自合口一等透母的"唾"、来自合口一等从母的"坐"、合口一等心母的"锁",以及来自合口三等的"靴"。它们与蟹合一、止合三韵母相同,即唾=退蟹合一、坐=罪蟹合一、锁=水文,止合三、靴=虽止合三。uei韵应该是uai韵主要元音高化的结果。uai韵的"个"是开口一等字,uei韵的"唾、坐、锁、靴"都是合口字,开合口的不同可能是uai、uei演变步骤不同的条件。

关于这一点,我们主要有一个旁证可以说明一些问题:娄烦方言的疑母字,开口与合口今读有很大的不同。开口一等都读 ŋ 声母,没有例外;开口二等读 ȵ/n 或 ŋ,并且以 ȵ/n 声母为主,ŋ 声母比例不大,开口三四等读 ȵ 或 i-,两者相差不大;可见中古疑母读鼻音声母在开口韵里从一等到二等,再到三四等是渐次减少。疑母在中古本来就是 ŋ 声母,在疑母一二三四等里,一等最具保守性。疑母合口与开口完全不同,现在都读零声母 u- 或 y-,其中合口呼零声母主要来自一二等,撮口呼零声母主要来自三等。可见中古疑母在娄烦方言中保留鼻音从开口一等到合口的演变序列为:

开口一等＞开口二等＞开口三四等＞合口

从另外一个角度看,开口一等更具有保守性。

如果娄烦方言疑母开合口之间的不同所表现出的演变进程的不同的结论具有普适性,那么,娄烦方言果摄今读uai、uei两韵正好与开口、合口对应,恰恰说明开口的uai韵可能更加保守,uei韵的演变速度要更快一些。当然上面的推论还需要更加强有力的支持。

娄烦方言"左"读 iɿ 韵母可能与 uai 韵母也有很大关系。仅从娄烦方言中，我们无法找到 ai → iɿ 演变的中间环节，好在温州方言的歌韵字的演变层次（郑张尚芳，1983）为我们提供方言演变的具体步骤。温州方言既有 ai 韵（见前文），还有 e 韵，读 e 韵的如：挼 ne ‖ 蛾 me ‖ 河 he ~吔，"其中大都是 ai 的变读。因为城永（温州地名，引者按）ai 都与 h、ɦ 不配，hai、ɦai 要变 he、ɦe，永强（温州地名，引者按）ai 与 m、n 不配，mai、nai 要变 me、ne。"（郑张尚芳，1983）温州方言"个"作量词时读 kai，但在轻读时则单元音化为 ge，如"红个花、鸡个脚"，有时更进一步读 ɦie。"后来 ke 元音高化又读作 ki,"（郑张尚芳，1983）温州除了"个"读 i 韵母外，读 i 韵的还有三个字：左 tsi ~手 ‖ 大 di ~家：婆母 ‖ 裸 li 赤身~体。（郑张尚芳，1983）苏州方言中，很早就有"左"读 i 韵的记载，明代冯梦龙《山歌》九"鞋子"篇自注："吴语再醮约左嫁人。左。俗音际。"

上述方言例证说明，果摄字韵母有从 ai → e → i 的可能，i 韵的进一步演变就是裂化为复韵母 iɿ。娄烦方言"左"读 iɿ 韵母可能就是上述演变的结果。

与 i → iɿ 的裂变一样，娄烦方言可能发生过 y → yʅ 的裂变。顺道小片的"瘸、靴"读 yʅ 韵母，天池小片"瘸、靴"两字读 y 韵母，正好补上上述推断的环节。同时也佐证了"左"读 iɿ 韵母是 i 韵母裂变的结果。娄烦（城关）、静游两小片"瘸"读 yə? 韵应该是轻化的结果。

综上所述，娄烦方言果摄字有一个相当古老的语音层次：ai 韵，并在其基础上演变出 ei、iɿ 韵。可以认为，ei、iɿ 韵都是从 ai 韵变化的，都属于 ai 韵的进一步演变，这是一个与上古汉语相联系的层次。

娄烦方言中，果摄读 ɑ 韵母的有"他、哥、大、那、驮、呵"。根据音韵学家（王力，1952；李荣，1996；曾运乾，2004；林焘、耿振生，2004）的研究，中古果摄主要元音为 ɑ。这个结论在汉语的域外借音中也有体现：越南借音的整个歌韵字都读 a。而越南的汉字音一般认为是在唐初设置安南都护府时，设立学校教授汉字时留下的，所以反映的是唐初的读音。根据藏文唐音对音材料，歌韵字主要读 a 韵。

在方言语音演变过程中，总的来看，尽管是以类的形式发生变化，但具体到某一音类的字，有些字先变，有些字后变。具体到某个单字，可能在一定的词汇中先变，在另外的词汇中后变。这样就出现同一个字有不同的读音，由于意义和使用范围的限制，一般来说人们还是可以确定它们是同一个字的不同读音。但是这种同一个字不同的读音之间的距离有时会变得更大，在意义和用法上也完全变得孤立起来，因此人们会误解为它们就是不同的字。这种情况更有利于这个字保留原来的读音，从而增加了方言中语音的层次。

娄烦方言中，果摄一部分读低元音ɑ（或a）的字可能就是以词汇为条件保留了较早的语音层次。在汉语方言中，果摄开口一等歌韵透母的"他"读低元音，这可能是由于"他"是个极为常用的字，使它的读音很难像其他同一音类的字一样发生变化，因此"他"在汉语的绝大部分方言，在几乎所有的使用环境中，都保留了读低元音的读法。

"哥"在娄烦（城关）、静游两小片中有两种读音：一种是ɣɯ韵，一种是ɑ韵。ɣɯ韵是文读，ɑ韵一般保留在老年人口中，并且有词汇限制："大哥、二哥、哥哥"的"哥"可以读ɑ韵，但在"哥俩好、哥老会、哥儿们、哥萨克人"中，只能读ɣɯ韵。

"大"在娄烦方言有两种读音：一种是ɣɯ韵，一种是ɑ韵。ɣɯ韵是文读，ɑ韵是白读。在"真相大白、大氅、大班、大队、大兵、大臣、大地、大豆、大粪、大概、大革命、大寒、大会、大家、大名、大牢、大理石、大量、大料、大陆、大米、大炮、大气、大厦、大师、大使、大堂、大同、大学、大烟、大洋、大衣、大约摸（大约）、大杂烩、大众、大专"等词语中只读ɑ韵；在"大伯子、大疮（梅毒）、大方、大哥、大号、大街、大姐、大襟、大兄哥、大路、大娘、大门、大前年、大前天、大嫂、大腿、大小、大写、大姨子、大雨、"等词语中既可以读ɑ韵，也可以读ɣɯ韵。在下面词语中，读ɑ韵与读ɣɯ韵意义有区别。

大鼓：读ɑ韵，指曲艺的一种；读ɣɯ韵，指鼓的个头大。

大车：读ɑ韵，指旧时牲口拉的两轮或四轮的载重车；读ɣɯ韵，指车的容积或体积大，与小车相对。

大雪：读ɑ韵，指二十四节气之一；读ɣɯ韵，指很大的雪。

大人：读ɑ韵，指旧时的官员；读ɣɯ韵，一般指长辈。

"驮"在娄烦（城关）、静游、天池三小片中读ɣɯ韵，在顺道小片读ɑ韵。

"呵"在"呵牙、呵护"中读 ɣɯ 韵；在"呵气"读 ɑ 韵。

可见"他、哥、大、驮、呵"在方言土语词汇中，以读 ɑ 韵为主，在读书音中以读 ɣɯ 韵为主。在读 ɑ 韵时常常又有词汇限制。联系果摄拟音为低元音音质，我们认为，娄烦方言果摄部分读元音 ɑ 应该是历史读音的沉积成分，反映的是唐五代时期的读音。

娄烦方言果摄读低元音的都是后低元音。山西大部分方言都有元音高化的趋势。当低元音高化以后，就可能读 ɔ 或 o 音质。我们发现，"锅"在山西中区方言的平遥读 uei 韵母，孝义、介休读 uE，太谷读 ye 韵母。平遥、孝义、介休、太谷的读音可以看作后低元音 ɑ 高化、前化的结果。发生在山西中区方言的果摄后低元音的高化、前化在合口字中看得更加明显，下面以"锅"为例说明。见表 7-2

表 7-2 "锅"在山西中区方言的韵母

	太原	清徐	榆次	太谷	文水	交城	祁县	平遥	孝义	介休
锅	uʏ	uʏɯ	uʌ	ye	uəi	uʏɯ	o	uei	uE	uE

山西中区方言果摄合口字，不管主要元音的音质是什么，基本上都是中高元音。

就果摄合口字来说，榆次方言主要元音为 ʌ，正好与祁县"锅"读 o 韵相配，这应该是中古果摄后低元音高化的中间阶段。

汉语的许多方言也有元音高化的情况。当舌面单元音不断高化时，就可能出现裂化，即由原来的单元音演变成现在的复元音。比如粤语中就有这样的现象。番禺紧靠广州市区，"虚徐嘘许居车圩渠举巨距拒锯去除厨拘驹俱矩句具"等字在番禺读 y 韵母，在广州市区读 øy 韵母；"奇岐妓技寄饥肌几冀祈器弃基己纪记欺起其旗棋忌熙喜机既气汽"等在番禺读 i 韵母，在广州读 ei 韵母。在广州郊区的黄村，上述两组字分别读 yɥ、ij。（李新魁，1994、1995）这样，高元音在番禺、广州郊区黄村、广州市区发生了如下的变化：

番禺　　　广州郊区黄村　　　广州

i　　　>　　ij　　　>　　ei

y　　　>　　yɥ　　　>　　øy

朱晓农（2004）把广州郊区黄村的变化叫作"初裂"，认为"可以用动感来体会高化，如 i > ij，在 i 后增生一个更高更紧的滑音 j。"

山西临县方言也有这种裂化现象："挤虮祭际济剂齐脐妻砌西洗犀玺细"等读 eɿ 韵母。

这种现象同样存在于客赣方言的定南、奉新、井冈山、高安、上高、澡溪、阳新等地。在吴语的温州、文成等地方言存在 i > ei、y > øy 的变化，曹志耘（2002）称之为"破裂化"。

除了上述高元音 i、y 裂化以外，高元音 u 的裂化也可以见到。"赌"在南部吴语开化读 tuo，常山、玉山读 tuə，遂昌读 tuɤ，文成读 ʔdøy；"主"在玉山、庆元读 tɕye，开化读 tɕyo，遂昌读 tɕyɤ，常山读 tsuə。（曹志耘，2002）另外丹阳方言的"书输树暑署乳如儒珠煮主猪柱住鼠处除"等字读 əu\ou 韵母。（钱乃荣 1992）

可见，汉语元音的裂化应该是以高元音为条件。

山西中区方言的清徐、交城以及娄烦方言的娄烦（城关）、静游两小片，中古果摄字也读复元音，即有一个 ɯ 韵尾，平遥方言的这类字有一个 i 韵尾，这是否也是单元音高化到顶以后裂化的结果呢？

从山西中区方言果摄字韵母的高化来看，今读韵母主元音主要是半高、半低元音，其中又以读半高元音为主，并没有高化到顶。联系汉语方言的元音裂化以高元音为条件的事实，娄烦（城关）、静游两小片果摄字读复元音应该不是高元音裂化的结果。

根据果摄字在山西中区方言的读音，可以看出果摄字在高化过程中的两种趋势：前高化、后高化。

所谓前高化就是指方言果摄字今读韵母主要元音为前元音或央元音，或以前元音为主，这样的方言有：太谷、文水、平遥、孝义、介休等地方言：

文水方言只有前高化：əɿ 韵和 uəɿ 韵。

平遥方言只有前高化：ei 韵和 uei 韵。

孝义方言只有前高化：iɛ 韵、uɛ 韵和 yɛ 韵

介休方言只有前高化：iɛ 韵、uɛ 韵和 yɛ 韵

太谷方言既有前高化，又有后高化：前高化读 ye 韵母，主要是 t 组、tɕ 组、k 组声母字，如："朵剁惰堕唾撮瘸靴锁琐锅果裹过科颗棵髁课和禾

火伙货祸"等；后高化读 ɣ 韵母，主要是 p 组声母字，如"波玻婆簸坡颇破磨魔馍窝卧"。

所谓后高化就是指方言果摄字今读韵母主要元音为后元音，山西太原、清徐、榆次、交城、祁县也有这种现象。

太原方言只有后高化：ɣ 韵母和 uɣ 韵母。

清徐方言只有后高化：ɣɯ 韵母和 uɣɯ 韵母。

榆次方言只有后高化：ʌ 韵母和 uʌ 韵母。

交城方言只有后高化：ɣɯ 韵母和 uɣɯ 韵母。

祁县方言只有后高化：o 韵母和 ɯ 韵母。

上述后高化的方言中，太原、榆次、祁县仍然为单元音，清徐、交城为复元音。

通过对比山西中区方言果摄高化的两种类型（前高化、后高化），当发生前高化时，韵母主要元音全部读不圆唇元音，如上述太谷、文水、平遥、孝义、介休等地方言。当发生后高化时，韵母主要元音有读圆唇元音的，如祁县的 o 韵母，其他读不圆唇元音，如太原、清徐、榆次、交城等方言。祁县 o 韵母主要来自果摄的合口字，如"朵躲剁惰堕妥唾络坐座锉蓑梭锁琐唆锅果裹戈过科棵课和~气禾火伙货祸窝倭卧"，读不圆唇韵母的全部是中古开口字。我们知道，中古合口韵母应该有一个 u 音素，可以是介音，也可以是主要元音。果摄合口在祁县方言经历了 *uɑ > o 的演变，即当由复元音韵母演变为单元音韵母时，单元音韵母继承了原来复元音韵母合口（有一个 u 音素）的基因，读圆唇元音，中古的"合口"特点在元音单化过程中，已经变为单元音韵母的一个发音特点。太原、清徐、榆次、交城果摄今合口呼韵母都来自古合口字，仍然保留了中古合口的 u 音素，在方言中以介音的身份出现。这与祁县方言完全"消化"中古合口 u 音素完全不同。由于能基本保留中古合口 u 音素，因此韵母主要元音在高化过程中并没有由原来的不圆唇元音（ɑ）变为圆唇元音。在太原、清徐、榆次、交城方言中，果摄合口今读合口呼韵母的主要元音仍然是不圆唇元音，分别为：ɣ ɣ ʌ。从主要元音今读来看，榆次读后半低不圆唇元音 ʌ，太原、清徐、交城读后半高不圆唇元音 ɣ。清徐、交城有一个后高不圆唇元音 ɯ 韵尾，这个元音的产生可能与果摄合口今读韵母的 u 介音有关，也

与主要元音 ɣ 有关。元音 ɯ 是元音 u 的不圆唇音，同时与 ɣ 一样同属后不圆唇音，因此在 u 介音和主要元音 ɣ 的共同影响下，产生了 ɯ 韵尾。可见中古果摄合口字韵母的演变有下面的过程：

uɑ ＞ uʌ ＞ uɣ ＞ uɣɯ

当果摄合口字由于介音 u 和主要元音 ɣ 共同作用而产生韵尾 ɯ 时，由于音系系统性的要求，开口字也由原来的单元音韵母产生了一个 ɯ 韵母，如清徐、交城果摄开口今读 ɣɯ 韵母，合口今读 uɣɯ。

应该指出的是，果摄开口和合口可能不同步演变，可能是果摄合口先发生变化，即从 uɣ 演变到 uɣɯ，然后才是开口的演变：ɣ 演变到 ɣɯ。这种不同步一方面是由于语音内部的各个音素之间的制约，另一方面也可以通过不同方言的同一音类的同类变化或同一方言的不同音类的类似变化加以旁证。从语音内部的各个音素之间的制约来说，果摄开口由中古的单元音韵母演变为方言中读复元音韵母并不是单元音音素裂化的结果，因为汉语方言中，单元音韵母的裂化演变有一个非常重要的条件：都是高元音，如 i u y，这似乎已经成为汉语单元音裂化的一个必要条件。但是就山西中区的清徐、交城以及娄烦（城关）、静游两小片而言，中古果摄开口韵母在高化中并没有高化到顶，因此也就失去了元音裂化的条件。另外，即使方言中果摄开口已经高化到 ɣ，但似乎仅仅依靠半高元音 ɣ 也无法产生出一个 ɯ 韵尾来，因此，果摄开口字今读复元音韵母的原因应该从别的途径加以解释。ɯ 韵尾是一个后高不圆唇元音，即 u 元音的不圆唇音。另外在果摄开口高化同时，由于语音系统性的要求，合口也应该高化，就清徐、交城及娄烦（城关）、静游两小片而言，果摄合口字今读韵母的主要元音是 ɣ，似乎 ɯ 韵尾的产生既满足了韵母主要元音继续高化的要求，同时因为是介音 u 的不圆唇音，又能保证发音的和谐。因此韵尾 ɯ 是在主要元音 ɣ 和介音 u 的共同作用下产生的。

通过上述比较发现：果摄合口比开口更具有产生韵尾 ɯ 的条件，因此我们推断，首先是果摄合口字的韵母产生一个 ɯ 韵尾，然后在语音系统性的要求下，果摄开口也由原来的单元音演变现在的复元音，完成了单元音韵母的复化。

就不同方言的同一音类的同类变化来说，似乎也可以旁证我们上面的

第七章　韵母的历史层次

推论。祁县方言果摄开口字读 ɯ 韵母，合口字读 o 韵母。按照语音演变的理想状态，果摄开口、合口应该同步变化，但在祁县方言，开口的高化显然比合口的高化快，说明在现实的语音演变中，果摄开口、合口的演变并不同步。说明，在清徐、交城及娄烦（城关）、静游两小片中，尽管现在果摄开口、合口读同一组韵母：ɣɯ：uɣɯ，但可能在开口、合口的演变过程中，两者的变化并不同步。

有一个问题必须解决：祁县方言开口字的高化比合口字的高化快，并且开口字已经高化到顶，读 ɯ 韵母。我们知道，汉语方言单元音韵母高化到顶以后，常常有裂化的可能。那么，祁县方言的 ɯ 韵母是否会裂化，即演变为 ɣɯ 韵母，然后在语音系统性的要求下，合口也演变为 uɣɯ？回答是否定的。因为从现在祁县方言果摄字韵母来看，开口、合口已经属于不同的韵类，其共同变化的系统性制约条件已经消失，所以即使来自中古开口的 ɯ 韵母会裂化为 ɣɯ 韵母，来自合口的 o 韵母已经不与 ɯ 韵母属于同一组韵母，其演变为 uɣɯ 韵母的可能非常小，即使真的演变为 uɣɯ 韵母也是一种偶然性所致。而清徐、交城及娄烦（城关）、静游两小片果摄开口、合口至今仍然读同一组韵母，我们只能推断其在历史上也属于同一组韵母，因此在语音的演变过程中，系统性的要求才会发生作用。清徐、交城及娄烦（城关）、静游果摄字韵母的演变与祁县果摄字韵母的演变对比如下。

清徐、交城及娄烦（城关）、静游果摄字韵母的演变

	阶段Ⅰ		阶段Ⅱ		阶段Ⅲ		阶段Ⅳ
开口：	ɑ	>	ɣ	>			ɣɯ
合口：	uɑ	>	uɣ	>	uɣɯ	>	uɣɯ

祁县果摄字韵母的演变

	阶段Ⅰ		阶段Ⅱ
开口：	ɑ	>	ɯ
合口：	uɑ	>	o

可见，清徐、交城及娄烦（城关）、静游果摄字开合口字韵母的演变基本属于同步演变，但祁县方言到现在已经不同步。所以清徐、交城及娄烦（城关）、静游果摄字开合口字韵母的演变不可能沿着祁县方言的路径

演变。

从同一方言的不同音类的类似变化来看，也可以看出果摄合口字韵母的演变快于开口韵母的演变。娄烦方言中，疑母字声母和影母字声母在一定程度上合流，这样的合流因为开合口的不同表现出不同的趋势：就开口来说，根据等的不同疑母、影母合流的程度并不相同：开口一等疑母、影母完全合流，开口二三四则是部分合流。就合口来说，不论几等，疑母、影母已经完全合流。由此可以判定，疑母合口和影母合口的合流应该比较完全，因为二者在方言的今读中非常一致，这是一种具有系统性质的对应关系，说明疑母合口和影母合口的合流是深刻的。可见娄烦方言同一韵摄中，合口的演变快于开口的演变。我们可以把疑母、影母的类似变化类推到果摄开口、合口的变化中。这样为娄烦（城关）、静游两小片果摄开合口字韵母演变的不同步提供了一个旁证。

娄烦方言合口字韵母的演变快于开口字韵母的演变，因此娄烦（城关）、静游两小片果摄字韵母的演变首先是合口先产生 u 韵尾，然后在语音系统性的要求下，开口韵母才产生 u 韵尾。

综上所述，可以把娄烦方言果摄字的读音大致划分为两个层次：上古层和中古层。如下：

上古层

*ai ⟶ ai（"个"）⟶ ei [娄烦（城关）小片、静游小片"唾、坐、锁、靴"]
    ↘ e → i ⟶ iɪ（"左"）
              y ⟶ yɪ（天池小片、顺道小片"瘸、靴"）

对此可以解释如下：娄烦方言"个"读 ai 韵母是上古歌微通转的遗留，保存了上古复元音的读音，韵母主要元音尚未高化；韵母 ei 是主要元音进一步高化的结果；这是上古层读音演变途径之一。上古层的另外一个演变途径是单元音化，即 *ai > e > i 的演变，这一环节可以在温州方言中得到证明；在此基础上就是高元音的破裂化，即 i > iɪ，如"左"，与此同时，是 y > yɪ 的演变，如天池小片、顺道小片的"瘸、靴"。

第七章 韵母的历史层次

中古层

ɑ（"他、那等"）⟶ ʌ（太谷）⟶ ɣ（天池、顺道小片）⟶ ɣɯ [清徐、交城、及娄烦（城关）、静游小片]

对此可以解释如下：娄烦方言中，还有一部分果摄字（"他、驮、大。拿、哥"）今读韵母主要元音为后低元音，反映了中古时期的读音层次。但是除上述部分字以外，大部分果摄字今读韵母主要元音已经高化，不同地点方言表现出不同的高化程度：太谷主要元音读后半低不圆唇元音 ʌ，天池、顺道两小片主要元音读后半高不圆唇元音 ɣ，到清徐、交城及娄烦（城关）、静游两小片则由于主要元音及 u 介音的共同影响，产生了一个 ɯ 韵尾，韵母复化。

第二节 果摄与遇流摄泥来母字韵母

在娄烦方言中，果摄常常与遇流摄泥来母今读韵母有分合关系。详见表 7-3。

表 7-3 娄烦方言果遇流摄泥来母字读音举例

	果摄				遇摄				流摄			
	挪	锣	啰	骡	努	炉	卤	路	楼	搂	扭	漏
	平泥歌	平来歌	平泥戈	平来戈	上泥姥	平来模	上来姥	去来暮	平来侯	上来厚	上泥有	去来候
娄烦（城关）	nyɯ	lyɯ	lyɯ	lyɯ	nyɯ	lyɯ	lyɯ	lyɯ	lyɯ	lyɯ	ȵiyɯ	lyɯ
静游	nyɯ	lyɯ	lyɯ	lyɯ	nyɯ	lyɯ	lyɯ	lyɯ	lyɯ	lyɯ	ȵiyɯ	lyɯ
天池	nɣ	lɣ	lɣ	lɣ	nəu	ləu	ləu	ləu	ləu	ləu	nəu	ləu
顺道	nɣ	lɣ	ləu	ləu	nəu	ləu	ləu	ləu	ləu	ləu	nzəu	ləu

从表 7-3 可以看出，娄烦（城关）、静游两个小片，中古泥来母果摄、遇摄、流摄字的韵母相同。天池小片，中古泥来母遇摄、流摄字的韵母相同，果摄与遇流摄字韵母不同。顺道小片，中古泥来母果摄合口一等字（啰、骡）、遇摄、流摄字的韵母相同，果摄开口一等字的韵母不同。所以

仅就中古泥来母果摄、遇摄、流摄字韵母的分合来看，娄烦（城关）小片、静游小片是一致的，天池小片、顺道小片也基本一致。

前文已经详细讨论了果摄今读 ɣ ɣɯ 韵母的历史层次，认为 ɣ ɣɯ 韵母是中古果摄读后低元音高化的结果，其中 ɯ 韵尾是在主要元音 ɣ 和合口介音 u 共同作用下产生的。从果摄、遇摄、流摄来母字今读韵母在娄烦方言不同小片的不同的分合情况看，反映出它们合流的不同步骤和历史层次，同时也从另外一个方面反映了果摄字韵母主要元音高化发展的大致过程。

比较娄烦方言的四个小片，天池小片遇摄、流摄泥来母字今韵母已经合流，今读 əu 韵母，果摄泥来母与遇、流摄泥来母字韵母不同，今读 ɣ 韵母。说明在上述三摄合流的演变过程中，首先是遇流两摄泥来母合流，此时果摄字韵母还是单元音，还没有产生 ɯ 韵尾。顺道小片果摄合口一等的"啰、骡"韵母与遇摄、流摄来母字今读韵母合流，合流以后读 əu 韵母。天池、顺道两小片表现出来的参差说明，在果摄泥来母字韵母与遇摄、流摄泥来母字韵母合并的过程中，应该是果摄并入遇流摄，而不是相反。从遇摄、流摄泥来母今读韵母合流的情况看，合流以后读流摄今读韵母，说明在遇摄、流摄泥来母今读韵母的演变方向上，应该是遇摄并入流摄，而不是相反。

可见果摄、遇摄、流摄泥来母字今读韵母的合流过程中，首先是遇摄并入流摄，然后果摄再并入遇摄、流摄。根据学者（王力 1980；唐作藩 2002）的研究，中古流摄应该是复元音韵母，演变到现在山西方言中仍然是复元音韵母，所以无论是遇摄泥来母字韵母并入流摄、还是果摄泥来母字韵母并入遇摄、流摄，首要条件就是由原来的单元音韵母变为复元音韵母。就娄烦方言果摄来说，由原来单元音韵母变为复元音韵母主要需要产生一个韵尾。从天池小片的情况看，果摄泥来母尚未产生韵尾，所以果摄泥来母字韵母还没有并入遇摄、流摄字韵母。顺道小片首先在果摄合口一等来母字韵母产生韵尾，因此先并入遇、流摄，其他来母字韵母还没有并入遇摄、流摄。可见果摄泥来母字韵母韵尾的产生是制约这些韵母并入遇、流摄的重要因素。上述情况同时也从另外一个侧面说明，娄烦方言果摄字演变的顺序是：ɣ > ɣɯ，即一旦方言中果摄字今读韵母产生韵尾，即从原来的单元音韵母变为复元音韵母，就有可能与遇摄、流摄韵母合并。这样的情况在天池小片中尚未发生，因为天池小片果摄字韵母还没有复化。在顺道小片中已经有部分发生，果摄合口一等来母已经复化并且并入遇摄、流摄。娄烦（城关）小片、静游小片，情况有了更进一步的发展，所有的果摄泥来母字今读韵母已经并入遇摄、流摄今读韵母。因为果摄泥来母今读韵母并入遇摄、流摄来母今读韵母时，其重要条件是果摄韵母复化，即由原来的单元音韵母演变为现在的复元音韵母，再联系娄烦方言果摄字韵母演变的大致过程，可以帮助判断果摄泥来母今读韵母并入遇摄、流摄泥来母今读韵母时间层次。娄烦方言果摄字韵母演变的大致过程如下：

$$ɑ \longrightarrow ʌ \longrightarrow ɤ \longrightarrow ɤɯ$$
果摄泥来母字韵母与遇摄、流摄泥来母字韵母合并

从演变过程看出，果摄字今读韵母的复化处于整个演变环节的末端，从时间上讲应该是晚近时期的演变，因此果摄泥来母字今读韵母与遇摄、流摄泥来母字今读韵母合流也应该是晚近时期发生的事情。从娄烦方言的总体看，这种变化正在进行当中：天池小片现在还没有开始这样的演变，果摄泥来母字今读韵母与遇摄、流摄来母字今读韵母截然分开；顺道小片已经开始了这样的变化，果摄合口一等泥来母已经并入遇摄、流摄泥来母字今读韵母；娄烦（城关）、静游两小片果摄泥来母字韵母与遇摄、流摄泥来母字韵母的合并最快，现在已经全部完成。

第三节 果摄与流摄、假开三章组字韵母

娄烦方言果摄不仅与遇摄、流摄泥来母今读韵母有分合关系，而且与流摄、假开三章组字今读韵母也存在一定的分合关系，见表7-4。

表7-4 娄烦方言果摄、流摄与假开三章组字读音

	果开一		假开三章组				流开三		
	左	搓	遮	车	扯	蛇	肘	抽	皱	愁
	上精哿	平清歌	平章麻	平昌麻	上昌马	平船麻	上知有	平彻尤	去庄宥	平崇尤
娄烦（城关）| tsɤɯ	tsʰɤɯ	tsɤɯ	tsʰɤɯ	tsʰɤɯ	tsʰɤɯ	tsɤɯ	tsʰɤɯ	tsɤɯ	tsʰɤɯ

续表

	果开一		假开三章组				流开三			
	左	搓	遮	车	扯	蛇	肘	抽	皱	愁
	上精哿	平清歌	平章麻	平昌麻	上昌马	平船麻	上知有	平彻尤	去庄宥	平崇尤
静游	tsɯ	tsʰɤɯ	tsɤɯ	tsʰɤɯ	tsɤɯ	tsʰɤɯ	tsɯ	tsʰɤɯ	tsɯ	tsʰɤɯ
天池	tsʏ	tsʰʏ	tsʏ	tsʰʏ	tsʏ	tsʰʏ	tsəu	tsʰəu	tsəu	tsʰəu
顺道	tsʏ	tsʰʏ	tsʏ	tsʰʏ	tsʏ	sʏ	tsəu	tsʰəu	tsəu	tsʰəu

从表 7-4 可以看出，中古果摄、假开三章组、流摄字的韵母在娄烦方言四小片中分合不同。娄烦（城关）、静游两小片，果摄、假开三章组、流摄字今读韵母相同，即搓＝车＝抽；天池、顺道两小片，果摄、假开三章组今读韵母相同，与流摄字韵母不同，即搓＝车≠抽。

上文讨论了果摄、遇摄、流摄泥来母字今读韵母的分合情况，认为从总的合流方向看，是果摄、遇摄向流摄演变。其中果摄、遇摄又表现出不同的演变速度：首先是遇摄泥来母字韵母与流摄泥来母字韵母合流，比如天池小片，其次是果摄合口泥来母字，比如顺道小片，最后是果摄泥来母所有字韵母与遇摄、流摄泥来母字韵母合流，如娄烦（城关）、静游两小片。同时认为，果摄、遇摄、流摄泥来母字韵母的合流应该以果摄、遇摄字韵母的复化为条件。

从表 7-4 可以看出，果摄与假开三章组字今读韵母在娄烦方言四个小片完全合流，果摄、假开三章组与流摄的合流只有娄烦（城关）、静游两小片，天池、顺道小片流摄字今读韵母还没有与果摄、假开三章组字今读韵母合流。这种情况说明，果摄、假开三章组的合流更为充分，更加全面，同时也说明果摄、假开三章组在时间层次上要早于流摄与果摄、假开三章组的合流。关于这一点，文献和其他方言的材料可以提供更多的证据。

在《千字文》《大乘中宗见解》《阿弥陀经》《金刚经》等反映唐五代西北方音的文献中，果摄、假摄字读 a 韵。（罗常培，1961）

《千字文》：

果摄开口一等平声歌韵：多 ta ‖ 罗 la ‖ 歌 ka' ‖ 轲 kʰa ‖ 何 ha ‖ 阿 a

上声哿韵：左 dza ‖ 佐 dza'

果摄合口一等平声戈韵：磨 ba‖摩 'ba‖颇 pʰa

果摄合口一等平声戈韵：和 hwa

假摄开口二等平声麻韵：杷 ba‖沙 ça‖嘉 ka

上声马韵：假 ka'‖雅 'ga‖下 ha'

去生祃韵：驾 ga‖稼 ka'

假摄开口三等上声马韵：且 tsʰya‖写 sya‖野 ya

去声祃韵：舍 çya‖谢 sya

《大乘中宗见解》：

果摄开口一等平声歌韵：多 ta‖他 tʰa‖罗 la‖何 ha

果摄合口一等平声戈韵：波 pa‖摩 ba

去声过韵：破 pa

果摄合口一等平声戈韵：和 hwa

上声果韵：果 gwa‖火 hwa

去声过韵：过 kwa

假摄开口二等平声麻韵：差 tsʰa

上声假韵：假 ga

假摄开口三等平声麻韵：蛇 ça‖耶 ya

上声马韵：者 ja‖舍 ça‖且 tsʰya‖也 ya\tsʰya

假摄合口二等去声祃韵：化 hwa

《阿弥陀经》：

果摄开口一等平声歌韵：多 ta‖陁 'da‖罗 la‖娑 sa‖何 ha‖阿 a

上声哿韵：可 kʰa‖我 ga

假摄开口三等上声马韵：者 ca

去声祃韵：舍 ça

假摄合口二等平声麻韵：华 hwa

《金刚经》：

果摄开口一等平声歌韵：多 ta‖他 tʰa‖那 'da‖罗 la‖何 ha'‖河

ha ‖ 荷 ha ‖ 阿 a

上声哿韵：可 kʰa ‖ 我 'ga

果摄合口一等上声果韵：堕 dwa ‖ 果 kwa

去声过韵：过 kwa

假摄开口二等平声麻韵：迦 ka

假摄开口三等上声马韵：者 ca ‖ 也 ya

假摄合口二等平声麻韵：华 hwa

这些字包括帮系、端系、知系、见系字，证明最迟到唐五代时期，果摄字与假摄字在一部分声类的韵母相同，这决定了以后果摄、假摄字韵母的演变。

这种现象在晋语其他方言也有表现：陕北晋语的佳县坑镇、吴堡宋家川、清涧宽洲等白读层中，中古假开三等韵仍然是 a ia 韵母。另外，米脂银州镇、绥德名州镇、子洲双湖等方言点，假开三等以母字的"爷、也、野、夜"白读也常常读 ia。（李建校，2006）山西晋语临县也保留了这样的读音，如籍 tsiʌ ‖ 邪 siʌ ‖ 些写 siʌ ‖ 卸 siʌ。（李小平，1991）

中古音向现代北方方言演变过程中的另外一个主要演变是假开三和假开二的分化。娄烦方言也在这一演变大势的影响下发生变化，即假开三字韵母由低元音向中高元音演变。联系已有的研究成果，我们认为，发生这一演变的时间不会早于宋代。李范文（1994）通过对宋代西北方音的研究认为："《切韵》麻开三为 ja，《掌中珠》的汉字注音 15 字，分别是：ĭe6、eĭ3、ĭɛ3、jal、arl、ɛ3；西夏字注音 11 字，分别是：ĭe5、ĭɛ3、a1、ɑl、ĭal；藏文注音 24 字，分别是：除一字为 a 韵外，其余均为 e 韵。以上数字表明，虽然汉文、西夏文、藏文的注音，ĭe、e 二韵占的比例相当大，但 ja、ĭe 的韵值也不可忽视，拟为 ia 较妥。"尽管如此，我们仍然可以看到麻三已演变为 e ie 韵的端倪，也许并非当时西北方音的主流。所以，作为与宋代西北方音有历史地缘关系的娄烦方言，假开三和假开二的分化也应该不会早于宋代。

假开三除了精组、影组字外，主要是章日组字。娄烦方言中古假开三章日组字的演变与声母有关。我们知道，章日组是卷舌声母，假开三等字韵母原来应该有 i 介音。卷舌声母与假开三等韵的 i 介音在拼合上是不和谐的，这种不和谐可能要刺激假开三等字在声母或韵母上做必要的调整。从现在假开三等字在娄烦方言的表现看，似乎是选择了韵母。韵母的变化主要是 i 介音脱落，即由原来的齐齿呼韵母演变为现在的开口呼韵母。陕北晋语清涧宽洲镇、吴堡宋家川、佳县坑镇就选择了这样的道路，以吴堡宋家川白读为例：遮 tsa ‖ 车 tsʰa ‖ 蛇 sa ‖ 赊 sa ‖ 扯 tsʰa ‖ 舍 sa ‖ 社 sa。吴堡宋家川白读进一步演变就是清涧宽洲镇的 ɑ 韵母，如：车 tṣʰɑ ‖ 蛇 ṣɑ ‖ 社 ṣɑ。再进一步的高化就演变为米脂的银州、榆林的镇川、府谷黄甫的 ɣ 韵母。（李建校，2006）

通过观测文献以及方言材料，果摄与假摄的相当一部分声类字的韵母应该在唐五代西北方音中已经合流，其中就包括假开三章组字韵母，如"者舍蛇"。唐五代方言的这种变化为果摄、假开三章组字在娄烦方言今读韵母的同步变化打下了基础。最早不会超过宋代，假开二和假开三开始分化，这个变化进一步改变了果摄、假摄字韵母分合的格局。从唐五代西北方音的材料看，帮组既有果摄字，如"磨 ba ‖ 摩 'ba ‖ 颇 pʰa ‖ 波 pa ‖ 破 pa"，又有假摄字，如"杷 ba"，但果摄字明显多于假摄字。另外果摄只有清声母和次浊声母字，假摄只有全浊声母字，说明尽管总的来看帮组的果摄、假摄字韵母有合并的趋势，但是到了具体的声类（清声母次浊声母与全浊声母不同），果摄帮组字与假摄帮组字读音并没有完全合并，它们应该以声母为条件截然分开，这为以后果摄帮组与假摄帮组的非同步演变打下基础。

端组比较简单。果摄端组有常用字，假摄端组没有常用字，所以果摄与假摄在端组声母还是分开的，这为以后果摄端组与假摄端组的非同步演变打下基础。

泥组果摄字多，假摄字少。从唐五代西北方音的材料看，果摄泥组只有一个来母的"罗"读 a 韵母，假摄泥组常用字只有泥母的"拿"，二者以声母为条件分开，说明在唐五代西北方音时期，泥组果摄与泥组假摄还是可以分开的，这为以后果摄泥组与假摄泥组的非同步演变打下基础。

精组字既有果摄的也有假摄的。从唐五代西北方音来看，果摄精组有来自开口一等的"左 dza ‖ 佐 dza'"，假摄精组有来自开口三等的"且 tsʰya ‖ 写 sya ‖ 谢 sya"。尽管果摄精组与假摄精组字韵母主要元音相同，但由于它们来自不同的等（果摄开口一等，假摄开口三等），所以就整个韵母来说还是不同，所以以后果摄精组与假摄精组字韵母有不同的演变也理所当然。

　　知庄组果摄无字，假摄有字，唐五代西北方音材料中，只有假摄开口二等生母的"沙差"韵母的主要元音为a，所以也是分开的。

　　见系的情况比较复杂，分开口、合口说。就开口来说，唐五代西北方音中，果摄字有开口一等的"歌 ka'‖ 轲 kʰa‖ 何 ha‖ 阿 a‖ 可 kʰa‖ 我 ga‖ 荷 ha‖ 河 ha"，假摄字有开口二等的"嘉 ka‖ 假 ka'‖ 雅 'ga‖ 下 ha'‖ 驾 ga‖ 稼 ka'‖ 迦 ka"。就合口来说，唐五代西北方音中，果摄字有合口一等的"和 hwa‖ 果 gwa‖ 火 hwa‖ 过 kwa"，假摄字有合口二等的"化 hwa‖ 华 hwa"。

　　从唐五代西北方音的这些材料看，果摄假摄已经完全合流，但是从北方方言的情况看，果摄、假摄见系字今读韵母是不同的。如果果摄、假摄见系字韵母在唐五代已经合流，而现在北方方言却截然分开，就必须承认果摄、假摄见系字韵母在唐五代西北方音合流以后，在以后的某一个时期，它们又以韵摄为条件分开了。但是这种假设是完全不可能成立的，因为只要不同的两个音类一旦合流，也就是它们在演变中已经同步，如果在语音内部没有再分开的条件，它们是不可能再以原来的韵摄为条件分开——对于说话人来说，根本不会关心，也没有必要关心他所说的字是否在古代属于相同或不同的音类。因此，唐五代西北方音的记录可能是有偏误的，根据现在北方方言的演变情况看，果摄见系的读音与假摄见系的读音在唐五代时期也是有区别的，这样的区别可能是一等和二等之间的区别，因为果摄见系只有一等，假摄见系只有二等，而且这样的区别并不明显。

　　我们知道，唐五代西北方音是根据汉藏对音材料建立的，即"汉字在外国语里的译音，或外国语在汉字里的译音"。"不过我们得要知道：藏文的写法大部分固然可以代表实际的语音，其中却也有写法同而语音未必全同的；也有语音同而写法稍有不同的；这从现代西北方言的演变上可以看得出来。"这样的材料在"译音的时候彼此都不免有曲改读音，强人就我的毛病"，"然而对于哪些是当时的实际语音，哪些是藏文的替代音，可得要很仔细的辨别清楚，这一点在全部工作的效率上关系很重要的"。（罗常培，1961）因此这样的材料并不能完全有效地反映语言的实际状况，特别是一些相关音类之间的区别变得非常小，对音时很可能用一种语言相同的一类音去对另外一种语言区别不大的两个音类。

由于以上认识，再联系汉语北方方言果摄见系、假摄见系的今读情况，基于汉藏对音材料的唐五代西北方音所反映的果摄见系、假摄见系字韵母相同的结论可能存在一定的误差。我们认为在唐五代西北方音时期，果摄见系字与假摄见系字韵母应该是有区别的，但是这种区别可能不是很明显，因此在当时进行汉藏对音时，可能忽略果摄见系字与假摄见系字韵母的区别而把它们记成同一音类。如果不进行上述推断，我们就无法解释现在汉语北方方言果摄见系字与假摄见系字韵母截然分开的事实。

就章组字来说，果摄没有章组字，假开三章组字韵母在唐五代西北方音中读 a，如"者舍蛇"。这可能是假摄与果摄真正完全合流的一个音类。正是由于假开三章组字韵母与果摄字韵母完全合流，因此才有它们以后的同步演变。

因此，果摄与假开三章组的合流应该最迟在唐五代西北音时期。

娄烦方言中，流摄与果摄、假开三章组的合流应该是晚近时期的演变。娄烦方言的天池、顺道两个小片，流摄与果摄、假开三章组字今读韵母还截然分开，但在娄烦（城关）、静游两小片中，流摄与果摄、假开三章组字今读韵母已经合流。从流摄与果摄、假开三章组字合流的方向来看，应该是果摄、假开三章组字韵母并入流摄。中古流摄应该是复元音韵母，演变到现在山西方言中仍然是复元音韵母，所以果摄、假开三章组字与流摄合流，首要条件就是由原来的单元音韵母变为复元音韵母。就娄烦方言果摄、假开三章组字来说，由原来单元音韵母变为复元音韵母主要就是产生一个韵尾。从天池小片、顺道小片的情况看，果摄、假开三章组尚未产生韵尾，所以果摄、假开三章组字韵母还没有并入流摄字韵母。可见果摄、假开三章组字韵母韵尾的产生是制约这些韵母并入流摄的重要因素。上述情况同时也从另外一个侧面说明，娄烦方言果摄字与假开三章组字韵母合流以后，要有一个韵母复元音化的过程，即一旦方言中果摄、假开三章组今读韵母产生韵尾，即从原来的单元音韵母变为复元音韵母，就有可能与流摄韵母合并。这样的情况在天池、顺道两小片中尚未发生，因为天池、顺道两小片果摄字韵母还没有复化。到娄烦（城关）、静游两小片，情况有了更进一步的发展，所有的果摄、假开三章组字今读韵母已经并入流摄今读韵母。

把果摄、假开三章组、流摄的合流顺序及时间层次总结如表7-5。

表7-5 娄烦方言果摄、流摄与假开三章组字韵母演变层次

唐五代时期	晚近时期
果摄、假开三章组合流	果摄、假开三章组并入流摄

第四节 果摄与宕江摄

娄烦（城关）、静游、天池三小片，中古宕江摄今白读的唇音声母字、舌面后声母合口呼字与果摄今韵母合流，如：旁＝婆、忙＝磨、广＝果、荒＝和~气、棒＝簸~其；顺道小片，宕江摄与果摄不合流，见表7-6。

表7-6 娄烦方言宕江摄与果摄字读音

	宕摄									江摄		
	旁	忙	放	忘	壮	床	霜	况	荒	棒	窗	双
娄烦（城关）	pʰɣɯ	mɣɯ	fɣɯ	vɣɯ	pfɣɯ	pfʰɣɯ	fɣɯ	kʰuɣɯ	xuɣɯ	pɣɯ	pfʰɣɯ	fɣɯ
静游	pʰɣɯ	mɣɯ	fɣɯ	vɣɯ	pfɣɯ	pfʰɣɯ	fɣɯ	kʰuɣɯ	xuɣɯ	pɣɯ	pfʰɣɯ	fɣɯ
天池	pʰɣ	mɣ	fɣ	vɣ	pfɣ	pfʰɣ	fɣɯ/pfʰɣ	kʰuɣ	xuɣ	pɣ	pfʰɣ	fɣ
顺道	pʰʌu	mʌu	fʌu	vʌu	tsuʌu	tsʰʌu	suʌu/fʌu	kʰʌu	xʌu	pʌu	tsʰʌu	fʌu

	果摄										
	婆	磨	多	拖	哥	个	鹅	过	和~气	簸~其	饿	河
娄烦（城关）	pʰɣɯ	mɣɯ	tɣɯ	tʰɣɯ	kɣɯ	kɣɯ	ŋɣɯ	kuɣɯ	pɣɯ	ŋɣɯ	xɣɯ
静游	pʰɣɯ	mɣɯ	tɣɯ	tʰɣɯ	kɣɯ	kɣɯ	ŋɣɯ	kuɣɯ	xuɣɯ	pɣɯ	ŋɣɯ	xɣɯ
天池	pʰɣ	mɣ	tɣ	tʰɣ	kɣ	kɣ	ŋɣ	kuɣ	xuɣ	pɣ	ŋɣ	xɣ
顺道	pɣ	mɣ	tɣ	tʰɣ	kɣ	kɣ	ŋɣ	kuɣ	xuɣ	pɣ	ŋɣ	xɣ

第七章　韵母的历史层次

果摄属于古阴声韵，宕江摄属于古阳声韵，从方言今音的情况看，应该是宕江摄白读混入果摄——即由收鼻音尾的韵混入没有收鼻音尾的韵，这就是戴震、孔广森的所谓"阴阳对转"。根据罗常培（1961），唐五代西北方音已经有宕摄韵主要元音读同遇摄模韵的例子，也就是说，宕摄韵在当时已经失去了鼻音韵尾。下面是来自《千字文》《大乘中宗见解》《阿弥陀经》《金刚经》的材料。（罗常培，1961）

《千字文》

　　遇摄合口一等模韵：（平赅上去，下同）

　　途 do ‖ 姑 ko（以上平声模韵）‖ 杜 do ‖ 组 dzo'o ‖ 古 go（以上上声姥韵）‖ 路 lo ‖ 素 so ‖ 故 go（以上去声暮韵）

　　图 duo（以上平声模韵）‖ 土 t'uo（以上上声姥韵）

　　宕摄开口一等唐韵：

　　傍 bo ‖ 氓 mo ‖ 囊 no（以上平声唐韵）‖ 抗 k'o（以上去声宕韵）

　　宕摄合口一等唐韵：

　　煌 ho（以上平声唐韵）‖ 旷 k'o（以上去声宕韵）

　　宕摄开口三等阳韵：

　　床 c'o ‖ 肠 jo ‖ 殇 ço ‖ 尝 ço（以上平声阳韵）‖ 赏 ço ‖ 颡 so（以上上声养韵）‖ 唱 c'o'o（以上去声漾韵）

　　粮 lyo ‖ 墙 dzyo ‖ 厢 syo（以上平声阳韵）‖ 两 lyo ‖ 象 syo'o（以上上声养韵）‖ 将 tsyo ‖ 相 syo（以上去声漾韵）

　　宕摄合口三等阳韵：

　　纺 p'o（以上上声养韵）

《大乘中宗见解》

　　遇摄合口一等模韵：

　　污 o（以上平声模韵）‖ 苦 k'o ‖ 五 'go（以上上声姥韵）‖ 素 so ‖ 故 go ‖ 悟 'go（以上去声暮韵）

　　宕摄开口一等唐韵：

　　谤 boṅ（以上去声宕韵）

宕摄合口一等唐韵：

黄 hwoṅ（以上平声唐韵）

宕摄开口三等阳韵：

长 c'oṅ ‖ 常 çoṅ ‖ 香 hoṅ（以上平声阳韵）‖ 上 çaṅ（以上上声养韵）‖ 状 çoṅ\ts'oṅ ‖ 向 hoṅ（以上去声漾韵）

相 syoṅ\syaṅ ‖ 阳 yoṅ（以上平声阳韵）‖ 两 lyoṅ ‖ 想 syoṅ ‖ 像 syoṅ（以上上声养韵）‖ 量 lyoṅ（以上去声漾韵）

宕摄合口三等阳韵：

妄 boṅ 忘 ‖ boṅ（以上上声养韵）

《阿弥陀经》

遇摄合口一等模韵：

五 'go（以上上声姥韵）‖ 故 ko ‖ 护 ho（以上去声暮韵）

宕摄合口一等唐韵：

光 kwaṅ（以上平声阳韵）‖ 光 kwaṅ（以上上声荡韵）

宕摄开口三等阳韵：

长 jaṅ ‖ 庄 tsaṅ ‖ 香 haṅ（以上平声阳韵）

相 syaṅ（以上去声漾韵）

宕摄合口三等阳韵：

方 ' bwaṅ ‖ 王 'waṅ\waṅ（以上平声阳韵）‖ 纲 ' bwaṅ ‖ 往 bwaṅ（以上上声养韵）

《金刚经》

遇摄合口一等模韵：

狐 ho（以上平声模韵）‖ 度 do ‖ 故 ko（以上去声暮韵）

宕摄开口一等唐韵：

当 taṅ（以上平声唐韵）

宕摄合口一等唐韵：

广 kwaṅ（以上上声荡韵）

宕摄开口三等阳韵：

长 jaṅ\żaṅ ‖ 庄 'tsa\tsaṅ ‖ 香 haṅ（以上平声阳韵）‖ 上 çaṅ（以上上声养韵）

‖ 量 lyaṅ（以上平声阳韵）‖ 漾 yaṅ（以上上声养韵）

宕摄合口三等阳韵：

狂 gaṅ（以上平声阳韵）

上面材料中，遇摄合口一等模韵字读音在四种对音材料中非常一致，主要元音都读 o；宕摄在四种材料中读音有差别。在《千字文》所有的对音中，宕摄唐、阳（平赅上去）两韵除了"糠、康、帐"外，其余的鼻音韵尾都已经消失，且主要元音读 o，说明《千字文》所代表的方音宕摄唐、阳两韵已经失去了鼻音韵尾。在《大乘中宗见解》，宕摄唐、阳两韵的主要元音也已经和遇摄模韵主要元音相同：都是 o，但还保留有 ṅ 韵尾。《阿弥陀经》《金刚经》宕摄唐、阳两韵主要元音为 a，与遇摄模韵主要元音不同，有 ṅ 韵尾。

这里比较重要的问题是《大乘中宗见解》《阿弥陀经》《金刚经》中 ṅ 韵尾的性质。关于这个问题，伯希和（1912）认为 ṅ 韵尾完全消失；高体越（R.Gauthiot）认为在 ṅ 韵尾前面的元音已经鼻化（nasalized）；马伯乐（1920）认为 ṅ 韵尾好像变成鼻摩擦音 ỹ，并没有完全遗失。罗常培（1961）认为 ṅ 韵尾"不像会完全消失"，应该变成鼻摩擦音 ỹ。"因为这个鼻摩擦音 [ỹ] 是不很稳定的，赵元任在南京音系里说：'[eỹ]、[aỹ] 表示前半无鼻音后半有鼻音的韵。这种韵很容易受下字的同化作用，例如天 [tʻeỹ] 边 [peỹ] 连起来成 [tembeỹ]；当，头 [taỹ, tʻuə] 成 [tantʻeu]；鲜，叶 [seỹ, ko] 成 [seŋko]。'"因为"鼻摩擦音 [ỹ] 是一个很难辨认的声音，在没有受过审音训练的人听起来很容易捉摸不定的。当时记音的吐蕃人或许因为对这个音捉摸不定，而且在他自己的语言里也没有相当的字母，所以听的'过'了一点儿就保存住 -ṅ，听的'不及'一点就写作纯元音。"可见上述四种汉藏对音材料中宕摄鼻音韵尾的保存与消失与当时吐蕃人记音有关。"然而，无论如何我们都可以说，鼻收声在现代西北方音里的消变从唐朝起已然开始，不过在那时候只限于 -ṅ 的一部分，现在不单所有附 -ṅ 的韵一律消变，而且 -m、-n 两类也都被波及了。"

另外，联系庚、清、青韵，罗常培（1961）注意到，唐韵、阳韵的 -ṅ 收声消变以后，它们前面的元音，不管是开口的 ɑ，还是合口的 wɑ，都变成 o，而 ɐ æ e 等元音因为部位靠前而不受影响。

把罗常培的相关研究总结如下：

（1）即使在汉藏对音材料中宕摄保留 -ṅ 韵尾，应该也是一个鼻摩擦音的 $\tilde{\gamma}$。

（2）在宕摄鼻音韵尾消变的过程中，后元音（如 ɑ wɑ）受影响变成 o，前元音则不然。

现代方言中，也有类似于唐五代时期宕摄字鼻音韵尾的消变的情况，只是变化的方式和类型不同。

根据刘勋宁（1993），山西晋语隰县方言宕江摄舒声文读，今韵母根据今声调的不同分为整齐的两类：逢今阳平和上声，韵母分别是 an ian uan yan，韵尾是鼻音 n；逢今阴平和去声，韵母分别是 ai iai uai yai，韵尾是 i。隰县方言有六个声调：阴平 312、阳平 34、上声 22、去声 52、阴入 23、阳入 21。下面是隰县方言宕江摄舒声字表：（刘勋宁，1993）

ai 韵

pai³¹² 帮 邦 ‖ pai⁵² 棒 蚌 ‖ pʰai⁵² 胖 ‖ tai³¹² 当 应~ ‖ tai⁵² 荡 当~铺挡 ‖ tʰai³¹² 汤 ‖ tʰai⁵² 烫 ‖ tsai³¹² 赃 脏 ‖ tsai⁵² 葬 藏西~脏 ‖ tsʰai³¹² 仓 苍 疮 ‖ sai³¹² 桑 丧~事 ‖ sai⁵² 丧~气 ‖ tṣai³¹² 张 章 樟 ‖ tṣai⁵² 丈 仗 杖 帐 胀 障 瘴 ‖ tṣʰai³¹² 菖 ‖ tṣʰai⁵² 唱 ‖ ṣai³¹² 商 伤 ‖ ṣai⁵² 上 ‖ zai⁵² 让 ‖ kai³¹² 冈 岗 刚 纲 缸 钢 ‖ kʰai³¹² 康 糠 ‖ xai⁵² 夯

iai 韵

liai⁵² 亮 辆 量数~ ‖ tɕiai³¹² 将~来 浆 疆 僵 姜 缰 江 豇 ‖ tɕiai⁵² 酱 将~帅 匠 降下~ ‖ tɕʰiai³¹² 枪 腔 ‖ ɕiai³¹² 相 箱 厢 香 ‖ ɕiai⁵² 象 像 橡 相~面 向 项 巷 ‖ iai³¹² 央 秧 殃 ‖ iai⁵² 样

uai 韵

tṣuai³¹² 庄 装 桩 ‖ tṣuai⁵² 壮 状 ‖ tṣʰuai³¹² 窗 ‖ tṣʰuai⁵² 创 ‖ ṣuai³¹² 霜 双 ‖ ṣuai⁵² 爽 又 ‖ kuai³¹² 光 ‖ kuai⁵² 旷 逛 ‖ kʰuai⁵² 况 矿 ‖ xuai³¹² 方 妨 ‖ uai⁵² 望 旺

an 韵

pan²² 榜 谤 绑 ‖ pan³⁴ 滂 旁 螃 傍 庞 ‖ man³⁴ 忙 芒 茫 莽 蟒 盲 虻 ‖ tan²² 党

‖ tʰan³⁴ 堂棠螳唐糖塘 ‖ tʰan²² 倘躺 ‖ nan²² 囊攮 ‖ lan³⁴ 郎廊狼螂 ‖ tsʰan³⁴ 藏 ‖ san²² 嗓 ‖ tsan²² 长生~涨掌 ‖ tʂʰan³⁴ 长肠场常偿 ‖ tʂʰan²² 昌厂畅倡 ‖ ʂan³⁴ 尝裳 ‖ ʂan²² 赏 ‖ ʐan³⁴ 瓤 ‖ ʐan²² 壤攘嚷酿 ‖ kan²² 港 ‖ kʰan²² 慷抗扛 ‖ ŋan²² 肮 ‖ xan³⁴ 行航杭

ian 韵

lian³⁴ 凉量~长短粮梁樑 ‖ lian²² 两 ‖ tɕian²² 蒋奖桨讲 ‖ tɕʰian³⁴ 墙强 ‖ tɕʰian²² 抢 ‖ ȵian³⁴ 娘 ‖ ȵian²² 仰 ‖ ɕian³⁴ 镶祥详降投~ ‖ ɕian²² 襄想乡响饷 ‖ ian³⁴ 羊洋烊杨阳扬疡 ‖ ian²² 痒

uan

tʂʰuan³⁴ 床 ‖ tʂʰuan²² 闯 ‖ ʂuan²² 爽 ‖ kuan²² 广 ‖ kʰuan³⁴ 狂 ‖ kʰuan²² 筐匡眶 ‖ xuan³⁴ 黄簧皇蝗肪芳房防 ‖ xuan²² 荒慌谎晃仿纺彷访 ‖ uan³⁴ 亡王 ‖ uan³⁴ 汪网辋枉往

可见，宕摄韵母鼻音韵尾的消变既可以以主要元音的舌位前后为条件，也可以以声调为条件。无论如何，当宕摄鼻音韵尾消失以后，即由原来的阳声韵变为阴声韵，就可能与某个阴声韵合流。

反映唐五代西北方音的《千字文》，宕摄鼻音韵尾消变以后，与阴声韵的遇摄合流，《大乘中宗见解》《阿弥陀经》《金刚经》反映的材料说明，宕摄鼻音韵尾没有完全消失，是一个鼻摩擦音 ɣ̃，"还许受下字的同化而读作 [ɲ]"，唐五代西北方音宕摄韵母鼻尾的消变以主要元音的舌位前后为条件。山西晋语隰县方言宕摄韵母鼻尾的消变是以声调为条件的，当方言今声调为阴平、去声时，鼻音韵尾消失，阳声韵变为阴声韵；当方言今声调为阳平、上声时，仍然读鼻音韵尾。

娄烦方言宕江摄今读韵母与果摄今读韵母合流，是以声母为条件的；宕江摄与果摄韵母合流只限于今唇音声母和舌面后声母合口呼，如下：

p 组声母字：帮滂旁螃忙芒茫榜莽蟒谤傍邦庞绑棒胖肨

pf 组声母字：庄装疮床霜闯壮创状方肪芳妨房防亡芒仿纺彷网放访忘妄望王枉往旺

k 组声母合口呼字：广光黄簧皇蝗荒慌谎晃旷况筐

而宕摄的其他声母，如 t 组、ts 组、tɕ 组、k 组声母的非合口呼字韵母没有与果摄字韵母合流。

从表面上看,娄烦方言宕摄与果摄字韵母合流的字是以声母为条件,但是细加分析就会发现实际上是以合口因素为条件。先看 k 组声母,当 k 组声母与宕摄合口呼韵母拼时,这时的韵母与果摄韵母合流,如"广光黄簧皇蝗荒慌谎晃旷况筐"都读 uɣ 韵母,但是 k 组声母也可以与开口呼韵母拼,如"冈岗刚钢缸康糠昂抗扛炕行航杭肮",这时不与果摄字韵母合流。再看 pf 组声母,包括"庄装疮床霜闯壮创状方肪芳妨房防亡芒仿纺彷网放访忘妄望王枉往旺"等字,这些字在普通话里都是合口呼字,在娄烦方言周围没有 pf 组声母的地方也都读合口呼韵母,即凡普通话 tʂ tʂʰ ʂ 声母拼合口呼韵母的字,娄烦方言读 pf pfʰ f。所以娄烦方言 pf pfʰ 声母来自 tʂ tʂʰ 声母,是 tʂ tʂʰ 声母与合口呼韵母相拼演变而来的。所以尽管娄烦"庄装疮床霜闯壮创状"等字读 pf 组声母时,韵母是开口的 yɯ\y,但从历时的角度看,应该包含有合口的因素,只是这种合口因素已经化入声母中了。再看 p 组声母字,其韵母也是开口的 yɯ\y,但是作为声母的 p 组辅音其发音部位是双唇,发音时双唇用力形成阻碍。我们知道,汉语合口都有一个 u 音素,u 是个圆唇元音,发音时双唇撮圆,气流从撮圆的双唇中流出。可见无论是 p 组辅音,还是具有 u 音素的合口呼韵母,发音时都需要双唇动作,这种共同性就使合口呼韵母的 u 音素的合口特点可能向唇音声母游移,从而改变了韵母原来的合口性质,使原本的合口性"寄存"在唇音声母中。古合口字在汉语方言的今读也在证明这样的推断,如在北京话,果摄合口一等的"婆波"读 o 韵母,蟹止摄合口一三等的"杯煤废非"读 ei 韵母,咸摄合口三等的"凡范"读 an 韵母,山摄合口一三等的"半盘反饭"读 an 韵母,臻摄合口一三等的"奔闷分坟"读 en 韵母,宕摄合口三等的"方放"读 aŋ 韵母,通摄合口一三等的"蓬风封"读 eŋ 韵母。可以说,凡是古代合口字(遇摄除外),今读都没有 u 介音。因此,尽管娄烦方言的宕摄字"帮滂旁螃忙芒茫榜莽蟒谤傍邦庞绑棒胖肿"不是来自古代的合口字,但由于其声母是唇音,因此,仍然具有合口因素。

总之,娄烦方言与果摄字韵母合流的宕摄字,其合口性有的来自韵母,如今读 k 组声母合口呼字、pf 组声母字,有的来自声母,如 p 组声母字。也就是说宕摄字鼻音韵尾的消变以合口性为条件。

根据罗常培(1961)对反映唐五代西北方音《千字文》的整理研

究，所有的对音里，-ṅ 的消失或保存是以下面的条例进行的："在唐 [ɑŋ] 阳 [iaŋ] 两韵的后面，除去'糠 k'aṅ''（40.6），'康 k'aṅ''（44.2），'帐 coṅ''（10.5）三字外，（参阅第十四摄），其余的都消失，并且把主要元音变成 o。o 是舌面后圆唇半高元音，其合口性不言而喻，而糠 k'aṅ''（40.6）、'康 k'aṅ''（44.2）等字主要元音都是不圆唇的，且都是前元音，不具有合口性"。因此，反映唐五代西北方音的《千字文》宕摄字鼻音韵尾的消变也可能是以韵母主要元音合口性为条件。

因此，一个是反映唐五代西北方音的《千字文》，一个是一千年以后今天的娄烦方言，宕摄字鼻音韵尾的消变有共同条件：都以合口性为条件，这应该不是一种偶然。那么，是否就可以由此断定娄烦方言宕摄字与果摄字韵母合流反映的是唐五代西北方音的语音层次呢？我们认为不能因为《千字文》和娄烦方言宕摄字鼻音韵尾消变都以合口性为条件就断定娄烦方言与《千字文》是同一层次。因为断定历史层次时应该以古音韵为条件，而合口性仅仅是从语音的一般原理出发，语音的这种一般原理可以在古代起作用，也可以在现代起作用。实际上联系娄烦方言 pf 组声母的来历（普通话 tʂ 组声母的合口呼韵母字）也不允许我们把娄烦方言宕摄字与果摄字韵母的合流上推到唐五代西北方音。因为只有普通话 tʂ 组声母的合口呼韵母字在娄烦方言读 pf 组声母，而普通话的这些字来自知组、庄组、章组，也就是说它们是在知组、庄组、章组声母合流以后才可能发生，而"这一个最后的发展阶段大约在十五世纪以后才算全部完成，因为在《中原音韵》里，这一类字还有大部分没有变为卷舌音"。（王力，1980）所以仅就娄烦方言宕摄字 pf 组声母而言，其与果摄字韵母的合流应该是晚近的事情。

从反映唐五代西北方音的《千字文》宕摄字鼻音韵尾消变的事实看，唐五代西北方音中，宕摄字也仅仅丢失了鼻音韵尾，失去韵尾的宕摄字不一定只能与果摄字韵母合流，事实上唐五代西北方音失去鼻音韵尾的宕摄字是与遇摄字合流的。尽管如此，宕摄字失去鼻音韵尾以后，就可能和任何一个阴声韵合流。从娄烦方言的情况看，是与果摄字合流了。

根据学者们（王力，1980；唐作藩，2002）的研究，中古果摄字韵母主要元音是后低不圆唇元音 ɑ，并且在演变中不断高化，同时也有后圆唇化的倾向。这时宕摄字也失去了鼻音韵尾，并且主要元音也是舌面后圆唇元音。果宕摄字的这种演变趋势为其将来合流准备了条件。

第五节　蟹摄开合口

多数学者在讨论古代蟹摄在山西方言中的演变时，有的把注意力集中在二等字韵母与一等、三等韵母的分合上面，如田希诚（1993）、沈明（1999）；有的讨论了蟹摄字因为今声调不同而韵母有所不同，如金有景（1985）。我们主要讨论娄烦方言蟹摄开合口今韵母的分合关系。具体讨论时，主要涉及蟹摄开合口一等。

娄烦方言蟹摄开合口字的读音如表 7–7。

表 7–7　娄烦方言蟹摄开合口字读音

	蟹摄开口									
	摆	败	糒风箱	粺	拜	排	牌	派	埋	买
	上帮蟹	去并夬	去并怪	去并卦	去帮怪	平并皆	平并佳	去滂卦	平明皆	上明蟹
娄烦（城关）	pai	pai	pai	pai	pai	pʰai	pʰai	pʰai	mai	mai
静游	pai	pai	pai	pai	pai	pʰai	pʰai	pʰai	mai	mai
天池	pei	pei	pei	pei	pei	pʰei	pʰei	pʰei	mei	mei
顺道	pei	pei	pei	pei	pei	pʰei	pʰei	pʰei	mei	mei

	蟹摄合口									
	杯	辈	赔	配	媒	妹	废	肺	卫	外
	平帮灰	去帮队	平并灰	去滂队	平明灰	去明队	去非废	去敷废	去云祭	去疑泰
娄烦（城关）	pei	pei	pʰei	pʰei	mei	mei	fei	fei	vei	vai/vei
静游	pei	pei	pʰei	pʰei	mei	mei	fei	fei	vei	vai/vei
天池	pei	pei	pʰei	pʰei	mei	mei	fei	fei	vei	vei
顺道	pei	pei	pʰei/pei	pʰei	mei	mei	fei	fei	vei	vei

可以看出，娄烦（城关）、静游两小片蟹摄开口与蟹摄合口唇音声母字今韵母不同，即败≠辈、牌≠赔、派≠配、埋≠媒；天池、顺道两小片蟹摄

开口与蟹摄合口今韵母相同,即败＝辈、牌＝赔、派＝配、埋＝媒。蟹摄合口见系字在方言中一般读合口呼韵母,开口见系读开口呼韵母,但合口见系在天池、顺道两小片中除介音外与唇音声母字韵母相同,所以也可以看作开合口今韵母相同。

就整个山西方言而言,绝大多数方言蟹摄开合口韵母是不同的,但也有不少方言蟹摄开合口韵母相同。蟹摄开合口今读韵母相同的方言点主要集中在山西方言的中区、西区、北区。中区有左权、清徐、榆次、交城、平遥、介休6点,西区有离石、中阳、柳林、临县、方山5点,北区有大同、阳高、天镇、怀仁、左云、右玉、神池、宁武、五寨、岢岚、偏关11点。

在反映唐五代西北方音的汉藏对音材料中,仍然可以看到蟹摄开口与合口字韵母之间整齐的对应关系,在唇音声母字上,开合口已经合流。

《千字文》：

咍（开一）读 ai 韵母,如:殆采栽宰（上声海韵）,岱再塞（去声代韵）

灰（合一）读 ai 韵母,如:杯赔（平声灰韵）,背（去声队韵）

读 wai 韵母,如:回（平声灰韵）,对退（去声队韵）

泰（合一）读 wai 韵母,如:外会（去声泰韵）

《大乘中宗见解》：

咍（开一）读 e 韵母,如:来财（平声咍韵）,怠在海（上声海韵）,碍（去声代韵）

泰（开一）读 e 韵母,如:大盖害（去声泰韵）

灰（合一）读 e 韵母,如:每（上声贿韵）

读 we 韵母,如:对内（去声队韵）

泰（合一）读读 we 韵母,如:外（去声泰韵）

《阿弥陀经》：

咍（开一）读 e 韵母,如:来（平声咍韵）,在（上声海韵）

泰（开一）读 e 韵母,如:大（去声泰韵）

灰（合一）读 we 韵母,如:退（去声队韵）

313

泰（合一）读 we 韵母，如：会（去声泰韵）

《金刚经》：
咍（开一）读 ei 韵母，如：来（平声咍韵），乃在（上声海韵）
泰（开一）读 ei 韵母，如：大（去声泰韵）
灰（合一）读 wei 韵母，如：罪（上声贿韵）
泰（合一）读读 wei 韵母，如：最（去声泰韵）

从《阿弥陀经》和《金刚经》的对音材料看出，蟹摄开口与合口对音整齐，开口读 e\ei 韵母，相应的合口分别读 we\wei 韵母，这两类材料中没有唇音声母字。《大乘中宗见解》中，蟹摄除唇音外开口与合口对应整齐，开口读 e，相应的合口分别读 we，值得注意的是合口唇音字，其韵母不与合口的非唇音声母字相同，而是与开口字韵母相同。《千字文》的情况与《大乘中宗见解》相同，蟹摄除唇音外开口与合口对应整齐，开口读 ai，相应的合口分别读 wai，合口唇音字，其韵母不与合口的非唇音声母字相同，而是与开口字韵母相同，读 ai。从《千字文》《大乘中宗见解》看出，唐五代西北方音蟹摄开口与合口在唇音声母字里已经合流，但在非唇音声母字里还分得很清楚。我们认为《阿弥陀经》《金刚经》的情况与《千字文》《大乘中宗见解》的情况应该是一致的，但在这两种记音材料中，因为没有相关的唇音声母字，所以无法做出直接的判断。所以，唐五代西北方音中，蟹摄开口与合口在唇音声母字里已经合流，但在非唇音声母字里是分开的。

一等韵咍灰两韵 *iə、*uəi 是开合相对的两个韵母，开口泰韵和合口泰韵 *ɑi、*uɑi 也是开合相对的两个韵母。在绝大多数汉语方言中，咍韵泰韵开口字与灰韵泰韵合口字韵母仍然是不同的。一等咍韵泰韵开口与二等韵合流，一等灰韵泰韵合口字与三等祭韵废韵合口字合流。但在山西中区、西区、北区部分方言点本来开合相对的关系还保留着。见表7-8

表7-8 山西方言咍韵灰韵泰韵读音

	戴开	对合	来开	雷合	耐开	内合	再开	最合	开开	盔合	害开	绘合
左权	æ	uæ	æ	uæ	æ	uæ	æ	uæ	æ	uæ	æ	uæ

续表

	戴开	对合	来开	雷合	耐开	内合	再开	最合	开开	盔合	害开	绘合
清徐	ai	uai	ai	uai	ai		ai	uai	ai	uai	ai	uai
榆次	ai		ai		ai		ai		ai	uai	ai	uai
平遥	æ	uæ	æ	uæ	æ		æ		æ	uæ	æ	uæ
介休	εi	uεi	εi	uεi	εi	uεi	εi		εi	uεi	εi	uεi
文水	e	ue		ue	e		e	ue	e	ue	e	ue
离石	εi	uεi	εi	uεi	εi	uεi	εi	uεi	εi	uεi	εi	uεi
中阳	æ	uæ	æ	uæ	æ	uæ	æ	uæ	æ	uæ	æ	uæ
柳林	ai	uai	ai	uai	ai	uai	ai	uai	ai	uai	ai	uai
临县	εe	uεe	εe	uεe	εe	uεe	εe	uεe	εe	uεe	εe	uεe
方山	ei	uei	ei	uei	ei	uei	ei	uei	ei	uei	ei	uei
大同	ɜɐ	uɜɐ	ɜɐ	uɜɐ	ɜɐ	uɜɐ	ɜɐ	uɜɐ	ɜɐ	uɜɐ	ɜɐ	uɜɐ
阳高	ei	uei	ei	uei	ei	uei	ei	uei	ei	uei	ei	uei
天镇	εe	uεe	εe	uεe	εe	uεe	εe	uεe	εe	uεe	εe	uεe
怀仁	ei	uei	ei	uei	ei	uei	ei	uei	ei	uei	ei	uei
左云	εe	uεe	εe	uεe	εe	uεe	εe	uεe	εe	uεe	εe	uεe
右玉	εe	uεe	ɜɐ	uεe	ɜɐ	uεe	ɜɐ	uεe	εe	uεe	εe	uεe
神池	Ee	uEe	Ee	uEe	Ee	uEe	Ee	uEe	Ee	uEe	Ee	uEe
宁武	e	ue	e	ue	e	ue	e	ue	e	ue	e	ue
五寨	ei	uεi	ei	uεi	ei	uεi	ei	uεi	ei	uεi	ei	uεi
岢岚	ei	uei	ei	uei	ei	uei	ei	uei	ei	uei	ei	uei
偏关	εi	uεi	εi	uεi	εi	uεi	εi	uεi	εi	uεi	εi	uεi

说明：表中空白表示没有相对应读音或暂时没有材料。

娄烦方言天池、顺道两个小片也是如此。见表7-9

表7-9 娄烦方言哈韵灰韵泰韵读音

	戴开	对合	来开	雷合	耐开	内合	再开	最合	开开	盔合	害开	绘合
天池	ai	uai	ai	uai	ai		ai	uai	ai	uai	ai	uai
顺道	εi	uεi	εi	uεi	εi		εi	uεi	εi	uεi	εi	uεi

说明：表中空白表示没有相对应读音或暂时没有材料。

山西方言部分方言点蟹摄一等开口与合口对应关系与《切韵》蟹摄一等开口与合口的对应关系是完全相同的，说明保留了相当古老的语音格局，其对应的大致年代应该在隋唐时代。与娄烦方言的天池、顺道两小片不同，山西绝大部分方言点蟹摄一等开口与合口并不具有对应关系，根据《山西方言调查研究报告》（1993）的统计，这样的方言点共有79个，其中中区15个：太原、太谷、文水、祁县、孝义、寿阳、榆社、娄烦、灵石、孟县、阳曲（以上太原片），阳泉、平定、昔阳、和顺（以上阳泉片）；西区10点：汾阳、岚县、静乐、兴县、石楼、隰县、大宁、永和、蒲县、汾西；北区14点：应县（大同片），山阴、繁峙（以上山阴片）、朔城、平鲁、忻州、定襄、原平、五台、代县、浑源、灵丘、保德、河曲（以上忻州片）；其他点不甚集中，从略。以上这些方言点，蟹摄一等开口与合口韵母并不对应，一般来说，开口韵母的主要元音较低，合口韵母主要元音较高。娄烦方言的娄烦（城关）小片、静游小片就属于这种情况，开口一等读 ai 韵母，如：带太耐来菜盖艾爱。合口一等读 uei 韵母，如：背配煤堆对罪灰。

比较娄烦（城关）、静游两小片与天池、顺道两小片，娄烦（城关）、静游小片蟹摄开口一等与蟹摄合口一等是在天池、顺道小片的基础上进一步的演变结果。天池、顺道两小片还保留着蟹摄开合口对应的语音格局，这样的格局与《切韵》时代的格局完全相同，娄烦（城关）、静游两小片则有了进一步的演变，蟹摄一等合口已经不与开口一等韵母对应，主要元音明显升高。如下：

天池、顺道两小片		娄烦（城关）、静游两小片	
开口一等	合口一等	开口一等	合口一等
ai	uai\ai	ai	uei\ei
ɛi	uei\ɛi		

上面主要讨论蟹摄开合口非唇音声母字韵母的演变层次，唇音声母字又表现出另外的特点。罗常培《唐五代西北方音》（1961）反映唐五代西北方音的材料主要有《千字文》《大乘中宗见解》《阿弥陀经》《金刚经》四种，其中只有前两种即《千字文》《大乘中宗见解》蟹摄一等合口有唇音字，其他两种没有唇音字。《千字文》中有合口一等灰韵（举平声赅上

去，下同）：杯赔（平声灰韵）、背（去声队韵）读 ai 韵母，与开口一等哈韵的"殆采栽宰（上声海韵）、岱再塞（去声代韵）"的韵母相同；同时与合口一等的非唇音字的 uai 韵母对应，如：合口一等灰韵的"回（平声灰韵）、对退（去声队韵）"，泰韵的"外会（去声泰韵）"。《大乘中宗见解》有合口一等灰韵的"每（上声贿韵）"，读 e 韵母，与开口一等哈韵的"来财（平声哈韵）、怠在海（上声海韵），碍（去声代韵）"，开口一等泰韵的"大盖害（去声泰韵）"韵母相同；同时与合口一等的非唇音字的 we 韵母对应，如：合口一等灰韵的"对内（去声队韵）"，泰韵的"外（去声泰韵）"。我们可以把上面两种材料蟹摄开合口一等的唇音、非唇音字韵母的音韵格局总结见表 7-10。

表 7-10　《千字文》《大乘中宗见解》蟹摄开合口一等唇音、非唇音字韵母的音韵格局

《千字文》《大乘中宗见解》		
	开口	合口
非唇音	ai\e	wai\we
唇音		ai\e

与反映唐五代西北方音的《千字文》《大乘中宗见解》一样，娄烦方言的天池、顺道两小片蟹摄开合口一等唇音，与非唇音字韵母也是同样的韵类格局。见表 7-11

表 7-11　天池、顺道两小片蟹摄开合口一等唇音、非唇音字韵母的韵类格局

天池\顺道		
	开口	合口
非唇音	ai\εi	uai\uei
唇音		ai\εi

娄烦方言的天池、顺道两小片与反映唐五代西北方音的《千字文》《大乘中宗见解》在蟹摄开合口一等唇音，与非唇音字韵类格局的一致性说明，天池、顺道两小片蟹摄开合口一等唇音，与非唇音字韵类至少保留了唐五代西北方音的格局。与天池、顺道两小片不同，娄烦（城关）、静游两小片蟹摄开合口一等唇音、非唇音字韵母的韵类格局如表 7-12。

表 7-12　娄烦（城关）、静游两小片蟹摄开合口一等唇音、非唇音字韵母的韵类格局

娄烦（城关）\静游		
	开口	合口
非唇音	ai	uei
唇音		ei

即娄烦（城关）、静游两小片蟹摄一等合口唇音与合口非唇音字韵母一致。

天池、顺道两小片与娄烦（城关）、静游两小片蟹摄开合口一等唇音，与非唇音字韵类不同的格局，反映了其不同的演变进程。关于非唇音字的演变已见前述，天池、顺道两小片的演变要相对滞后；唇音字的演变天池、顺道两小片与娄烦（城关）、静游两小片有不同的特点。

先看天池、顺道两小片的情况。因为蟹摄一等开合口字今韵母相互对应，属于一组声母，合口唇音的变化只有一个步骤：失去原来的 u 介音，所以其演变过程只能如下：

$$uai\backslash u\varepsilon i \longrightarrow \begin{array}{l} uai\backslash \varepsilon i（非唇音）\\ ai\backslash \varepsilon i（唇音）\end{array}$$

娄烦（城关）、静游小片的情况比较复杂，唇音字韵母的变化经历了两个步骤：其一，合口唇音字韵母主要元音升高，与开口字韵母分开，不再对应；其二，合口唇音字韵母的介音 u 脱落。现在的问题是：究竟是合口唇音字韵母主要元音升高与开口字韵母分开在先，还是合口唇音字韵母的介音 u 脱落在先？

假设一：假如是合口唇音字韵母主要元音升高与开口字韵母分开在先，则其音变过程如下。

$$\ast uai \longrightarrow uei \longrightarrow \begin{array}{l} uei（非唇音）\\ ei（唇音）\end{array}$$

假设二：假如是合口唇音字韵母的介音 u 先脱落，则其音变过程如下。

第七章　韵母的历史层次

$$^*\text{uai} \longrightarrow \text{uei}（非唇音）$$
$$^*\text{uai} \longrightarrow \text{ai} \longrightarrow \text{ei}（唇音）$$

比较上面两种假设，我们认为假设二更加合理。先看假设一，即蟹摄合口一等唇音字韵母先经历主要元音的高化，然后在唇音声母的影响之下，原来有韵头的合口呼，在发展过程中失落了韵头，即由原来的合口呼韵母演变为现在的开口呼韵母。王力先生（1980）指出"这种情形在各地方言里是很普遍的"，"在北京话里，保存着的中古合口呼最多；只在两种情况下失落了韵头 u：（一）在唇音后面，（二）灰韵的泥来两母字和魂韵的泥母字"。并举例如下（灰韵的泥来两母字和魂韵的泥母字与我们讨论的问题无关，不赘相关举例）：

灰韵：杯 puɒi → pei（不是 pui）　　梅 muɒi → mei（不是 mui）

恒韵：般、半 puɒn → pan（不是 puan）　盘 bʰuɒn → pʰan（不是 pʰuan）

瞒 muɒn → man（不是 muan）

魂韵：本 puən → pən（不是 pun）　　盆 bʰuən → pʰən（不是 pʰun）

门 muən → mən（不是 mun）

为什么在唇音后面的合口介音 u 会脱落，应该与唇音声母本来的发音部位、发音方法有关，也与元音 u 的发音方法有关。就唇音声母而言，发音部位是唇（双唇或唇齿），发音时双唇紧张，形成阻碍，这时双唇完全闭合或基本闭合。就合口介音 u 来说，是个圆唇的高元音，发音时，双唇撮圆，开口度最小。比较唇辅音和元音 u，就会发现二者在两个方面相当一致：第一，都是双唇（或唇齿）起作用，第二，发音时开口度都很小。唇辅音和元音 u 之间的一致性使二者在拼合时需要发音器官把大致相同的发音特性重复一次，不符合发音省力方便的原则。试想，双唇辅音与 u 介音拼合时，发音过程中要求发音部位先在唇部，当唇部辅音刚刚完成，紧接着又是双唇起主要作用的元音，同一部位重复两个发音动作显然比较费事，于是这两个音素进行了合并。现在看来，应该是合口介音 u 并入了唇辅音中。

上述有关音理的说明还必须解决以下两个问题：第一，为什么是合口介音 u 并入了唇辅音，第二，唇音和 u 韵母相拼时为什么没有发生类似的合并。以上两个问题与汉语的单字音结构有关。汉字音节结构中，声母、韵母是必不可少的。在声母、韵母、介音三者中，介音是可以不出现的，事实上在相当多的汉字音节中都没有介音，但声母、韵母必须出现（零声母不是没有声母，而是声母位置是空位），所以在合口介音 u 与唇辅音的合并中，作为声母的唇音必不可少，只能合口介音 u 屈就并入唇音声母。同样，汉字音节结构中，韵母也是必不可少的，当 u 作为介音时，可以脱落，但作为单独的韵母时，无论如何也不能脱落，所以唇音和 u 韵母相拼时没有发生类似的合并。因此，无论是从语言材料出发，还是从音理出发，合口介音 u 的脱落是以唇音声母为条件的。

就第一种假设而言，uei>ei 的演变是可能的，其条件是唇音为声母。但问题可能出在 *uai>uei 演变上。根据上面的分析，当唇音声母与合口呼韵母相拼时，常常会引起合口介音的脱落，这种脱落可能在 *uai 阶段就已经发生。从《千字文》《大乘中宗见解》反映的唐五代西北方音看正是如此：蟹摄合口一等唇音字脱落合口介音以后，与开口一等字韵母相同。语言历史事实已经说明了在 *uai 阶段，唇音字合口介音已经脱落。另外，从音理出发，如果承认合口介音脱落是在 *uai>uei 以后，就必须回答为什么在 *uai 阶段合口介音没有脱落，而在 uei 阶段才予以脱落。事实上从合口介音脱落的语音条件看，*uai 和 uei 并没有什么不同，如果一定要认为合口介音脱落是在 *uai>uei 以后，就不仅要找到为什么合口介音在 *uai 阶段没有脱落的原因，也要找到在 uei 阶段才脱落的原因。而事实上对合口介音来说，uei 阶段介音脱落的可能性并不比 *uai 大。更何况从时间层次着眼，*uai 还在 uei 的前面。所以假设一的可能性非常小。

再看第二种假设，合口唇音字的演变过程是，首先合口介音脱落，即 *uai>ai，然后是韵母主要元音高化，即 ai>ei。在这一系列演变中，第一步是完全可能的，事实上，娄烦方言天池、顺道两小片，甚至反映唐五代西北方音的《千字文》《大乘中宗见解》都是如此。关键是演变系列的第二步：ai>ei，如果这一步可以成立，则不仅唇音声母字应该读 ei 韵母，"戴胎待耐来菜在改开碍海爱"等开口一等的非唇音声母字也应该读 ei 韵母，而现在的事实是，这些字今读 ai 韵母，说明蟹摄合口一等唇音声母字合口介音脱落后，并没有和开口一等的非唇音字韵母合流。另外，假如合口唇音是 uai>ai 的基础上继续演变为 ei，则这些合口唇音声母字在演变为 ai 韵母的时候就应该与开口唇音字如合流，那么在此后的演变中应该同步，事实上，作为蟹摄开口一等的唇音声母字"贝沛"正好也是读 ei 韵母，这充分说明了这一演变过程的合理性。

联系天池、顺道两小片蟹摄一等合口字的演变，可以把娄烦方言各个小片的演变整理如下：

```
                    天池、顺道         娄烦（城关）、静游
*uai ─────────→ uai（uɛi）─────────→ uei（非唇音）
     \────────→ ai（ɛi）───────────→ ei（唇音）
```

可以把上图解释如下。中古蟹摄一等合口字韵母根据唇音和非唇音的不同有不同的演变：非唇音字继续保留合口介音，唇音字由于同化作用而使合口介音与唇音声母合并，表现为合口介音的脱落。天池、顺道两小片正处于这样的发展阶段。娄烦（城关）、静游两小片又有了进一步的演变：非唇音字韵母的主要元音高化，唇音字韵母在合口介音已经脱落的基础上也随之高化。

第六节　蟹摄开口二等见系端泥组韵母

蟹摄开口二等皆佳韵见系的大部分字在北方大部分方言都读齐齿呼韵母，如"皆阶秸介界芥疥戒谐械（以上皆韵。举平声以赅上去，下同）佳街解~开懈崖涯鞋解晓也蟹（以上佳韵）"，一般读 ie 韵母；也有少部分字读开口呼韵母，如"揩楷尴骇挨~住（以上皆韵）捱~打矮隘（以上佳韵）"，一般读 ai 韵母。但在山西的中南部方言中，更多的蟹摄开口二等见系今仍然读开口呼韵母，除了上面"揩楷尴骇挨~住捱~打矮隘"等字以外，还有"街界解~开芥解晓也戒鞋蟹解姓"。表 7-13 是山西部分方言点（乔全生，2008）的读音：

表 7-13　山西方言蟹摄开口二等皆佳韵见系字读音

	街	界	解~开	芥	戒猪八~	鞋	蟹	解姓
吉县	kai	kai⁼	kai	kai⁼	kai⁼	kai	xai⁼	xai⁼
临猗	kai	kai⁼	kai	kai⁼	kai⁼	kai	xai⁼	xai⁼
运城	kai		kai			kai	xai⁼	xai⁼
平陆	kai		kai			kai	xai⁼	xai⁼
芮城	kai		kai			kai	xai⁼	xai⁼
河津	kai		kai			kai	xai⁼	xai⁼

这些字在山西方言南区的 22 个方言点读开口呼韵母。在中区、西区读开口呼韵母的字不如南区多，但"鞋、解~下、~不下：晓得、不晓得"两字读开口呼韵母基本覆盖了中区、西区的大部分方言点。在北区、东南区蟹摄开口二等见系字读开口呼韵母的基本与北京官话一致，可见蟹摄开口二等见系字读开口呼韵母由西南向东北逐渐减少。娄烦方言属于山西方言中区，蟹摄开口二等见系字读开口呼韵母的情况与中区其他点相同。见表 7-14

表 7-14　娄烦方言假开三精组、蟹开二见系读音

	假开三精影组					蟹摄开口二等见系				
	姐	借	些	写	卸	秸	芥	揩	街	解~开
	上精马	去精祃	平心麻	上心马	去心祃	平见皆	去见怪	平溪皆	平见佳	上见蟹
娄烦（城关）	tɕiɪ	tɕiɪ	ɕiɪ	ɕiɪ	ɕiɪ/ɕia	tɕiɪ⁴⁴	tɕiɪ⁵³	tɕʰiɪ⁴⁴	tɕiɪ⁴⁴	tɕiɪ³²⁴
静游	tɕie	tɕie	ɕie	ɕie	ɕie/ɕia	tɕie	tɕie	tɕʰie²⁴	tɕie	tɕie
天池	tɕiɪ	tɕiɪ	ɕiɪ	ɕiɪ	ɕiɪ/ɕia	tɕiɪ⁴⁴	tɕiɪ⁵³	tɕʰiɪ⁴⁴	tɕiɪ⁴⁴	tɕiɪ³²⁴
顺道	tɕiɪ	tɕiɪ	ɕiɪ	ɕiɪ	ɕiɪ/ɕia	tɕiɪ⁴⁴	tɕiɪ⁵³	tɕʰiɪ⁴⁴	tɕiɪ⁴⁴	tɕiɪ³¹²

与山西省北部、东北部毗邻的是属于北京官话的北京话、河北话，也就是说，山西北部、东北部基本被北京官话包围，所以蟹摄开口二等见系字读开口呼韵母与北京官话一致应该是受到北京官话的影响所致。北京官话的这种影响从山西省东北向西南逐渐递减。基于上述认识，如果可以判

断北京话蟹摄开口二等见系字从什么时候开始由开口呼韵母演变为齐齿呼韵母，自然也就可以判断山西方言蟹摄开口二等见系字由开口呼韵母演变为齐齿呼韵母的大致时间。

王力（1980）认为："《中原音韵》里，皆来韵既包括'皆''鞋'等字，又包括'来''柴'等字，可见'皆''鞋'当时的韵母还是 ai。《圆音正考》里，'皆'和'结'还不同音，可见直到 18 世纪初期（《圆音正考》成于 1743 年），'皆'还念 tɕiai。但是，自从佳皆喉音字插入了韵头 i 之后，很快地就起了异化作用，排斥了韵尾 i，同时韵头 i 也使主要元音的发音部位提前，变为 e。"根据乔全生（2008）的研究，"金末晋北人高道宽的词里蟹摄开口二等韵牙喉音字还读同开口一等韵。如《苏暮遮》1194 叶：在爱解卖坏大快怪"。可见，山西方言北部、东北部蟹摄开口二等见系字从开口呼韵母向齐齿呼韵母变化应该在 18 世纪以后；山西方言南部蟹摄开口二等见系字至今还基本保留了读开口呼韵母的面貌；中部也有一些保留，如"鞋、解~下、~不下：晓得、不晓得"，但其他大部分字都读为齐齿呼韵母了。

蟹摄开口二等见系的"鞋"可能是保留开口呼读法最顽固的，但读齐齿呼韵母分布也很广。根据《汉语方言地图集》（曹志耘主编，2008），"鞋"与"写"同韵都读齐齿呼的，向南一直到湖北的枣阳，安徽的霍邱、滁州、淮南等北部地区，江苏西北部的泗洪、宿迁、丰县。基本覆盖河南省除禹州、扶沟、灵宝、渑池之外的大部地区，山东南部的单县、苍山、东明。向北包括山西省的东部、北部，河北除故城、威县、黄骅以外的全部，北京、天津、辽宁、吉林、黑龙江全部，以及内蒙古东部的太仆寺、赤峰、通辽、乌兰浩特、扎兰屯。

蟹摄开口二等见系字变读齐齿呼韵母以后，常常与假摄开口三等精影组字韵母合流。综合学者们（王力，1980；乔全生，2008）的研究，蟹摄开口二等见系字与假摄开口三等精影组字韵母的合流应该经历下面的过程。

首先是假开三精影组字韵母主要元音在三等介音 i 的影响下高化，这个变化与麻韵主要元音分化为 a、ɛ 有关。王力认为，"远在一十二世纪以前，这种分化已经完成了。毛晃的《增修互注礼部韵略》（简称《韵略》）于微韵后加案语说：'所谓一韵当析为二者，如麻韵自'奢'以下，马韵自'写'以下，祃韵自'藉'以下，皆当别为一韵。'《中原音韵》于家麻韵之外，另立车遮一部；《洪武正韵》于麻韵之外，另立遮韵；《五方元音》于马韵之外，另立蛇韵"。按照一般的说法，三等韵是有介音 i 的，这是一个前高不圆唇元音，它的"前""高"的特点自然会影响韵母的主要元音向高、向前演变，这可能就是麻韵在以后发展中一分为二的音理。这样的变化可以简单地归纳为：ia → ie。

然后是蟹摄二等开口见系字由 iai 向 ie 的变化。王力（1980）认为，"佳皆开口喉音字变为 e，比较麻韵三等字变 e 晚得多"，这个判断应该是有说服力的。乔全生（2008）根据晋北人高道宽作词的用韵规律对王力的判断也作了旁证，时间是 18 世纪。综合上述理由，我们认为蟹摄开口二等见系字与假摄开口三等精影组字合流应该在皆佳韵开口喉音字韵母主要元音变 e 以后，即 18 世纪以后，所以说这是一种较为晚近的变化。关于这一点，我们在山西中区方言太谷话找到了旁证。太谷话蟹摄开口二等见系字与假摄开口三等精影组字韵母今天尽管都读齐齿呼韵母，但假摄字读 ie 韵母，蟹摄字读 iai 韵母。

假摄读 ie 韵母：

tɕie 姐借藉~故 ‖ tɕʰie 且 ‖ ɕie 些斜邪写泻卸谢 ‖ ie 夜也野耶椰夜

蟹摄读 iai 韵母：

niai 崖 ‖ tɕiai 街皆阶秸解~开介芥界届戒械 ‖ tɕʰiai 揩 ‖ ɕiai 解姓懈蟹

太谷方言蟹摄、假摄的读音区别说明了以下三点：第一，假摄开口三等精影组字韵母读 e 元音要比蟹摄开口二等见系字韵母早；第二，蟹摄开口二等见系字韵母与假摄开口三等字韵母合流的过程应该也是蟹摄字韵母高化的过程；第三，北方大部分方言基本已经完成了蟹摄开口二等见系字韵母与假摄开口三等字韵母的合流，而太谷方言尚未合流，应该代表北方大部分方言的早期情况。因此我们可以把蟹摄开口二等见系字韵母与假摄开口三等字韵母合流的过程总结如下：

	中古	太谷	北方大部分方言	娄烦
假摄	ia	→ ie	→ ie	→ iɿ\ie
蟹摄	ai	→ iai	→ ie	→ iɿ\ie

当蟹摄开口二等见系字与假摄开口三等精影组字韵母合流，在娄烦（城关）、静游等小片读 i\ie 韵母时，娄烦方言的另外两个小片天池、顺道表现出不同的演变进程。天池、顺道小片除了蟹摄开口二等见系字读 iɿ 韵母外，蟹止摄开口三四端泥组字也读 iɿ 韵母。表 7-15

表 7-15 天池、顺道蟹摄开口端泥组、止摄开口三等端泥组读音

	蟹摄开口端泥组					止摄开口三等端泥组				
	例	低	递	梨	礼	离	地	梨	利	李
	去来祭	平端齐	去定霁	平来齐	上来荠	平来支	去定至	平来脂	去来至	上来止
天池	liɿ⁵³	tiɿ⁴⁴	tiɿ⁵³	liɿ⁴⁴	liɿ³²⁴	liɿ⁴⁴	tiɿ⁵³	liɿ⁴⁴	liɿ⁵³	liɿ³²⁴
顺道	liɿ⁵³	tiɿ⁴⁴	tiɿ⁵³	liɿ⁴⁴	liɿ³¹²	liɿ⁴⁴	tiɿ⁵³	liɿ⁴⁴	liɿ⁵³	liɿ³¹²

有意思的是，蟹止摄开口三四等端泥组字在娄烦（城关）、静游两小片中读 ei 韵母，如表 7-16。

表 7-16 娄烦（城关）、静游蟹摄开口端泥组、止摄开口三等端泥组字读音

	蟹摄开口端泥组					止摄开口三等端泥组				
	例	低	递	梨	礼	离	地	梨	利	李
	去来祭	平端齐	去定霁	平来齐	上来荠	平来支	去定至	平来脂	去来至	上来止
娄烦	lei⁵³	tei⁴⁴	tei⁵³	lei⁴⁴	lei³²⁴	lei⁴⁴	tei⁵³	lei⁴⁴	lei⁵³	lei³²⁴
静游	lei⁵³	tei²⁴	tei⁵³	lei⁴⁴	lei³²⁴	lei⁴⁴	tei⁵³	lei⁴⁴	lei⁵³	lei³²⁴

娄烦（城关）、静游两小片蟹止摄开口三四等的读音与吴语的温州，客家话的梅县，粤语的广州、阳江，闽语的厦门、潮州、福州、建瓯等南部方言非常一致。见表 7-17

表 7-17 南方方言蟹摄开口端泥组、止摄开口三等端泥组字读音

	蟹摄开口端泥组					止摄开口三等端泥组				
	低	底	梯	替	泥	犁	地	尼	你	梨	利
	平齐端	上荠端	平齐透	去霁透	平齐泥	平齐来	去至定	平脂泥	上止泥	平脂来	去至来
温州	ˉtei	ˈtei	ˉtʰei	tʰeiˀ	ˍni	ˍlei	deiˀ	ˍni	ˈni	ˍlei	leiˀ

续表

	蟹摄开口端泥组						止摄开口三等端泥组			
	低	底	梯	替	泥	犁	地	尼	你	梨	利
	平齐端	上荠端	平齐透	去霁透	平齐泥	平齐来	去至定	平脂泥	上止泥	平脂来	去至来
梅县	₋tai	ˤtai 白	₋tʰiᵒ 白	tʰiᵓ	₋nai 白	₋lai 白	tʰiᵓ	₋ni	ˤŋ 白	₋li	liᵓ
广州	₋tɐi	ˤtɐi	₋tʰɐi	tʰɐiᵓ	₋nɐi	₋lɐi	tɐiᵓ	₋nɐi	ˤnei	₋lei	leiᵓ 文
阳江	₋tɐi	ˤtɐi	₋tʰɐi	tʰɐiᵓ	₋iɐu	₋lɐi	tɐiᵓ	₋iɐu	ˤnei	₋lei	leiᵓ
厦门	₋te	ˤtue 白	₋tʰui 白	tʰue 白	₋nĩ	₋lue 白	₋tue 白	₋nĩ	ˤnĩ 文	₋lai 白	laiᵓ 白
潮州	₋ti	ˤtoi 白	₋tʰui	tʰoiᵓ 白	₋nĩ	₋loi	tiᵓ	₋nĩ		₋lai	laiᵓ 白
福州	₋tɛ 白	ˤte 白	₋tʰai 白	tʰaᵓ	₋nɛ	₋lɛ	teiᵓ 文	₋nɛ	ˤni	₋lai 白	leiᵓ
建瓯	ˤti	ˤtai 白	₋tʰi	tʰaiᵓ	nai	laiᵓ	tiᵓ	miᵓ 白	niᵕ	liᵓ	liᵓ

上述方言中，温州、广州、阳江的读音较为整齐，梅县、厦门、潮州、建瓯的读音相对参差。根据王力先生（1980）的拟音，蟹摄齐祭韵（举平声以赅上去）是有 i 或 ǐ 介音的，止摄脂韵、之微韵（举平声以赅上去）也有 i 或 ǐ 介音。对比上述南方方言蟹摄开口三四等端泥组和止摄开口三等端泥组今读开口呼韵母，中古音在演变过程中，一个最明显的变化就是介音的消失。我们认为，蟹摄韵有 i 韵尾，开口三四等有 i 介音或接近 i 的介音，也就是说，读蟹摄开口三四等韵母字时，在同一个韵母中的开始和结尾要发两次舌面前不圆唇元音 i，即发音过程中舌位开始在最高的位置，然后转向别的位置，然后再转回到最高的位置。"一个音节内部同一个发音部位先后有两个发音动作显然比较费事，不如两个不同的发音部位各只有一个发音动作来的方便。"（王福堂，2005）因此，在省力的要求下，i 介音或接近 i 的介音消变，蟹摄开口三四等韵母于是演变为现在的开口呼韵母。比较温州、广州、阳江与梅县、厦门、潮州、福州、建瓯，前者蟹摄开口三四等端泥组字基本都读开口呼韵母，后者则有不少参差，说明前者的这一音变过程比较充分，保留比较完整，后者或者是这一音变过程没有充分展开，或者是在已经完成的基础上有了更进一步的发展。

蟹摄开口三四等齐祭韵（举平声以赅上去）i 或 ǐ 介音的消变在唐五代

西北方音中已经如此。罗常培（1961）根据汉藏对音材料，认为在唐五代时期齐祭韵（举平声以赅上去）原本的 i 或 ï 介音已经消变。下面是《千字文》《大乘中宗见解》《阿弥陀经》《金刚经》的材料。

《千字文》
　　祭韵：币 be'i 祭 dze'i 艺 'ge'i（去）
　　齐韵（举平声以赅上去）：溪 kʰyɑ'i（平）陛 be'i（上）隶 le'i 医 ye'i（去）

《大乘中宗见解》
　　祭韵：世 çe（去）

《阿弥陀经》
　　祭韵：世 çe（去）

《金刚经》
　　祭韵：世 çe'i（去）
　　齐韵：提 de'i, de（平）

同样，止摄开口三等脂之支微韵（举平声以赅上去）介音也有不少消变。下面是罗常培（1961）《千字文》《大乘中宗见解》《阿弥陀经》《金刚经》的材料。

《千字文》
　　脂韵：祇 ci 饥 ki 伊 yi 枇 be（平）比 bi（上）寐 'pi 二 źi 次 tsʰi 自 dzi 肆 si（去）
　　之韵：持 ji 时 çi'i 兹 tsi 其 gi 贻 yi（平）士 çi 市 çi 耳 źi 子 tsi 起 kʰi（上）治 li 伺 çi 嗣 si 祀 si 异 yi 事 çe（去）
　　支韵：碑 pi 离 li 驰 ji 儿 źi 绮 kʰi 疲 be（平）侈 cʰi 紫 tsi（上）义 gi（去）

327

微韵：机 ki（平）既 gi（去）

《大乘中宗见解》

脂韵：悲 pyi 师 çi 资 tsi（平）视 çi 死 si（上）鼻 pʰyi 比 byi 地 di 二 ży 自 tsʰi 四 si（去）

之韵：之 ci/tsi 痴 cʰi/tsʰa 时 çi 慈 tsʰi 思 si 其 kʰi（平）理 li 士 çi 耳 ży 似 si 起 kʰi 喜 hi 以 yi/ˈi/yiˈi 已 yi（上）值 cʰi 治 cʰi 事 çi 记 gyi 意 i 异 yi（去）

支韵：离 li 支 ci 知 ci 施 çi（平）彼 byi 纸 tsi 是 çi 此 tsʰi 绮 kʰi 只 [cin]?（上）智 ci 义 ˈgi（去）

微韵：机 gi 依ˈi（平）既 gi（去）

《阿弥陀经》

脂韵：师 çi 尼 ˈji（平）比 byi（上）利 li 致 ci 二 ży 四 si（去）

之韵：之 ci 持 ji 思 si 其 gi 希 hi 而 ży/zu（平）子 tsi/tse/ci 喜 hi 以 yi 已 yi（上）意ˈi（去）

支韵：彼 pi/pe 知 ci 祇 gi（平）此 tsʰi 义 ˈgi 议 ˈgi（上）

《金刚经》

脂韵：尼 ˈdi（平）至 ci 次 tsʰi 四 si（去）

之韵：之 ci 持 ji 时 çi 思 si 其 gi 而 że（平）以 yi 已 yi 子 tse（上）值 ji 事 çi 记 keʰi 意 i（去）

支韵：知 çi 施 çi 祇 gyi（平）是 çi 此 tsʰi 尔 że（上）譬 pʰi 义 ˈgi 议 ˈgi（去）

从广州、阳江今读看，止摄开口三等端泥组韵母与蟹摄开口三四等端泥组韵母有大致的区别（前者主要读 ei，后者主要读 ɐi），温州方言中二者都读 ei 韵母，可见止摄开口三等端泥组韵母与蟹摄开口三四等端泥组韵母应该不是先合流然后介音消变，应该首先是介音消变（如广州、阳江），然后再合流（如温州）。止摄开口三等韵中，脂之韵（举平声以赅上去。

下同）没有 i 韵尾，微韵有 i 韵尾。但是脂之与微韵今读没有区别，从广州、阳江今读看（都读 ei），应该是脂止韵合并到微韵，然后一起根据省力的原则（如同蟹摄）介音消变，演变为现在的开口呼韵母。

可以把蟹摄开口三四端泥组字和止摄开口三等端泥组字韵母的演变归纳如下。

蟹摄：

iei（iɛi）→ ɐi → ei

止摄：

ie（iəi）→ iɐi → ei

广州、阳江蟹摄开口三四等端泥组字主要读 ɐi 韵母，止摄开口三等端泥组字主要读 ei 韵母，蟹止摄尚未合流；温州无论是蟹摄开口三四等端泥组字还是止摄开口三等端泥组字，主要读 ei 韵母，不仅蟹止摄在端泥组合流，而且在帮组也合流，如表 7–18。

表 7–18 蟹摄开口帮组、止摄开口三等帮组字读音

		蟹摄开口帮组					止摄开口三等帮组			
	比	蔽	批	迷	谜	米	避	庇	披	皮	弥
	入质帮	去祭帮	平齐滂	平齐明	去霁明	上荠明	去寘并	去至并	平支滂	平支并	平支明
温州	ᶜpei	pei²	₌pʰei	₌mei	₌mei	ᶜmei	bei²	bei²	₌pʰei	₌bei	₌mei

娄烦（城关）、静游两小片蟹止摄开口三四等只在端泥组声母字读开口呼 ei 韵母，在帮组则读 i 韵母。对比娄烦方言 [娄烦（城关）、静游两小片，下同] 与温州话的情况，大致可以判断温州话应该比娄烦方言更具存古性：娄烦方言蟹止摄开口三四等只有端泥组读开口呼韵母，帮组已经有了进一步的变化，今读齐齿呼的 i 韵母；温州话不仅蟹止摄开口三四等端泥组读开口呼韵母，帮组仍然也读同样的韵母。

娄烦方言的天池、顺道两小片蟹止摄开口三四等端泥组读齐齿呼的 iɿ 韵母，与蟹摄开口二等见系字韵母相同。前文已经论述了蟹摄开口二等见系字读 iɿ 的历史层次：皆佳韵由开口呼韵母读齐齿呼韵母不会早于 18 世纪，是一种晚近的演变。

天池、顺道两小片蟹止摄开口三四等端泥组与蟹摄开口二等见系字韵母都读齐齿呼的 ii 韵母，只能有两种可能。其一，蟹止摄开口三四等端泥组韵母原本就有 i 或 ĭ 介音，同时也有 i 韵尾，从发音的省力原则看，这样的介音与 i 韵尾形成冲突，常常会导致韵母做出必要的变化：有两种选择，要么 i 或 ĭ 介音消变，如温州、广州、阳江，要么 i 韵尾消变，保持齐齿呼韵母的读法，如此，就有可能演变为现在天池、顺道两小片蟹止摄开口三四等端泥组读 ii 韵母的结果。其二，天池、顺道两小片蟹止摄开口三四等端泥组如同温州、广州、阳江、娄烦（城关）、静游一样，i 或 ĭ 介音首先消变，读开口呼韵母 ɐi 或 ei，然后再演变为 ii 韵母。

比较以上两种可能，我们认为第二种可能更加合理。

我们知道，汉语北方方言包括山西中区方言蟹止摄开口三四等字韵母都读 i 韵母，这种读法应该是韵母诸如 ei 进一步演变的结果，如娄烦（城关）、静游两小片蟹摄开口三四等帮组就是如此，但端泥组还读 ei 韵母。汉语南方方言的温州、广州、阳江，甚至厦门、潮州、福州、建瓯至今还或多或少地停留在读 ɐi 或 ei 的阶段。可见蟹摄开口三四等字韵母原来的 i 或 ĭ 介音消变为开口呼韵母分布范围相当广泛，涉及汉语的南北方方言，说明这曾经是一种影响非常深刻的演变。如果天池、顺道这样的方言小片能在这样深刻而广泛的变化中岿然不动（即 i 韵尾消变，保持齐齿呼韵母的读法），不得不叫人怀疑。

天池、顺道两小片蟹止摄开口三四等帮组今读韵母 ʅ，这是 i 韵母进一步高化的结果，也就是说，天池、顺道两小片蟹止摄开口三四等帮组原来也读 i 韵母。娄烦（城关）、静游两小片以及山西中区的其他方言蟹止摄开口三四等帮组现在仍然读 i 韵母。如果天池、顺道两小片蟹止摄开口三四等端泥组是第一种可能（即 i 韵尾消变，保持齐齿呼韵母的读法），那么就会出现同是蟹摄开口三四等字，只有声母组别的不同（一是帮组、一是端泥组），但帮组是在读 i 韵母的基础上超前演变（读 ʅ），而端泥组却明显滞后，这是不符合语音演变的系统性要求的。

再者，如果天池、顺道两小片蟹止摄开口三四等端泥组是第一种可能（即 i 韵尾消变，保持齐齿呼韵母的读法），其在演变方式上采用的是丢失韵尾，保留 i 或 ĭ 介音的途径。而这两方言小片同为蟹止摄开口三四等的帮组却采用大多数北方方言包括山西中区方言的演变途径：i 或 ɿ 介音消变。这是两种完全不同的演变途径。根据语音演变的一般原理，在基本相同的音类条件下（同是蟹摄开口三四等字）出现这种区别很大的演变方式，其可能性很小。

所以，我们认为，天池、顺道两小片蟹止摄开口三四等端泥组如同温州、广州、阳江、娄烦（城关）、静游一样，i 或 ɿ 介音首先消变，读开口呼韵母 ɐi 或 ei，然后再演变为 iɿ 韵母。下面的问题是天池、顺道两小片蟹摄开口三四等的 iɿ 韵母究竟是从 i 韵母裂化而来，还是从 ei 韵母高化而来？山西方言中普遍存在元音的高化现象，这一现象在天池、顺道两小片中更加突出，如蟹止摄开口三四等帮组字韵母就高化为 ɿ。从天池、顺道两小片蟹摄开口三四等端泥组今读 iɿ 韵母来看，它们不可能从 i 韵母裂化而来，因为会碰到一个问题：为什么端泥组可以裂化，而同样是蟹摄开口三四等的帮组没有裂化。如果是从 i 韵母高化而来，就应该与帮组一样读 ɿ 韵母，这种情况在山西方言中不乏其例，如祁县。所以 iɿ 韵母更应该从类似娄烦（城关）、静游的 ei 韵母演变而来。换句话说，天池、顺道两小片蟹止摄开口三四等端泥组读 iɿ 韵母是在娄烦（城关）、顺道两读 ei 韵母的基础上进一步演变的结果。上述判断从音理上是可以得到解释的。

对 ei 韵母来说，e 和 i 都是前高不圆唇舌面元音，其中 e 是半高元音，i 是高元音。根据语音演变系统性的要求，随着蟹止摄开口三四等帮组字韵母由 i 高化为 ɿ，端泥组原来读 ei 韵母的主元音 e 也要相应地高化。e 已经是半高元音，如果进一步高化，必然要逼近高元音 i，这时就会与韵尾元音 i 发生冲突，为了避免这种冲突，韵尾 i 的音质变为 ɿ，于是就有了 ei 向 iɿ 的演变。

除了高化的作用外，天池、顺道两小片语音韵母系统也对这种变化有促进作用。如前文所述，与 iɿ 韵母相拼的声母 tɕ tɕʰ ɕ 和零声母，这些字全部来自假开三精组、蟹开二见系，并且这是一种晚近的变化，也就是说，当 iɿ 韵母与 tɕ tɕʰ ɕ 和零声母相拼时，在 t n l 声母（tʰ 声母已经变为 tɕʰ）留下空位，这就使 iɿ 韵母与 t n l 声母相拼成为可能。可见语音系统也为 ei 向 iɿ 的演变提供了可能。

参考文献

北京大学中文系语言学教研室（编）1989《汉语方音字汇》第二版，北京，文字改革出版社。
白涤洲 1954《关中方言调查报告》，北京，中国科学院。
崔淑慧 2004 山西北区方言入声韵的演变，《语文研究》第 2 期。
崔淑慧 2004《山西北区方言语音研究》，暨南大学博士学位论文。
曹志耘 1998 汉语方言声调演变的两种类型，《语言研究》第 1 期。
曹志耘、邵朝阳 2001 青海乐都方言音系，《方言》第 4 期。
曹志耘 2002《南部吴语语音研究》，北京，商务印书馆。
曹志耘 2002 吴徽语入声演变的方式，《中国语文》第 5 期。
曹志耘 2004 汉语方言中的韵尾分调现象，《中国语文》第 1 期。
曹志耘主编 2008《汉语方言地图集》，北京，商务印书馆。
陈庆延 1989 古全浊声母今读送气清音研究，《语文研究》第 4 期。
陈庆延 1991 山西西部方言白读的元音高化，《中国语文》第 6 期。
陈庆延、文琴 1994 晋语的声母特征，《语文研究》第 1 期。
陈其光、李永燧 1981 汉语苗瑶语同源例证，《民族语文》第 2 期。
丁邦新 1998 论官话方言研究中的几个问题，《丁邦新语言学论文集》，商务印书馆。
丁声树、李荣 1981《古今字音对照手册》，中华书局。
丁声树、李荣 1984《汉语音韵讲义》，上海教育出版社。
董同龢 2001《汉语音韵学》，中华书局。
高本汉 2003《中国音韵学研究》，商务印书馆。

高晓虹 2002 北京话庄组字分化现象试析,《中国语文》第 3 期。
高葆泰、林涛 1993《银川方言志》,北京,语文出版社。
龚煌城 2004 十二世纪末汉语的西北方音(声母部分),《汉藏语研究论文集》,北京大学出版社。
贺巍 1984 洛阳方言记略,《方言》第 4 期。
贺巍 1985 河南省西南部方言的语音异同,《方言》第 2 期。
贺巍 1995 汉语官话方言入声消失的成因,《中国语文》第 3 期。
胡双宝 1990《文水方言志》,北京,语文出版社。
侯精一 1982《平遥方言简志》,太原,《语文研究》增刊。
侯精一 1986a 内蒙古晋语记略,《中国语文》第 2 期。
侯精一 1986b 晋语的分区(稿),《方言》第 4 期。
侯精一 1996 晋语总论,《首届晋方言国际学术研讨会论文集》,山西高校联合出版社。
侯精一 1999a 晋语入声韵母的区别性特征与晋语区的分立,《中国语文》第 2 期。
侯精一 1999b《现代晋语的研究》,商务印书馆。
侯精一、温端政主编 1993《山西方言调查研究报告》,山西高校联合出版社。
侯精一、温端政 1989《山西方言研究》,山西人民出版社。
何大安 1994 声调的完全回头演变是否可能?,《中研院历史语言研究所集刊》第 56 本第 1 分。
何大安 1988 "浊上归去"与现代方言,《中研院历史语言研究所集刊》第 59 本第 1 分。
何大安 1985 云南汉语方言中与鄂化音有关诸声母的演变,《中研院历史语言研究所集刊》第 56 本第 2 分。
蒋绍愚 2001《近代汉语研究概况》,北京大学出版社。
蒋希文 1982 从现代方言论知庄章三组声母在《中原音韵》里的读音,《中国语言学报》第 1 期。
蒋希文 1992 湘赣语里中古知庄章三组声母的读音,《语言研究》第 1 期。
金有景 1985 襄垣方言效摄、蟹摄(一、二等韵)字的韵母读法,《语文研究》第 2 期。

罗常培 1961《唐五代西北方音》，科学出版社。
罗常培、王均 1981《普通语音学纲要》，北京，商务印书馆。
李方桂 1980《上古音研究》，商务印书馆。
李范文 1994《宋代西北方音》，中国社会科学出版社。
李树俨 1993 中古知庄章三组声纽在德隆方言中的演变，《宁夏大学学报（社会科学版）》第 1 期。
李小平 1991《临县方言志》，山西高校联合出版社。
李如龙、辛世彪 1999 晋南、关中的"全浊送气"与唐宋西北方音，《中国语文》第 3 期。
李荣 1952《切韵音系》，中国科学院印行。
李荣 1965a 语音演变规律的例外，《音韵存稿》，商务印书馆。
李荣 1965b 方言语音对应关系的例外，《音韵存稿》，商务印书馆。
李荣 1982a 论北京话"荣"字的音，《语文论衡》，商务印书馆。
李荣 1982b 论"入"字的音，《语文论衡》，商务印书馆。
李荣 1983《切韵》与方言，《语文论衡》，商务印书馆。
李荣 1985a 官话方言的分区，《方言》第 1 期。
李荣 1985b 关于汉语方言分区的几点意见，《方言》第 2-3 期。
李荣 1986《陕西省志·方言志（陕北部分）》序，《陕西省志·方言志（陕北部分）》，陕西人民出版社。
李新魁 1994《广东的方言》，广州，广东人民出版社。
刘勋宁 2005 一个中原官话中曾经存在过的语音层次，《语文研究》第 1 期。
刘勋宁 1993 隰县方言古咸山宕三摄舒声字的韵母，《方言》第 1 期。
刘俐李 1989《回民乌鲁木齐语言志》，乌鲁木齐，新疆大学出版社。
刘俐李 1994《焉耆汉语方言研究》，乌鲁木齐，新疆大学出版社。
刘育林 1988 陕北方言略说，《方言》第 4 期。
鲁国尧 1985 明代官话及其基础方言问题——读利玛窦《中国札记》，《南京大学学报》第 4 期。
罗美珍 1980 畲族所说的客家话，《中央民族学院学报》第 1 期。
潘耀武 1990《清徐方言志》，太原，山西高校联合出版社。
潘家懿 1996 从《方言应用杂字》看乾隆时期的晋中方言，《首届晋方言国际学术研讨会论文集》,太原,山西高校联合出版社。
乔全生 1999《洪洞方言研究》,中央文献出版社。
乔全生 2002 晋语"变读"的成因,《语文研究》第 1 期。
乔全生 2002 山西南部方言称"树"为[po]考,《中国语文》第 1 期。
乔全生 2003b 晋语与官话非同步发展(一),《方言》第 2 期。
乔全生 2003c 晋语与官话非同步发展(二),《方言》第 3 期。
乔全生 2004 现代晋方言与唐五代西北方言的亲缘关系,《中国语文》第 3 期。
乔全生 2005 晋方言轻唇音声母的演变,《语文研究》第 1 期。
乔全生 2006 从晋方言看古见系字在细音前颚化的历史,《方言》第 3 期。
乔全生 2008《晋方言语音史研究》,北京,中华书局。
乔全生、孙玉卿、吴云霞 1999 山西汾城方言的紧喉音节,《方言》第 1 期。
钱乃荣 1992《当代吴语研究》,上海教育出版社。
钱曾怡 1987 汉语方言学方法论初探,《中国语文》第 1 期。
钱曾怡 2002《汉语方言研究的方法与实践》,商务印书馆。
钱曾怡 2004 古知庄章声母在山东方言中的分化及其跟精见组的关系,《中国语文》第 6 期。
邵荣芬 1963 敦煌俗文学中的别字异文和唐五代西北方音,《中国语文》第 3 期。
施向东 1983 玄奘译著中梵汉对音和唐初中原方音,《语言研究》第 1 期。
石明远 1990 古知庄章三组声母在莒县方言中的演变,《方言》第 2 期。
石汝杰 1998 汉语方言中高元音的强摩擦化倾向,《语言研究》第 1 期。
沈明 1994《太原方言词典》,南京,江苏教育出版社。
沈明 1996 山西晋语入声韵的类型,《首届晋方言国际学术研讨会论文集》,山西高校联合出版社。
沈明 1999a 山西晋语古清平字的演变,《方言》第 4 期。
沈明 1999b 山西方言韵母一二等的区别,《中国语文》第 6 期。
苏晓青 1993 江苏省盐城方言的语音,《方言》第 2 期。
唐作藩 2002《音韵学教程》,北京大学出版社。

太田辰夫 2003《中国语历史文法》,北京大学出版社。
田希诚 1990 山西方言的尖团音问题,《语文研究》第 2 期。
田希诚 1998 山西方言古二等字的韵母略说,《语文研究》第 4 期。
王福堂 1959 绍兴话记音《语言学论丛》第三辑,上海教育出版社。
王福堂 1999《汉语方言语音的演变和层次》,语文出版社。
王洪君 1987 山西闻喜方言的白读层与宋西北方音,《中国语文》第 1 期。
王洪君 1990 入声韵在山西方言中的演变,《语文研究》第 1 期。
王洪君 1991 阳声韵在山西方言中的演变(上),《语文研究》第 4 期。
王洪君 1992a 阳声韵在山西方言中的演变(下),《语文研究》第 1 期。
王洪君 1992b 文白异读和叠置式音变,《语言学论丛》第 17 辑,商务印书馆。
王洪君 2007《中原音韵》知庄章声母的分合及其在山西方言的演变,《语文研究》第 1 期。
王力 1980《汉语史稿》,中华书局。
王军虎 2001 陕西关中方言ʅ类韵母,《方言》第 3 期。
王军虎 2004 晋陕方言的"支微入鱼"现象和唐五代西北方音,《中国语文》第 3 期。
王双成 2006 青海方言元音[i]的舌尖化音变,《中国语文》第 4 期。
王荣生 1996 海安方言音系,《江苏省语言学会 1996 年会论文》(油印本)。
王希哲 1991《左权方言志》,太原,山西高校联合出版社。
王临惠 2001 汾河流域方言平声调的类型及其成因,《方言》第 1 期。
王临惠 2003《汾河流域方言的语音特点及其流变》,中国社会科学出版社。
王临惠 2003b 山西方言声调的类型(稿),《语文研究》第 2 期。
王临惠 2004 论山西方言崇船禅三母的擦音化现象,《语文研究》第 3 期。
温端正 1981 太原方言词汇,《方言》第 4 期。
温端政 1986 试论山西晋语的入声,《中国语文》第 2 期。
温端政 1997 晋语区的形成和晋语入声的特点,《山西师范大学学报》第 4 期。
邢向东 1992 书面语中记载的分音词,《语文研究》第 2 期。

邢向东 1996 神木方言的儿化变调,《方言》第 1 期。
邢向东 1999 神木方言的两字组连读变调和轻声,《语言研究》第 2 期。
邢向东 2000 小议部分"舒声促化字",《语文研究》第 2 期。
邢向东 2001 陕北神木话的助动词"得",《中国语文》第 5 期。
邢向东 2002《神木方言研究》,中华书局。
邢向东 2003 神木山曲儿、酒曲儿的押韵,《中国语文》第 2 期。
熊正辉 1990 官话区方言分 ts tʂ 的类型,《方言》第 1 期。
徐通锵 1990 山西方言古浊塞音、浊塞擦音今音的三种类型和语言史的研究,《语文研究》第 1 期。
徐通锵、王洪君 1986 说"变异",《语言研究》第 1 期。
杨耐思 1982《中原音韵音系》,中国社会科学出版社。
杨耐思 1997 谈《西儒耳目资》,《近代汉语音论》,商务印书馆。
杨述祖 1982 山西方言入声的现状及其发展趋势,《语言研究》第 1 辑。
杨时逢 1974《湖南方言调查报告》,台北,史语所专刊。
杨时逢 1969《云南方言调查报告》,台北,史语所专刊。
杨述祖 1983《太谷方言志》,北京,语文出版社。
杨述祖、王艾录 1984《祁县方言志》,太原,山西高校联合出版社。
杨荣祥 1997 中古音和现代音对应中的变例现象,《语言学论丛》第 19 辑,商务印书馆。
尉迟治平 1982 周、隋长安方音初探,《语言研究》第 2 期。
喻翠容 1980《布依语简志》,北京,民族出版社。
喻翠容、罗美珍 1980《泰语简志》,北京民族出版社。
袁家骅 2001《汉语方言概要》,北京,语文出版社。
张丙钊 1995《兴化方言志》,上海,上海社会科学出版社。
张崇 1990《延川县方言志》,语文出版社。
张崇 1993 "嵌 l 词"探源,《中国语文》第 3 期
张琨 1983 汉语方言中鼻音韵尾的消失,《中研院历史语言研究所集刊》第 54 本第 1 分。
张琨 1985 切韵的前 a 和后 ɑ 在现代方言中的演变,《中研院历史语言研究所集刊》第 56 本第 1 分。

张琨 1993 闽方言中蟹摄韵的读音,《中研院历史语言研究所集刊》第 64 本第 4 分。

张盛裕 1979 潮阳方言的文白异读,《方言》第 4 期。

张盛裕、张成材 1986 陕甘宁青四省区汉语方言的分区,《方言》第 2 期。

张世方 2004 中原官话知系字读唇齿音声母的形成和分布,《语言科学》第 3 卷第 4 期。

张维佳 2002《演化与竞争：关中方言音韵结构的变迁》,陕西人民出版社。

张维佳 2002a 关中方言果摄读音的分化及历史层次,《方言》第 3 期。

张维佳 2002b 关中方言片内部音韵差异与历史行政区划,《语言研究》第 2 期。

张维佳 2004 秦晋之交南部方言宕摄舒声字白读音的层次,《语言研究》第 2 期。

张燕来 2003《兰银官话语音研究》,北京语言大学博士学位论文。

张燕来 2006 山西晋语舌面高元音的舌尖化,《语文研究》第 1 期。

张世方 2004 中原官话知系字读唇齿音声母的形成与分布,《语言科学》第 4 期。

张光宇 1993 汉语方言见系二等文白读的几种类型,《语文研究》第 2 期。

张光宇 2006 汉语方言合口介音消失的阶段性,《中国语文》第 4 期。

张成材 1987《西宁方言志》,北京,语文出版社。

张崇 1990《延川方言志》,北京,语文出版社。

张建民 1991《泰县方言志》,上海,华东师范大学出版社。

张启焕、陈天福等 1993《河南方言研究》,郑州,河南大学出版社。

张益梅 1991《介休方言志》,太原,山西高校联合出版社。

郑张尚芳 1964 温州音系,《中国语文》第 1 期。

郑张尚芳 1983 温州方言歌韵读音的分化和历史层次,《语言研究》第 3 期。

郑张尚芳 1985 方言中的舒声促化现象,《中国语言学报》第 5 期,商务印书馆。

周磊 2003 从非音节性词尾看入声韵尾 [ʔ] 的脱落,《中国语文》第 5 期。

赵日新 1989 安徽绩溪方言音系特点,《方言》第 2 期。

赵日新 2003 中古阳声韵徽语今读分析,《中国语文》第 5 期。

赵元任 1956《现代吴语的研究》,北京,商务印书馆。

朱晓农 2004 汉语元音的高顶出位,《中国语文》第 5 期。

中国社会科学院、澳大利亚人文科学院 1987、1989《中国语言地图集》,(香港)朗文出版(远东)有限公司。

图书在版编目(CIP)数据

娄烦方言语音调查研究/李建校著. -- 北京：社会科学文献出版社，2021.5
ISBN 978-7-5201-8379-6

Ⅰ.①娄… Ⅱ.①李… Ⅲ.①西北方言-方言研究-娄烦县 Ⅳ.①H172.2

中国版本图书馆 CIP 数据核字(2021)第 089727 号

娄烦方言语音调查研究

著　　者 / 李建校
出　版　人 / 王利民
责任编辑 / 刘　丹　宋月华

出　　版 / 社会科学文献出版社·人文分社 (010) 59367215
　　　　　　地址：北京市北三环中路甲29号院华龙大厦　邮编：100029
　　　　　　网址：www.ssap.com.cn
发　　行 / 市场营销中心 (010) 59367081　59367083
印　　装 / 北京玺诚印务有限公司

规　　格 / 开　本：787mm×1092mm　1/16
　　　　　　印　张：21.5　字　数：341 千字
版　　次 / 2021 年 5 月第 1 版　2021 年 5 月第 1 次印刷
书　　号 / ISBN 978-7-5201-8379-6
定　　价 / 268.00 元

本书如有印装质量问题，请与读者服务中心 (010-59367028) 联系

▲ 版权所有 翻印必究